भारत में लोक प्रबन्धन

भारत में लोक प्रबन्धन

निशान्त जैन, आई.ए.एस.
डॉ. जी.एल. शर्मा, आर.ए.एस.

प्रभात एग्जाम
www.prabhatexam.com

प्रकाशक

प्रभात एग्जाम

4/19 आसफ अली रोड, नई दिल्ली-110002

फोन: 23289555 • 23289666 • 23289777 • हेल्पलाइन/ 7827007777

ई-मेल: prabhatexam@gmail.com

वेब ठिकाना: www.prabhatexam.com

संस्करण

2021

मूल्य

तीन सौ पैंतालीस रुपए

अ.मा.पु.स. 978-93-90389-32-2

मुद्रक

नक्षत्र आर्ट, दिल्ली

Bharat Mein Lok Prabandhan
by Nishant Jain
Dr. G.L. Sharma

Published by **PRABHAT EXAM**
4/19 Asaf Ali Road, New Delhi-110002

ISBN 978-93-90389-32-2

₹ 345.00

प्रस्तावना

'लोक प्रबन्धन' लोक प्रशासन के भीतर से विकसित एक नवीन और विशिष्ट अवधारणा है। 'लोक प्रबन्धन' प्रशासन का एक महत्वपूर्ण और अभिन्न अंग है।

संघ लोक सेवा आयोग और राज्य लोक सेवा आयोगों द्वारा प्रतिवर्ष सिविल सेवा परीक्षाएँ आयोजित की जाती हैं, जिनके माध्यम से प्रशासनिक, पुलिस, राजस्व, कर, लेखा आदि सेवाओं के लिए सिविल सेवकों की भर्ती की जाती है। अन्य विशिष्ट सेवाएँ जहाँ अपने–अपने कार्यक्षेत्र में कार्य करती हैं, वहीं प्रशासनिक सेवा (आई.ए.एस., पी.सी.एस. आदि) लोक प्रशासन व लोक प्रबन्धन को व्यावहारिक रूप में परिणत कर सभी क्षेत्रों के मध्य समन्वय स्थापित कर प्रशासन व प्रबन्धन का कार्य करती है।

प्रशासन की यही विशेषता, प्रशासनिक सेवा को अन्य सेवाओं से विशिष्ट बनाती है, क्योंकि प्रशासन में वस्तुतः 'लोक प्रबन्धन' के सिद्धांतों का व्यावहारिक कार्यान्वयन किया जाता है, जिसमें विधि, अर्थशास्त्र, लोक प्रशासन, राजनीति, प्रबन्धन इन सभी के सिद्धांतों का समन्वय कर यथास्थिति क्रियान्वयन किया जाता है।

मैंने वर्ष 2014 की सिविल सेवा परीक्षा उत्तीर्ण की और आई.ए.एस. सेवा में आया। वर्ष 2015 में लाल बहादुर शास्त्री राष्ट्रीय प्रशासनिक अकादमी, मसूरी में प्रशिक्षण लेना शुरू किया। इस दौरान लोक प्रबन्धन के सिद्धांतों का व्यावहारिक ज्ञान और समझ बढ़ी। प्रशासन और लोक प्रबन्धन के विविध पहलुओं और उनकी बारीकियों को समझने का भी प्रयास किया। प्रशिक्षण के उपरांत राजस्थान कैडर मिलने से जयपुर आया और हरिश्चंद्र माथुर राज्य लोक प्रशासन संस्थान में कुछ समय प्रशिक्षण प्राप्त हुआ। तभी से मन में एक विचार था कि युवा व भावी प्रशासकों के लिए 'लोक प्रबन्धन' पर हिंदी में एक समग्र पुस्तक होनी चाहिए।

सेवा–काल के दौरान राजस्थान प्रशासनिक सेवा के अधिकारी डॉ. जी.एल. शर्मा से मुलाकात का अवसर मिला। डॉ. शर्मा अकादमिक रुचि के अधिकारी हैं और प्रशासन व कानून सम्बंधी विषयों पर लगातार लिखते रहे हैं। उनकी संगति में इस पुस्तक का विचार पनपा और हम दोनों ने बतौर सह–लेखक इस पुस्तक को आकार देने का निर्णय लिया। डॉ. जी.एल. शर्मा के अथक परिश्रम और अनुभव के बिना यह पुस्तक आनी सम्भव नहीं थी।

'भारत में लोक प्रबन्धन' नामक यह पुस्तक लोक प्रबन्धन के प्रायः सभी पहलुओं को समावेशित करती है। पुस्तक में शासन एवं सुशासन, संगठनात्मक प्रबन्धन, लोक प्रशासन, नव लोक प्रबन्धन आदि अवधारणाओं पर चर्चा की गई है। साथ ही, लोक प्रबन्धन की

विधि, राजनीति, प्रशासन और अर्थशास्त्र के अंतरसंबंध को भी व्याख्यायित किया गया है। इस तरह यह पुस्तक अपने विषय की एक सम्पूर्ण और समग्र पुस्तक बन गई है।

पुस्तक के कुल 12 अध्यायों में, विभिन्न महत्वपूर्ण विषयों और मुद्दों को शामिल करने का प्रयास किया गया है। उनमें कुछ महत्वपूर्ण उप–विषय हैं–

शासन की चुनौतियाँ, लोक नीति, कार्यालय प्रबन्धन, सिविल सेवाओं का परिदृश्य, प्रशासनिक सुधार, प्रशासन में नैतिकता, नव लोक प्रबन्धन, संगठनात्मक प्रबन्धन, मानव संसाधन प्रबन्धन, शासन में गुणवत्ता, लोक प्रबन्धन एवं विधि, लोक प्रबन्धन एवं अर्थशास्त्र, वित्तीय प्रबन्धन, आधुनिक राजनीतिक सिद्धांत, भारतीय संविधान, राजनीतिक अर्थव्यवस्था, सामाजिक–आर्थिक सर्वेक्षण, विभिन्न सरकारी योजनाएँ, सुशासन और ई–गवर्नेंस, जिला प्रशासन, लोक प्रबन्धन के नवीन आयाम।

उक्त महत्वपूर्ण विषयों पर विशद चर्चा इस पुस्तक को उपयोगी और प्रासंगिक बनाती है। इस प्रकार यह पुस्तक अधिक ग्राह्य और पठनीय हो जाती है। पुस्तक की पाण्डुलिपि के शुद्ध टंकण कार्य के लिए हम श्री धनराज का आभार व्यक्त करते हैं।

आशा है कि 'भारत में लोक प्रबन्धन' नामक यह पुस्तक लोक प्रशासन और लोक प्रबन्धन के युवा विद्यार्थियों, शोधार्थियों और अध्येताओं और भावी प्रशासकों के लिए उपयोगी सिद्ध होगी।

निशान्त जैन, आई.ए.एस.

डॉ. जी.एल. शर्मा, आर.ए.एस.

विषय-सूची

1 लोक प्रशासन एवं लोक प्रबन्धन (Public Management and Public Administration)

प्रशासन का वह भाग जो सामान्य जनता के लाभ के लिए होता है, लोक प्रशासन कहलाता है। लोक प्रशासन का संबंध सामान्य नीतियों अथवा सार्वजनिक नीतियों से होता है। एक अनुशासन के रूप में इसका अर्थ वह जनसेवा है जिसे 'सरकार' कहे जाने वाले व्यक्तियों का एक संगठन करता है। इसका प्रमुख उद्देश्य और अस्तित्व का आधार 'सेवा' है।

लोक प्रशासन, प्रशासन का वह भाग है, जो विशिष्ट राजनैतिक व्यवस्था के अन्तर्गत कार्य करता है। यह राजनीतिक निर्णयों को कार्यरूप में परिणित करने का एक साधन है। परम्परागत रूप से लोक प्रशासन केवल प्रक्रिया पर विचार करता है। साधनों की सिद्धि के संबंध में ये कोई कार्य नहीं करता। इस प्रकार, लोक प्रशासन विभिन्न क्षेत्रों से संबंधित है, जैसे– कार्य पूरा करने के लिए योजनाओं का निर्माण, लक्ष्यों एवं उद्देश्यों का निर्माण, जनता का समर्थन प्राप्त करने हेतु विधायिका एवं अन्य सामाजिक संस्थाओं के साथ कार्य करना, निर्णय लेना, संगठनों का निर्माण एवं पुनः निर्माण करना, नेतृत्व प्रदान करना, कर्मचारियों को निर्देशित करना, कार्य करने की विधियाँ ढूंढना, सरकारी अधिकारियों एवं उनके कार्यों पर नियन्त्रण रखना इत्यादि। यद्यपि लोक नीति के उद्‌भव के समय से ही, लोक नीतियों की विषय-वस्तु के अध्ययन पर ज्यादा से ज्यादा बल दिया जाता रहा है। यह एक विस्तृत क्षेत्र है। इसलिए, लोक प्रशासन प्रक्रिया एवं उससे संबद्ध क्षेत्र दोनों से संबंधित है।

परिभाषाएँ

मार्शल ई.डिमॉक ''प्रशासन का संबंध सरकार के 'क्या' तथा 'कैसे' से है। 'क्या' का तात्पर्य विषय-वस्तु से है, अर्थात् एक क्षेत्र का तकनीकी ज्ञान, जो प्रशासकों को अपना कार्य करने का सामर्थ्य प्रदान करता है। 'कैसे' प्रबन्ध की तकनीक है, जिसका अर्थ है, वे सिद्धांत, जिनके अनुसार सरकारी योजनाओं को सफल बनाया जाता है। दोनों ही अपरिहार्य हैं तथा दोनों मिलकर ही प्रशासन की स्थापना करते हैं।''

जेड.ए.वीग 'प्रशासन एक चेतनापूर्ण ध्येय की सिद्धि के लिए किया जाने वाला नियोजित कार्य है। यह विषय-वस्तु की व्यवस्थित प्रक्रिया है एवं संसाधनों का उचित उपयोग है। इसका उद्देश्य उन वस्तुओं की प्राप्ति है, जिन्हें हम प्राप्त करना चाहते हैं। यह स्वयंमेव ऐसे विकास को निषेधित करता है, जो हमारे हितों के प्रतिकूल है। यह उपलब्ध श्रम एवं वस्तु का व्यवस्थित क्रम में समायोजन है, जो वांछित उद्देश्यों को व्यवस्थित रूप में ऊर्जा, समय एवं धन के निम्नतम स्तर पर प्राप्त करने में सहायक होता है।''

मैक्वीन ''लोक प्रशासन केंद्रीय अथवा स्थानीय कार्यों के प्रशासन से संबंधित होता है। यह विशेष रूप से दक्ष प्रबंधकों द्वारा संचालित होता है, जिनमें मनुष्यों और कार्यों को संगठित एवं निर्देशित करने की प्रवृति उसी प्रकार पायी जाती है, जिस प्रकार एक इंजीनियर में भवन के निर्माण की क्षमता होती है, या एक चिकित्सक में मानव की व्याधियों को समझने की क्षमता होती है।''

मर्सन ''प्रशासक कार्य करवाता है और जिस तरह राजनीति विज्ञान सर्वोत्तम साधनों की जिज्ञासा है ताकि नीतियों के निर्माण के लिए जनता की इच्छा को संगठित किया जा सके, उसी तरह लोक प्रशासन, जिज्ञासा का विज्ञान है कि, नीतियों को किस तरह से सर्वोत्तम ढंग से कार्यान्वित किया जा सकता है।''

हरबर्ट ए. साइमन ''अपने व्यापक रूप में प्रशासन की व्याख्या उन समस्त सामूहिक क्रियाओं से की जा सकती है, जो सामान्य लक्ष्य की प्राप्ति के निमित्त सहयोगात्मक रूप में प्रस्तुत की जाती है।''

प्रशासन एवं प्रबन्धन
(Administration and Management)

सामान्यतः प्रशासन (Administration) एवं प्रबन्धन (Management) को पर्यायवाची शब्दों के रूप में प्रयोग किया जाता है। अतः इनके अन्तर को स्पष्ट करना वांछनीय है। इस विषय पर मोटे तौर पर दो प्रकार के दृष्टिकोण हैं।

टीड के अनुसार, प्रशासन का अर्थ किसी निश्चित कार्य के उन विभिन्न सहयोगी तत्वों से सम्बन्धित होता है जिन्हें कुछ व्यक्तियों द्वारा सम्पादित किया जाता है। प्रधानतः प्रशासन का अर्थ किसी उद्देश्य की पूर्ति के लिए प्रयत्नशील व्यक्तियों के अनुमान का निर्देशन करना है। किसी वांछित लक्ष्य की पूर्ति के लिए संगठित सभी मानवीय प्रयत्नों को प्रशासन कहते हैं। प्रबन्धन तो प्रशासन का एक भाग है। प्रबन्धन प्रशासन की परिधि के अन्दर की प्रक्रिया है, प्रशासन के मातहत है। प्रशासन द्वारा निर्धारित उद्देश्यों के लिए व्यापक ढाँचे के अन्तर्गत संगठन को सफलता की ओर अग्रसर करने के लिए सम्पादित की गयी क्रियाओं से ही प्रबन्धन सम्बन्धित होता है। **ओलिवर शेल्डन** ने इस दृष्टिकोण का अत्यन्त बलपूर्वक प्रतिपादन किया है। वह कहता है ''प्रशासन सम्बन्धित

उद्योग में नीति-निर्धारण का कार्य प्रबन्धन, प्रशासन द्वारा निर्धारित सीमाओं के अन्तर्गत, नीति का क्रियान्वयन करना है। **शेल्डन** आगे कहता है "संगठन एक प्रभावी तन्त्र के गठन का प्रबन्धन, एक प्रभावी कार्यकारी विभाग के गठन का प्रशासन, एक प्रभावी निर्देशन का कार्य है। प्रशासन संगठन का निर्धारण करता है, प्रबन्धन उसका उपयोग करता है। प्रशासन लक्ष्य को परिभाषित करता है, प्रबन्धन उसकी ओर अग्रसर होने का प्रयत्न करता है। प्रशासन द्वारा निर्धारित लक्ष्यों की प्राप्ति में प्रबन्धन का तन्त्र संगठन है।"

दूसरा दृष्टिकोण जिसे **प्रबन्धकीय दृष्टिकोण** कहा जाता है, जो प्रशासन को प्रबन्धन का समरूप मानता है। इसके अन्तर्गत प्रशासन का अभिप्राय उन्हीं गतिविधियों अथवा व्यक्तियों के कार्यों से माना जाता है, जो प्रबन्धन (Management) से सम्बन्धित कार्य करते हैं। यह दृष्टिकोण यह मानता है कि किसी संगठन में उच्चस्तरीय निर्णय या नीति निर्माण और उसको क्रियान्वित करने वाले ही प्रशासन के भाग होते हैं। यह दृष्टिकोण सत्तर के दशक के मध्य से स्वीकार किया जाने लगा है। उस समय संयुक्त राष्ट्र द्वारा तैयार किए गए प्रसिद्ध ग्रन्थ में स्पष्ट कहा गया था कि 'प्रशासन' और 'प्रबन्धन' पर्यायवाची हैं।

लोक प्रशासन की प्रकृति (Nature of Public Administration)

प्रशासन की प्रकृति के विश्लेषण के सम्बन्ध में दो दृष्टिकोण हैं। इन्हें एकीकृत (Integral) तथा प्रबन्धकीय (Managerial) दृष्टिकोण कह सकते हैं–

एकीकृत दृष्टिकोण

एकीकृत दृष्टिकोण के समर्थकों के अनुसार निश्चित लक्ष्य की प्राप्ति के लिए सम्पादित की जाने वाली प्रक्रियाओं का समग्रीकरण या योग ही प्रशासन है, चाहे वे क्रियाएँ लेखन, प्रबन्धन का तकनीक सम्बन्धी ही क्यों न हों। इस प्रकार, उपक्रम अथवा उद्यम विशेष में कार्यरत सन्देशवाहक, फोरमैन, चौकीदार, सफाई कर्मचारी तथा शासन के सचिवों एवं प्रबन्धकों तक के कार्यों को प्रशासन की संज्ञा देते हैं। **फिफनर, एफ. एम. मार्क्स, एल.डी. ह्वाइट** आदि लोक प्रशासन की प्रकृति के सम्बन्ध में एकीकृत दृष्टिकोण के समर्थक हैं। इस दृष्टिकोण में उपक्रम में कार्यरत छोटे से लेकर बड़े अधिकारियों तक के कार्यों को प्रशासन का भाग माना जाता है। **ह्वाइट** इसी दृष्टिकोण के समर्थक हैं। उनके अनुसार 'लोक प्रशासन उन सभी कृत्यों से मिलकर बना है जिनका प्रयोजन लोक नीति को पूरा करना या उसे लागू करना होता है। इसमें अनेक क्षेत्रों की विशेष क्रियाएँ आ जाती हैं, जैसे-पत्र, वितरण, सार्वजनिक भूमि का विक्रय,

सन्धि वार्ता, घायल कर्मचारी को क्षतिपूर्ति देना, संक्रामक रोग से बीमार बच्चों को अन्य व्यक्तियों के सम्पर्क से रोकना, उद्यान से कूड़ा-करकट हटाना, प्लूटोनियम का निर्माण, तथा अणुशक्ति नीति से सम्बन्धित समस्त क्रियाएँ। वास्तव में, लोक प्रशासन की प्रकृति जनसेवा से अधिक सम्बद्ध है अत: एकीकृत दृष्टिकोण अधिक तर्कसंगत प्रतीत होता है।

प्रबन्धकीय दृष्टिकोण

दूसरा प्रबन्धकीय दृष्टिकोण जो संकुचित है, यह केवल उन्हीं लोगों के कार्यों को प्रशासन मानता है, जो किसी उपक्रम सम्बन्धी प्रबन्धकीय कार्यों को सम्पन्न करते हैं। प्रबन्धकीय कार्य का लक्ष्य उपक्रम की सभी संक्रियाओं का एकीकरण, तथा समन्वय करता है। **लूथर गुलिक**, **साइमन**, **स्मिथबर्ग** तथा **थॉमसन** इस दृष्टिकोण के समर्थक हैं। उनके मतानुसार ''प्रशासन शब्द अपने संकुचित अर्थ में आचरण के उन आदर्शों को प्रकट करने के लिए प्रयोग किया जाता है जो अनेक प्रकार के सहयोगी समूहों में समान रूप से पाए जाते हैं; और जो न तो उस लक्ष्य विशेष पर ही आधारित है जिसकी प्राप्ति के लिए वे सहयोग कर रहे हैं और न उन विशेष औद्योगिक रीतियों पर ही अवलम्बित है जो अन्य लक्ष्यों हेतु प्रयोग की जाती है।'' **लूथर गुलिक** लिखते हैं ''प्रशासन का सम्बन्ध कार्य पूरा किए जाने और निर्धारित उद्देश्यों की पूर्ति से है।''

उक्त दोनों दृष्टिकोणों में मौलिक अन्तर है। एकीकृत दृष्टिकोण को स्वीकार करने पर हमें किसी भी उद्यम में लगे सभी कर्मचारियों को प्रशासन के अन्तर्गत मानना पड़ेगा। इसके अतिरिक्त एक क्षेत्र का प्रशासन दूसरे क्षेत्र के प्रशासन से विषयवस्तु के कारण भिन्न होगा, जैसे शिक्षा के क्षेत्र का प्रशासन लोक-निर्माण के क्षेत्र के प्रशासन से भिन्न होगा। प्रबन्धकीय दृष्टिकोण की मान्यता है कि किसी निश्चित उद्देश्य की प्राप्ति हेतु व्यक्तियों एवं सामग्रियों का प्रयोग ही प्रशासन है। यह प्रबन्ध का विशेष योजनायुक्त व्यवसाय है। प्रबन्धक का कार्य संगठन करना तथा उद्देश्य की प्राप्ति हेतु जन तथा साधन-सामग्री का प्रयोग करना है। संक्षेप में, प्रशासन को प्रबन्ध की तकनीक ही मानना चाहिए, क्योंकि सभी क्षेत्रों की क्रियाएँ समान होती हैं। लूथर गुलिक ने इन तकनीकों का सारांश 'पोस्डकोर्ब' (Posdcorb) शब्द में दिया है जिसका प्रत्येक अक्षर एक भिन्न तकनीक का सूचक है। POSDCORB (पोस्डकोर्ब) का अर्थ है- Planning (योजना बनाना), Organising (संगठित करना), Staffing Reporting (कर्मचारी वर्ग की नियुक्ति करना), Directing (निर्देशन करना), Co-ordinating (समन्वय करना), Reporting (प्रतिवेदन देना), तथा Budgeting (बजट अर्थात आय-व्यय प्रपत्र बनाना)।

उक्त दोनों दृष्टिकोणों में से किसी की भी पूर्णत: उपेक्षा नहीं की जा सकती है, विशेषकर आजकल जब सामान्य प्रशासक व विशेषज्ञ के बीच काफी द्वन्द्व एवं मतभेद चल रहा है। विशेषज्ञों का कहना है कि प्रशासन सन्दर्भात्मक है, प्रशासन किसी चीज

के सन्दर्भ में ही अर्थपूर्ण है। यह शून्य में नही विराजता। इसी विचार को आगे बढ़ाकर वे कहते हैं कि बिना विषय-ज्ञान के प्रशासन नहीं चल सकता। इस विचार में कुछ सार तो है ही।

प्रबन्धात्मक दृष्टिकोणों के अनुसार प्रशासन अपने आप में एक भिन्न तथा पृथक क्रिया है। जो इन क्रियाओं को जानता है वह प्रशासन कर सकता है, विषय चाहे शिक्षा हो या कृषि। भारत में भारतीय प्रशासनिक सेवा (I.A.S) के निर्माण के पीछे यही आधार है। सच तो यह है, प्रशासन का ठीक अर्थ उस प्रसंग पर निर्भर करता है जिस सन्दर्भ में शब्द का प्रयोग किया जाता है। **डिमॉक**, **डिमॉक** तथा **कोइंग** ने सारांश में कहा है कि अध्ययन विषय के रूप में प्रशासन उन सरकारी प्रयत्नों के प्रत्येक पहलू की परीक्षा करता है जो कानून तथा लोक-नीति को क्रियान्वित करने हेतु किए जाते हैं। एक प्रक्रिया के रूप में इसमें वे सभी प्रयत्न आ जाते हैं जो किसी संस्थान में अधिकार-क्षेत्र प्राप्त करने से लेकर अन्तिम ईंट रखने तक उठाये जाते हैं (कार्यक्रमों का निर्माण करने वाले अभिकरण का प्रमुख भाग भी इसमें सम्मिलित होता है) तथा व्यवसाय के रूप में प्रशासन किसी भी सार्वजनिक संस्थान के क्रियाकलापों का संगठन तथा संचालन करता है।

लोक नीति (Public Policy)

लोक नीति दो शब्दों 'लोक' तथा 'नीति' से मिलकर बना है, जिसमें लोक शब्द का अभिप्राय लोगों अथवा नागरिकों से हैं जो किसी देश के सीमा के अन्दर निवास करते हैं, तथा नीति शब्द का अर्थ ऐसे नियमों तथा कानूनों से होता है जो किसी देश के कल्याण तथा विकास में महत्वपूर्ण है, इस तरह लोक नीति का अर्थ देश की जनता के कल्याण तथा विकास के लिए बनाई गई योजनाओं से हैं।

लोकनीति अथवा 'सार्वजनिक नीति' (Public policy) वह नीति है जिसके अनुसार राज्य के प्रशासनिक कार्यपालक अपना कार्य करते हैं। बहुत से विचारकों का मत है कि लोक प्रशासन, लोकनीति को लागू करने और उसकी पूर्ति के लिए लागू की गयी गतिविधियों का योग है। लोक नीति का अध्ययन अमेरिका के कई विश्वविद्यालयों में प्रमुखता से किया जाता है। सार्वजनिक नीति सामान्यतया अर्थव्यवस्था, पर्यावरण, शिक्षा, तकनीकी एवं सामाजिक नीतियों जैसे सामान्य शीर्षकों में वर्गीकृत की जाती है। हम सब अपने दिन-प्रतिदिन के जीवन में असंख्य सार्वजनिक नीतियों से अत्यन्त प्रभावित हैं। सार्वजनिक नीति की पहुँच व्यापक है, अत्यावश्यक से नगण्य तक। सार्वजनिक नीतियाँ आज प्रतिरक्षा, पर्यावरण सरंक्षण, चिकित्सकीय देखभाल एवं स्वास्थ्य, शिक्षा, गृह निर्माण, कराधान, महँगाई, विज्ञान और तकनीकी इत्यादि मूलभूत क्षेत्रों से संबंधित है।

सार्वजनिक नीतियां सूक्ष्म स्तर से वृहत स्तर तक अनेक पक्षों के साथ व्यवहार करती है। इसका संबंध चाहे आन्तरिक घरेलू पक्षों से हो या बाह्य विदेशी मामले से। घरेलू क्षेत्र में, सार्वजनिक नीतियां सूक्ष्म स्तर के किसी विशिष्ट गाँव पर ध्यान केन्द्रित कर सकती हैं या किसी विशिष्ट खण्ड या समुदाय से संबंधित हो सकती हैं। इसी तरह सार्वजनिक नीतियाँ स्थानीय, राज्य या राष्ट्रीय सरकार से संबंधित हो सकती हैं। सार्वजनिक नीति विदेशी मामले, शिक्षा, प्रतिरक्षा, कृषि, गृह निर्माण, शहरी विकास, सिंचाई आदि से जुड़ी हो सकती है। सार्वजनिक नीतियों का विस्तार अत्यन्त नगण्य पक्ष से लेकर अत्यन्त महत्वपूर्ण पक्ष तक हो सकता है। इसमें किसी राष्ट्रीय नेता की स्मृति में राष्ट्रीय अवकाश घोषित करने और इसके तहत सैकड़ों करोड़ रूपये की मजदूरी देना भी सम्मिलित है।

आधुनिक मनुष्य का जन्म सरकार द्वारा प्रदत्त वित्तीय सहायता वाले चिकित्सालय में होता है। वह अपनी शिक्षा राज्य सहायता प्राप्त विद्यालयों एवं विश्वविद्यालयों में प्राप्त करता है, अपने समय का काफी हिस्सा राज्य द्वारा निर्मित परिवहन सुविधाओं से यात्रा करते हुए गुजारता है, डाक घर या अर्ध राजकीय दूरभाष प्रणाली का उपयोग संचार हेतु करता है, राज्य द्वारा व्यवस्था किए गए पेय जल को पीता है, अपने कूड़े-कचरे का निपटान सावर्जनिक स्वच्छता प्रणाली के माध्यम से करता है, सार्वजनिक पुस्तकालय से पुस्तकें पढ़ता है, सार्वजनिक पार्कों में पिकनिक मनाता है तथा सार्वजनिक पुलिस, अग्निशमन एवं स्वास्थ्य प्रणाली से लाभान्वित होता है। अन्ततोगत्वा, उसकी मृत्यु चिकित्सालय में होती है, और हो सकता है कि उसको सार्वजनिक शमशान में दफनाया जाये। मनुष्य कितना ही रूढ़िवादी क्यों न हो, वह अपना दिन प्रतिदिन का जीवन उपर्युक्त या अन्य कई सार्वजनिक सेवाओं के संबंध में सरकार के निर्णय से बंधा हुआ पाता है।

लोक प्रशासन का राजनीति विज्ञान के समानान्तर अध्ययन के एक क्षेत्र के रूप में प्रादुर्भाव होने तथा एक अलग शैक्षणिक विभाग के रूप में उभरने के साथ ही, 1960 के दशक में सार्वजनिक नीति को राजनीति विज्ञान के अंतर्गत अध्ययन के एक उपक्षेत्र के नाते मान्यता मिली। 'सार्वजनिक नीति' सावर्जनिक मामलों के प्रति सरकार के रूख का सैद्धान्तिक अध्ययन करती है। राजनीति विज्ञान का बल सिद्धान्त पर, तथा साजर्वनिक नीति का बल उसके अनुप्रयोग पर होता है।

लोक नीति के उद्देश्य

लोकतांत्रिक व्यवस्था में सरकार सम्पूर्ण समाज के प्रतिबिम्ब के सिवाय कुछ भी नहीं है। सरकार के पास प्रशासन के अनेक क्षेत्र, यथा- शिक्षा, प्रतिरक्षा, वित्त आदि होते हैं। प्रत्येक क्षेत्र के लिए या किसी विशिष्ट क्षेत्र के लिए सरकार नीतियों का निरूपण करती है जिन्हें सामान्यतया सार्वजनिक नीतियों से जाना जाता है।

दीर्घावधि उद्देश्य

यदि नीति दीर्घावधि है तो उद्देश्य भी उसी हिसाब से निर्धारित होगा। उदाहरण के लिए, प्रतिरक्षा संबंधी नीति में दीर्घावधि उद्देश्य ध्यान में रखे जायेंगे। ये दीर्घावधि उद्देश्य उत्कृष्ट भर्ती, उपयुक्त प्रशिक्षण, उचित व्यवस्था आदि के हो सकते हैं। इसी तरह शिक्षा, स्वास्थ्य, वित्त एवं परिवार कल्याण आदि से संबंधित नीतियों के उद्देश्यों का निर्धारण भी दीर्घावधि आधार पर किया जायेगा।

लघु अवधि उद्देश्य

कुछ समस्याएँ संयोगवश उत्पन्न हो जाती है। इस तरह के मामलों में नीतियों का निरूपण लघु अवधि के उद्देश्यों के साथ किया जाता है। उदाहरण के लिए, युद्ध के समय ब्लैक आउट का आदेश दिया जाता है और सीमा-क्षेत्रों में नजदीक के गाँवों से लोगों को हटाया जाता है। इसी तरह, यदि कहीं हिंसा भड़क उठती है तो पुलिस, लघु अवधि के उद्देश्यों के आधार पर वहाँ विधि एवं न्याय व्यवस्था की पुनः स्थापना करती है।

शासन की चुनौतियाँ (Challenges of Governance)

जवाबदेही एवं भ्रष्टाचार विरोधी रणनीतियाँ

नैतिकता और शासन की एक ऐसी संकल्पना है, जिसके कई अर्थ हैं। इसका इस्तेमाल अक्सर जिम्मेदारी, जवाबदेही, दोषारोपण, दायित्व जैसी संकल्पनाओं तथा जवाबदेही से जुड़े अन्य शब्दों के पर्यायवाची के तौर पर भी किया जाता है। जवाबदेही का अर्थ सरकारी अधिकारियों में निहित विवेकाधिकारों तथा प्राधिकारों की राज्य व्यवस्था के विभिन्न अंगों द्वारा बाह्य समीक्षा करना है। शासन के एक पहलू के तौर पर, यह सार्वजनिक क्षेत्र, गैर-लाभकारी और निजी क्षेत्रों की समस्याओं से जुड़ी बहस का केंद्र रहा है। नेतृत्व की भूमिका में जवाबदेही के अंतर्गत कार्यों, उत्पादों, फैसलों को स्वीकार करना और उनकी जिम्मेदारी लेने के साथ-साथ प्रशासन, शासन और उन्हें अपनी भूमिका के दायरे में लागू करने तथा उसकी परिणति के प्रति जवाबदेह होना भी शामिल है।

प्रशासन से संबंधित शब्द के तौर पर जवाबदेही को परिभाषित करना मुश्किल है। अक्सर इसका वर्णन अलग-अलग व्यक्तियों के बीच जवाबदेह रिश्ते के तौर पर किया जाता है, जैसे- ए बी के प्रति जवाबदेह है जहाँ ए बी को ए के (भूत और भविष्य के) कार्यों और फैसलों की सूचना देता है, उसे न्यायोचित करार देता है और अगर कोई गलती होती है, तो उसकी सजा भी भुगतता है। जवाबदेही बिना उचित जिम्मेदारी के अस्तित्व में नहीं रह सकती, दूसरे शब्दों में कहा जा सकता है कि जहाँ जिम्मेदारी नहीं होगी, वहाँ जवाबदेही नहीं होगीं।

लोक प्रबन्धन में नागरिक समाज की भूमिका (Role of Civil Society in Public Management)

नागरिक समाज की भूमिका पिछले कुछ समय में बहुत महत्वपूर्ण हो गई है, खास तौर पर राज्य की शक्तियों को कम करने वाली नव-उदारवादी अवधारणा व विश्व बैंक की 'शासन' की अवधारणाओं के अंतर्गत वर्तमान 'वैश्वीकरण' परिदृश्य ने भी नागरिक समाज की कई सामाजिक-आर्थिक क्षेत्रों में बढ़ती भूमिका पर बल दिया है, जिनमें अभी तक राज्यों की भूमिका प्रधान थी। राज्य को अब एक मदद करने वाली एवं समन्वयक संस्था के रूप में दर्शाया जाने लगा है, जो कि निजी एवं गैर सरकारी शासन से सम्बंधित संस्थाओं को सहयोग प्रदान करेगी। अनेक प्रकार के नए विकास ने विभिन्न प्रकार के नागरिक समाजों को जन्म दिया है, जो कि नीति-निर्णय में अपनी अहम भूमिका निर्वाह करते हैं। इसके अन्दर राज्य के कल्याण, सामाजिक, सुरक्षा से संबंधित प्रावधान और सरकारी नीतियों पर आम जनता का सरकारी तंत्र के प्रति सम्मोहन जैसी वचनबद्धता वाले आधारभूत बदलाव भी शामिल हैं।

नागरिक समाज (Civil Society) का अर्थ

आज के वर्तमान संदर्भ में, नागरिक समाज की एक विशेष उपयोगिता है, जिसमें बाजार की शक्ति, राज्य की परम्परागत अवधारणा व क्षेत्र पर अपना प्रभाव डाल रही है। 'राज्य का न्यूनतम हस्तक्षेप' इस अवधारणा के बढ़ते महत्व ने जगह बना दी है, जो कि सामाजिक संगठनों से भरी जा सकती है, एवं ऐसे संगठनों का उद्देश्य सामाजिक कल्याण, सामाजिक न्याय, आर्थिक समानता और मानव का सम्पूर्ण विकास होना चाहिए। नव-उदारवादी अवधारणा के तहत नागरिक समाज लगातार गैर-सरकारी कार्यों में मदद एवं उनको बढ़ावा देने के लिए विकसित हो रहा है। विकासशील देशों में, नागरिक समाज बढ़ावा देने वाली एजेंसी के रूप में कार्य कर रहा है, और इसके साथ ही ऐसा वातावरण विकसित कर रहा है, जिससे जनशक्ति और शक्तिशाली लोकतंत्र की नींव स्थापित की जा सके।

नागरिक समाज के अर्थ में अनेकार्थकता ने कई जटिल समस्याओं को जन्म दिया है। इस कारण कई बार इसे राज्य या बाजार की अवधारणा के साथ समाविष्ट किया जाता है या कई बार राज्य और नागरिक समाज को एक अर्थ में समझा जाता है। 'नागरिक समाज' को राज्य के एक विशेष समूह के रूप में परिभाषित किया जाता है, जिसमें एक सीमांकित उद्देश्य निर्धारित किया गया है, और उन्हीं उद्देश्यों को लेकर कार्य एवं लक्ष्य निर्धारित किए गए हैं। दरअसल यह एक वृहत एवं विशाल अवधारणा है, जिसे एक परिधि में बाँटना जटिल कार्य है, नागरिक समाज के कर्ता को नागरिक समाज संगठनों या संस्थाओं के नाम से जाना जाता है। इन्हें किसी भी देश की 'सामाजिक

पूँजी' के नाम से भी जाना जाता है, जो कि राज्य या समाजों के समुदाय को स्थापित करने की संवेदनशीलता से संबंधित क्षमता को दर्शाती है। ये संस्थाएँ सामाजिक मुद्दों पर आवाज उठाती हैं, और समुदाय के लाभ में भागीदारी की बात करती हैं। कुछ अन्य नाम जो कि नागरिक समाज का विवरण करते हैं - सामाजिक संस्थाएँ, सामाजिक आन्दोलन, गैर-सरकारी संस्थाएँ, गैर-लाभकारी संस्थाएँ, तीसरी पार्टी सेक्टर, स्वयं-सेवी संस्थाएँ, और स्वतंत्र समर्थन समूह इत्यादि।

नागरिक समाज, आम शब्दों में, समूहों के एक ऐसे तंत्र और संबंधों को रेखांकित करता है, जो कि राज्य के द्वारा प्रतिबंधित नहीं किए जाते। इनमें समाज की समस्याओं को उजागर करने, वर्तमान मुद्दों को चिह्नित करने, पिछड़े को सशक्त करने, योजनाबद्ध वार्ताओं में एक स्वतंत्र आवाज उठाने और नीति-निर्माण में विचारों के आदान-प्रदान करने की उम्मीद की जाती है। नागरिक समाज अनेक विविधताएँ लिए हुए है। सदस्यता और संघटक के सन्दर्भ में, यह सभी प्रकार के संगठनों को अपने में जोड़ता है। इसमें शैक्षिक संस्थाएँ, समुदाय संबंधित संस्थाएँ, ग्राहक सुरक्षा उपक्रम, पर्यावरणीय आन्दोलन, मानव अधिकार मंच, श्रम संगठन, पेशेवर संस्थाएँ, धार्मिक संस्थाएँ, महिला तंत्र, युवा आन्दोलन और व्यापार जैसी संबंधी संस्थाएँ भी शामिल हैं। नागरिक समाज की अवधारणा पर कोई सामंजस्य नहीं है, क्योंकि नागरिक समाज के स्वरूप व क्षेत्र के संबंध में कई दृष्टिकोण प्रचलित हैं।

नागरिक समाज का अर्थ उसके राज्य और बाजार के साथ संबंध को ध्यान में रखते हुए समझा जा सकता है। वर्तमान संदर्भ में राज्य और बाजार दोनों ही समाज को चरित्रार्थ करते हैं। यह इकाई 'नागरिक समाज' संगठनों की भूमिका व फैलाव को 'शासन' और 'विकास' के परिप्रेक्ष्य में समझाने की कोशिश करती है। यह इन संगठनों से जुडी समस्याओं और इनकी बढ़ती भूमिका पर भी प्रकाश डालती है।

भारत में नागरिक समाज (Civil Society in India)

आज विकास की ओर तेजी से कदम बढ़ाते हुए भारत जैसे विकासशील देश ने संसदीय लोकतंत्र के जरिए भारत में व्यक्तियों के हित में अनेक नीतियों का क्रियान्वयन किया है। जबकि संसदीय लोकतंत्र में सरकार द्वारा नागरिक के कल्याण के लिए अधिक से अधिक प्रयत्न किए जाने चाहिए। जिससे संसदीय लोकतंत्र का महत्व व सम्मान नागरिकों में सदैव सर्वोच्च रहे। जिसके लिए नीतियों का निर्माण तथा उन पर क्रियान्वयन एवं नियम व कानून का निर्माण अधिक से अधिक नागरिकों के हित तथा देश के विकास में हो ना कि नागरिकों की स्वतंत्रता को कम करने वाला हो।

वहीं दूसरी ओर नागरिक समाज की भी समाज के प्रति उतनी ही जिम्मेदारी होनी चाहिए। चूँकि नागरिक समाज से लोगों को सहयोग की पूरी उम्मीद होती है इसलिए

नागरिक समाज शासन द्वारा शून्यता की स्थिति में अपनी भूमिका का परिपक्व ढंग से निर्वाह किया जाना चाहिए क्योंकि लोगों का ज्यादा जुड़ाव सरकार की अपेक्षा नागरिक समाज से अधिक होता है। अतः नागरिक समाज की जिम्मेदारी इस स्थिति में अधिक बढ़ जाती है। अतः वह ज्यादा से ज्यादा सरकार से धनराशि प्राप्त कर नीतियों का क्रियान्वयन ही ना करे बल्कि वे सरकार के द्वारा गलत नीतियों व भ्रष्टाचार जैसे मुद्दों पर समय-समय पर आलोचना भी करे।

संसदीय लोकतंत्र और नागरिक समाज एक-दूसरे पर आत्मनिर्भर हैं। समाज के सभी लोग यथा महिला, बुजुर्ग, गरीब, अशिक्षित, बेरोजगार, अपंग इत्यादि समूहों के कल्याण के लिए जितनी आवश्यकता संसदीय लोकतंत्र की होनी चाहिए उससे अधिक नागरिक समाज की होती है। चूँकि आज के समय में भारत जैसे विशाल क्षेत्रफल, विविध सांस्कृतिक पृष्ठभूमि तथा संसाधनों के असमान वितरण वाले देश में इन दोनों संस्थानों की अपनी-अपनी महत्वपूर्ण भूमिका है। यदि संसदीय लोकतंत्र तथा नागरिक समाज सही तरीके से अपनी जिम्मेदारियों का निर्वहन करते हैं तो दोनों में आपस में दंद्व भी कम होगा तथा लोक कल्याण हेतु अधिक से अधिक कार्य किया जा सकेगा।

लोक प्रबन्धन में मीडिया की भूमिका (Role of Media in Public Management)

लोकतांत्रिक व्यवस्था के अंतर्गत लोक प्रबन्धन में मीडिया एक महत्वपूर्ण भूमिका निभाता है। एक लोकतांत्रिक प्रणाली में जन भागीदारी एक महत्वपूर्ण आयाम होती है, जो व्यवस्था को अधिकतम क्षमता से चलाने के लिए अत्यावश्यक होती है। मीडिया को लोकतंत्र का चौथा स्तंभ माना गया है। सामाजिक सरोकारों तथा लोक प्रबन्धन के क्षेत्र में व्यापक जनता की भागीदारी तब तक संभव नहीं है जब तक लोगों को विभिन्न मुद्दों के बारे में सूचना उपलब्ध नहीं हो। ऐतिहासिक रूप से मीडिया का विकास लोगों को सूचित, शिक्षित और मनोरंजन करने के लिए हुआ है। मीडिया अलग-अलग तरीकों से लोगों के जीवन को प्रभावित करता भी है। खुली अर्थव्यवस्था, वैश्वीकरण, गलाकाट प्रतियोगिता, वाणिज्यिकरण एवं विकसित तकनीकी व प्रौद्योगिकी के इस माहौल में मीडिया की भूमिका महत्वपूर्ण हो गई है। मीडिया के महत्व और उसकी भूमिका की पड़ताल के लिए एक समग्र चिंतन की आवश्यकता है। मीडिया को अपना आचरण जनता और शासन-प्रशासन के हितों को ध्यान में रखते हुए उनके अनुरूप ही रखना चाहिए।

मीडिया को लोकतंत्र का चौथा स्तम्भ (Fourth Pillar of Democracy) कहा गया है। मीडिया एवं प्रेस शासन-प्रशासन की तीसरी आंख होती है। इस प्रकार मीडिया की भूमिका एक सजग प्रहरी के रूप में अत्यंत महत्वपूर्ण एवं व्यापक है। मीडिया शासन

प्रशासन के विभिन्न मुद्दों को जनता के समक्ष उजागर करने का महत्वपूर्ण कार्य करता है। सूचना प्रौद्योगिकी क्रांति ने सोशल मीडिया को सामाजिक परिवर्तन का एक महत्वपूर्ण एवं प्रभावी माध्यम बना दिया है।

लोक सेवा प्रदाय एवं ई-शासन (Public Service and E-Governance)

ई-शासन (E-Governance)

सरकारी सेवाएँ प्रदान करने के लिए सूचना तथा संचार प्रौद्योगिकी का उपयोग करना इलेक्ट्रॉनिक - शासन (Electronic Governance/E-governance) कहलाता है।

ई-शासन का महत्व

- ई-शासन से कम समय में काम हो जाता है क्योंकि उसमें कार्य मशीन (कम्प्यूटर) द्वारा होता है। इसके अलावा काम कहीं से, कभी भी कराया जा सकता है।
- ई-शासन से कार्य या सेवा की दक्षता बढ़ जाती है।
- ई-शासन से सेवा की गुणवत्ता में सुधार होता है। उदाहरण के लिए सब्सिडी का सीधे हितग्राही के बैंक खाते में जाने से यह सुनिश्चित होता है कि किसको लाभ मिल रहा है।
- ई-शासन से भ्रष्टाचार कम होता है, खुलापन आता है, पारदर्शिता आती है और इस प्रकार सरकार में विश्वास बढ़ता है। बिचौलिये या दलाल बीच में नहीं आते।
- ई-शासन से सुधार (रिफॉर्म) को बढ़ावा मिलता है।
- ई-शासन से पारदर्शिता बढ़ जाती है। सारी सूचना सामने होती है। उदाहरण के लिए टिकट बुक करने वाला लिपिक बर्थ उपलब्ध रहते यह नहीं कह सकता कि बर्थ उपलब्ध नहीं है। स्कूल-कॉलेजों में ऑनलाइन प्रवेश हो तो सभी विद्यार्थियों को हर समय पता रहता है कि उन्हें किस जगह प्रवेश मिल सकता है।
- ई-शासन से कार्य के लागत में कमी आती है। सरकारों का अधिकांश खर्च कागजों (स्टेशनरी) पर होता था। इसके अलावा सामान्य जनता को अपने घर से किसी सरकारी कार्यालय में आने-जाने में बहुत सा समय और पैसा खर्च करना पड़ता था।
- ई-शासन में सारे आंकड़े सदा उपलब्ध होते हैं। अतः कभी भी उन आंकड़ों का विश्लेषण किया जा सकता है और उसके आधार पर सही निर्णय लिया जा सकता है और सही नीतियाँ बनायी जा सकतीं हैं।

- ई-शासन से नए व्यवसाय और नए अवसरों का सृजन होता है।
- ई-शासन के द्वारा एक कॉमन डेटाबेस बन जाता है जिसका उपयोग विविध उद्देश्यों के लिए किया जा सकता है।
- सरकारी कर्मचारियों ने कुल कितना काम किया, इसका पता सीधे चल जाता है। इससे कर्मचारियों को कार्य-वितरण अधिक अच्छे ढंग से किया जा सकता है ताकि कोई कर्मचारी बहुत कम काम न करे और कोई बहुत अधिक काम न करे।

भारत में ई-शासन

भारत में ई-शासन सुशासन (अच्छे शासन) का पर्याय बनता जा रहा है। केंद्र सरकार और राज्य सरकारों के विभिन्न विभाग नागरिकों, व्यापारियों और सरकारी संगठनों को ही नहीं बल्कि समाज के हर वर्ग को सूचना और प्रौद्योगिकी की सहायता से विभिन्न सेवाएँ प्रदान कर रहे हैं। भारत में ई-शासन का प्रादुर्भाव सरकारी विभागों के तेजी से कंप्यूटरीकरण से शुरू हुआ। अब यह उस बिन्दु तक पहुंच चुका है जिससे शासन के सूक्ष्मतर बिंदुओं जैसे नागरिक केंद्रता, सेवा अभिमुखीकरण और पारदर्शिता को बढ़ावा मिल रहा है। ध्यातव्य है कि किसी भी सरकार अथवा शासकीय व्यवस्था की कार्यप्रणाली का मूल्यांकन इस आधार पर किया जाता है कि वह अपने कार्यों में पारदर्शिता, आम जन के लिहाज से सुगमता और जनता से संवाद स्थापित करने की दिशा में किस ढंग से प्रयास कर रही है।

इसी क्रम में 2006 में शुरू की गई राष्ट्रीय ई-शासन योजना (एनईजीपी) के तहत पूरे देश में साझा सेवा केंद्र (CSC-Common Service Centre) स्थापित किए गए हैं। ये साझा सेवा केंद्र आम आदमी को सीधे तौर पर उनके घर के द्वार तक सरकारी सेवाएँ उपलब्ध कराने का प्रयास कर रहे हैं। देशभर में 1 लाख से अधिक (सीएससी वेबसाइट) साझा सेवा केंद्र अलग-अलग ब्रांड के नाम से अपनी सेवाएँ दे रहे हैं।

ई-गवर्नेंस (E-Governance) के विभिन्न आयाम

यह एक ऐसी प्रणाली है जिससे सरकारी काम-काज में पारदर्शिता के साथ-साथ सभी सेवाएँ जन सामान्य तक तत्काल पहुँचाई जा रही हैं। बहुत से लोगों को ऑफिसों के चक्कर लगाने से डर लगता था, वे भी अब बडे आराम से इस सेवा का लाभ उठा रहे हैं। साथ ही जनहित गारंटी अधिनियम ने ई-शासन में तेजी ला दी है। दफ्तरों में कर्मचारियों को समय-सीमा में बांध दिया गया है, जनहित के कामों के लिए समय सीमा निर्धारित कर दी गई है, जिससे सरकारी काम-काज में लेटलतीफी पर लगाम लगी है।

आज आयकर भरना, बिजली, पानी, फोन, बीमा आदि के लिए भुगतान करना, नौकरी के लिए फॉर्म भरना, आनलाइन परीक्षा देना, रिजल्ट देखना, आय प्रमाणपत्र, जाति प्रमाणपत्र, निवास प्रमाणपत्र बनवाना जैसे काम इंटरनेट के द्वारा बडी ही सरलता से कर सकते हैं। यहाँ तक कि अब सभी न्यायालयों को भी ऑनलाइन कर दिया गया है, जिससे मुकदमों की तारीख के लिए भी कोर्ट नहीं जाना होगा। जल्द ही संपत्ति की रजिस्ट्री और मकान के नक्शा पास कराने के काम भी घर बैठे ही होने लगेंगे।

नीचे कुछ सेवाओं की सूची दी गयी है जो अब ऑनलाइन उपलब्ध हैं, अर्थात जिनके लिए किसी कार्यालय में नहीं जाना पड़ता बल्कि अपने घर या कहीं से भी इन्टरनेट से जुड़कर काम को आगे बढ़ाया जा सकता है–

- ऑनलाइन नागरिक सेवा पोर्टल (आय-जाति-निवास आदि प्रमाण पत्र)
- ऑनलाइन आधार कार्ड
- ऑनलाइन राशन कार्ड
- ऑनलाइन पैन कार्ड
- ऑनलाइन पासपोर्ट
- ऑनलाइन मतदाता कार्ड
- ऑनलाइन प्रमाण पत्रों का सत्यापन
- ऑनलाइन शासनादेश
- ऑनलाइन जमाबंदी, खतौनी
- ऑनलाइन न्यायालय आदेश
- ऑनलाइन रेल टिकट बुकिंग
- ऑनलाइन बस टिकट बुकिंग
- ऑनलाइन दैनिक बाजार भाव
- ऑनलाइन मनरेगा आवेदन
- ऑनलाइन आयकर रिटर्न फाइलिंग
- ऑनलाइन मतदाता सूची
- ऑनलाइन स्पीड पोस्ट स्थिति की जाँच
- ऑनलाइन बुक्स (एन.सी.ई.आर.टी कक्षा 1 से 12वीं तक की पुस्तकें)
- ऑनलाइन शिकायत

- ऑनलाइन अपॉइंटमेंट
- ऑनलाइन डिजिटल लॉकर
- ऑनलाइन एफआईआर

सुशासन (Good Governance)

सुशासन से तात्पर्य किसी सामाजिक-राजनैतिक ईकाई (जैसे प्रशासन, नगर निगम, राज्य सरकार आदि) को इस प्रकार चलाना कि वह वांछित परिणाम दे। सुशासन के अन्तर्गत बहुत-सी चीजें आतीं हैं जिनमें अच्छा बजट, सही प्रबन्धन, कानून का शासन, सदाचार आदि। इसके विपरीत पारदर्शिता की कमी या सम्पूर्ण अभाव, जंगल राज, लोगों की कम भागीदारी, भ्रष्टाचार का बोलबाला आदि कुशासन के लक्षण हैं।

'शासन' शब्द में 'सु' उपसर्ग लग जाने से 'सुशासन' शब्द का जन्म होता है। 'सु' उपसर्ग का अर्थ शुभ, अच्छा, मंगलकारी आदि भावों को व्यक्त करने वाला होता है। राजनीतिक और सामाजिक जीवन की भाषा में सुशासन की तरह लगने वाले कुछ और बहुप्रचलित शब्द हैं जैसे– प्रशासन, स्वशासन, अनुशासन आदि। इन सभी शब्दों का संबंध शासन से है। 'शासन' आदिमयुग की कबीलाई संस्कृति से लेकर आज तक की आधुनिक मानव सभ्यता के विकासक्रम में अलग-अलग विशिष्ट रूपों में प्रणाली के तौर पर विकसित और स्थापित होती आई है। इस विकासक्रम में परंपराओं से अर्जित ज्ञान और लोककल्याण की भावनाओं की अवधारणा प्रबल प्रेरक की भूमिका में रही है। इस अर्थ में शासन की सभी प्रणालियाँ कृत्रिम हैं। इस प्रकार हम कह सकते हैं कि सुशासन व्यक्ति को भ्रष्टाचार एवं लालफीताशाही से मुक्त कर प्रशासन को स्मार्ट SMART - S (Simple) साधारण, M (Moral) नैतिक, A (Accountable) उत्तरदायी, R (Responsible) जिम्मेदारी योग्य, T (Transparent) पारदर्शी बनाता है।

सुशासन के प्रमुख तत्व

संयुक्त राष्ट्र सघं के अनुसार सुशासन की निम्नलिखित आठ विशेषताएँ होती हैं–

- विधि का शासन (Rule of Law)
- समानता एवं समावेशन (Equity and Inclusiveness)
- भागीदारी (Participation)
- जवाबदेही (Responsiveness)
- बहुमत/मतैक्य (Consensus Oriented)
- प्रभावशीलता व दक्षता (Effectiveness and Efficiency)

- पारदर्शिता (Transparency)
- उत्तरदायित्व (Accountability)

सुशासन दिवस (Good Governance Day)

भारत के पूर्व प्रधानमंत्री अटल बिहारी वाजपेयी की जयंती पर 25 दिसंबर को भारत में 'सुशासन दिवस' मनाया जाता है। जनता के प्रति सरकार की जवाबदेही को बढ़ाने हेतु एवं लोगों में इसे लेकर जागरूकता फैलाने के लिए वर्ष 2014 में सुशासन दिवस की शुरुआत की गई थी। सुशासन दिवस के सिद्धांत को ध्यान में रखते हुए भारत सरकार ने निर्णय लिया है कि सुशासन दिवस सरकार के लिए अवकाश का दिन न होकर कार्य दिवस है।

इस प्रकार सुशासन का आशय है किसी सामाजिक-राजनैतिक इकाई को इस प्रकार चलाना कि वह सकारात्मक परिणाम दे।

योजना आयोग तथा विश्व बैंक द्वारा सुशासन की निम्नलिखित विशेषताएँ बताई गई हैं–

- स्वतंत्र तथा निष्पक्ष चुनाव
- सरकारी संस्थाओं की जवाबदेही तथा पारदर्शिता
- सत्ता का विकेंद्रीकरण तथा प्रशासन में जनता की भागीदारी
- सामाजिक-आर्थिक सेवाओं की समयबद्ध उपलब्धता
- मितव्ययिता व कार्यकुशलता
- प्रशासन में नैतिकता
- वंचित वर्गों का संवर्धन
- पर्यावरण की दृष्टि से धारणीय विकास पर बल

सुशासन को सुनिश्चित करने के लिए शुचिता, दक्षता और प्रभावी शासन व्यवस्था आदि सामाजिक और आर्थिक विकास के लिए आवश्यक तत्व होते हैं। शासन में ईमानदारी कुछ आधारों पर तय की जा सकती है जैसे–

- प्रभावी कानून व नियमों का निर्माण उनको प्रभावी ढंग से लागू किया जाना।
- नैतिकता के संदर्भ में सबसे बड़ा नैतिक मूल्य यह है कि कानून का ईमानदारी से पालन किया जाए। दूसरे शब्दों में कानून, नियम तथा संहिताएँ वे घेरे हैं, जिसमें प्रशासनिक नैतिकता को बांधकर देखा गया है।

- सभी कानून व्याख्या चाहते हैं और व्याख्या करने वाला प्रशासक भी एक इंसान है। ऐसे में प्रशासक के नैतिक मूल्य ही निर्धारित करते हैं कि वह व्याख्या कैसी करता है।
- प्रशासन में शुचिता, स्वच्छता, कर्तव्य परायणता आदि गुणों को मजबूत करने तथा सुशासन के स्तर को निरंतर जनोन्मुख बनाने के लिए आवश्यक है कि प्रशासन में उच्चस्तरीय शुचिता का समावेश हो जिससे सुशासन के लक्ष्यों को प्राप्त किया जा सके।

सिटीजन चार्टर

सामान्यत: नागरिक घोषणा पत्र (Citizen's Charter) जनसेवाओं से संबंधित विभागों के लिए जारी किए जाते हैं और इनका उद्देश्य जनसेवाओं को दक्ष, त्वरित एवं जनोन्मुखी बनाना है।

लैंगिक संवेदनशीलता (Gender Sensitisation)

शासन एवं सरकार के द्वारा महिलाओं की सामाजिक, आर्थिक, शैक्षणिक और राजनीतिक स्थिति में सुधार लाने के लिए जो बहुआयामी प्रयास शुरू किए गए, उसके अच्छे नतीजे सामने आए हैं। बेटी बचाओ बेटी पढ़ाओ योजना, हुनर व सबला कार्यक्रम, ज्ञान ज्योति, बालिका साइकिल व पोशाक योजना और प्रोत्साहन योजना आदि से बच्चियों व किशोरियों से लेकर महिलाओं तक का आत्मविश्वास बढ़ा है। विभिन्न प्रयासों के परिणामस्वरूप विकासशील देश में महिला साक्षरता दर बढ़ी है। प्रतियोगी परीक्षाओं में इनकी भागीदारी पहले से ज्यादा है। सेवा क्षेत्र के साथ-साथ स्वरोजगार के क्षेत्र में भी महिलाएं आगे आ रही हैं।

महिला एवं बाल विकास विभाग तथा शिक्षा विभाग ने जेंडर संवेदनशील कार्यक्रमों को विस्तार देने की योजना बनाई है। इसके तहत अब महिलाओं को दहेज, बाल विवाह, पीएनडीटी एक्ट तथा घरेलू हिंसा आदि से संबंधित कानून के प्रति जागरूक किया जाएगा। यदि ये कार्यक्रम अपेक्षा के अनुरूप सफल रहे तो महिला विरोधी प्रवृत्तियों पर अंकुश लगाने में समाज की भूमिका बढ़ेगी। इन प्रवृत्तियों के खिलाफ अभियान अकेले प्रशासन के बूते सफल नहीं हो सकता। जब तक लड़कियों में जागरूकता नहीं आएगी, उनमें आत्मनिर्भरता के लिए बेचैनी पैदा नहीं होगी, तब तक केवल कानून बनाने से कन्याओं का कल्याण नहीं हो सकेगा। अब तक के अनुभव यही बताते हैं। इसलिए इस दिशा में सामाजिक जागरूकता एवं आंदोलन के रूप में कार्य करना होगा।

महिलाओं के प्रति हिंसा और अपराधों में दहेज प्रथा की बड़ी भूमिका है। सैद्धांतिक और कानूनी रूप से जिस प्रथा को अमान्य किया गया है, उसे व्यावहारिक जगत में

जबरदस्त समर्थन मिला हुआ है। यह एक विरोधाभासी सच है। नामचीन लोग भी ऐसी शादियों से परहेज नहीं करते। इसका विपरीत दबाव कन्या और उसके परिवार पर पड़ता है, लेकिन पीड़ित पक्ष से इसका तब तक कोई विरोध नहीं होता, जब तक दहेज आधारित रिश्ते में हिंसात्मक मोड़ नहीं आता।

पारंपरिक विवाह के लिए जिस तरह से लड़कियों का मानसिक अनुकूलन (कंडीशनिंग) किया जाता रहा है, उसमें वे इस प्रथा का प्रतिरोध नहीं कर पाती। जेंडर संवेदनशील कार्यक्रम सफल रहे तो कन्या विरोधी प्रथाएं आसानी से थोपी नहीं जा सकेंगी। तब हो सकता है कि लड़कियां खुद ऐसे विवाह से इनकार कर दें, जो पैसे के बल पर थोपे जाते हैं। घरेलू हिंसा के खिलाफ उन्हें क्या करना चाहिए, यदि यह जानकारी ठीक से हो जाए, तो राहत दिलाने में प्रशासन का काम आसान हो सकता है। वास्तविक सशक्तीकरण का रास्ता जागरूकता से होकर ही निकलेगा। इसलिए लैंगिक संवेदनशीलता महिला सशक्तीकरण और महिलाओं के सर्वांगीण विकास के लिए आज की महती आवश्यकता है।

लैंगिक संवेदनशीलता स्त्री पुरुष के मध्य कोई भेदभाव नहीं करते हुए, एक समान सभी के लिए बराबर का बर्ताव करना है। महिलाएं, पुरुषों से किसी मामले में कम नहीं है। ये बात हम हर रोज सुनते हैं, कहते हैं और किताबों में पढ़ते भी हैं लेकिन असल जीवन में इसका पालन बहुत कम लोग ही करते है। जीवन के हर मोड़ पर पुरुष चाहे-अनचाहे महिलाओं को उनके महिला होने का एहसास कराने से नहीं चूकता। यही एहसास लैंगिक संवेदनहीनता का जनक है और इसी को खत्म करने के लिए जेंडर सेंसेटाइजेशन यानी लैंगिक संवेदनशीलता जरूरी है।

लैंगिक संवेदनशीलता यानी हर लिंग (चाहे पुरुष हो या महिला) का व्यक्ति दूसरे लिंग (चाहे पुरुष हो या महिला) के प्रति सम्मान का भाव रखे। लिंग भेद को दरकिनार कर एक-दूसरे के प्रति सम्मान का भाव होना ही लैंगिक संवेदनशीलता है। लैंगिक समानता को हमारे संविधान के अनुच्छेद 15 में मौलिक अधिकारों में शामिल किया गया है।

कार्यालय प्रबन्धन (Office Management)

कार्यालय प्रबन्धन किसी भी संस्थान एवं संगठन के लिए महत्वपूर्ण होता है। कार्यालय प्रबन्धन किसी भी संस्थान का वह अंग होता है, जिसके बिना संस्थान अधूरा है। कार्यालय प्रबन्धन में संस्थान के द्वारा किए गए व्यवहारिक कार्यों को कागजी रूप दिया जाता है। किसी भी संगठन की उन्नति में कार्यालय प्रबन्धन का योगदान महत्वपूर्ण होता है। एक भी गलत गतिविधि बने-बनाए काम को चौपट कर सकती है। कार्यालय प्रबन्धन

के इस बढ़ते महत्व को समझकर ही आज कई सरकारी व गैर-सरकारी संस्थानों में कार्यालय प्रबन्धन की कला को पाठ्यक्रम के जरिए सिखाया जा रहा है।

कार्यालय प्रबन्धन के विभिन्न आयाम
(Dimensions of Office Management)

- कार्यालय एवं कार्यालय प्रबन्धन।
- अधिकारीगण एवं कार्मिकों का प्रबन्धन।
- मानव संसाधन प्रबन्धन।
- कार्यालय संगठन।
- डाक व डाक प्रेषण व्यवस्थाएं, आवक-जावक शाखा।
- कार्यालय प्रारूप, फॉर्म्स तथा स्टेशनरी।
- फाइलिंग प्रणाली।
- अनुक्रमणिका एवं मूवमेंट रजिस्टर संधारण।
- आधुनिक कार्यालय उपकरण - कम्प्यूटर सेट, वर्ड प्रोसेसर, फैक्स, फोटोकॉपीयर इत्यादि।
- बजट, व्यय एवं कैशबुक संधारण।
- अंकेक्षण, स्टॉक रजिस्टर व सम्पत्ति रजिस्टर।
- आधुनिक टेक्नोलॉजी व कार्यालय सम्प्रेषण।
- बैठकों एवं सम्मेलन, कार्यशाला एवं सभाओं की कार्यसूची।
- पत्रचार, फैक्स सन्देश व ई-मेल संदेश।
- कार्यालय कार्य वितरण।
- पत्र लेखन तथा दिनचर्या डायरी का निर्वाह।
- सचिवीय प्रक्रिया, अनुशासन एवं मानकों की पालना।
- कार्यालय की बैठकों के विषय में तैयारी तथा कार्यवाही विवरण मिनिट्स।
- सामान्य बैठकों पर सचिवीय मानक एवं प्रोटोकॉल।
- सचिवीय अंकेक्षण।
- बैंकिंग सुविधाएं व भुगतान के तरीके एवं प्रक्रियाएं।

विकेन्द्रीकरण (Decentralization)

विकेन्द्रीकरण कार्यों, शक्तियों, लोगों को या चीजों को केंद्रीय स्थान या प्राधिकारी से हटाकर पुनः विभाजित करने की प्रक्रिया को कहते हैं। विकेन्द्रीकरण का अर्थ भिन्न क्षेत्रों में, इसको लागू करने के तरीकों के अनुसार भिन्न हो सकता है। विकेन्द्रीकरण की अवधारणा को निजी व्यवसायों और संगठनों में समूह गतिकी और प्रबन्धन विज्ञान, राजनीति विज्ञान, विधि, लोक प्रशासन, अर्थशास्त्र और प्रौद्योगिकी के क्षेत्रों में लागू किया जाता है।

विकेन्द्रीकरण की अवधारणा केन्द्रीकरण के विपरीत है। इसमें निर्णय-शक्ति के केन्द्र अपेक्षाकृत कहीं अधिक होते हैं। विकेन्द्रीकरण में प्रशासन की निर्णय-शक्ति संगठन के विभिन्न स्तरों पर विभाजित कर दी जाती है। संगठन की निम्न स्तरीय इकाइयों को मुख्यालय की पूर्व अनुमति के बिना ही विभिन्न विषयों के सम्बन्ध में निर्णय लेने का अधिकार होता है। सर्वाधिक महत्वपूर्ण विषय ही केन्द्र के पास रहते हैं।

विकेन्द्रीकरण की प्रक्रिया को दो भागों में विभक्त किया जा सकता है–

1. **राजनीतिक विकेन्द्रीकरण** – इसके अन्तर्गत शासन के नए स्वरूपों की स्थापना की जाती है।
2. **प्रशासनिक विकेन्द्रीकरण** – जनता की प्रशासन में भागीदारी सुनिश्चित की जाती है। भारत में 'पंचायती राज' प्रशासनिक विकेन्द्रीकरण का सर्वोत्तम उदाहरण है।

विकेन्द्रीकरण के पक्ष में तर्क

विकेन्द्रीकरण के पक्ष में निम्नलिखित तर्क प्रस्तुत किए जा सकते हैं-

1. **मितव्ययिता** – यह कथन कि केन्द्रीकरण के द्वारा मितव्ययिता व कार्यकुशलता बढ़ जाती है, सदैव सत्य सिद्ध नहीं होता है। सावधानीपूर्वक कार्य करने एवं योग्य प्रतिभा की खोज करने पर विकेन्द्रित शासन भी मितव्ययी एवं कुशल सिद्ध हो सकता है।
2. **स्थानीय समस्याओं का उचित समाधान** – केन्द्रीकरण में केन्द्र पर अत्यधिक कार्यभार होने के कारण स्थानीय समस्याओं की ओर उचित ध्यान नहीं दिया जाता है, जबकि विकेन्द्रित व्यवस्था में स्थानीय स्तर पर भी निर्णय-शक्ति प्राप्त होती है, अतः स्थानीय समस्याओं को समझ पाना एवं उनका समुचित समाधान कर पाना सम्भव होता है।
3. **स्वावलम्बन को प्रोत्साहन** – केन्द्रीकरण में स्थानीय निकाय अथवा निम्न स्तर पूर्णतया केन्द्र पर आश्रित रहते हैं, अतः स्वावलम्बन का प्रश्न ही नहीं उठता है।

इसके अतिरिक्त, विकेन्द्रीकरण में स्वावलम्बन की भावना को प्रोत्साहित किया जाता है।

विकेन्द्रीकरण के गुण

विकेन्द्रीकरण के प्रमुख गुण निम्नलिखित हैं–

- जनता को राजनीतिक कार्यों में भाग लेने का अवसर प्राप्त होता है।
- प्रशासन के नियम परिवर्तित परिस्थितियों एवं जनता की आवश्यकताओं के अनुसार परिवर्तित किए जा सकते हैं।
- संगठन में सत्ता के वितरण से विलम्ब एवं लालफीताशाही जैसी बुराइयाँ नहीं पनप पाती हैं।
- सत्ता प्रत्यायोजन से निम्न अधिकारियों में उत्तरदायित्व की भावना पनपती है। इससे उनका मनोबल उच्च होता है।
- प्रशासन के कार्यों में नवीन प्रयोग करने की सम्भावना बनी रहती है।
- विकेन्द्रीकरण में निम्न अधिकारियों को निर्णय-निर्माण की सत्ता प्राप्त होती है जिससे उनके अन्दर आत्मविश्वास की वृद्धि होती है तथा संगठन के प्रति उनकी निष्ठा बनी रहती है।
- प्रतिकूल परिस्थितियों के लिए भी यह व्यवस्था लाभप्रद है। लोगों को स्थानीय स्तर पर परिस्थितियों के अनुसार शीघ्र निर्णय लेने की स्वतन्त्रता होती है।
- यह व्यवस्था प्रजातन्त्र के नियमों के अनुकूल है क्योंकि इसमें जनता की पूर्ण भागीदारी होती है। साथ ही निरंकुशता की प्रवृत्तियों पर नियन्त्रण स्थापित होता है।

विकेन्द्रीकरण के दोष

विकेन्द्रीकरण व्यवस्था में पाये जाने वाले दोष निम्नलिखित हैं–

- स्थानीय स्तर पर अधिकारियों की स्वेच्छाचारिता में वृद्धि हो जाती है। कई बार उनके द्वारा गलत निर्णय भी ले लिए जाते हैं जिनका संगठन की एकता पर प्रतिकूल प्रभाव पड़ता है।
- विभिन्न स्तरों पर अधिकारियों द्वारा भिन्न-भिन्न कार्य किए जाते हैं जिससे संगठन की एकरूपता समाप्त होती है।
- स्थानीय हितों में फँसे रहने के कारण राष्ट्रीय हितों की अवहेलना होती है। साथ ही राष्ट्रीय नीति निर्माण में भी कठिनाई आती है।
- विभिन्न स्तरों पर कार्मिकों की व्यवस्था करने में धन का भी अपव्यय होता है।

प्रशासन में नैतिकता और ईमानदारी (Ethics and Integrity in Administration)

प्रशासन में नैतिकता, ईमानदारी एवं सत्यनिष्ठा बहुत महत्वपूर्ण तत्व है जिनकी सभी प्रकार के शासन, सरकार, प्रशासन एवं प्रबन्धन में अपेक्षा की जाती है। प्रशासन में नैतिकता, ईमानदारी एवं सत्यनिष्ठा मिलकर सुशासन को विकसित करती हैं। एक अच्छे राष्ट्र व राज्य के लिए सुशासन सबसे पहली पूर्व आवश्यकता है। उसके समस्त नागरिकों का कल्याण और सर्वांगीण विकास वहाँ की शासन प्रणाली एवं प्रशासन प्रणाली पर पूरी तरह से निर्भर करता है।

सुशासन में विद्यमान अनेक विशेषताएँ जैसे कि, सहभागिता, विधि का शासन, पारदर्शिता, अनुक्रियाशीलता, आम सहमति, न्याय संगत, प्रभावशीलता, जवाबदेही और सामरिक दृष्टि की वजह से इसका महत्व बढ जाता है। वर्तमान में समाज, वैज्ञानिक, राष्ट्रीय और अंतर्राष्ट्रीय संस्थाएँ तथा स्वंय नागरिक समाज इस बारे में चिंतित है कि भारत में सुशासन की व्यवस्था किस प्रकार सुचारु रूप से चले। ये कहना अनुचित न होगा कि भारत में गणतंत्र के सत्तर दशक बाद भी सुशासन की अवधारणा व्यवहार में नहीं है। अनेकता में एकता की पहचान लिए भारत में आज सुशासन को आतंकवाद, भ्रष्टाचार, नक्सलवाद, साम्प्रदायिकता जैसी अनेक चुनौतियों का सामना करना पड़ रहा है। सामाजिक दूरियों के साथ जातिगत और धार्मिक उन्माद भी बढा है। देश में राजनैतिक अस्थिरता, क्षेत्रीय एवं साम्प्रदायिक दलों के उदय ने राजनैतिक वातावरण को बहुत दूषित किया है जिससे सुशासन को अपने अस्तित्व के लिए अनेक मुश्किलों का सामना करना पड़ रहा है।

सुशासन को नैतिक-मूल्यों, नैतिकता के आधार पर मजबूत करने के लिए भारत में कुछ सुधार की आवश्यकता है, जिससे अपार जनभागीदारी सुनिश्चित हो सके। सुशासन की प्राथमिकता को समझते हुए भारत में संवैधानिक और प्रशासनिक सुधारों को मान्यता देनी चाहिए। व्यवस्थापिका एवं कार्यपालिका की तरह न्यायपालिका को भी सुशासन के हित में ज़वाबदेह बनाना चाहिए। लोक सेवा की गुणवत्ता में सुधार आने से सुशासन का आधार मजबूत होगा और सत्यनिष्ठा भी बढ़ेगी।

केंद्रीय सतर्कता आयोग द्वारा नागरिकों के लिए जारी सत्यनिष्ठा प्रतिज्ञा

मेरा विश्वास है कि हमारे देश की आर्थिक, राजनीतिक तथा सामाजिक प्रगति में भ्रष्टाचार एक बड़ी बाधा है। मेरा विश्वास है कि भ्रष्टाचार का उन्मूलन करने के लिए सभी संबंधित पक्षों जैसे सरकार, नागरिकों तथा निजी क्षेत्र को एक साथ मिल कर कार्य करने की आवश्यकता है।

मेरा मानना है कि प्रत्येक नागरिक को सतर्क होना चाहिए, उसे सदैव ईमानदारी तथा सत्यनिष्ठा के उच्चतम मानकों के प्रति वचनबद्ध होना चाहिए और भ्रष्टाचार के विरुद्ध संघर्ष में साथ देना चाहिए।

अतः, मैं प्रतिज्ञा करता हूँ कि

- जीवन के सभी क्षेत्रों में ईमानदारी तथा कानून के नियमों का पालन करूँगा।
- ना तो रिश्वत लूँगा और ना ही रिश्वत दूँगा।
- सभी कार्य ईमानदारी तथा पारदर्शी रीति से करूँगा।
- जनहित में कार्य करूँगा।
- अपने निजी आचरण में ईमानदारी दिखाकर उदाहरण प्रस्तुत करूँगा।
- भ्रष्टाचार की किसी भी घटना की रिपोर्ट उचित एजेंसी को दूँगा।

इस प्रकार हमें पूरा विश्वास है कि एक दिन हम सब सम्मिलित प्रयास से भारत में पुनः अच्छी शासन व्यवस्था, सत्यनिष्ठा और प्रशासनिक प्रथाओं में अपार जन भागीदारी जैसा वातावरण निर्मित कर सकेंगे और सुशासन महज एक विषय न होकर जीने का एक तरीका हो जायेगा।

विदेश नीति एवं राष्ट्रीय सुरक्षा (Foreign Policy and National Security)

विदेश नीति और राष्ट्रीय सुरक्षा परस्पर संबंधित विषय हैं इसलिए दोनों का अध्ययन एक साथ किया जाता है। भारत के संदर्भ में हमारी विदेश नीति का मुख्य उद्देश्य हमारी राष्ट्रीय सुरक्षा को सुनिश्चित करना है। विदेश नीति में हम हमारे पड़ोसियों के साथ कूटनीतिक संबंधों को तय करते हैं तथा अन्य विदेशी राष्ट्रों के साथ सामरिक, आर्थिक एवं सांस्कृतिक संबंधों को भी स्थापित करते हैं। अतः हम यहाँ विदेश नीति और राष्ट्रीय सुरक्षा की पृथक-पृथक एवं एक साथ दोनों प्रकार से पड़ताल करेंगे।

विदेश नीति (Foreign Policy)

किसी देश की विदेश नीति, जिसे विदेशी संबंधों की नीति भी कहा जाता है, अपने राष्ट्रीय हितों की रक्षा करने के लिए और अंतर्राष्ट्रीय संबंधों के वातावरण में अपने लक्ष्यों को प्राप्त करने के लिए राज्य द्वारा चुनी गई स्वहितकारी रणनीतियों का समूह होती है। किसी देश की विदेश नीति दूसरे देशों के साथ आर्थिक, राजनैतिक, सामाजिक तथा सैनिक विषयों पर पालन की जाने वाली नीतियों का एक समुच्चय है।

किसी भी देश की विदेश नीति मुख्य रूप से कुछ सिद्धान्तों, हितों एवं उद्देश्यों का समूह होती है जिनके माध्यम से वह राज्य दूसरे राष्ट्रों के साथ संबंध स्थापित करके उन सिद्धान्तों की पूर्ति हेतु कार्यरत रहता है। इसी प्रकार प्रत्येक राज्य की अपनी विदेश नीति होती है जिसके माध्यम से वे अन्तर्राष्ट्रीय स्तर पर अपने संबंधों का निरूपण करते हैं। विशेष रूप से सर्वप्रथम **मॉडलस्की** ने इसको परिभाषित करते हुए कहा था कि विदेश नीति समुदायों द्वारा विकसित उन क्रियाओं की व्यवस्था है जिसके द्वारा एक राज्य दूसरे राज्यों के व्यवहार को बदलने तथा उनकी गतिविधियों को अन्तर्राष्ट्रीय वातावरण में ढ़ालने की कोशिश करता है। परन्तु विदेश नीति की इस प्रकार की परिभाषा को अति सरलीकरण माना जाएगा क्योंकि विदेश नीति का उद्देश्य मात्र दूसरों के व्यवहार का परिवर्तन मात्र नहीं हो सकता है। अपितु इसके माध्यम से दूसरे राज्यों की गतिविधियों का नियंत्रण करना भी अति आवश्यक होता है।

इस प्रकार विदेश नीति में परिवर्तन के साथ-साथ कई बार निरंतरता की आवश्यकता भी होती है। क्योंकि विदेशी नीति परिवर्तन एवं यथास्थिति दोनों प्रकार की नीतियों का समन्वय होता है। बल्कि फेलिम्स ग्रास तो इससे भी एक कदम आगे निकल जाते हैं जब वे कहते है कि कई बार किसी राज्य के साथ कोई संबंध न होना या उसके बारे में कोई निश्चित नीति न होना भी विदेश नीति कहलाता है। इस प्रकार विदेश नीति के सकारात्मक एवं नकारात्मक दोनों पहलू होते हैं। यह सकारात्मक रूप में जब होती है जब वह दूसरे राज्यों के व्यवहार का प्रयास करती है तथा नकारात्मक रूप में तब होती है जब वह दूसरे राज्यों के व्यवहार को परिवर्तित करने का प्रयास करती है।

अतः विदेश नीति उन सिद्धान्तों, हितों व उद्देश्यों के प्रति वचनबद्धता है जिनके द्वारा एक राज्य दूसरे राज्यों के साथ अंतर्राष्ट्रीय सन्दर्भ में अपने संबंधों का निर्वाह करता है। इस संदर्भ में विदेश नीति पर निर्णय लेने के साथ-साथ इसका अन्य राज्यों के साथ संबधों का वहन करना भी अति महत्वपूर्ण हो जाता है। लेकिन इस प्रकार के व्यवहार के समय राज्य को अपने लाभ-हानि अर्थात् संसाधन एवं जोखिम दोनों का मूल्यांकन भी कर लेना चाहिए। इस संदर्भ में एक महत्वपूर्ण बात यह है कि विदेश नीति एवं राष्ट्रीय हितों के बीच एक गहन संबंध होता है।

राष्ट्रहित किसी भी राष्ट्र की विदेश नीति के लिए उसका मूलभूत आधार होता है। राष्ट्रहित विभिन्न संदर्भो में विदेश नीति हेतु निम्न प्रकार से आवश्यक भूमिका निभाते हैं–

- **प्रथम–** ये विदेश नीति को अन्तर्राष्ट्रीय वातावरण के संदर्भ में सामान्य अभिविन्यास प्रदान करते हैं।

- **द्वितीय–** ये निकट भविष्य की स्थिति में विदेश नीति को नियंत्रण करने वाले मापदण्डों का विकल्प प्रदान करते हैं।
- **तृतीय–** राष्ट्रीय हित विदेश नीति को निरंतरता प्रदान करते हैं।
- **चतुर्थ–** इन्हीं के आधार पर विदेश नीति बदलते हुए अतंर्राष्ट्रीय स्वरूप में अपने आपको ढ़ालने में सक्षम हो सकती है।
- **पंचम–** राष्ट्रीय हित विदेश नीति को मजबूत आधार प्रदान करते हैं क्योंकि ये समाज के समन्वित एवं सर्वसम्मति पर आधारित मूल्यों की अभिव्यक्ति होते हैं। अन्ततः ये विदेशी नीति हेतु दिशा निर्देशन का कार्य करते हैं।

राष्ट्रीय सुरक्षा (National Security)

राष्ट्रीय सुरक्षा एक व्यापक राजनीतिक एवं सामरिक अवधारणा है। कई बार सुरक्षा और रक्षा को एक समान संप्रत्यय समझ लिया जाता है लेकिन वे दोनों परस्पर संबंधित होते हुए भी पृथक-पृथक अवधारणाएँ हैं। जहाँ सुरक्षा का विषय अधिक व्यापक है वही रक्षा की अवधारणा का दायरा सीमित है। सुरक्षा व्यापक दृष्टिकोण से राजनीतिक, सामरिक एवं सर्वांगीण अवधारणा है, जबकि रक्षा (Defence) तत्कालिक सैन्य परिस्थितियों से सम्बन्ध रखती है। नागरिकों तथा सरकार का कर्तव्य, राष्ट्र को अखण्डता, सम्प्रभुता एवं स्थिरता प्रदान करना है। राष्ट्रीय सुरक्षा की अवधारणा राष्ट्रीय हितों एवं राष्ट्रीय समस्याओं से जुड़ी हुई है। राष्ट्रीय हित और सुरक्षा एक दूसरे के पूरक हैं।

देश की असुरक्षित सीमाओं और साथ-साथ देश के भीतर पल रहे असंतोष के मद्देनजर राष्ट्रीय सुरक्षा का सवाल इन दिनों बहुत महत्वपूर्ण हो गया है। आतंकवाद और नक्सलवाद के मानवता विरोधी आचरण से टकराता राज्य अकेला इन सवालों से जूझ नहीं सकता। यह युद्ध समाज, मीडिया और आमजन की एकजुटता के बिना जीतना असंभव-सा है। ऐसे में एकता, जागरूकता और राष्ट्रीयता के भाव ही हमें बचा सकते हैं। हमारे देश का युवा संवेदनशील है, किंतु देश के ज्वलंत सवालों पर न तो उसकी समझ है न ही उसे प्रशिक्षित करने के प्रयत्न हो रहे हैं। युवा शक्ति को बांटने और लड़ाने के लिए भाषा, जाति, क्षेत्र, समुदाय के सवाल जरूर खड़े किए जा रहे हैं। राष्ट्रीयता को जगाने और बढ़ाने का हमारे पास कोई उपक्रम नहीं है। शिक्षण संस्थान और परिवार दोनों इस सवाल पर उदासीन हैं। वे कैरियर और सफलता के आगे कोई राह दिखाने में विफल हैं, जिनसे अंततः असंतोष ही पनपता है और अवसाद बढ़ता है।

वैश्वीकरण के इस युग में सूचना तकनीक तथा अन्य आधुनिक तकनीकों का राष्ट्रीय सुरक्षा में महत्वपूर्ण योगदान है। आधुनिक समय में सूचना भी एक हथियार

की तरह इस्तेमाल हो रही है। सूचना एक शक्ति भी है और हथियार भी। ऐसे में 'कोलोजियम ऑफ माइंड्स' (वैचारिक साम्राज्यवाद) का समय आ पहुँचा है। जहाँ लोगों के दिमागों पर कब्जा कर उनसे वह सारे काम करवाए जा सकते हैं जिससे उनके देश, समाज या राष्ट्र का नुकसान है। अपने ही देश में देश के खिलाफ नारे लगाना, देश को तोड़ने वाली गतिविधियों में सहभागिता, हिंदुस्तानी युवाओं का आईएस जैसे खतरनाक आतंकी संगठन के आकर्षण में आना और वहाँ युद्ध के लिए चले जाना, भारत में रहकर दूसरे देशों के पक्ष में बौद्धिक वातावरण बनाना, अन्य देशों के लिए लॉबिंग इसके ही उदाहरण हैं। इस प्रकार राष्ट्रीय सुरक्षा के कई गंभीर खतरे हैं और इनसे निपटना एक चुनौती है। आधुनिक भारत में राष्ट्रीय सुरक्षा की समस्त चुनौतियों से मुकाबला करने का सामर्थ्य मौजूद है। इसलिए हमें राष्ट्रीय सुरक्षा को लेकर सतर्क तो रहना है लेकिन भय की कोई आवश्यकता नहीं है।

❑❑❑

2

नव लोक प्रबन्धन (NPM – New Public Management)

नव लोक प्रबन्धन एक नया उभरता हुआ विषय है, जिसमें लोक प्रशासन एवं सामान्य प्रबन्धन के महत्वपूर्ण लोक महत्व के विषय क्षेत्रों को शामिल किया जाता है। नव लोक प्रबन्धन के अन्तर्गत मुख्य रूप से सरकार शासन और जनता से जुड़े हुए विभिन्न मुद्दों का अध्ययन किया जाता है। इस प्रकार लोक प्रबन्धन सरकार, शासन एवं उसकी संरचनाओं, प्रक्रियाओं, कार्यों तथा इनके विभिन्न तरीकों का व्यवस्थित अध्ययन है। जहाँ लोक प्रबन्धन मूल रूप से समाज और शासन के बीच समन्वय सहयोग और व्यवस्था का नाम है, वहीं नव लोक प्रबन्धन इसमें नव-सृजन और नवाचार की शैली है।

नव लोक प्रबन्धन व्यवस्था शासन के कार्यों और जनता को प्रदान की जाने वाली सेवाओं की एक नवीन प्रक्रिया या प्रणाली का नाम है। नव लोक प्रबन्धन में सरकारी एवं गैर-सरकारी संरचनाओं और प्रक्रियाओं तथा संसाधनों का प्रबन्धन शामिल है। वास्तव में सरकार की योजनाओं एवं कार्यक्रमों का प्रभावी तथा सही लक्ष्यानुरूप क्रियान्वयन ही लोक प्रबन्धन का मूल उद्देश्य है।

बदलते वैश्विक परिवेश में लोक प्रशासन एवं प्रबन्धन विषयगत परिधियों के अंदर बदलाव को महसूस कर रहे हैं। विकास के बदलते प्रतिमान जैसे नव उदारवादी व्यवस्था ने राज्य के स्वरुप को सीमित कर दिया है तथा बाजार व्यवस्था का उदय हुआ है। परंपरागत लोक प्रशासन जिसका मूल आधार प्रशासनिक ढाँचा, सांस्थानिक प्रबन्धन तथा लोकहित की स्थिति को संचालित करने वाले सिद्धांतों पर आधारित था, आज के युग में निष्फल हो चुका हैं। अत: नव लोक प्रबन्धन जैसे विषय अब आधुनिक परिवेश में अधिक प्रासंगिक हैं।

लोक प्रबन्धन की एक नई लोकप्रिय अवधारणा के रूप में नव लोक प्रबन्धन का विकास हुआ है। सामान्य शब्दों में कहा जा सकता है कि नव लोक प्रबन्धन का सिद्धान्त वैश्वीकरण, उदारीकरण तथा निजीकरण के दौर में विल्सन और वेबर के सिद्धांतों को लोक प्रशासन के लिए असंगत करार दे रहा था। इस नए सिद्धान्त में सरकार व नौकरशाही की भूमिका में बदलाव की बात की गयी। लोक प्रशासन में

नव लोक प्रबन्धन का जन्म 1990 के दशक में हुआ। क्रिस्टोफर हुड ने इस शब्द का प्रयोग सबसे पहले किया। इसे पोलिट के द्वारा 'प्रबंधवाद' कहा गया।

सामान्यत: नव लोक प्रबन्धन समाज एवं अर्थव्यवस्था में राज्य की भूमिका को कम करना चाहता है तथा एक उद्यमशील सरकार की स्थापना करना चाहता है।

नव लोक प्रबन्धन की विशेषताएँ

नव लोक प्रबन्धन की प्रकृति के अनुसार इसकी कई विशेषताएँ हैं। विशेष रूप से प्रबन्धन में कुशलता, नवाचार, प्रभावशीलता, सृजनशीलता, अन्त:क्रियावादी परिप्रेक्ष्य, समाज-अनुकूलता एवं प्रतीकात्मक क्रियाशीलता प्रमुख हैं। नव लोक प्रबन्धन का लक्ष्य जनकेन्द्रित सुशासन स्थापित करना है। सुशासन के तीन उद्देश्य बताए गए हैं–

- कुशलता (Efficiency)
- मितव्ययिता (Economy)
- प्रभावशीलता (Effectiveness)

नव लोक प्रबन्धन की अन्य विशेषताएँ निम्न प्रकार हैं–

- प्रबंधकों के व्यक्तिगत उत्तरदायित्व के स्थान पर परिणाम आधारित व्यवस्था पर बल दिया गया।
- यह शास्त्रीय नौकरशाही प्रवृति की जगह संगठनों, कार्मिक एवं रोजगारपरक सेवा शर्तों को अत्यधिक लचीला बनाता है।
- संगठनों एवं कार्मिक उद्देश्य को सफलता एवं प्रदर्शित मानकों की कसौटी पर परखने पर बल दिया।
- सरकारी गतिविधियों को बाजार व्यवहारों का सामना करना चाहिए।
- सरकार के आकार को निजीकरण के माध्यम से छोटा करना चाहिए।
- नीति के बजाय प्रबन्धन पर बल तथा कार्यकुशलता का मूल्यांकन और सक्षमता पर ध्यान केंद्रित रखना।
- प्रतियोगिता को बढ़ावा देने के लिए अर्ध बाजार व्यवस्था या संविदा एवं अनुबंध का प्रयोग।
- प्रबन्धन की एक शैली को अपनाना जो उत्पादन लक्ष्यों, सीमित अवधि अनुबंधों, धन संबंधी नवाचारों तथा प्रबन्धन की स्वतंत्रता पर बल देती हो।
- लागत में कटौती एवं मितव्यता नव लोक प्रबन्धन के केन्द्रीय तत्व हैं।

नव लोक प्रबन्धन पर क्रिस्टोफर हुड के विचार

हुड ने नव लोक प्रबन्धन के निम्न 7 बिंदुओं पर चर्चा की है–

- सार्वजनिक क्षेत्र में पेशेवर प्रबंध जहाँ उत्तरदायित्व के साथ-साथ प्रबंधकों की अधिक स्वायत्तता पर बल दिया जाए।
- प्रदर्शन का एक निश्चित मानक एवं मापदंड, यह इस बात पर बल देता है कि प्रबंधकों की नजर में लक्ष्य स्पष्ट होने चाहिए, साथ ही साथ उत्तरदायित्व, कार्यकुशल व उद्देश्य को पूरा करने में सक्षम हों।
- निर्गत नियंत्रण, इसके अंतर्गत संसाधन के बंटवारों पर नियंत्रण रखा जा सके।
- सार्वजनिक क्षेत्रों को अत्यधिक बढ़ावा।
- निजी क्षेत्रों की प्रबंधकीय शैली पर बल जिससे संगठन की कार्य कुशलता में वृद्धि हो सके।
- उच्च अनुशासन तथा संसाधनों में मितव्ययता इसके अंतर्गत संसाधनों का समुचित या अनुकूलतम प्रयोग विशेषकर वित्तीय संसाधन ताकि प्रत्यक्ष लागत में कटौती हो।
- यद्यपि यह कहा जा सकता है कि नव लोक प्रबन्धन ने राज्य की भूमिका तथा सरकार के रूप में परिवर्तन किया है। यह प्रबंधकीय स्वायत्तता का समर्थन करता है।

दरअसल नव लोक प्रबन्धन के माध्यम से सुशासन स्थापना के पीछे मंतव्य यही था कि सरकारी तंत्र को गुणवत्ता तथा कार्य कुशलता की ओर प्रेरित कर और नौकरशाही प्रवृत्ति को कम किया जाए। पश्चिमी देशों नें इसके प्रति तत्परता दिखाई और उद्यमशील सरकार के स्वरूप एवं सुशासन को निम्न आधार पर प्राप्त करने के प्रयास किए गए हैं–

- बजट को कम करके
- सरकार के आकार को कम करके
- सार्वजनिक क्षेत्र के उपक्रमों का निजीकरण करके
- चुने हुए क्षेत्रों को संविदा पर देकर
- निष्पादन मापक सूचकों को अपनाकर

यह कहना समाचीन होगा कि नव लोक प्रबन्धन में वर्तमान पीढ़ी के साथ-साथ भविष्य की अवश्यकताओं को भी संज्ञान में लिया गया है। यह सही है कि लोक प्रशासन एक विषय तथा प्रक्रिया दोनों रूपों में गतिशील है। नव लोक प्रबन्धन उसी की एक झलक है। नव लोक प्रबन्धन का सिद्धांत अंतर्विषयक पद्धति अपनाने पर बल देता है। यह सिद्धांत संगठनों में मानवीय तत्व का भी समावेश करता है। यह लालफीताशाही

का विरोध करते हुए केंद्रीय नियंत्रण को भी कम करके प्रबंधकों को स्वायत्त बनाना चाहता है।

नव लोक प्रबन्धन : आलोचनात्मक विश्लेषण

- यह सिद्धांत समान रुप से विकसित और विकासशील देशों में लागू नहीं किया जा सकता है। यह विरोधाभासी प्रतीत होता है तथा सशक्तिकरण नकारता है।
- यह अत्यधिक बाजारीकरण तथा निजीकरण पर बल देता है।
- नवीन लोक प्रबन्धन सरकार को बाजार का सही उपागम मानता है तथा व्यक्तिगत या निजी प्रशासन के मूल्यों तथा तकनीकों की प्रशंसा करता है जबकि लोक प्रशासन कभी भी निजी प्रशासन को अपना उपागम नहीं बना सकता है। आधुनिक सरकार विधि के शासन का अनुकरण करती हैं ना कि बाजार संयंत्र का।
- व्यावहारिक दृष्टिकोण से यह भी सत्य प्रतीत होता है कि अत्यधिक निजीकरण से संपत्ति के कुछ व्यक्तियों के हाथों में संकेंद्रण खतरा हमेशा बना रहता है। ऐसी व्यवस्था जहाँ वह कुछ ही व्यक्तियों के हाथों में होती है वहाँ नौकरशाही और सरकार दोनों अमीर या साधन संपन्न हाथों की कठपुतली बन जाते हैं तथा शोषणपरक वातावरण उत्पन्न होता है।
- नवीन लोक प्रबन्धन ने केवल आर्थिक उद्देश्यपरक व्याख्या पर बल दिया है तथा सामाजिक, राजनीतिक और सांस्कृतिक पहलू की अनदेखी की है। एक अच्छा प्रशासन वह होता है जो मानव की प्रत्येक गतिविधियो में सामंजस्य स्थापित करने की कोशिश करता है।

इसकी विशेषताओं के आधार पर ग्रेब्रिएल ने नव लोक प्रबन्धन का उद्यमी शासन या व्यवसायी शासन (Entrepreneurial Government), बार्जले ने उत्तर नौकरशाही प्रतिमान, पोल्लीत ने प्रबन्धवाद आदि संज्ञाएं दी। लेकिन सामान्य और सर्वमान्य नाम नव लोक प्रबंधवाद है।

राज्य बनाम बाजार चर्चा से स्पष्ट हुआ कि नवीन प्रवृत्तियों यथा वैश्वीकरण, उदारीकरण, निजीकरण आदि के अनुरूप राज्य की भूमिका बदल रही है और इसलिए उसके प्रशासन के स्वरूप और कार्य दोनों को पुनः निर्धारित करने की जरूरत है। यह नया सरकारी प्रशासन कैसा हो – ''नव लोक प्रबन्धन'' यह स्पष्ट करता है। ''नव लोक प्रबन्धन'' वस्तुतः सम्पूर्ण परिदृश्य में हो रहे परिवर्तनों के अनुकूल एक और नये लोक प्रशासन की सैद्धान्तिक अवधारणा है। इस लिहाज से नव लोक प्रशासन के बाद ''नव लोक प्रबन्धन'' लोक प्रशासन में दूसरा सुधारवादी आन्दोलन है।

चूंकि नव लोक प्रबन्धन दृष्टिकोण राज्य और प्रशासन को एकीकृत मानता है और प्रशासन को राजनीति का ही एक अन्तर्भूत तत्व, अतः इन वांछित परिवर्तनों को राज्य और प्रशासन के संयुक्त परिप्रेक्ष्य में ही विश्लेषित किया गया है। और स्पष्ट करें तो नव लोक प्रबन्धन का ज़ोर सम्पूर्ण राज्य या सरकार में बाजारोन्मुख परिवर्तन से हैं। यह राज्य (सरकार) और प्रशासन को पृथक-पृथक न तो मानता है, और न ही देखता है।

यही कारण है कि नव लोक प्रबन्धन को नये किस्म का लोक प्रशासन मानते हुए भी ''व्यवसायी सरकार'' जैसी व्यापक संज्ञा दी गयी है। इसीलिए परिवर्तन का क्षेत्र नीति निर्माण से लेकर उसके क्रियान्वयन तक विस्तृत है। राज्य के स्थान पर बाजार को वह समाज और अर्थव्यवस्था के मुख्य चालक की भूमिका प्रदान करता है।

वह राज्य की नीति निर्माता, सुविधा प्रदान सूचना-प्रदाता और विभिन्न गतिविधियों के समन्वयकर्ता का रोल देता है जो कम महत्वपूर्ण नहीं है अपितु तीव्र वैश्विक परिवर्तनों के इस दौर में अत्यधिक महत्वपूर्ण है। हाँ, ये सब काम वितरण प्रकृति (Distributing Nature) और नियामक प्रकृति (Regulatory Nature) के हैं न कि निष्पादन प्रकृति (Executive Nature) के। अधिकांश निष्पादन तो अब बाजार के हवाले किया जा रहा है मात्र कतिपय सामाजिक सेवाएँ ही राज्य को निष्पादित करना है।

ओसबार्न और **गेबलर** के शब्दों में ''हमें और अधिक सरकार की नहीं अपितु बेहतर सरकार की जरूरत है और संक्षिप्त में कहें तो एक बेहतर शासन की जरूरत है। शासन ऐसा कार्य है जो सामूहिक रूप से हमारी समस्या का समाधान करता है। सरकार हमारे द्वारा प्रयुक्त एक उपकरण भर है। यह उपकरण अप्रांसगिक हो गया है, अतः इसे नया रूप देने की जरूरत है।''

वारेन बेनिस ने इस जरूरत को 1965 में ही पहचान लिया था, इसलिए उन्होंने लिखा है कि 'आगामी 25-30 वर्षों में हम नौकरशाही के पतन में सहभागी होंगे और उसके स्थान पर एक नवीन व्यवस्था का उदय होगा।''

नव लोक प्रबन्धन की आवश्यकता तो थैचर-रीगन के ''मुक्त बाजार'' अभियान ने ही प्रस्तुत कर दी थी लेकिन इस दिशा में मुख्य भूमिका विश्व बैंक के ''विकास की चुनौतियाँ'' (1991) नामक प्रतिवेदन ने निभायी। राज्य और प्रशासन की भूमिका में परिवर्तन की माँग करने वाले इस प्रतिवेदन को आगे बढ़ाया, 1992 में प्रकाशित ओसबार्न और गेबलर की कृति 'रिइनवेंटिग गवर्नमेन्ट' (सरकार का पुनः अन्वेषण) ने। इस पुस्तक को नौकरशाही विरोधियों ने हाथों-हाथ लिया और यह उन विद्वानों-विचारकों के लिए जो प्रशासन को नौकरशाही से मुक्त देखना चाहते हैं, ''नव लोक प्रबन्धन की बाइबल'' बन गयी।

लोक प्रबन्धन की विशेषताएँ

(Features of Public Management)

नव लोक प्रबन्धन मूल रूप से लोक प्रबन्धन से विकसित हुआ है, इसलिए इसके लिए लोकं प्रबन्धन की विशेषताओं एवं लक्षणों की पड़ताल करना आवश्यक है। ओसबार्न और गेबलर ने लोक प्रबन्धन को 'व्यवसायी सरकार'' (EG - Entrepreneurial Government) के रूप में अभिव्यक्त किया है और इसकी 10 प्रमुख विशेषताएं निम्न प्रकार बतायी हैं–

1. **प्रतिस्पर्धी सरकार** – व्यवसायी सरकार वस्तुओं एवं सेवाओं के विभिन्न प्रदाताओं के मध्य प्रतियोगिता को प्रोत्साहित करती है। ऐसा वह कार्यकुशलता और मितव्ययिता को बढ़ावा देकर करती है और इसका स्वाभाविक परिणाम होता है लागत में कमी और निष्पादन में वृद्धि।
2. **सामुदायिक सशक्तिकरण** – नौकरशाही की नियन्त्रण शक्ति को घटाना और उसके स्थान पर नागरिकों, परिवारों व समाजों की अधिकारिता को बढ़ाना ताकि वे अपनी समस्याओं के समाधान खोज सकें और लागू कर सकें।
3. **परिणामोन्मुखी** – अपने (सरकार) संगठनों के कार्यों का मूल्यांकन निवेश की मात्रा के आधार पर नहीं अपितु परिणामों के आधार पर करना। लक्ष्य निर्देशित प्रयासों को प्रोत्साहित करना।
4. **लक्ष्योन्मुख शासन** – कायदे-कानूनों के स्थान पर लक्ष्यों से प्रेरित होकर काम करना।
5. **उपभोक्ता चालित सरकार** – ये अपने हितग्राहियों को उपभोक्ता मानकर व्यवहार करती है और उन्हें अनेक सेवा विकल्प प्रस्तुत करती है, ताकि वे मनपसंद विकल्प चुन सकें। उदाहरणार्थ भारत संचार निगम लिमिटेड् (BSNL) ने Prepaid (सेलवन) और Post Paid (एक्सेल) दोनों विकल्प दिये हैं।
6. **समस्या के कारणों की समाप्ति** – समस्या उत्पन्न होने पर उसके निदान की प्रवृत्ति को त्यागकर उन्हें उत्पन्न होने से रोकने की प्रवृत्ति। अर्थात् समस्या निदान के स्थान पर समस्या के कारण की समाप्ति।
7. **व्यावसायिकता** – अपनी शक्ति धन व्यय करने में नहीं, धन कमाने में लगाती है।
8. **विकेन्द्रीयकरण आधारित** – सहभागी प्रबन्ध अपनाती है अर्थात् निचले स्तर तक अधिकारों का विकेन्द्रीकरण किया जाता है।
9. **बाजारोन्मुखता** – नौकरशाही मूलक प्रशासन के स्थान पर बाजार जैसा तन्त्र पसन्द करती है (अर्थात् त्वरित, पारदर्शी, ग्राहक-मित्र प्रक्रिया और व्यवहार)।

10. **उत्प्रेरकता** – मात्र सार्वजनिक सेवाएँ प्रदान करने पर ही ध्यान नहीं देती, अपितु सामुदायिक समस्याओं के निदान के लिए सार्वजनिक, निजी और स्वयंसेवी संस्थाओं (N.G.O.) सभी को प्रेरित करने का प्रयास करती है।

उपर्युक्त विशेषताएँ आज प्रत्येक स्वशासन के लिए आदर्श हैं। भले ही उनमें से अनेक को प्राप्त करना या पूरी मात्र में स्वीकार करना कठिन भी है। ब्रिटेन में मार्गरेट थैचर और न्यूजीलैंड में रोजरनोमिक्स ने नव लोक प्रबन्धन को लागू करने के प्रयास किए थे। उधर संयुक्त राज्य अमेरिका में रीगन ने भी इन्हें अपनाया।

लोक प्रबन्धन की प्रमुख मान्यताएँ

1. नीति या मूल्य के स्थान पर ''प्रबन्ध'' पर जोर अर्थात् क्या होना चाहिए या क्या प्राप्त करना है से अधिक महत्वपूर्ण ''कैसे करना'' है। इस हेतु प्रबन्धकों को अधिक स्वायत्तता और संसाधन प्रदान करना जरूरी है।
2. सरकार अब नागरिकों को उपभोक्ता मानकर चले। इससे उसकी भूमिका में दो परिवर्तन होंगे- प्रथम, नागरिकों की रूचि के अनुरूप सेवाओं के विकल्प रखे जायें तथा द्वितीय प्रदत्त सेवा का पूरा मूल्य वसूला जाये।
3. बाजार को प्रतिस्पर्धात्मक बनाएँ। इस हेतु, सेवा या वस्तु के प्रदान कर्ताओं के मध्य स्वास्थ्य प्रतियोगिता का संचालन सरकार को सुनिश्चित करना है। सरकार कतिपय आवश्यक राज्य सेवाओं के लिए टेण्डर बुलाकर भी ऐसी प्रतियोगित्ता को जन्म देती है। उदाहरण के लिए बोट (BOT- Build, Operate and Transfer)।
4. कार्य निष्पादन की निरन्तर समीक्षा पर बल। इसके आधार पर ही कार्मिकों को मान्यता, वेतन, पदोन्नति आदि प्रदान किए जायें। इससे समय सीमा में काम पूरा करने की प्रवृत्ति को बल मिलेगा।
5. मितव्ययिता को हर स्तर पर सुनिश्चित करना। इस हेतु नकदी प्रणाली के स्थान पर प्रोद्‍भवन प्रणाली अपनाना।
6. नौकरशाही के स्थान पर समुदाय को सशक्त बनाना, ताकि समस्याओं का हल वे स्वयं शीघ्र कर सकें।
7. अधिकारों के केन्द्रीयकरण के स्थान पर सरकार में निचले स्तरों तक उनका विकेन्द्रीयकरण करना। इससे अधीनस्थों की क्षमता का पूरा उपयोग संभव होगा और सहभागी प्रबन्ध के लाभ मिलेंगे।
8. अत्याधुनिक संचार प्रौद्योगिकी के इस्तेमाल को हर क्षेत्र में बढ़ावा देना।
9. कौन-सी सेवाएँ राज्य देगा और कौन-सी सेवाएँ बाजार देगा इस बारे में सरकार की व्यवस्था खुली, पारदर्शी और निष्पक्ष हो।

10. सरकारी निर्णयों में तार्किकता नहीं चल सकती क्योंकि उसे बहुत से दबावों के मध्य लेना पड़ता है।

लोक प्रबन्धन की प्रमुख प्रति मान्यताएँ

(Main Anti-Assertions of Public Management)

लोक प्रबन्धन निम्नलिखित मान्यताओं का विरोधी है-

1. विल्सोनियन अवधारणा का विरोधी है जो राजनीति-प्रशासन की द्विभाजकता पर चलती रही।
2. पदसोपानिक संगठन को अमान्य करता है।
3. प्राधिकार के केन्द्रीयकरण का विरोधी है।
4. निर्णय निर्माण में तार्किकता का विरोधी है।
5. प्रशासन में प्रक्रियागत कठोरता और रूढ़िवादिता का विरोधी है।
6. सिर्फ संगठन के भीतर तक सीमित रहने का विरोधी है।
7. प्रशासन में कानूनों की सर्वोच्चता को अमान्य करता है, क्योंकि इनका व्यवहार से मतभेद हो सकता है।
8. राज्य की एकाधिकारिता का विरोधी है।
9. आदर्शवाद और नौकरशाही का विरोधी है।

आलोचनात्मक मूल्यांकन (Critical Evaluation)

लोक प्रबन्धन की विचारधारा का विकास प्रारंभ में धीरे-धीरे हुआ, लेकिन अब एक अनिवार्यता के रूप में यह सभी सरकारों की आवश्यकता बन गयी है। लेकिन बाजार की गूंज में गरीब, बेसहारा लोक उपेक्षित न रह जाएँ, इस हेतु सरकारों को अधिक सतर्क और क्रियाशील रहने की माँग भी उठ रही है।

निःसन्देह नव लोक प्रबन्धन आन्दोलन ने वैश्विक आर्थिक परिवर्तनों के अनुकूल सरकार और प्रशासन के नये स्वरूप को निर्धारित किया है और इसके अनेक सकारात्मक परिणाम भी सामने आये हैं। सरकार और नौकरशाही में अब कार्यकुशलता, मितव्ययिता, पारदर्शिता आदि को सुनिश्चित करने हेतु राष्ट्रों में अनेक ढाँचागत और प्रक्रियागत परिवर्तन किए गए हैं।

इसका दूसरा पहलू चिंतनीय है। मोहित भट्टाचार्य के शब्दों में 'नव लोक प्रबन्धन की अवधारणा मात्र केन्द्रीय मुद्दों से जुड़ी है और सतह की बातों की उपेक्षा करती है।

इस कारण यह सन्देह पैदा होता है कि क्या सरकार मात्र "निजी" और "शक्तिशाली" हाथों का खिलौना बनकर रह जाएगी।"

सुशासन में नव लोक प्रबन्धन की भूमिका (Role of NPM in Good Governance)

लोक प्रबन्धन एवं सुशासन के बीच सीधा सम्बन्ध है, क्योंकि लोक प्रबन्धनों के नियमों और सिद्धांतों के बिना सुशासन की स्थापना संभव नहीं है। इनको "3ईएस" के रूप में अभिव्यक्त किया जाता है। कुछ विद्वान इसे नव लोक प्रबन्धन के लक्षणों रूप में भी वर्णित करते हैं–

1. इफिसिएन्सी (Efficiency) अर्थात् कार्यकुशलता पर बल।
2. इकोनॉमी (Economy) अर्थात् मितव्ययिता पर बल। नव लोक प्रबन्धन फिजूलखर्ची पर रोक लगाता है और प्रत्येक योजना या कार्य को लागत-लाभ सन्दर्भ में विश्लेषित करता है।
3. इफेक्टिवनेस (Effectiveness) अर्थात् प्रभावकारिता। यह कार्योन्मुख लक्ष्योन्मुख व्यवस्था है। इसमें परिणामों का मूल्यांकन लक्ष्य प्राप्ति के आधार पर किया जाता है।

नव लोक प्रबन्धन के अन्य बल हैं– निष्पादन मूल्यांकन, प्रबन्धकीय स्वायत्तता, लागत-कटौती, जवाबदयता, नवाचार, बोनस, लक्ष्य प्राप्ति, प्रतिग्राह्यता, प्रतिबद्धता प्रतिस्पर्धी- स्तर आदि।

आधुनिक युग के बदलते वैश्विक परिवेश में लोक प्रशासन भी विषयगत परिधियों के अंदर बदलाव को महसूस कर रहा है। विकास के बदलते प्रतिमान जैसे नव उदारवादी व्यवस्था ने राज्य के स्वरुप को सीमित कर दिया है तथा बाजार व्यवस्था का उदय हुआ है। परंपरागत लोक प्रशासन जिसका मूल आधार प्रशासनिक ढाँचा, सांस्थानिक प्रबन्धन तथा लोकहित की स्थिति को संचालित करने वाले सिद्धांतों पर आधारित था, आज के युग में निष्फल हो चुके हैं।

सुशासन किसी भी राज्य के शासन एवं प्रशासन उसके निष्पादन और मूल्यांकन का मुख्य आधार होता है। आधुनिक सुशासन में प्रबन्धन तथा नव लोक प्रबन्धन की निर्णायक भूमिका होती है। सामान्यतः नव लोक प्रबन्धन समाज एवं अर्थव्यवस्था में राज्य की भूमिका को कम करना चाहता है तथा एक उद्यमशील सरकार की स्थापना करना चाहता है। यही उदारवादी उद्यमशील सरकार सुशासन को अभिव्यक्त करती है।

सामान्य रूप से सुशासन युक्त सरकार के तीन लक्ष्य होने चाहिए– कुशलता (Efficiency), मितव्ययिता (Economy), प्रभावशीलता (Effectiveness)। सुशासन के

परिप्रेक्ष्य में नव लोक प्रबन्धन की विशेषताओं में प्रबंधकों के व्यक्तिगत उत्तरदायित्व के स्थान पर परिणाम आधारित व्यवस्था पर बल दिया जाता है। शास्त्रीय नौकरशाही प्रवृति की जगह संगठनों, कार्मिक एवं रोजगारपरक सेवा शर्तों को अत्यधिक लचीला बनाता है। संगठनों एवं कार्मिक उद्देश्य को सफलता एवं प्रदर्शित मानकों की कसौटी पर परखने की कोशिश की जाती है। सरकारी गतिविधियों को बाजार व्यवहारों का सामना करना पड़ता है तथा सरकार के आकार को निजीकरण के माध्यम से छोटा किए जाने का प्रयास किया जाता है।

सुशासनवादी नव लोक प्रबन्धन के सन्दर्भ में नीति के बजाय प्रबन्धन पर बल तथा कार्यकुशलता का मूल्यांकन एवं सक्षमता पर ध्यान केंद्रित रखा जाता है। सार्वजनिक नौकरशाही को ऐसे अभिकरणों के रूप में समूहबद्ध करते हैं जो यूजर चार्ज के आधार पर कार्य करे। इसमें प्रतियोगिता को बढ़ावा देने के लिए अर्ध बाजार व्यवस्था या संविदा या अनुबंध का प्रयोग किया जाता है। प्रबन्धन की एक ऐसी शैली को अपनाया जाता है जो उत्पादन लक्ष्यों सीमित अवधि अनुबंधों, धन संबंधी नवाचारों तथा प्रबन्धन की स्वतंत्रता पर बल देती हो।

नवीन लोक प्रशासन (New Public Administration)

नवीन लोक प्रशासन की शुरुआत 1960 में हुई। सातवे दशक में कुछ युवा विद्वानों ने लोक प्रशासन में मूल्यों व नैतिकता पर बल देना प्रारंभ किया। कहा जाने लगा कि कार्यकुशलता तथा मितव्ययिता ही समस्त लोक प्रशासन का लक्ष्य नहीं है। उसे मूल्योंमुखी होना चाहिए। इस नवीन प्रवृति को ही नव लोक प्रशासन कहते हैं। इसकी शुरुआत अमेरिका ने की। लोक प्रशासन के क्षेत्र में 1968 के बाद नवीन विचारों का सूत्रपात हुआ इन्हीं नवीन विचारों को नवीन लोक प्रशासन की संज्ञा दी गई। 1971 में फ्रैंकमेरीनी द्वारा संपादित पुस्तक नवीन लोक प्रशासन मिन्नोब्रूक परिप्रेक्ष्य के प्रकाशन के साथ ही नवीन लोक प्रशासन को मान्यता प्राप्त हुई।

नवीन लोक प्रशासन के उदय और विकास में मील का पत्थर साबित हुई कुछ प्रमुख घटनाएँ निम्न प्रकार हैं–

- 1967 में सार्वजनिक सेवाओं संबंधी उच्च शिक्षा पर हनी प्रतिवेदन
- दिसंबर 1967 में फिलाडेल्फिया में हुए लोक प्रशासन के सिद्धांत और व्यवहार संबंधित सम्मेलन
- 1968 में आयोजित मिन्नोब्रूक सम्मेलन
- 1971 में फ्रैंकमेरिनी के संपादन में प्रकाशित नवीन लोक प्रशासन की दिशाएँ मिन्नोब्रूक परिप्रेक्ष्य

- 1971 में ड्वाहट वाल्डो द्वारा संपादित उथल-पुथल के काल में लोक प्रशासन का प्रकाशन

नवीन लोक प्रशासन की विषय वस्तु

- नवीन लोक प्रशासन मूल्यों के नए तथ्यों को प्रश्रय देता है वह मानववाद, विकेंद्रीकरण, प्रत्यायोजन, बहुवाद, व्यक्तिगत हित, वृद्धि, व्यक्तिगत गरिमा आदि का समर्थन करता है।
- वह इस मत को अस्वीकार करता है कि प्रशासन मूल्यों के प्रति तटस्थ होता है।
- वह नागरिक सहभागिता और गैर निष्पादन एवं बेलाम अधिकारी तंत्र पर नियंत्रण का पक्ष पोषण करता है।
- वह नौकरशाही तथा अधिकारी तंत्र के जनता के प्रति उत्तरदायी होने पर जोर देता है।

नवीन लोक प्रशासन की विषय वस्तु को निम्न बिंदुओं द्वारा समझा जा सकता है–

- प्रासंगिकता (Relevance)
- मूल्य (Values)
- सामाजिक समानता (Social Equity)
- परिवर्तन (Change)
- **प्रासंगिकता** – प्रासंगिकता शब्द लोक प्रशासन की वर्तमान परिस्थितियों में उत्पन्न समस्याओं से जुझने की क्षमता की ओर संकेत करता है। 60 के दशक में परिस्थितियों के अनुसार लोक प्रशासन की क्षमता के सिद्धांतों पर अनेक मौलिक प्रश्न उठाए गए। सामाजिक और राजनीतिक विज्ञान के रूप में लोक प्रशासन की उपयोगिता आदि प्रश्नों पर गंभीरता से विचार किया गया।
- **मूल्य**
  - नवीन लोक प्रशासन के विद्वानों ने मूल्य तटस्थ को त्यागने पर जोर दिया।
  - उन्होंने इस बात पर बल दिया कि प्रशासन को उन्हीं मूल्यों को अपनाना चाहिए।
  - जो समाज में उत्पन्न समस्याओं के समाधान करें।
  - साथ ही कमजोर वर्गों के लिए प्रयास करें।
- **सामाजिक समानता** – सामाजिक समानता के विचारों का विस्तार ही लोक प्रशासन का मौलिक आधार है। यह सबल्टर्न परिप्रेक्ष्य (Subaltern Perspective)

अर्थात् दलित, दमित एवं सामान्य जन की भावनाओं पर बल देता है। प्रशासन ने इस बात पर जोर दिया कि शासन और प्रशासन समाज के दलित और वंचित वर्ग के लोगों की आर्थिक, सामाजिक और मनोवैज्ञानिक पीड़ा को समझें और उचित कदम उठाएँ। समाज का वर्तमान ढाँचा और संस्थाएँ निहित स्वार्थों की चक्की में पिस रहे हैं, विशेषाधिकार का त्याग करने को तैयार नहीं हैं।

- **परिवर्तन**
    - नवीन लोक प्रशासन ने सामाजिक परिवर्तन पर जोर दिया।
    - जब तक लोकप्रशासन सामाजिक समानता और सामाजिक परिवर्तन के लिए कार्य नहीं करता तब तक अभिजात्यों की पकड़ से छुटकारा मिल पाना असंभव है।
    - इस प्रकार सामाजिक परिवर्तन के लिए एक मजबूत परिवर्तन उन्मुख की नवीन लोक प्रशासन की अनिवार्य विषयवस्तु है।

नवीन लोक प्रशासन की विशेषताएँ

- ग्राहक-उन्मुखता
- उत्तरदायित्व
- लोचदार प्रशासनिक ढाँचा
- जन सहभागिता
- नवीन लोक प्रशासन की सर्वाधिक प्रमुख विशेषता ग्राहक-उन्मुखता है। पूर्व में लोक प्रशासन ग्राहक उन्मुखता पर ज्यादा ध्यान नहीं देता था, इसके विपरीत नवीन लोक प्रशासन ग्राहकोन्मुखता पर विशेष ध्यान देता है। इसका मानना है कि लोक प्रशासन की उत्पत्ति लोगों, सामाजिक इकाइयों या नागरिकों यानी ग्राहकों के लिए ही हुई है। इसलिए नागरिकों की आवश्यकता और इच्छा अनुसार सेवा लोक प्रशासन द्वारा की जानी चाहिए। ग्राहकोन्मुखता के लिए लोक प्रशासन को जन आकांक्षाओं के प्रति संवेदनशील और उत्तरदायी होना चाहिए।
- प्रशासन को नागरिकों की आवश्यकता अनुसार स्वयं को ढालना चाहिए। ग्राहकोन्मुखता तथा उत्तरदायित्व की स्थापना के लिए लोचदार प्रशासनिक ढांचे की आवश्यकता होती है।
- लघु विकेंद्रित तथा नमनशील श्रेणियाँ प्रशासनिक संगठनों के लिए ज्यादा उचित हो सकती हैं, क्योंकि यह विभिन्न वर्ग के लोगों के लाभ या उन्नति के लिए उपयुक्त हो सकती है।

- निर्णय निर्माण में जन सहभागिता के द्वारा ही लोचदार उत्तरदायी तथा ग्राहकोन्मुखी प्रशासन का निर्माण संभव है। ऐसी सभ्यता विशेषकर लघु स्तर पर सहभागिता को सुनिश्चित करने की जिम्मेदारी संस्थागत व्यवस्था की है। संक्षेप में लोक प्रशासन सामाजिक समस्याओं के प्रति संवेदनशील है।
- सन्दर्भ, सदाचरण, नीतिशास्त्र और मूल्य, नवीनता या मौलिकता, संबंधित व्यक्ति के प्रति चिंता, सामाजिक एकता, बहुवाद, वैयक्तिक गरिमा, आदि लोक प्रशासन के मूलभूत तत्व हैं। नवीन लोक प्रशासन नौकरशाही के जनता के प्रति उत्तरदायित्व का समर्थन करता है।

नवीन लोक प्रशासन की समालोचना
(Critical Appreciation of the New Public Administration)

- नवीन लोक प्रशासन लोक प्रिय प्रकृति का है जो कि प्रशासन की राजनीतिक प्रकृति के अंतर्गत आता है।
- इसके अतिवादी तत्वों को विधानमंडल और जनमत के द्वारा ही लागू किया जा सकता है।
- इसमें राजनीतिक संस्थाओं, प्रक्रिया और नेतृत्व से संबंधित विषय वस्तु पर अपना अधिकार कर लिया है, जो कि एक प्रकार का अतिक्रमण है।
- इसमें किसी व्यवहारिक तथा लक्ष्य आधारित सिद्धांत की खोज के प्रयत्न नहीं किए गए।
- नवीन लोक प्रशासन के विचारकों ने विकास के लिए आवश्यक तकनीकी की अनदेखी की है।
- इन सभी आलोचनाओं के बावजूद नवीन लोक प्रशासन ने पारंपरिक सिद्धांत को झटका दिया।

नवीन लोक प्रशासन ने लोक प्रशासन को उस समय उत्प्रेरित किया जिस समय इस विषय का आत्म बल गिरा हुआ था। आज नवीन लोक प्रशासन का अपना एक स्थान है और इसका सीधा संबंध समाज से जुड़ गया है। इस प्रकार नव लोक प्रशासन परंपरागत लोक प्रशासन से भिन्न समाज उन्मुख, जनता उन्मुख एवं समाधान उन्मुख है।

निष्कर्ष (Conclusion)

एडमिनिस्ट्रेशन (Administration) शब्द लैटिन भाषा के d+Ministrare शब्दों से मिलकर बना है, जिसका अर्थ है लोगों की देखभाल करना या एक व्यक्ति के द्वारा दूसरे व्यक्ति की सेवा करना। अत: प्रशासन का मूल अभिप्राय एक व्यक्ति द्वारा दूसरे व्यक्ति के हित

की दृष्टि से उसकी समस्याओं का समाधान कर सर्वांगीण सेवा करना है। नवीन लोक प्रशासन मूल्यों के नेतृत्व को प्रश्रय देता है। यह मानववाद, विकेंद्रीकरण, प्रत्यायोजन, बहुलवाद, व्यक्तिगत वृद्धि, वैयक्तिक गरिमा आदि का समर्थन करता है। इसकी विषय वस्तु के मूल तत्वों में प्रासंगिकता, मूल्य, समानता और परिवंर्तन शामिल हैं। राजनीति और प्रशासन के विरोधाभास की व्याख्या कई स्कॉलर्स ने की है। राजनीति और प्रशासन के मध्य संबंध का परंपरागत दृष्टिकोण संकीर्णवादी है। इस दृष्टिकोण के अनुसार राजनीति को सत्ता का विज्ञान मानते हुए मूल रूप से नीति निर्धारक कला माना गया है। जबकि लोक प्रशासन इसके अनुसार केवल सरकारी कर्मचारियों का क्षेत्र है जिनकी अपनी भूमिका इतनी सीमित होती है कि वह नीति निर्माण में कोई महत्वपूर्ण भाग नहीं लेते। वुडरो विल्सन ने प्रशासन के विषय क्षेत्र को राजनीति से बाहर माना है। ब्लंट शैली और गुडनाऊ ने भी राजनीतिक प्रशासन के द्वैतभाव को स्वीकारा है।

राजनीतिज्ञ और प्रशासकों के मध्य अंतर को अग्रतालिका द्वारा समझा जा सकता है–

राजनीतिज्ञ

1. अविशेष चुनाव का आधार लोकप्रियता
2. गैर–तकनीकी
3. दलगत भावना से कार्य करते हैं, अस्थाई प्रकृति
4. जनता से अधिक संपर्क
5. कानून बनाने में अधिक साझेदार, अधिक नीति निर्धारण का काम
6. अधिकतम निर्णय करते हैं
7. समन्वय में बनाए रखने का काम करते हैं
8. लोकमत से प्रभावित होते हैं

प्रशासक

1. विशेष नियुक्ति का आधार
2. विशेष ज्ञान तकनीकी
3. दलगत भावना से परे रहते हैं, स्थाई प्रकृति
4. जनता से कम संपर्क
5. कानून को कार्यान्वित करने में अधिक साझेदार, नीतियों के कार्यान्वयन का काम
6. अधिकतर परामर्श करते हैं

7. वास्तविक कार्य करते हैं
8. अध्ययन और अनुसंधान द्वारा तकनीकी आंकड़ों से प्रभावित होते हैं

प्रशासन के एकीकृत और प्रबंधात्मक दो प्रकार के दृष्टिकोण की चर्चा की जाती है। इस प्रकार प्रशासन के सामान्यतया दो दृष्टिकोण प्रचलित हैं–

1. **एकीकृत दृष्टिकोण के अनुसार–** प्रशासकीय में व्यस्त प्रत्येक व्यक्ति को प्रशासन का अंग माना जाता है अर्थात् इसमें निरीक्षण, निर्देशन और नियंत्रण करने वाले व्यक्तियों से लेकर निम्नतर स्तर तक के कर्मचारी प्रशासन में सम्मिलित माने जाते हैं। व्हाइट इस मत के प्रमुख समर्थक हैं।
2. **प्रबंधात्मक दृष्टिकोण के अनुसार–** प्रशासन का उद्देश्य कार्य कराने की क्षमता द्वारा पूर्ण हो सकता है। इस दृष्टिकोण के अनुसार प्रबंधक वर्ग जो निर्देश देते हैं निरीक्षण करके नियंत्रण करते हैं, योजना बनाते हैं, कार्य में समन्वय करते हैं, वित्तीय नियंत्रण करते हैं, उन्हें ही प्रशासन का अंग माना जाता है। इस प्रकार कोई भी दृष्टिकोण अपने आप में पूरा नहीं है तथा प्रशासन में एकरूपता लाने के लिए दोनों ही दृष्टिकोण आवश्यक है। नवीन लोक प्रशासन की आलोचनात्मक विवेचना करते हुए समकालीन समय में इसकी उपयोगिता को अनेक विद्वानों ने अभिव्यक्त किया है। साठ के दशक में अमेरिका के अंतर्गत लोक प्रशासन की सैद्धांतिक और व्यवहारिक कमियों के कारण लोक प्रशासन में एक नवीन विचार का उदय हुआ इसे ही नव लोक प्रशासन कहा जाता है।

मिन्नोब्रुक सम्मेलन (1968) के अंतर्गत नव लोक प्रशासन के चार लक्ष्य स्वीकार किए गए–

1. प्रासंगिकता
2. मूल्य
3. सामाजिक समता
4. परिवर्तन

नवीन लोक प्रशासन की विशेषताएँ
(Features of New Public Administration)

- बदलते पर्यावरण के अनुरूप प्रशासनिक संगठनों में सुस्पष्ट मानकों का निर्धारण करना ताकि प्रशासनिक कार्यकरण की प्रासंगिकता को सुनिश्चित किया जा सके।
- प्रशासन की निर्णय प्रक्रिया में अधिकतम जन भागीदारी को सुनिश्चित करना।
- प्रशासनिक संरचना में सुधारों को अपनाना चाहिए।

- लोक प्रशासकों को राजनीतिक तटस्थता के आधार पर कार्य करना चाहिए लेकिन सामाजिक और विकास कार्यक्रमों के क्रियान्वयन में तटस्थता के स्थान पर सक्रियता दिखलाई जानी चाहिए।
- जटिल और बढ़ते दायित्वों की अनुपूर्ति के लिए आधुनिक प्रबंध के तकनीकों और प्रौद्योगिकी का उपयोग किया जाना चाहिए।
- प्रशासक जनता के प्रति ग्राहकोन्मुखी दृष्टिकोण रखें और संवेदनशील व्यवहार करें।

नवीन लोक प्रशासन की कई आलोचकों द्वारा निम्न प्रकार से आलोचना की जाती है–

- यह एक अराजकतावादी दर्शन है क्योंकि यह राजनीतिक और लोकतांत्रिक संस्थाओं के कार्य क्षेत्र में अतिक्रमण करती है।
- यह आदर्शवादी और लक्ष्योन्मुखी विचारधारा है लेकिन लक्ष्यों की प्राप्ति के साधनों पर इसमें कुछ भी नहीं कहा गया अतः यह शब्दों में क्रांति और तकनीकों में यथास्थितिवादी है।
- यह आनुभविक दृष्टिकोण और सिद्धांत तथा तकनीकी एवं कौशल की उपेक्षा करता है।

नवीन लोक प्रशासन की उपयुक्त कमियों के बावजूद इसका महत्व निम्न प्रकार स्थापित किया जाता है–

1. इसने लोक प्रशासन को नवीन पहचान दी है।
2. लोक प्रशासन का सामाजिक उपादेयता की दृष्टि से मूल्यांकन शुरू किया गया।
3. लोक प्रशासन को संगठन के स्थान पर सामाजिक संस्था के रूप में स्थापित करने का प्रयास किया।
4. इसने लोक प्रशासन की विषय वस्तु को व्यापकता दी, लोक प्रशासन में मूल्य और नैतिकता को समाहित किया गया।

सारांश में नवीन लोक प्रशासन दर्शन वर्तमान में कई दृष्टिकोणों से उपयोगी है–

- तृतीय विश्व के देशों के औपनिवेशिक मानसिकता वाले प्रशासन तंत्र में संवेदनशीलता और जनोन्मुखता नवाचार सर्जनात्मकता सुनिश्चित करने के लिए नव लोक प्रशासन की आवश्यकता है।
- आज वैश्विक मानव समाज कई चुनौतियों से लड़ रहा है यथा नागरीकरण, पर्यावरण प्रदूषण, जनसंख्या विस्फोट अपराधों का बढ़ता ग्राफ, सार्वजनिक नैतिकता का ह्रास, मानवाधिकारों का उल्लंघन इत्यादि। इन समस्याओं के परिप्रेक्ष्य में लोक प्रशासन के अंतर्गत नवीन संगठन और संरचना तथा कार्य विधियों (नवीन लोक

प्रशासन) की आवश्यकता है। निष्कर्षतः नवीन लोक प्रशासन एक उपयोगी और प्रकार्यात्मक विचार है जो आज सुशासन के अंतर्गत सुनिश्चित हो रहा है।

नवीन लोक प्रशासन की चार आधारभूत विशेषताओं का उल्लेख कई विचारकों द्वारा किया गया है-

1. नव लोक प्रशासन मानवीय व्यवहार, दृष्टिकोण एवं मानवीय संबंधों का समर्थक है।
2. यह राजनीति तथा प्रशासन के विभाजन को नहीं स्वीकारता है।
3. यह ग्राहक केंद्रित दृष्टिकोण पर बल देता है।
4. यह मूल्य से परिपूर्ण शासन, जनसहभागिता व उत्तरदायित्व पर बल देता है।

संक्षेप में नवीन लोक प्रशासन के चार प्रमुख लक्ष्य

1. **मूल्य** – यहाँ मूल्य का मतलब मानकीय सिद्धांतों को आत्मसात करना है।
2. **सामाजिक समता** – यह सिद्धांत न्याय व समता पर विश्वास रखता है। समाज के वंचित लोगो को समाज की मुख्य धारा में लाना चाहिए।
3. **परिवर्तन** – सामाजिक समता के उद्देश्य को पूरा करने के लिए सामजिक परिवर्तन अपरिहार्य हो जाता है।
4. **प्रासंगिकता** – एक व्यवहारपरक लोक प्रशासन समाज की माँग है।

नवीन लोक प्रशासन एक प्रति प्रत्यक्षवादी, प्रति सैद्धांतिक व प्रति प्रबन्धन है। यह परिवर्तन तथा तकनीक यथा स्थितिवादी अवस्था है। नवीन लोक प्रशासन ने राजनीतिक संस्थानों, प्रक्रिया व नेतृत्व से सम्बंधित विषयवस्तु पर अधिकार कर लिया है, जो कि एक प्रकार का अतिक्रमण कहा जा सकता है। नवीन लोक प्रशासन द्वारा प्रशासन के क्षेत्र में बताए गए बदलाव के प्रचार से एक भ्रम की स्थिति उत्पन्न कर दी है। अतः कुछ परंपरावादी सिद्धांतकार इस नवीन सिद्धान्त की आलोचना करते हैं।

❑❑❑

3

संगठनात्मक प्रबन्धन (Organisational Management)

संगठनात्मक प्रबन्धन के सिद्धांत (Theories of Organisational Management)

प्रबन्धन का विषय बहुत व्यापक एवं जटिल है। संगठनों से सम्बन्धित प्रबन्धन की अनेक व्याख्याएँ एवं सिद्धांत प्रचलित हैं। विभिन्न विचारकों एवं लेखकों ने समय-समय पर प्रबन्धन के सिद्धांतों का अध्ययन किया है। वास्तव में प्रबन्धन विषय से संबंधित चिन्तन का एक लंबा इतिहास रहा है। समय के साथ समकालीन प्रबन्धन के अनेक सिद्धांतों का विकास हुआ है एवं अभी भी यह प्रक्रिया जारी है।

प्रबन्धन के सिद्धांतों का उद्विकास

प्रबन्धन के इतिहास की खोज करते हुए कई विचारधाराओं से परिचित होते हैं जिन्होंने प्रबंधकीय व्यवहार को दिशा देने के सिद्धांतों की रूपरेखा तैयार की है। इन विचारधाराओं को छः अलग-अलग चरणों में विभक्त किया जा सकता है-

1. प्रारंभिक स्वरूप
2. प्राचीन प्रबन्धन के सिद्धांत
3. नवीन प्रतिष्ठित सिद्धांत - मानवीय संबंध मार्ग
4. व्यावहारिक विज्ञान मार्ग - संगठनात्मक मानववाद
5. प्रबंधकीय विज्ञान (परिचलनात्मक अनुसंधान)
6. आधुनिक प्रबन्धन

ऐतिहासिक पृष्ठभूमि

सर्वप्रथम प्रबन्धन संबंधी विचारों की उत्पत्ति के साक्ष्य करीब 3,000-4,000 ई.पू. में मिलते हैं। मिस्र के शासक क्योपास को 2,900 ई.पू. में एक पिरामिड के निर्माण के लिए 1 लाख आदमियों के 20 वर्ष तक कार्य करने की आवश्यकता हुई। यह 13

एकड़ जमीन पर बनाया गया तथा इसकी ऊँचाई 481 मीटर थी। पत्थर की शिलाओं को हजारों किलोमीटर से लाया जाता था। किवंदती के अनुसार इन पिरामिडों के आसपास के गाँवों में हथौड़े तक की आवाज सुनाई नहीं देती थी। ऐसे यादगार कार्य को बिना सफल प्रबन्धकीय सिद्धांतों का अनुसरण किए पूरा करना संभव नहीं था। इस प्रकार प्रबन्धन के क्लासिकी एवं नवक्लासिकी सिद्धांतों की उत्पत्ति हुई।

क्लासिकी प्रबन्धन सिद्धांत

इस चरण की विशेषता विवेकशील आर्थिक विचार, वैज्ञानिक प्रबन्धन, प्रशासनिक सिद्धांत, अफसरशाही संगठन हैं। विवेकशील आर्थिक विचार की धारणा थी कि लोग मूलतः आर्थिक लाभों से प्रोत्साहित होते हैं। एल. डब्ल्यू. टेलर एवं अन्य का वैज्ञानिक प्रबन्धन उत्पादन आदि के लिए एक सर्वोत्तम ढंग पर जोर देता है। हेनरी फेयॉल के समान व्यक्तित्व वाले प्रशासनिक सिद्धांतवेत्ताओं ने पद एवं व्यक्तियों को एक सक्षम संगठन में परिवर्तित करने के लिए सर्वोत्तम मार्ग ढूँढ़ा। अफसरशाही संगठन (ब्यूरोक्रेसी) के सिद्धांतवेत्ता, जिनमें अग्रणी मैक्स वैबर थे, ने अधिकारों के गलत प्रयोग, जिससे प्रभावशीलता समाप्त होती थी, के कारण प्रबंधकीय अनियमितताओं को समाप्त करने के मार्ग का उल्लेख किया। यह औद्योगिक क्रांति एवं उत्पादन की कारखाना प्रणाली का युग था। बिना संगठनबद्ध उत्पादन को शासित करने वाले सिद्धांतों का अनुसरण किए बिना बड़े पैमाने पर उत्पादन संभव नहीं था। यह सिद्धांत श्रम विभाजन एवं विशिष्टीकरण, मानव एवं मशीन के बीच पारस्परिक संबंध, लोगों का प्रबन्धन आदि पर आधारित थे।

नव क्लासिकी सिद्धांत – मानवीय संबंध मार्ग

यह विचारधारा 1920 से 1950 के बीच विकसित हुई। इसका मानना था कि कर्मचारी मात्र नियम, अधिकारश्रृंखला एवं आर्थिक प्रलोभन के कारण ही विवेक से कार्य नहीं करते बल्कि वह सामाजिक आवश्यकताओं प्रेरणाओं एवं दृष्टिकोण से भी निर्देशित होते हैं। जी.ई.सी आदि पर 'हॉथोर्न' अध्ययन (1924-32) किया गया। यह स्वाभाविक था कि औद्योगिक क्रांति के प्रारंभिक दौर में तकनीक एवं प्रौद्योगिकी पर अधिक जोर था। मानवीय तत्व पर ध्यान देना इस विचारधारा का एक विशिष्ट पहलू था। इस पर ध्यान देना व्यावहारिक विज्ञान के विकास के अग्रदूत के रूप में कार्य करना था।

प्रबन्धन के अन्य प्रमुख सिद्धांत

1. प्रबन्धन के विस्तार का सिद्धांत
2. मानवीय सम्बन्धों का सिद्धांत
3. सन्तुलन का सिद्धांत
4. अपवाद का सिद्धांत

व्यावहारिक विज्ञान मार्ग – संगठनात्मक मानवतावाद

संगठनात्मक व्यवहारकर्ता जैसे क्रिस अएर्गरिस, डगलस मैकग्रैगर, अब्राहम मैसलो एवं लैडरिक-हर्जबर्ग ने इस मार्ग को विकसित करने के लिए मनोविज्ञान, समाजशास्त्र एवं मानवशास्त्र के ज्ञान का उपयोग किया। संगठनात्मक मानवतावाद का दर्शन है जिसमें व्यक्तियों को कार्य स्थल पर एवं घर पर अपनी सभी योग्यताओं एवं रचनात्मक कौशल का उपयोग करना होता है।

प्रबन्धन विज्ञान (परिचालनात्मक अनुसंधान)

यह प्रबंधकों को निर्णय लेने में सहायतार्थ परिमाण संबंधी तकनीक के उपयोग प्रचालन एवं अनुसंधान पर जोर देता है। आधुनिक प्रबंध – यह आधुनिक संगठनों को एक जटिल प्रणाली के रूप में देखता है तथा संगठनात्मक एवं मानवीय समस्याओं के समाधान के लिए आकस्मिक घटना के रूप में आधुनिक तकनीक का प्रयोग करता है।

उल्लेखनीय है कि विषय का विकास बहुत मंत्रमुग्ध करने वाला रहा है। फैड्रिक विंसलो टेलर एवं हेनरी फेयॉल दोनों विद्वान ऐतिहासिक (क्लासिक) व्यवसाय के सिद्धांतों से जुड़े रहे हैं। प्रबन्धन एक शास्त्र के रूप में अध्ययन में इन दोनों का बड़ा भारी योगदान रहा है। एल. डब्ल्यू. टेलर एक अमरीकन यांत्रिकी इंजीनियर रहा है जबकि हेनरी फेयॉल एक फ्रांसीसी खदान इंजीनियर। टेलर ने वैज्ञानिक प्रबन्धन की अवधारणा दी जबकि, फेयॉल ने प्रशासनिक सिद्धांतों पर बल दिया।

प्रबन्धन के सिद्धांत – एक अवधारणा

प्रबन्धन का सिद्धांत निर्णय लेने एवं व्यवहार के लिए व्यापक एवं सामान्य मार्गदर्शक होता है। उदाहरण के लिए माना कि एक कर्मचारी की पदोन्नति के संबंध में निर्णय लेना है तो एक प्रबंधक वरीयता को ध्यान में रखना चाहता है तो दूसरा योग्यता के सिद्धांत पर चलना चाहता है। प्रबन्धन के सिद्धांतों को वस्तुनिष्ठ विज्ञान से भिन्न माना जा सकता है। प्रबन्धन के सिद्धांत केवल मात्र विज्ञान के सिद्धांतों के समान शुद्ध वस्तुनिष्ठ नहीं होते हैं। क्योंकि इनका संबंध मानवीय व्यवहार से है इसलिए इनको परिस्थिति की माँग के अनुसार उपयोग में लाया जाता है। व्यवसाय को प्रभावित करने वाले मानवीय व्यवहार एवं तकनीक कभी स्थिर नहीं होते हैं। यह सदा बदलते रहते हैं। उदाहरणार्थ, सूचना एवं संप्रेषण तकनीकी के अभाव में एक प्रबंधक एक संकुचित क्षेत्र में फैले छोटे कार्यबल का पर्यवेक्षण कर सकता है। सूचना एवं संप्रेषण तकनीक के आगमन ने प्रबंधकों की पूरे विश्व में फैले विशाल व्यावसायिक साम्राज्य के प्रबन्धन की योग्यता को बढ़ाया है। बंगलुरू में स्थित इनफोसिस का प्रधान कार्यालय इस पर गर्व कर सकता है कि उसके गोष्ठी कक्ष में एशिया का सबसे बड़ा चित्रपट है जहाँ

बैठे उसके प्रबंधक विश्व के किसी भी भाग में बैठे अपने कर्मचारी एवं ग्राहक से संवाद कर सकते हैं।

प्रबन्धन के सिद्धांतों की प्रकृति

प्रकृति का अर्थ है किसी भी चीज के गुण एवं विशेषताएँ। सिद्धांत सामान्य औपचारिक कथन होते हैं जो कुछ परिस्थितियों में ही लागू होते हैं इनका विकास प्रबंधकों के अवलोकन, परीक्षण एवं व्यक्तिगत अनुभव से होता है। प्रबन्धन को विज्ञान एवं कला दोनों के रूप में विकसित करने में उनका योगदान इस पर निर्भर करता है कि उन्हें किस प्रकार से प्राप्त किया जाता है तथा वह प्रबंधकीय व्यवहार को कितने प्रभावी ढंग से समझा सकते हैं एवं उसका पूर्वानुमान लगा सकते हैं। इन सिद्धांतों को विकसित करना विज्ञान है तो इनके उपयोग को कला माना जा सकता है। यह सिद्धांत प्रबन्धन के व्यावहारिक पक्ष के अध्ययन एवं शैक्षणिक योग्यता को विश्वसनीयता प्रदान करते हैं। प्रबन्धन के उच्च पदों पर पहुँचना जन्म के कारण नहीं बल्कि आवश्यक योग्यताओं के कारण होता है। स्पष्ट है कि प्रबन्धन पेशे के रूप में विकास के साथ प्रबन्धन के सिद्धांतों के महत्व में वृद्धि हुई है।

सिद्धांत, कार्य के लिए मार्गदर्शन का कार्य करते हैं। यह कारण एवं परिणाम में संबंध को स्पष्ट करते हैं। प्रबन्धन करते समय, प्रबन्धन के कार्य नियोजन, संगठन, नियुक्तिकरण, निदेशन एवं नियंत्रण प्रबन्धन की क्रियाएँ हैं। जबकि सिद्धांत इन कार्यों को करते समय प्रबंधकों को निर्णय लेने में सहायक होते हैं।

सर्व प्रयुक्त सिद्धांत

प्रबन्धन के सिद्धांत सभी प्रकार के संगठनों में प्रयुक्त किए जा सकते हैं। यह संगठन व्यावसायिक एवं गैर-व्यावसायिक, छोटे एवं बड़े, सार्वजनिक तथा निजी, विनिर्माण एवं सेवा क्षेत्र के हो सकते हैं। लेकिन वह किस सीमा तक प्रयुक्त हो सकते हैं यह संगठन की प्रकृति, व्यावसायिक कार्यों, परिचालन के पैमाने आदि बातों पर निर्भर करेगा। उदाहरण के लिए, अधिक उत्पादकता के लिए कार्य को छोटे-छोटे भागों में बाँटा जाना चाहिए तथा प्रत्येक कर्मचारी को अपने कार्य में दक्षता के लिए प्रशिक्षित करना चाहिए। यह सिद्धांत सरकारी कार्यालयों में विशेष रूप से प्रयुक्त हो सकता है जहाँ डाक अथवा विलेखों को प्राप्त करने एवं भेजने के लिए डायरी प्रेषण क्लर्क, कंप्यूटर में आँकड़ों को दर्ज करने के लिए डाटा एंट्री ऑपरेटर, अधिकारी आदि होते हैं। ये सिद्धांत सीमित दायित्व कंपनियों में भी प्रयुक्त होते हैं, उदाहरणार्थ उत्पादन, वित्त, विपणन तथा अनुसंधान एवं विकास आदि। कार्य विभाजन की सीमा परिस्थिति अनुसार भिन्न हो सकती है।

सामान्य मार्गदर्शन

सामान्य मार्गदर्शन सिद्धांत कार्य के लिए मार्गदर्शन का कार्य करते हैं लेकिन ये सभी प्रबंधकीय समस्याओं का तैयार शत-प्रतिशत समाधान नहीं होते हैं। इसका कारण है वास्तविक परिस्थितियाँ बड़ी जटिल एवं गतिशील होती हैं तथा यह कई तत्वों का परिणाम होती हैं। लेकिन सिद्धांतों के महत्व को कम करके नहीं आंका जा सकता क्योंकि, छोटे से छोटा दिशा-निर्देश भी किसी समस्या के समाधान में सहायक हो सकता है। उदाहरण के लिए, यदि दो विभागों में कोई विरोधाभास की स्थिति पैदा होती है, तो इससे निपटने के लिए प्रबंधक संगठन के व्यापक उद्देश्यों को प्राथमिकता दे सकते हैं।

व्यावहारिक प्रकृति

प्रबन्धन के सिद्धांतों का लक्ष्य मानवीय व्यवहार को प्रभावित करना होता है। इसलिए प्रबन्धन के सिद्धांत मुख्यतः व्यावहारिक प्रकृति के होते हैं। इसका अर्थ यह नहीं है कि यह सिद्धांत वस्तु स्थिति एवं घटना से संबद्ध नहीं होते हैं। अंतर केवल यह होता है कि किसको कितना महत्व दिया जा रहा है। सिद्धांत संगठन के उद्देश्यों को प्राप्त करने के लिए मानवीय एवं भौतिक संसाधनों के बीच पारस्परिक संबंध को भली-भाँति समझने में सहायक होते हैं। उदाहरण के लिए कारखाने की योजना बनाते समय यह ध्यान में रखा जाएगा कि व्यवस्था के लिए कार्य प्रवाह का माल के प्रवाह एवं मानवीय गतिविधियों से मिलान होना चाहिए।

कारण एवं परिणाम का संबंध

प्रबन्धन के सिद्धांत, कारण एवं परिणाम के बीच संबंध स्थापित करते हैं जिससे कि उन्हें बड़ी संख्या में समान परिस्थितियों में उपयोग किया जा सके। यह हमें बताते हैं कि यदि किसी एक सिद्धांत को एक परिस्थिति विशेष में उपयोग किया गया है, तो इसके क्या परिणाम हो सकते हैं। प्रबन्धन के सिद्धांत कम निश्चित होते हैं क्योंकि यह मुख्यतः मानवीय व्यवहार में प्रयुक्त होते हैं। वास्तविक जीवन में परिस्थितियाँ सदा एक समान नहीं रहती हैं, इसलिए कारण एवं परिणाम के बीच सही-सही संबंध स्थापित करना कठिन होता है। फिर भी प्रबन्धन के सिद्धांत कुछ सीमा तक इन संबंधों को स्थापित करने में प्रबंधकों की सहायता करते हैं, इसीलिए ये उपयोगी होते हैं। आपात स्थिति में अपेक्षा की जाती है कि कोई एक उत्तरदायित्व संभाले तथा अन्य उसका अनुकरण करें। लेकिन यदि विभिन्न प्रकार की परिचलनात्मक विशिष्टताओं की परिस्थिति है जैसे कोई नया कारखाना लगाना है तो निर्णय लेने में अधिक सहयोग प्राप्त करना उचित रहेगा।

प्रबन्धन के सिद्धांतों का प्रयोग अनिश्चित होता है अथवा समय विशेष की मौजूदा परिस्थितियों पर निर्भर करता है। आवश्यकतानुसार सिद्धांतों के प्रयोग में परिवर्तन लाया

जा सकता है। उदाहरण के लिए कर्मचारियों को न्यायोचित पारिश्रमिक मिलना चाहिए, लेकिन न्यायोचित क्या है इसका निर्धारण बहुत से तत्वों के द्वारा होगा। इनमें सम्मिलित हैं, कर्मचारियों का योगदान, नियोक्ता की भुगतान क्षमता तथा जिस व्यवसाय का हम अध्ययन कर रहे हैं, उसमें प्रचलित मजदूरी दर।

प्रबन्धन के सिद्धांतों में निहित गुण एवं विशेषताओं का वर्णन कर लेने के पश्चात् आपके लिए प्रबंधकीय निर्णय लेने में इन सिद्धांतों के महत्व को समझना सरल होगा। लेकिन इससे पहले भारत के एक अत्यधिक सफल व्यवसायी एवं बायोकॉन प्रमुख कार्यकारी अधिकारी (सी.ई.ओ) किरन मजूमदार शॉ के 'वस्तुस्थिति अध्ययन' को पढ़ सकते हैं। आप देखेंगे कि किस प्रकार से वह बायोटेक्नोलॉजी क्षेत्र, जिसे बहुत ही कम लोग जानते थे, को एक अत्यधिक लाभ कमाने वाली कंपनी में परिवर्तित कर दिया तथा उन्होंने वह नाम कमाया जो किसी भी व्यक्ति का स्वप्न हो सकता है।

प्रबन्धन के सिद्धांतों का महत्व

प्रबन्धन के सिद्धांतों का महत्व उनकी उपयोगिता के कारण है। यह प्रबन्धन के व्यवहार का उपयोगी सूक्ष्म ज्ञान देता है एवं प्रबंधकीय आचरण को प्रभावित करता है। प्रबंधक इन सिद्धांतों को अपने दायित्व एवं उत्तरदायित्वों को पूरा करने के लिए उपयोग में ला सकते हैं। आप यह तो मानेंगे कि प्रत्येक सारगर्भित चीज निहित सिद्धांत के द्वारा शासित होती है। सिद्धांत प्रबंधकों को निर्णय लेने एवं उनको लागू करने में मार्गदर्शन करते हैं। प्रबन्धन के सिद्धांतकार का प्रयत्न सदा निहित सिद्धांतों की खोज करना रहा है तथा रहना भी चाहिए जिससे कि इन्हें दोहराई जा रही परिस्थितियों में स्वभाविक रूप से प्रबन्धन के लिए उपयोग में लाया जा सके। प्रबन्धन के सिद्धांतों के महत्व को निम्न बिंदुओं के रूप में समझाया जा सकता है-

1. **प्रबंधकों को वास्तविकता का उपयोगी सूक्ष्म ज्ञान प्रदान करना** – प्रबन्धन के सिद्धांत, प्रबंधकों को वास्तविक दुनियावी स्थिति से परिचित कराते हैं। इन सिद्धांतों को अपनाने से उनके प्रबंधकीय स्थिति एवं परिस्थितियों के संबंध में ज्ञान, योग्यता एवं समझ में वृद्धि होगी। इससे प्रबंधक अपनी पिछली भूलों से कुछ सीखेगा तथा बार-बार उत्पन्न होने वाली समस्याओं को तेजी से हल कर समय की बचत करेगा। इस प्रकार प्रबन्धन के सिद्धांत, प्रबन्धन क्षमता में वृद्धि करते हैं। उदाहरण के लिए, एक प्रबंधक दिन प्रतिदिन के निर्णय अधीनस्थों के लिए छोड़ सकता है तथा स्वयं विशिष्ट कार्यों को करेगा जिसके लिए उसकी अपनी विशेषज्ञता की आवश्यकता होगी। इसके लिए वह अधिकार अंतरण के सिद्धांत का पालन करेगा।

2. **संसाधनों का अधिकतम उपयोग एवं प्रभावी प्रशासन** – सामान्यतया किसी संगठन या कंपनी में उपलब्ध मानवीय एवं भौतिक दोनों संसाधन सीमित होते हैं। इनका अधिकतम उपयोग करना होता है। बेहतर प्रबन्धन हेतु इनके अधिकतम उपयोग से अभिप्राय है, कि संसाधनों को इस प्रकार से उपयोग किया जाए कि उनसे कम-से-कम लागत पर अधिकतम लाभ प्राप्त हो सके। सिद्धांतों की सहायता से प्रबंधक अपने निर्णयों एवं कार्यों में कारण एवं परिणाम के संबंध का पूर्वानुमान लगा सकते हैं। इससे गलतियों से शिक्षा ग्रहण करने की नीति में होने वाली क्षति से बचा जा सकता है। प्रभावी प्रशासन के लिए प्रबंधकीय व्यवहार का व्यक्तिकरण आवश्यक है जिससे कि प्रबंधकीय अधिकारों का सुविधानुसार उपयोग किया जा सके। प्रबन्धन के सिद्धांत, प्रबन्धन में स्वेच्छाचार की सीमा निर्धारित करते हैं जिससे कि प्रबंधकों के निर्णय व्यक्तिगत पंसद एवं पक्षपात से मुक्त रहें। उदाहरण के लिए, विभिन्न विभागों के लिए वार्षिक बजट के निर्धारण में प्रबंधकों द्वारा निर्णय उनकी व्यक्तिगत पंसद पर निर्भर करने के स्थान पर संगठन के उद्देश्यों के प्रति योगदान के सिद्धांत पर आधारित होते हैं।

3. **वैज्ञानिक निर्णय** – निर्णय, निर्धारित उद्देश्यों के रूप में विचारणीय एवं न्यायोचित तथ्यों पर आधारित होने चाहिए। यह समयानुकूल, वास्तविक एवं मापन तथा मूल्यांकन के योग्य होने चाहिए। प्रबन्धन के सिद्धांत विचारपूर्ण निर्णय लेने में सहायक होने चाहिए। प्रबन्धन के जिन निर्णयों को सिद्धांतों के आधार पर लिया जाता है, वह व्यक्तिगत द्वेष भावना तथा पक्षपात से मुक्त होते हैं। यह परिस्थिति के तर्कसंगत मूल्यांकन पर आधारित होते हैं।

4. **बदलती पर्यावरण की आवश्यकताओं को पूरा करना** – सिद्धांत यद्यपि सामान्य दिशा निर्देश प्रकृति के होते हैं तथापि इनमें परिवर्तन होता रहता है, जिससे यह प्रबंधकों की पर्यावरण पर बदलती आवश्यकताओं को पूरा करने में सहायक होते हैं। आप पढ़ चुके हैं कि प्रबन्धन के सिद्धांत लोचपूर्ण होते हैं, जो गतिशील व्यावसायिक पर्यावरण के अनुरूप ढाले जा सकते हैं। उदाहरण के लिए, प्रबन्धन के सिद्धांत श्रम-विभाजन एवं विशिष्टीकरण को बढ़ावा देते हैं। आधुनिक समय में यह सिद्धांत सभी प्रकार के व्यवसायों पर लागू होते हैं। कंपनियाँ अपने मूल कार्य में विशिष्टता प्राप्त कर रही हैं तथा अन्य व्यावसायिक कार्यों को छोड़ रही हैं। इस संदर्भ में हिन्दुस्तान लीवर लि. के निर्णय का उदाहरण ले सकते हैं जिसने अपने मूलकार्य से अलग रसायन एवं बीज के व्यवसाय को छोड़ दिया है। कुछ कंपनियाँ गैर मूल कार्य जैसे शेयर हस्तांतरण प्रबन्धन एवं विज्ञापन को बाहर की एजेंसियों से करा रही हैं। यहाँ तक कि आज अनुसंधान एवं विकास, विनिर्माण एवं विपणन जैसे मूल कार्यों को भी बाहर अन्य इकाइयों से कराया जा रहा है।

5. **सामाजिक उत्तरदायित्वों को पूरा करना** – जनसाधारण में बढ़ती जागरुकता व्यवसायों विशेषत: सीमित दायित्व कंपनियों को अपने सामाजिक उत्तरदायित्वों को निभाने के लिए बाधयकारी रही हैं। प्रबन्धन के सिद्धांत एवं प्रबन्धन विषय का ज्ञान इस प्रकार की माँगों के परिणामस्वरूप ही विकसित हुआ है तथा समय के साथ-साथ सिद्धांतों की व्याख्या से इनके नए एवं समकालीन अर्थ निकल रहे हैं। इसीलिए यदि आज कोई समता की बात करता है, तो यह मजदूरी के संबंध में ही नहीं होती। ग्राहक के लिए मूल्यवान, पर्यावरण का ध्यान रखना, व्यवसाय के सहयोगियों से व्यवहार पर भी यह सिद्धांत लागू होता है। जब इस सिद्धांत को लागू किया जाता है, तो हम पाते हैं कि सार्वजनिक क्षेत्र के उपक्रमों ने पूरे शहरों का विकास किया है, जैसे भेल (बी.एच.ई.एल) ने हरिद्वार (उत्तराखंड) में रानीपुर का विकास किया है। श्री महिला गृह उद्योग लिज्जत पापड़ का भी उदाहरण दिया जा सकता है।

6. **प्रशिक्षण, शिक्षा एवं अनुसंधान** – प्रबन्धन के सिद्धांत प्रबन्धन विषय के ज्ञान का मूलाधार हैं। इनका उपयोग प्रबन्धन के प्रशिक्षण, शिक्षा एवं अनुसंधान के आधार के रूप में किया जाता है। आप अवश्य जानते होंगे कि प्रबन्धन संस्थानों में प्रवेश के पूर्व प्रबन्धन की परीक्षा ली जाती है। क्या आप समझते हैं कि इन परीक्षाओं का विकास बिना प्रबन्धन के सिद्धांतों की समझ एवं इनको विभिन्न परिस्थितियों में कैसे उपयोग किया जा सकता है, इनको जाने बिना किया जा सकता है। यह सिद्धांत प्रबन्धन को एक शास्त्र के रूप में विकसित करने का प्रारंभिक आधार तैयार करते हैं। पेशेवर विषय जैसे कि एम.बी.ए. (मास्टर ऑफ बिजिनेस एडमिनिस्ट्रेशन) बी.बी.ए. (बैचलर ऑफ बिजनेस एडमिनिस्ट्रेशन) में भी प्रारंभिक स्तर के पाठ्यक्रम के भाग के रूप में इन सिद्धांतों को पढ़ाया जाता है।

   यह सिद्धांत भी प्रबन्धन में विशिष्टता लाते हैं एवं प्रबन्धन की नयी तकनीकों के विकास में सहायक होते हैं। हम देखते हैं कि परिचालन अनुसंधान, लागत लेखांकन, समय पर, कैनबन एवं केजन जैसे तकनीकों का विकास इन सिद्धांतों में और अधिक अनुसंधान के कारण हुआ है।

संगठनात्मक व्यवहार (Organizational Behavior)

संगठनात्मक व्यवहार (Organizational Behavior) संगठनों के अन्तर्गत 'मानवीय व्यवहार' का अध्ययन है। सामान्य शब्दों में संगठनात्मक व्यवहार से तात्पर्य संगठन में कार्यरत व्यक्तियों के व्यवहार के अध्ययन से है। संगठनात्मक व्यवहार में अध्ययन किया जाता है कि व्यक्ति संगठन मे 'क्या' तथा 'क्यों' करते हैं तथा उनके व्यवहार का

संगठन के कार्यों पर कैसा प्रभाव होता है। वस्तुतः संगठन में तीन प्रकार के मानवीय व्यवहार देखे जा सकते हैं–

1. **अन्तःवैयक्तिक व्यवहार** – अन्तःवैयक्तिक व्यवहार कर्मचारियों का स्वयं का व्यवहार होता है जो उनके व्यक्तित्व, प्रवृत्तियों, अवबोध, अभिप्रेरणा, अपेक्षा तथा आन्तरिक भावनाओं के फलस्वरूप प्रकट होता है।
2. **अन्तर्वैयक्तिक व्यवहार** – दो व्यक्तियों या दो से अधिक व्यक्तियों (समूह) के मध्य होने वाली पारस्परिक क्रियाओं के फलस्वरूप उत्पन्न व्यवहार को अन्तर्वैयक्तिक व्यवहार कहा जाता है। यह व्यवहार समूह गतिशीलता, अन्तर्समूह संघर्ष, नेतृत्व, सम्प्रेषण आदि के रूप में प्रकट होता है।
3. **संगठन व्यवहार** – इसमें संगठन की औपचारिक संरचनाओं तथा अनौपचारिक समूहों के व्यवहार को शामिल किया जाता है। संगठनात्मक व्यवहार में उपर्युक्त तीनों प्रकार के व्यवहार एवं उसके प्रभावों तथा संगठन के आन्तरिक एवं बाह्य वातावरण के प्रभावों का अवलोकन, अध्ययन एवं नियन्त्रण किया जाता है।

निष्कर्ष यह है कि संगठनात्मक व्यवहार संगठनों में एकाकी व्यक्तियों एवं समूहों के व्यवहार, संगठन संरचना, तकनीकों एवं वातावरण की विशेषताओं के आपसी प्रभावों के अध्ययन से सरोकार रखता है। संगठनात्मक व्यवहार संगठन में व्यक्तियों तथा समूहों के व्यवहार तथा उसका संगठन पर प्रभावों का अध्ययन करने तथा इससे प्राप्त जानकारी से उनके भावी व्यवहार का पूर्वानुमान करने तथा नियंत्रण करने से सरोकार रखता है। इस प्रकार संगठनात्मक व्यवहार संगठन में कार्यरत व्यक्तियों, समूहों तथा संगठन के विभिन्न घटकों के व्यवहार तथा उनसे उत्पन्न प्रभावों तथा वातावरण के साथ उनकी अन्तक्रियाओं का अध्ययन है ताकि इस ज्ञान से संगठन को प्रभावी एवं उद्देश्यपरक बनाया जा सके।

संगठनात्मक व्यवहार के उद्देश्य

मानव एक विलक्षण एवं सजग प्राणी है। वर्तमान में सभी सरकारी तथा गैर सरकारी संगठनों में मनुष्य का व्यवहार तथा संगठन की बढ़ती जटिलता प्रबंधकों के ध्यानाकर्षण का केन्द्र बनी हुई है। संगठन मानवीय प्रयासों एवं सामूहिक क्रियाओं के द्वारा लक्ष्यों को प्राप्त करने की सामाजिक प्रणालियाँ है। संगठन कार्य ढाँचे कार्य सम्बन्धों, प्रौद्योगिकी तथा मानवीय व्यवहार का मिश्रण है। सभी प्रकार के संगठनों में मानवीय व्यवहार को समझ लेना अत्यन्त महत्वपूर्ण होता है। 'संगठनात्मक व्यवहार' इसी विषय की विवेचना करता है। ज्ञान का यह नवीन क्षेत्र संगठन में मूलतः व्यक्तियों के व्यवहार के व्यवस्थित अध्ययन से सम्बन्धित है।

संगठनात्मक व्यवहार का महत्व

संगठनात्मक व्यवहार की लोकप्रियता 1950 ई. के बाद से तीव्र गति से बढ़ी है, विकसित राष्ट्रों में यह विषय प्रबन्धकों के अध्ययन तथा विश्लेषण का केन्द्र रहा है। संगठनात्मक व्यवहार संस्था में मानवीय तथा भौतिक साधनों के बेहतर उपयोग को सम्भव बनाता है। यह व्यक्ति एवं संगठन में सुधार लाता है तथा टीम भावना का विकास करता है जिससे संगठनात्मक लक्ष्यों को प्राप्त करना आसान हो जाता है। इसके द्वारा मानवीय लक्ष्यों की पूर्ति सम्भव होती है जिससे उनके मनोबल में वृद्धि होती है तथा बेहतर श्रम-प्रबन्ध सम्बन्धों का निर्माण होता है। संगठनात्मक व्यवहार में व्यक्ति, समूह तथा संरचना का बाह्य वातावरण के साथ अध्ययन किया जाता है। इसके द्वारा यह ज्ञात होता है कि बाह्य वातावरण के साथ संगठन का तालमेल कैसे किया जा सकता है। ऐसे विश्लेषण एवं अध्ययन से संगठनात्मक प्रभावशीलता में सुधार लाया जा सकता है। संक्षेप में निम्नलिखित कारणों से संगठनात्मक व्यवहार के अध्ययन की आवश्यकता होती है–

मानवीय व्यवहार को समझने हेतु उपयोगी

मानवीय व्यवहार के विभिन्न स्तरों का विश्लेषण करने का यह प्रमुख उपकरण है। यह व्यक्तिगत, अन्तःवैयक्तिक, समूह तथा अन्तर-समूह स्तर पर प्रबन्धकों के लिए व्यक्तियों के व्यवहार को समझने में सहायक होता है। संगठनात्मक व्यवहार के द्वारा प्रबन्धक संगठन में कार्यरत कर्मचारी को समग्र मानव के रूप में बेहतर रूप में समझते हुए अन्तःवैयक्तिक व्यवहारों की जटिलता को समझ सकता है तथा मनुष्यों के व्यवहार में वांछित परिवर्तन या सुधार ला सकता है। इससे व्यक्ति की कार्य करने की मनःस्थिति, रूझान, कार्य-सन्तुष्टि, प्रतिक्रिया, तत्परता, कार्य-निष्ठा, कार्य के प्रति दृष्टिकोण आदि को समझा जा सकता है। इसके ज्ञान से मानवीय सम्बन्धों में सुधार लाया जा सकता है।

समूह गतिशीलता का अध्ययन

संगठनात्मक व्यवहार में व्यक्तियों के व्यवहार का समूह स्तर पर अध्ययन किया जाता है। एक संगठन में अनेक समूह कार्यरत रहते हैं, जिनमें तनाव, संघर्ष, प्रतिस्पर्धा तथा मतभेद चलते रहते हैं तथा जिनका संगठन की कार्य प्रणाली एवं आपसी सम्बन्धों पर गहन प्रभाव होता है। इसके द्वारा छोटे समूहों के सम्बन्धों की गतिशीलता को बेहतर रूप से समझा जा सकता है तथा समूह के कार्य करने की पद्धति, सम्प्रेषण, नेतृत्व प्रभाव आदि के बारे में यथार्थ ज्ञान प्राप्त किया जा सकता है।

व्यवहार को नियन्त्रित एवं निर्देशित करना

संगठनात्मक व्यवहार मानवीय व्यवहार को निर्देशित एवं नियंत्रित करने में भी अहम भूमिका निभाता है। इसके द्वारा उन तरीकों का अध्ययन किया जाता है जिनसे सत्ता का दुरूपयोग रोकते हुए संगठनात्मक एवं व्यक्तिगत उद्देश्यों में प्रभावी सम्बन्ध स्थापित किया जा सकता है तथा संगठनात्मक वातावरण में वांछित सुधार किया जा सकता है।

मानव संसाधन प्रबन्ध का आधार

बेहतर मानव संसाधन प्रबन्ध का आधार संगठनात्मक व्यवहार ही है। इसके द्वारा अधिकांश मानवीय सम्बन्धों का मानवीय ढंग से समाधान किया जा सकता है। न्यूस्ट्राम तथा कीथ डेविस के अनुसार, ''संगठनात्मक व्यवहार मानवीय लाभ के लिए मानवीय उपकरण है।''

संगठनों को परिवर्तन के अनुकूल बनाना

संगठनात्मक व्यवहार के द्वारा संगठन को परिवर्तनों के अनुकूल बनाया जा सकता है तथा परिवर्तन को प्रभावी तौर से लागू करने हेतु उपयुक्त वातावरण का निर्माण किया जा सकता है। परिवर्तन के बिना संगठन कार्य नहीं कर सकते हैं। आधुनिक युग में तेजी से हो रहे परिवर्तनों ने प्रबन्धकों के समक्ष एक चुनौती उत्पन्न कर दी है। इससे उभरने के लिए संगठनात्मक व्यवहार का अध्ययन आवश्यक हो गया है।

उपभोक्ता व्यवहार की कुंजी

संगठनात्मक व्यवहार का अध्ययन विपणन के क्षेत्र में भी उपयोगी है। सम्पूर्ण विपणन क्रियाओं का केन्द्र-बिन्दु उपभोक्ता व्यवहार है। माल का प्रवाह, विपणन श्रृंखलाओं को प्रभावशीलता, नवप्रवर्तन, विपणन सृजनात्मकता आदि अनेक परिवर्तन उपभोक्ता व्यवहार पर निर्भर करते हैं।

व्यक्ति कौशल के विकास में सहायक

आज प्रबन्ध के क्षेत्र में तकनीकी योग्यता से भी अधिक महत्वपूर्ण व्यक्ति योग्यता हो गई है। व्यक्तियों के व्यक्तित्व को ठीक से समझ लेना प्रबन्धकों के लिए सुगम नहीं है। इसके लिए संगठनात्मक व्यवहार का ज्ञान होना अति आवश्यक है।

उच्च उत्पादकता एवं श्रेष्ठ परिणाम

संगठनात्मक व्यवहार उत्पादकता दृष्टिकोण पर भी आधारित है। यह वैयक्तिक एवं समूह व्यवहार पर नियंत्रण करके संगठन की उत्पादकता में वृद्धि करने तथा श्रेष्ठ

परिणाम प्राप्त करने पर बल देता है। यह श्रेष्ठ परिणामों के आधार पर संगठन को प्रभावी बनाता है।

संगठनात्मक व्यवहार के द्वारा व्यक्तियों एवं समूहों के व्यवहार के समझने एवं पूर्वानुमान करने में सुविधा रहती है। इससे कर्मचारियों को उचित निर्देश देकर उनकी क्षमताओं एवं योग्यताओं का संस्था के हित में उपयोग किया जा सकता है।

शासन प्रबन्धन में मानव संसाधन प्रबन्धन (HRM in Governance Management)

मानव संसाधन प्रबन्धन (HRM) किसी प्रतिष्ठान की सबसे मूल्यवान उन आस्तियों के प्रबन्धन का कौशलगत और सुसंगत दृष्टिकोण है - जो वहाँ काम कर रहे हैं तथा व्यक्तिगत और सामूहिक रूप से व्यापार के उद्देश्यों की प्राप्ति में योगदान दे रहे हैं। 'मानव संसाधन प्रबन्धन' और "मानव संसाधन" (HR) शब्दों का स्थान मुख्यत: "कार्मिक प्रबन्धन" शब्द ने ले लिया है, जो प्रतिष्ठान में लोगों के प्रबन्धन में शामिल प्रक्रियाओं की व्याख्या करता है। सामान्य अर्थ में मानवीय संसाधन प्रबन्धन का मतलब लोगों को रोजगार देना, उनके संसाधनों का विकास करना, उपयोग करना, उनकी सेवाओं को काम और प्रतिष्ठान की आवश्यकता के अनुरूप बनाये रखना और बदले में पारिश्रमिक देते रहना है। संगठनों के प्रबन्धन के संदर्भ में पाँच अवधारणाओं पर प्रकाश डालना आवश्यक है–

1. प्रबन्धन (Management)
2. मानव संसाधन (Human Resource)
3. लोक प्रशासन (Public Administration)
4. व्यवसाय-नीति (Corporate Ethics)
5. उद्यम संसाधन योजना (Enterprise Resource Planning)

1. प्रबन्धन – संगठन के सन्दर्भ में प्रबन्धन (Management) का अर्थ है- उपलब्ध संसाधनों का दक्षतापूर्वक तथा प्रभावपूर्ण तरीके से उपयोग करते हुए लोगों के कार्यों में समन्वय करना ताकि लक्ष्यों की प्राप्ति सुनिश्चित की जा सके। प्रबन्धन के अन्तर्गत आयोजन (Planning), संगठन-निर्माण (Organizing), स्टाफिंग (Staffing), नेतृत्व करना (Leading या Directing), तथा संगठन अथवा पहल का नियंत्रण करना आदि आते हैं। संगठन भले ही बड़ा हो या छोटा, लाभ के लिए हो अथवा गैर-लाभ वाला, सेवा प्रदान करता हो अथवा विनिर्माणकर्ता, प्रबन्धन सभी के लिए आवश्यक है। प्रबन्धन इसलिए आवश्यक है कि

व्यक्ति सामूहिक उद्देश्यों की पूर्ति में अपना श्रेष्ठतम योगदान दे सकें। प्रबन्धन में पारस्परिक रूप से संबंधित वह कार्य सम्मिलित हैं जिन्हें सभी प्रबंधक करते हैं। प्रबंधक अलग-अलग कार्यों पर भिन्न समय लगाते हैं। संगठन के उच्चस्तर पर बैठे प्रबंधक नियोजन एवं संगठन पर नीचे स्तर के प्रबंधकों की तुलना में अधिक समय लगाते हैं।

2. **मानव संसाधन** – मानव संसाधन (ह्यूमन रिसोर्सेस) वह अवधारणा है जो जनसंख्या को अर्थव्यवस्था पर दायित्व से अधिक परिसंपत्ति के रूप में देखती है। शिक्षा प्रशिक्षण और चिकित्सा सेवाओं में निवेश के परिणामस्वरूप जनसंख्या मानव संसाधन के रूप में बदल जाती है। मानव संसाधन उत्पादन में प्रयुक्त हो सकने वाली पूँजी है। यह मानव पूँजी कौशल और उनमें निहित उत्पादन के ज्ञान का भंडार है। यह प्रतिभाशाली और काम पर लगे हुए लोगों और संगठनात्मक सफलता के बीच की कड़ी को पहचानने का सूत्र है। यह उद्योग या संगठनात्मक मनोविज्ञान और सिद्धांत प्रणाली संबंधित अवधारणाओं से संबद्ध है। मानव संसाधन की संदर्भ के आधार पर दो व्याख्याएँ मिलती हैं। इसका मूल अर्थ राजनीतिक अर्थव्यवस्था और अर्थशास्त्र से लिया गया है, जहाँ पर इसे पारंपरिक रूप से उत्पादन के चार कारकों में से एक श्रमिक कहा जाता था, यद्यपि यह दृष्टिकोण राष्ट्रीय स्तर पर नए और योजनाबद्ध तरीकों में अनुसन्धान के चलते बदल रहा है।

   पहला तरीका अधिकतर 'मानव संसाधन विकास' शब्द के रूप में प्रयुक्त होता है और यह सिर्फ संगठनों से शुरू हो कर राष्ट्रीय स्तर तक हो सकता है। पारम्परिक रूप से यह कॉरपोरेशन व व्यापार के क्षेत्र में व्यक्ति विशेष (जो उस फर्म या एजेन्सी में कार्य करता है) के लिए तथा कंपनी के उस हिस्से को जो नियुक्ति करने, निकालने, प्रशिक्षण देने तथा दूसरे व्यक्तिगत मुद्दों से सम्बंधित है व जिसे साधारणतया "मानव संसाधन प्रबन्धन" के नाम से जाना जाता है, के लिए होता प्रयुक्त होता है। यह लेख दोनों परिभाषाओं से सम्बंधित है।

3. **लोक प्रशासन** – मोटे तौर पर शासकीय नीति (Government policy) के विभिन्न पहलुओं का विकास, उन पर अमल एवं उनका अध्ययन है। प्रशासन का वह भाग जो सामान्य जनता के लाभ के लिए होता है, लोक प्रशासन कहलाता है। लोक प्रशासन का संबंध सामान्य नीतियों अथवा सार्वजनिक नीतियों से होता है। एक अनुशासन के रूप में इसका अर्थ वह जनसेवा है जिसे 'सरकार' कहे जाने वाले व्यक्तियों का एक संगठन करता है। इसका प्रमुख उद्देश्य और अस्तित्व का आधार 'सेवा' है। इस प्रकार की सेवा उठाने के लिए सरकार को जन का वित्तीय बोझ करों और महसूलों के रूप में राजस्व वसूल कर संसाधन जुटाने पड़ते हैं। जिनकी कुछ आय है उनसे कुछ लेकर सेवाओं के माध्यम से उसका समतापूर्ण

वितरण करना इसका उद्देश्य है। किसी भी देश में लोक प्रशासन के उद्देश्य वहाँ की संस्थाओं, प्रक्रियाओं, कार्मिक-राजनीतिक व्यवस्था की संरचनाओं तथा उस देश के संविधान में व्यक्त शासन के सिद्धातों पर निर्भर होते हैं। प्रतिनिधित्व, उत्तरदायित्व, औचित्य और समता की दृष्टि से शासन का स्वरूप महत्व रखता है, लेकिन सरकार एक अच्छे प्रशासन के माध्यम से इन्हें साकार करने का प्रयास करती है।

4. **व्यवसाय-नीति** – व्यवसाय-नीति (बिजनेस एथिक्स या कारपोरेट एथिक्स) नैतिकता का वह रूप है, जो कारोबारी माहौल में पैदा हए नैतिक सिद्धांतों और नैतिक समस्याओं की जाँच करता रहता है और उनके सन्दर्भ में कुछ मानदण्डों की स्थापना करता है। यह व्यवसाय के आचरण से जुड़े सभी पहलुओं पर लागू होता है और यह व्यक्तियों और व्यापार संगठनों के आचरण पर समग्र रूप से प्रासंगिक है। व्यावहारिक आचार नीति एक ऐसा क्षेत्र है जिसका सम्बंध कई क्षेत्रों में पैदा हुए नैतिक सवालों से है जैसे–चिकित्सीय, तकनीकी, कानूनी और व्यावसायिक नैतिकता। 21वीं सदी में तेजी से अंतरात्मा केंद्रित बाजारों के बढ़ने के बाद और अधिक नैतिक व्यवसाय प्रक्रिया और कार्रवाई (जिसे नैतिकतावाद कहते हैं) की माँग बढ़ी।

5. **उद्यम संसाधन योजना (एंटरप्राइज रीसोर्स प्लानिंग)** – उद्यम संसाधन योजना (ERP - एंटरप्राइज रीसोर्स प्लानिंग) एक कंपनी-व्यापी कंप्यूटर सॉफ्टवेयर प्रणाली है जिसका उपयोग साझा डाटा भंडारों द्वारा सभी संसाधनों, सूचना और व्यापार संबंधी प्रकार्यों के समन्वय और प्रबन्धन हेतु होता है। एक उद्यम संसाधन योजना प्रणाली में एक सेवा उन्मुख वास्तुकला होती है जिसमें अनुखंडीय (मोड्यूलर) हार्डवेयर और सॉफ्टवेयर की इकाइयाँ तथा सेवा होती हैं जो एक लोकल एरिया नेटवर्क पर संचार करती हैं। यह अनुखंडित डिजाइन एक व्यापार की डाटा अखंडता को बनाये रखते हुए अनुखंडों को जोड़ने या परिवर्तित करने की अनुमति प्रदान करता है, एक साझा डाटाबेस में जो केंद्रस्थ अथवा वितरित कर सकता है।

प्रोजेक्ट निर्माण एवं मूल्यांकन (Project Formation and Evaluation)

परियोजना

किसी संगठन, व्यापार, विज्ञान, निर्माण या इंजीनियरिंग में किसी विशेष लक्ष्य की प्राप्ति हेतु जो विस्तृत कार्य-योजना बनायी और कार्यान्वित की जाती है उसे परियोजना

(Project) कहते हैं। इसके अन्तर्गत पूरे कार्य को छोटे-छोटे कार्यों के रूप में विभक्त करके उनका समयबद्ध क्रम प्रस्तुत किया जाता है। कौन-सा काम कब आरम्भ होगा, कब समाप्त हो जायेगा, कितना धन और अन्य संसाधन लगेगा, समाप्ति पर मिलने वाला परिणाम क्या है आदि का उल्लेख किया जाता है। परियोजना में कार्य की समय सीमा (डेडलाइन) तय करना जरूरी है। इसके साथ ही हर परियोजना के लिए एक निश्चित राशि (बजट) निर्धारित होती है। इस प्रकार परियोजना किसी भी बड़े काम का एक ब्लू प्रिंट होता है, जिसमें उस कार्य की समस्त जानकारी समय, लागत इत्यादि का संक्षिप्त विवरण होता है।

परियोजना किसी समस्या के निदान या किसी विषय के तथ्यों को प्रकाशित करने के लिए तैयार की गई एक पूर्ण योजना होती है। समस्याएँ सुरसा की तरह मुंह फैलाए हुए हमें निगलना चाहती है। हमें आए दिन किसी न किसी समस्या का सामना करना पड़ता है और हम उससे बचने के तरीके सोचते रहते हैं। जैसे– यातायात की समस्या, पीने के पानी की समस्या, बिजली की समस्या। हमारे आसपास बहुत-सी ऐसी समस्याएँ मौजूद हैं, जिन्हें देख-सुनकर हम सोचने को विवश हो जाते है और समाधान का उपाय सोचने लगते हैं, जैसे– गंगा में गन्दगी की समस्या, आत्महत्या की घटनाएँ, लूट की घटनाएँ, नशीले पदार्थों के सेवन से होने वाली बीमारियों की समस्या आदि।

जब हमारे सामने कोई समस्या आती है तो सबसे पहले हम उस समस्या की तह तक जाकर उसके सभी पहलुओं को जानने की कोशिश करते है। उसके निदान की सभी संभावनाओं और उपायों का विचार करते हैं। इस तरह हमारे मन में तैयार पूरी विचार योजना एक प्रकार की परियोजना है।

कुछ उल्लेखनीय परियोजनाएँ

- मानव जीनोम परियोजना (Human Genome Project)
- मैनहट्टन परियोजना (Manhattan Project)
- अपोलो परियोजना (Project Apollo)
- सोवियत परमाणु बम परियोजना (Nuclear Project of USSR)
- इसरो की चन्द्रयान परियोजना, मंगलयान परियोजना

एक परियोजना के चरण परियोजना का संपूर्ण जीवन चक्र बनाते हैं। प्रोजेक्ट मैनेजर के लिए प्रोजेक्ट को नियंत्रण और ट्रैकिंग उद्देश्यों के लिए परियोजनाओं को चरणबद्ध करने के लिए सुविधाजनक है।

परियोजना के बुनियादी चरण और उनके उद्देश्य

परियोजना के बुनियादी चरण इस तरह के प्रोजेक्ट पर निर्भर हैं, जो किया जा रहा है। उदाहरण के लिए, एक सॉफ्टवेयर प्रोजेक्ट में आवश्यकता, डिजाइन, निर्माण, परीक्षण, कार्यान्वयन चरण हो सकते हैं जबकि मेट्रो या भवन बनाने के लिए एक परियोजना में प्रत्येक चरण के लिए अलग-अलग नाम हो सकते हैं।

इस प्रकार, किसी परियोजना के चरणों का नामकरण प्रत्येक चरण में मांगे जाने वाले उत्पाद (डिलिवरेबल्स) के प्रकार पर निर्भर करता है। परिभाषा के उद्देश्य के लिए, चरणों को प्रारंभिक चार्टर, स्कोप स्टेटमेंट, योजना, आधारभूत, प्रगति, स्वीकृति, अनुमोदन और हैंडओवर में विभाजित किया जा सकता है। यह वर्गीकरण पीएमबीके के अनुसार है। इस प्रकार, परियोजना के चरण परियोजना चक्र के साथ निकटता से संबंधित हैं।

परियोजना के प्रत्येक चरण का उद्देश्य डिलिवरेबल्स का एक सेट है जो परियोजना शुरू होने से पहले सहमत हो जाता है। उदाहरण के लिए, एक सॉफ्टवेयर प्रोजेक्ट में, आवश्यकता चरण को आवश्यक दस्तावेज, डिजाइन चरण डिजाइन दस्तावेज आदि उत्पन्न करने की आवश्यकता होती है। एक परियोजना में बिल्ड चरण पूरा कोड प्रदान करता है जबकि परीक्षण चरण डिलिवरेबल्स के लिए पूर्ण परीक्षण के बारे में होता है।

परियोजना का प्रत्येक चरण एक निश्चित मील का पत्थर और डिलिवरेबल्स के सेट से जुड़ा हुआ है जिसे प्रत्येक चरण को देने की उम्मीद है, उसके बाद अनुपालन और बंद करने के लिए ट्रैक किया जाता है। प्रोजेक्ट लाइफ साइकिल में पीएमबीके में वर्णित ढाँचे की प्रक्रियाओं को शुरू करने, निष्पादित करने, नियंत्रित करने और बंद करने की प्रक्रिया शामिल है। यह प्रक्रिया सुनिश्चित करने के लिए आवश्यक है कि परियोजना ट्रैक पर रहती है और विनिर्देशों के अनुसार पूरी हो जाती है।

परियोजना मूल्यांकन (Project Evaluation)

परियोजना मूल्यांकन एक व्यष्टि आयोजन तकनीक है जिसका प्रयोग सार्वजनिक व्यय के मूल्यांकन में किसी परियोजना की सामाजिक वांछनीयता का अनुमान लगाने के लिए किया जाता है। यह किसी योजना में सम्मिलित होने वाले प्रत्येक निवेश प्रस्ताव की लागत और लाभ का मूल्यांकन है। इसका अभिप्राय है किसी परियोजना की प्रचालन दक्षता का तकनीकी, आर्थिक, वित्तीय और प्रबन्धात्मक दृष्टि से मूल्यांकन। यह विकास कार्यक्रम का एक अभिन्न अंग है।

''परियोजना मूल्यांकन योजनाबद्ध सामाजिक क्रिया के परिणामों के बारे में तथ्य निर्धारण की विधियों से सम्बन्ध रखता है जो कि आयोजन के उत्चक्र को ऊपर की ओर बढ़ाता जाता है। यह विवेकशील कार्य का उचित विधिवत उपकरण है।''

–हाइमन

यह अति विशेषीकृत आयोजन प्रक्रिया है जिसमें व्यक्तिगत वस्तुओं और परियोजनाओं के विकास कार्यक्रमों का व्यवस्थित ध्येयपूर्ण तथा व्यापक मूल्यांकन शामिल है। अत: यह परियोजना के प्रतिफल की दर, इसकी सामाजिक लाभप्रदता, जनसंख्या की वृद्धि दर, रोजगार और निवेश की दर पर इसके प्रभावों का मूल्यांकन करता है। परियोजना मूल्यांकन तकनीक विकसित एवं अल्पविकसित दोनों प्रकार के देशों के लिए लाभप्रद है परन्तु अल्पविकसित देशों के लिए यह अधिक लाभकारी है।

परियोजना मूल्यांकन की अवस्थाएं
(Stages of Project Evaluation)

परियोजना मूल्यांकन एक बहुस्तरीय प्रक्रिया है तथा प्राय: इसमें चार अवस्थाएँ होती हैं–

1. प्रत्येक परियोजना के तकनीकी एवं आर्थिक लक्षणों का वर्णन।
2. निर्माण और प्राचलन दोनों ही अवस्थाओं के दौरान अर्थव्यवस्था पर परियोजना के प्रभावों का अनुमान।
3. परियोजना के प्रत्यक्ष अथवा परोक्ष परिणामों का मूल्यांकन।
4. परियोजना के लिए मानदण्ड का निर्माण।

परियोजना मूल्यांकन की आवश्यकता
(Need for Project Evaluation)

परियोजना मूल्यांकन एक धुरी है जिसके इर्द-गिर्द आर्थिक विकास घूमता है। एक सुदृढ़ विकास योजना के लिए वर्तमान एवं सम्भावित परियोजनाओं से सम्बन्धित बहुत से ज्ञान की आवश्यकता होती है। निवेश एवं वृद्धि दर के बीच सम्बन्ध का उचित अनुमान वास्तविक और सम्भावित निवेश परियोजनाओं के उचित ज्ञान के बिना नहीं लगाया जा सकता।

"अल्पविकसित देशों में निवेश आयोजन के सार में परियोजनाओं को उनके लाभ लागत अनुपात के अनुसार स्थान देना सम्मिलित है तथा उनको अवरोही क्रम में आरम्भ किया जाए जब तक कि निवेश के लिए उपलब्ध बचते समाप्त नहीं हो जाती।"

-हारबर्गर

विभिन्न क्षेत्रों के बीच निवेश आवंटित करने के पश्चात्, योजनाकर्ता को उन क्षेत्रों के भीतर परियोजनाओं का चयन करना होगा जिनकी ओर निवेश निर्दिष्ट है। यदि अर्थव्यवस्था के विभिन्न क्षेत्रों के बीच निवेश के विभाजन को विवेकपूर्ण होना है तो आवश्यक है कि प्रत्येक क्षेत्र में विभिन्न परियोजनाओं की लागतों और लाभों का तुलनात्मक आधार पर मूल्यांकन किया जाये। विकास की होड़ में अनेक परियोजनाएँ

सदैव तैयार रहती हैं जबकि निवेश के लिए साधन सीमित होते हैं। इसलिए योजना प्राधिकरण को इन परियोजना के बीच चयन करना पड़ता है तथा यह चयन परियोजना मूल्यांकन पर निर्भर करता है।

निवेश आबंटन इस प्रकार से करना आवश्यक है जिससे शुद्ध लाभों को अधिकतम बनाया जा सके। अत: निवेश आयोजन साधनों के अति दक्षतापूर्ण निर्धारण को ध्यान में रखते हुए किया जाये। एक स्वतन्त्र बाजार की अर्थव्यवस्था में, परियोजनाओं का चुनाव शुद्ध लाभप्रदता के आधार पर होना चाहिए। परन्तु एक आयोजित अर्थव्यवस्था में, किसी परियोजना अथवा योजना के चयन अथवा निष्कासन के लिए सामाजिक लागतों और लाभों पर विचार किया जाता है। अधिकतम सामाजिक लाभ की प्राप्ति के लिए निवेश को उन क्षेत्रों तथा उन परियोजनाओं की ओर निर्दिष्ट करना पड़ता है जहाँ वे अर्थव्यवस्था के लिए सबसे अधिक लाभकारी होती हैं।

संक्षेप में, पर्याप्त परियोजना आयोजन की अनुपस्थिति में यथार्थवादी योजनाओं का निर्माण नहीं किया जा सकता। किसी भी परियोजना को योजना में सम्मिलित करने से पूर्व उसका मूल्यांकन परीक्षण आवश्यक है। इसमें परियोजना के लाभों का इसकी लागतों के अनुपात में अनुमान लगाना आवश्यक है।

लाभ लागत गणना के पश्चात् उन सभी परियोजनाओं को जो तकनीकी रूप में सम्भाव्य हैं, अवरोही क्रम में व्यवस्थित किया जाता है। केवल ऊपर की कुछ योजनाएँ जिनका लाभ लागत अनुपात उच्चतम होता है तथा जिनकी कुल पूंजी लागत योजना के कुल आकार तक जुड़ती है, इनको शामिल किया जाता है और शेष को बाहर रखा जाता है। जब परियोजना मूल्यांकन की ऐसी प्रक्रिया के पश्चात् परियोजनाओं को योजना में सम्मिलित किया जाता है तो योजना इष्टतम होगी अत: परियोजना मूल्यांकन इष्टतमीकरण की एक तकनीक है।

निर्णयन प्रक्रिया (Decision Process)

किसी प्रबन्धक का महत्वपूर्ण कार्य निर्णय लेना है। पीटर ड्रकर का इस सम्बन्ध में यह विचार है कि प्रबन्धक जो कुछ भी करता है, निर्णयों के द्वारा ही करता है। हम जानते हैं कि प्रशासकों को दिन-प्रतिदिन अनेक कार्य करने पड़ते हैं और इन कार्यों को करने के लिए उनके पास अनेक विकल्प होते हैं, इन विकल्पों में से सर्वोत्तम विकल्प कौन-सा है, इसका निर्धारण करना 'निर्णय' लेना है।

टेरी ने इस सम्बन्ध में कहा है कि प्रशासकों का जीवन ही निर्णय लेना है। टेरी के शब्दों में यदि प्रशासक की कोई सार्वभौमिक पहचान है, तो वह है उसका निर्णय लेना। प्रशासक को अपने निर्णय प्रबन्ध के कार्यों (नियोजित संगठन, निर्देशन, नियन्त्रण) आदि

के अन्तर्गत ही लेने पड़ते हैं। दूसरे शब्दों में, हम कह सकते हैं कि निर्णयन प्रबन्ध प्रक्रिया में सर्वव्यापक है।

साइमन का यह विचार कि निर्णय लेना ही प्रशासन है, बहुत उचित प्रतीत होता है। साइमन के शब्दों में हम सहमत हों या न हों परन्तु यह निर्विवाद सत्य है कि निर्णय ही प्रशासन का हृदय है।

प्रशासन में निर्णय निश्चित प्रक्रिया के परिणाम होते हैं। निर्णय प्रक्रिया की तीन विशेषताएँ होती हैं–

- कोई भी निर्णय लक्ष्योन्मुख होता है, निर्णय सामान्यतः किसी प्रयोजन या लक्ष्य को पूरा करने के लिए किया जाता है।
- निर्णयों की एक क्रमिक श्रृंखला होती है, कोई भी निर्णय अकेला नहीं होता, वह अपने पहले के और बाद के निर्णयों से किसी न किसी रूप से जुड़ा रहता है।
- कोई भी निर्णय किसी खास अवधि में होता है, जिससे सहगामी घटनाएँ परिणाम को प्रभावित करती रहती हैं।

चूंकि निर्णय करना एक प्रक्रिया है और वह एक समय पर होता है इसलिए अपने चारों और का परिवेश और साथ-साथ घटने वाली घटनाएँ परिणाम को प्रभावित करेगी ही।

अर्थ एवं परिभाषाएँ

निर्णयन (डिसिजन मेकिंग) का शाब्दिक अर्थ अन्तिम परिणाम तक पहुँचने से लगाया जाता है, जबकि व्यावहारिक दृष्टिकोण से इसका आशय निष्कर्ष पर पहुँचने से है।

डॉर्ज जे.सी. ग्लोवर के अनुसार, चुने हुए विकल्पों में से किसी एक के सम्बन्ध में निर्णय करना ही निर्णयन है।

रे.रे. किलियन्स के अनुसार, निर्णयन विभिन्न विकल्पों के चुनाव की एक सरलतम विधि है।

जार्ज आर. टेरी के शब्दों में, निर्णय किसी एक कसौटी पर आधारित दो या दो से अधिक सम्भावित विकल्पों में से एक का चुनाव है।

मेकफारलैण्ड के अनुसार, निर्णय लेना चयन की एक क्रिया है, जिसके अन्तर्गत कोई अधिशासी दी हुई परिस्थितियों में इस निर्णय पर पहुँचता है कि क्या किया जाना चाहिए। निर्णय किसी व्यवहार का प्रतिनिधित्व करता है, जिसका चयन अनेक सम्भव विकल्पों में से किया जाता है।

जी.एल.एस. शेकल के अनुसार, निर्णय लेना रचनात्मक मानसिक क्रिया का वह केन्द्र बिन्दु है, जहाँ कार्य पूर्ति के लिए ज्ञान, विचार, भावना तथा कल्पना का संयोग होता है।

अर्नेस्ट डेल के अनुसार, प्रशासनिक निर्णयों से आशय उन निर्णयों से है जो कि सदैव सही प्रशासनिक क्रियाओं, जैसे– नियोजन, संगठन, कर्मचारियों की भर्ती, निदेशन, नियन्त्रण, नव-प्रवर्तन तथा प्रतिनिधित्व के दौरान लिए जाते हैं।

लुण्डवर्ग के शब्दों में, प्रशासकीय निर्णय एक प्रक्रिया है जिसमें कि एक व्यक्ति संगठन में दूसरे व्यक्तियों के व्यवहार को प्रभावित करने के लिए एक निर्णय करता है, ताकि वे व्यक्ति संगठन के लक्ष्यों को प्राप्त करने में अपना योगदान दे सकें।

इस प्रकार यह स्पष्ट है कि निर्णयन से आशय निर्धारित लक्ष्य की प्राप्ति के लिए उपलब्ध विकल्पों में से सर्वश्रेष्ठ विकल्प का चयन करने से है। एक विशेष परिस्थिति में कार्य किया जाये, इसका निर्धारण निर्णय लेने वालों के द्वारा किया जाता है। निर्णय करते समय प्रशासक के सामने एक से अधिक विकल्प होते हैं। निर्णय करना अनेक उपलब्ध विकल्पों में से जागरूक चयन करना है। निर्णय प्राय: नीति, नियम, आदेश अथवा निर्देश के रूप में व्यक्त होते हैं। अत: सामान्यत: निर्णय काफी जटिल और कठिन होते हैं, बल्कि कई निर्णय ऐसे भी होते हैं, जिनमें विचार विमर्श करना अधिक जरूरी होता है।

संक्षेप में कह यह कह सकते हैं कि जटिलतम तथा परस्पर गुंथी हुई परिस्थितियों के अन्तर्गत उपलब्ध कई विकल्पों में से संगठन की क्षमतानुसार एक श्रेष्ठ विकल्प को चुनने तथा उसे प्रभावी ढंग से कार्य का रूप प्रदान करने को ही निर्णयन के नाम से पुकारा जाता है।

निर्णयन की विशेषताएँ

उपर्युक्त परिभाषाओं के आधार पर निर्णयन की निम्नांकित विशेषताएँ हो सकती हैं–

- यह विभिन्न विकल्पों में से किसी एक का चयन करने की प्रक्रिया है।
- उपलब्ध विकल्पों में से सर्वोत्तम विकल्प के चयन की पूर्ण स्वतन्त्रता होती है। किसी भी बाहरी तत्व का हस्तक्षेप इनके चयन में नहीं होता है।
- यह मूल रूप से एक मानवीय प्रक्रिया है। (मशीनी या यांत्रिक नहीं) यह एक बौद्धिक कार्य है।
- इसमें उन सभी कार्यों को सम्मिलित किया जाता है, जो कि किसी विकल्प का अन्तिम रूप से चयन किए जाने से पूर्व करने जरूरी होते हैं।
- यह वह केन्द्र बिन्दु हैं, जहाँ पर योजनाओं, नीतियों तथा उद्देश्यों का सही चयन किया जाता है।

- यह प्रशासक की एक सार्वभौमिक पहचान है।
- यह विवादों के समाधान की प्रक्रिया के रूप में कार्य करता है।
- निर्णय नकारात्मक भी हो सकता है या निर्णय न करना भी एक निर्णय हो सकता है।
- निर्णयों में उद्देश्यों का समावेश रहता है, क्योंकि उद्देश्यों को प्राप्त करने के लिए ही निर्णय लिए जाते हैं।

प्रशासन में निर्णय प्रक्रिया

हर्बर्ट साइमन ने निर्णय प्रक्रिया के तीन स्तर बतलाए हैं–

- **प्रथम स्तर** को वह 'अन्वेषण क्रिया' मानते हैं, जो कि यह बतलाती है कि कब और कहां पर निर्णय लेना जरूरी हैं।
- **दूसरे स्तर** को उन्होंने 'डिजाइन क्रिया' के नाम से सम्बोधित किया है, जिसमें वैकल्पिक विधियों की खोज और उनका विकास किया जाता है।
- **तीसरे स्तर** को उन्होंने 'चयन क्रिया' का नाम दिया है, जिसमें उपलब्ध विकल्पों में से सही विकल्प का चुनाव किया जाता है।

पीटर एफ. ड्रूकर ने निर्णय प्रक्रिया के निम्न चरण बतलाए हैं–

1. समस्या को परिभाषित करना।
2. समस्या का विश्लेषण करना।
3. वैकल्पिक साधनों का विकास करना।
4. सबसे अच्छे समाधान का चयन करना।
5. निर्णय को प्रभावशाली क्रिया में परिणत करना।

न्यूमैन, समर और वारेन ने निर्णय प्रक्रिया के निम्न चार चरण बतलाए हैं–

1. निदान करना।
2. विकल्पों की खोज करना।
3. विकल्पों का विश्लेषण व तुलना करना।
4. एक ऐसी योजना को चुनना जिस पर चलना है।

बैके ने निर्णय प्रक्रिया के निम्न 11 चरण बतलाए हैं–

1. समस्या की जानकारी।
2. समस्या के सभी पहलुओं के सम्बन्ध में उचित सूचनाओं को प्राप्त करना।
3. इसकी खोज तथा संरचना में निर्णय लेना।

4. समस्या को सरल रूप से रखना।
5. विकल्प निर्धारण में खोज एवं निष्कर्ष पर पहुँचना।
6. विकल्पों का मूल्यांकन करना।
7. निर्णय करना।
8. समाधान के लिए साधनों की व्यवस्था करना।
9. उद्देश्यों को प्राप्त करने की दिशा में कदम उठाना।
10. समाधान के सम्बन्ध में निर्णय।
11. अन्त में यह निर्धारित करना कि क्या मूल्यांकन की समस्या का समाधान हो चुका है?

निर्णय प्रक्रिया के उद्देश्य (Aims of Decision Process)

निर्णय प्रक्रिया के प्रथम स्तर में किसी एक समस्या को व्यवस्थित ढंग से सुलझाने के लिए उसके उद्देश्यों को जानना व समझना बहुत आवश्यक है। ये उद्देश्य इस प्रकार के हों कि व्यक्तिगत तथा संस्थागत लक्ष्यों के मध्य समन्वय स्थापित हो सके।

1. **समस्या की व्याख्या करना** – चेस्टर आई. बर्नार्ड इस सम्बन्ध में यह कहते हैं कि समस्या की व्याख्या करने से पूर्व उसके किसी समालोचक तत्व को ज्ञात कर लेना चाहिए क्योंकि समालोचक तत्व ही निर्णयन का केन्द्र बिन्दु होता है। यह वह बिन्दु है जहाँ पर चुनाव किया जाता है। हैन्स तथा मेसी के अनुसार, समस्या की व्याख्या में समालोचक तत्व प्रमुख होता है। कई अधिकारी तो यहाँ तक कहते हैं कि समस्या की व्याख्या करना उसके समाधान से भी अधिक कठिन है। अतः समस्या की व्याख्या सावधानीपूर्वक की जानी चाहिए।

2. **समस्या का विश्लेषण** – समस्या की स्पष्ट व्याख्या तथा परिभाषा के बाद निर्णयन प्रक्रिया का अगला चरण समस्या का विश्लेषण करना है। यदि समस्या बड़ी है तो उसको कई भागों में विभक्त कर लिया जाता है तथा उसके प्रत्येक भाग का विश्लेषण किया जाता है। विश्लेषण के लिए सम्बन्धित तथ्यों को एकत्रित किया जाना चाहिए।

3. **वैकल्पिक समाधानों का विकास करना** – समस्या की स्पष्ट व्याख्या तथा विश्लेषण करने के बाद निर्णयकर्ता विभिन्न सूचनाओं तथा तथ्यों के आधार पर विभिन्न वैकल्पिक समाधानों का विकास करता है। वैकल्पिक समाधानों का विकास करना निर्णयन प्रक्रिया का एक महत्वपूर्ण चरण हैं। अतः प्रशासकों में यह योग्यता होनी चाहिए कि वे वैकल्पिक समाधानों का विकास कर सकें।

4. **विकल्पों की छंटनी** – विभिन्न वैकल्पिक समाधानों का विकास करने के बाद इन विकल्पों का निर्णय करने की दृष्टि से मूल्यांकन करना ही निर्णयन प्रक्रिया का अगला चरण है। इन विकल्पों का मूल्यांकन निम्न बातों को ध्यान में रखकर किया जाना चाहिए-
   (1) उद्देश्यों की प्राप्ति में सहयोग
   (2) विकल्पों की लागत
   (3) विकल्पों की उपयुक्तता
   (4) समय
   (5) विकल्पों के परिणाम
5. **सर्वश्रेष्ठ विकल्प का चयन** – विभिन्न विकल्पों का मूल्यांकन करने के बाद निर्णयन प्रक्रिया का अगला चरण उन विकल्पों में से किसी एक सर्वश्रेष्ठ विकल्प का चुनाव करना है। प्रशासकों के अनुभव, अनुसंधान एवं विश्लेषण इत्यादि विकल्पों के चुनाव के आधार हो सकते हैं। अन्तिम निर्णय लेने से पूर्व प्रशासक कई बातों से प्रभावित होता है। इसमें उसका अनुभव महत्वपूर्ण है। निर्णयों को लेने में प्रशासकों के दैनिक अनुभव महत्वपूर्ण भूमिका अदा करते हैं। लेकिन अनुभव के आधार पर ही सदैव निर्णय नहीं लिए जा सकते। इसके लिए प्रशासकों को चाहिए कि वे संगठनों द्वारा निर्णयों के प्रभावों की वास्तविकता तथा कल्पित परिस्थितियों की जाँच करें। चयन की अनुसंधान तथा विश्लेषण विधियाँ भी बहुत अधिक प्रभावशाली विधियाँ मानी जाती हैं।
6. **निर्णयों का क्रियान्वयन** – जब किसी समस्या के समाधान के लिए कोई निर्णय ले लिया जाता है, तो अगला चरण उसको कार्यरूप प्रदान करना है। प्रशासक को इस प्रकार के प्रयास करने चाहिए कि चुनी हुई कार्यविधि सुचारू रूप से लागू की जा सके। निर्णय को जिन लोगों पर लागू किया जा रहा है, उनकी सहमति भी उस निर्णय के सम्बन्ध में ली जानी चाहिए।
7. **प्रतिपुष्टि तथा नियन्त्रण** – जब किसी निर्णय को कार्यरूप प्रदान किया जाता है, तो प्रशासक को चाहिए कि वह उस निर्णय के प्रभावों का मूल्यांकन करें तथा उनके सम्बन्ध में सभी आवश्यक सूचनाओं को एकत्रित करें। साथ ही साथ प्रशासक को चाहिए कि वह क्रियाओं पर भी नियन्त्रण स्थापित करे जो कि निर्णय को कार्यरूप प्रदान करने के लिए की जा रही है।

   निर्णय प्रक्रिया के उपरोक्त सभी स्तर एक आदर्श निर्णय प्रक्रिया के स्तर कहे जा सकते हैं, उपरोक्त स्तर हमको इस बात से अवगत कराते हैं कि निर्णय लेने के लिए क्या-क्या क्रियाएँ की जा सकती हैं। इन स्तरों को निर्णय की प्रकृति के अनुसार घटाया-बढ़ाया भी जा सकता है।

सामाजिक विपणन (Social Marketing)

सामाजिक विपणन की अवधारणा उपभोक्ताओं के साथ कंपनी की आवश्यकताओं और समाज के दीर्घकालिक हितों की रक्षा को महत्व प्रदान करती है। सामाजिक विपणन वास्तव में संगठन के कार्य जरूरतों का निर्धारण करने के लिए हैं। एक लक्ष्य बाजार के हितों को बरकरार रखने का है या उपभोक्ता की और समाज की भलाई को बढ़ाने का है। एक तरह से प्रतियोगियों की तुलना में अधिक प्रभावी ढंग से और कुशलता से वांछित संतुष्टि देने के लिए होगा। इसलिए बाजार की जरूरतों को संतुष्ट करने का प्रयास है और एक पूरे रूप में उपभोक्ताओं और समाज की भलाई के संरक्षण और बढ़ाने के तरीकों में है। अपने लक्ष्य बाजार के लिए करना चाहिए। यह निकटता कॉर्पोरेट सामाजिक जिम्मेदारी के सिद्धांतों के साथ और सतत् विकास के लिए जुड़ा हुआ है।

सामाजिक विपणन के उद्देश्य

1. सामाजिक जिम्मेदारी एक व्यापार निर्णय निर्माता का उद्देश्य भी है। समाजिक रक्षा के लिए और समाज के हितों को बढ़ाने के लिए किए जाने वाले विभिन्न कार्य इसमें सम्मिलित हैं।
2. व्यापार में मदद करने के लिए जिम्मेदारी उपभोक्ता की है। यह उचित खपत मूल्यों को बढ़ावा देने के लिए व्यापार का कर्तव्य है।
3. व्यापार जगत के नेताओं नैतिक आचरण के नए स्तर तक पहुँचकर हमारे समाज की उन्नति में नेतृत्व की भूमिका अपनाने के लिए तैयार है।

सामाजिक विपणन एवं सतत विकास

सामाजिक विपणन की अवधारणा 1972 में विकसित हुई जिसका उद्देश्य उपभोक्तावाद से मुकाबला करने, विपणन का एक और अधिक सामाजिक रूप से जिम्मेदार नैतिक और नैतिक मॉडल को बढ़ावा देना था। यह हार्वर्ड बिजनेस रिव्यू जर्नल में फिलिप कोटलर ने एक लेख में प्रस्तुत किया था।

सामाजिक विपणन एक कंपनी के उपभोक्ताओं को चाहता है, कंपनी की आवश्यकताओं, और समाज के दीर्घकालिक हितों पर विचार करके रखती हैं। सामाजिक विपणन अवधारणा, संगठन के कार्य जरूरतों का निर्धारण करने के लिए हैं। एक लक्ष्य बाजार के हितों को बरकरार रखने का है या उपभोक्ता की और समाज की भलाई को बढ़ाने का है। एक तरह से प्रतियोगियों की तुलना में अधिक प्रभावी ढंग से और कुशलता से वांछित संतुष्टि देने के लिए होगा। इसलिए, बाजार की जरूरतों को संतुष्ट करने का प्रयास है और एक पूरे रूप में उपभोक्ताओं और समाज की भलाई

के संरक्षण और बढ़ाने के तरीकों में है। अपने लक्ष्य बाजार के लिए करना चाहिए। यह निकटता कॉर्पोरेट सामाजिक जिम्मेदारी के सिद्धांतों के साथ और सतत् विकास के लिए जुड़ा हुआ है।

शासन में गुणवत्ता – सेवोत्तम एवं आई.एस.ओ. (Quality Governance – Sevottam and ISO)

प्रत्येक शासन व्यवस्था का मूल उद्द्देश्य यह होता है कि वह जनता को एक अच्छा शासन प्रदान करे। जन सेवा या लोक सेवा सुशासन के मूल आधार हैं। शासन जनता की सेवा का उत्तम माध्यम बने। इसी लक्ष्य के साथ भारत सरकार ने शासन में गुणवत्ता को सुनिश्चित करने के लिए कई सुधार एवं उपाय किए हैं। उनमें से सेवोत्तम सबसे ज्यादा महत्वपूर्ण एवं चर्चित है।

शासन में गुणवत्ता किसी भी लोकतांत्रिक शासन प्रणाली के लिए सबसे अहम होता है क्योंकि लोकतंत्र जनता का, जनता के द्वारा एवं जनता के लिए शासन व्यवस्था है। शासन और प्रशासन में सरकार एवं अधिकारी तंत्र अपनी सेवाओं की डिलीवरी जनहित एवं लोकहित को सर्वोपरि रखते हुए प्रदान करने का प्रयास करते हैं। इस प्रकार शासन में सरलता, सहजता, जवाबदेही, नैतिकता, जिम्मेदारी एवं पारदर्शिता जैसे महत्वपूर्ण तथ्य अहम होते हैं। इसे ही स्मार्ट (Smart) शासन व्यवस्था भी कहा जाता है। एस- स्पॉन्टेनियस यानी सहज, एम- मोरल अर्थात् नैतिक, ए- अकाउंटेबल यानी जवाबदेह, आर- रिस्पांसिबल यानी उत्तरदायी एवं टी- ट्रांसपेरेंट यानी पारदर्शी प्रशासन।

शासन की अवधारणा

शासन संचालन की गतिविधि को शासन कहते हैं, या दूसरे शब्दों में कहें तो राज करने या राज चलाने को शासन कहा जाता है। इसका संबंध उन निर्णयों से है जो उम्मीदों को परिभाषित करते हैं, शक्ति देते हैं, या प्रदर्शन को प्रमाणित करते हैं। यह एक अलग प्रक्रिया भी हो सकती है या प्रबन्धन अथवा नेतृत्व प्रक्रिया का एक खास हिस्सा भी हो सकती है। कभी कभी लोग इन प्रक्रियाओं और व्यवस्थाओं के संचालन के लिए सरकार की स्थापना करते हैं।

किसी कारोबार अथवा गैर-लाभकारी संगठन के सन्दर्भ में, शासन का तात्पर्य अविरुद्ध प्रबन्धन, एकीकृत नीतियों, मार्गदर्शन, प्रक्रियाओं और किसी दिए गए क्षेत्र के निर्णायक-अधिकारों से संबंधित है। उदाहरण के लिए, कॉर्पोरेट स्तर पर प्रबन्धन के लिए गोपनीयता, आंतरिक निवेश तथा आंकड़ों के प्रयोग संबंधी नीतियाँ बनाना शामिल हो सकता है।

अगर सरकार और शासन शब्दों में अंतर किया जाए, तो जो निकलकर सामने आएगा वो यह है कि एक सरकार जो करती है वही शासन है। यह कोई भी भू-राजनीतिक सरकार (राष्ट्र-राज्य), कॉर्पोरेट सरकार (कारोबारी संस्था), सामाजिक-राजनीतिक सरकार (जाति, परिवार इत्यादि) या किसी भी अन्य प्रकार की सरकार हो सकती है। लेकिन शासन शक्ति और नीति के प्रबन्धन की गत्यात्मक प्रक्रिया है, जबकि सरकार वह माध्यम (आमतौर पर सामूहिक) है जो इस प्रक्रिया को अंजाम देती है। वैसे सरकार शब्द का इस्तेमाल शासन के पर्यायवाची शब्द के तौर पर भी किया जाता है।

सेवोत्तम (Sevottam)

लोक शिकायत प्रभाग सामान्यत: लोक शिकायतों और स्टाफ की शिकायतों तथा विशेषकर केंद्र सरकार में शिकायतों के निवारण संबंधी मुद्दों के लिए नीतिगत दिशा-निर्देश जारी करने और समन्वयन करने तथा मॉनीटरिंग के लिए उत्तरदायी है। वेब आधारित केंद्रीकृत लोक शिकायत निवारण तथा मॉनीटरिंग प्रणाली (सीपीजीआरएएमएस) विकसित की गई है और भारत सरकार के सभी मंत्रालयों एवं विभागों में कार्यान्वित की गई है। राज्य सरकारों के लिए स्थानीय भाषा इंटरफेस के साथ एक कस्टमाइज्ड सॉफ्टवेयर भी विकसित किया गया है। इस सॉफ्टवेयर को सीपीजीआरएएमएस - राज्य कहा जाता है और इसे 9 राज्यों/संघ राज्य क्षेत्रों नामत: हरियाणा, ओडिशा, राजस्थान, पुडुचेरी, मेघालय, मिजोरम, उत्तराखंड, झारखंड और पंजाब में लागू किया गया है।

लोक शिकायत प्रभाग भारत सरकार की पहल नागरिक चार्टर और सूचना एवं सुविधा केंद्रों का भी समन्वय करता है। लोक सेवा प्रदायगी को उन्नत बनाने तथा सरकारों को नागरिक केंद्रिक बनाने के उद्देश्य से 'सेवोत्तम' नामक एक सुधार मूल्यांकन ढाँचा विकसित किया गया है। बेहतर सेवा प्रदायगी के लिए सेवोत्तम ढाँचा आरंभ करने के लिए मंत्रालयों/विभागों और राज्य सरकारों को भी सहायता प्रदान की जाती है।

यह प्रभाग मंत्रिमंडल सचिवालय की अध्यक्षता में शिकायत संबंधी स्थायी समिति के संयुक्त सचिव और उससे ऊपर के स्तर के अधिकारियों को सचिवालय सहायता भी प्रदान करता है।

आई.एस.ओ. – अन्तर्राष्ट्रीय मानकीकरण संगठन (ISO - International Organization for Standardization)

अन्तर्राष्ट्रीय मानकीकरण संगठन जिसे अधिकतर 'आई.एस.ओ.' कहा जाता है, विभिन्न राष्ट्रों के मानक संगठनों के प्रतिनिधियों से गठित एक अन्तर्राष्ट्रीय मानक-विन्यास संस्था है, इसकी स्थापना 23 फरवरी, 1947 को हुई थी। विश्वव्यापी औद्योगिक एवं

वाणिज्यिक मानकों को घोषित करने के उददेश्य से इसका विकास किया गया। इसका मुख्यालय जेनेवा, स्विट्जरलैंड में स्थित है।

यह एक गैर-सरकारी संगठन है, इसकी मानक स्थापित करने की क्षमता, जो कि प्राय: विधि बन जाते हैं, या तो समझौतों के द्वारा या फिर राष्ट्रीय मानक इसको गैर-सरकारी संगठनों से अधिक शक्तिशाली बनाते हैं। वैसे व्यवहार में यह एक संकाय या अल्पकालीन संगठन जैसे कार्यरत है, जिसका विश्वभर के देशों एवं सरकारों से मजबूत समन्वय है। आई.एस.ओ. सर्टिफिकेट संगठन की गुणवत्ता के लिए प्रदान किए जाते हैं।

अंतर्राष्ट्रीय मानकीकरण संगठन अनेक तकनीकी और गैर-तकनीकी क्षेत्रों के मानकीकरण से संबंधित है। यह विश्व के विभिन्न देशों में संगठनों, वस्तुओं एवं सेवाओं की गुणवत्ता के लिए मापदंड निर्धारित करती है। आई.एस.ओ. ने लगभग 22,041 अंतर्राष्ट्रीय मानक को प्रकाशित किया है। आई.एस.ओ. के मानक प्रमाण-पत्र उद्योग, कृषि, प्रौद्योगिकी, खाद्य सुरक्षा और स्वास्थ्य के क्षेत्र से जुड़े हुए हैं। तकनीकी विकास के परिणामस्वरूप हुए परिवर्तनों के समावेश के लिए प्रत्येक 05 में मानकों की समीक्षा की जाती है। आज आई.एस.ओ. उन्नत पदार्थों, जीव विज्ञान, नगरीकरण तथा सेवा जैसे नये क्षेत्रों के मानकीकरण में भी सक्रिय है। अंतर्राष्ट्रीय मानकीकरण की पहली बैठक लंदन में 14 अक्टूबर 1946 में हुई थी। आई.एस.ओ. का मुख्यालय जिनेवा, स्विट्जरलैंड में है। प्रथम आई.एस.ओ. मानक का प्रकाशन 1951 में हुआ तथा वह मानक औद्योगिक लंबाई माप से संबंधित था।

अंतर्राष्ट्रीय मानकीकरण संगठन (आई.एस.ओ.) के उद्देश्य

अंतर्राष्ट्रीय मानकीकरण संगठन (आई.एस.ओ.) का गठन के प्रमुख उद्देश्यों में अंतर्राष्ट्रीय स्तर पर वस्तुओं, सेवाओं और प्रणालियों की गुणवत्ता, सुरक्षा और दक्षता सुनिश्चित करने के लिए मानकीकरण और सम्बंधित गतिविधियों के विकास को प्रोत्साहित करना, बौद्धिक, वैज्ञानिक, तकनीकी और आर्थिक गतिविधियों में सहयोग विकसित करना आदि शामिल हैं। जो उत्पाद और सेवाएँ आई.एस.ओ. द्वारा तय किए गए मानकों पर खरे उतरते हैं, उनको बेचना किसी भी कम्पनी के लिए बहुत आसान हो जाता है।

अंतर्राष्ट्रीय मानकीकरण संगठन के सदस्य

जनवरी 2020 के अनुसार, अंतर्राष्ट्रीय मानकीकरण संगठन (आई.एस.ओ.) के सदस्य देशों की संख्या 162 हैं। हर एक सदस्य एक राष्ट्रीय निकाय होता है तथा वह अपने देश के मानकीकरण का सबसे अधिक प्रतिनिधित्व करता है। प्रत्येक देश का प्रतिनिधित्व करने के लिए एक सदस्य होता है। पश्चिमी औद्योगिक देशों के सदस्य सामान्यतया निजी

संगठन होते हैं, जबकि अन्य देशों के सदस्य प्राय: सरकारी संगठन होते हैं।

अंतर्राष्ट्रीय मानकीकरण संगठन (आई.एस.ओ.) की तीन सदस्यता श्रेणियाँ होती हैं–

- **सदस्य संस्थाएँ** – वे राष्ट्रीय संस्थाएँ हैं, जो कि प्रत्येक देश में सर्वाधिक प्रतिनिधित्व मानक संस्था मानी जाती हैं। केवल इन सदस्यों को मतदान का अधिकार है।
- **प्रतिनिधि सदस्य** – प्रतिनिधि सदस्य में वे राष्ट्र शामिल हैं, जिनका अपना कोई मानक संगठन नहीं है। इन सदस्यों को आई.एस.ओ. की गतिविधियों से सुविज्ञ रखा जाता है, लेकिन ये मानक प्रख्यापन या प्रवर्तन में भाग नहीं लेते।
- **अंशदाता या उपभोक्ता सदस्य** – अंशदाता या उपभोक्ता सदस्यों में छोटी अर्थव्यवस्था वाले राष्ट्र शामिल होते, जो घटी सदस्यता शुल्क देते हैं, परंतु मानकों के विकास का अनुसरण कर सकते हैं।

आई.एस.ओ. का महत्व

सामान्य रूप से वो कम्पनियाँ जो अपना उत्पाद बाजार में बेचती हैं, उनके लिए आई.एस.ओ. सर्टिफिकेट बहुत ही महत्वपूर्ण होता है, क्योंकि इससे कम्पनी को कई प्रकार के फायदे होते हैं जैसे–

- आई.एस.ओ. सर्टिफिकेट किसी भी संगठन या कम्पनी की गुणवत्ता और शुद्धता का प्रतीक माना जाता है।
- इससे संगठन या कम्पनी के प्रोडक्ट या सेवा की मार्केट में वैधता एवं विश्वनीयता बढ़ती है।
- आई.एस.ओ. सर्टिफिकेट कंम्पनी की औद्योगिक और वाणिज्यिकता को बढ़ावा देता है।
- प्रोडक्ट या सेवा की क्वालिटी में सुधार होता है और लागत कम होती है।
- आई.एस.ओ. सर्टिफिकेट से संगठन या कम्पनी के ग्राहकों एवं सदस्यों के हितों की रक्षा होती है आदि।

सरल शब्दों में कहा जाए तो आई.एस.ओ. सर्टिफिकेट किसी भी संगठन, कम्पनी या एंटिटी के लिए बहुत ही जरुरी होता है, क्योंकि यह एक तरह से संगठन को नई साफ-सुथरी गुणवत्तापूर्ण छवि प्रदान करता है। इस प्रकार यह संगठन की वैधता, गुणवत्ता एवं विश्वसनीयता का मानक समझा जाता है।

□□□

4 लोक प्रबन्धन एवं विधि (Public Management & Law)

विधि या कानून किसी नियमसंहिता को कहते हैं। विधि प्राय: भली-भांति लिखी हुई संसूचकों (इन्स्ट्रक्शन्स) के रूप में होती है। समाज को सम्यक ढंग से चलाने के लिए विधि अत्यन्त आवश्यक है। विधि मनुष्य के आचरण के वे सामान्य नियम होते हैं जो राज्य द्वारा स्वीकृत तथा लागू किए जाते है, जिनका पालन अनिवार्य होता है। पालन न करने पर न्यायपालिका दण्ड देती है। कानूनी प्रणाली कई तरह के अधिकारों और जिम्मेदारियों को विस्तार से बताती है।

विधि शब्द अपने आप में ही विधाता से जुड़ा हुआ शब्द लगता है। आध्यात्मिक जगत में विधि के विधान का है। जीवन एवं मृत्यु विधाता के द्वारा बनाया हुआ कानून है या विधि का ही विधान कह सकते है। सामान्य रूप से विधाता का कानून, प्रकृति का कानून, जीव-जगत का कानून एवं समाज का कानून। राज्य द्वारा निर्मित विधि से आज पूरी दुनिया प्रभावित हो रही है। राजनीति आज समाज का अनिवार्य अंग हो गया है। समाज का प्रत्येक जीव कानूनों द्वारा संचालित है।

आज समाज में भी विधि के शासन के नाम पर दुनिया भर में सरकारें नागरिकों के लिए विधि का निर्माण करती है। विधि का उद्देश्य समाज के आचरण को नियमित करना है। अधिकार एवं दायित्वों के लिए स्पष्ट व्याख्या करना भी है साथ ही समाज में हो रहे अनैतिक कार्य या लोकनीति के विरूद्ध होने वाले कार्यों को अपराध घोषित करके अपराधियों में भय पैदा करना भी अपराध विधि का उदेश्य है। संयुक्त राष्ट्र संघ ने 1945 से लेकर आज तक अपने चार्टर के माध्यम से या अपने विभिन्न अनुसांगिक संगठनों के माध्यम से दुनिया के राज्यों को व नागरिकों को यह बताने का प्रयास किया कि बिना शांति के समाज का विकास संभव नहीं है परन्तु शांति के लिए सहअस्तित्व एवं न्यायपूर्ण दृष्टिकोण ही नहीं आचरण को जिंदा करना भी जरूरी है। न्यायपूर्ण समाज में ही शांति, सद्भाव, मैत्री, सहअस्तित्व कायम हो पाता है।

विधि – एक परिचय (Law – An Introduction)

कानून या विधि का मतलब है मनुष्य के व्यवहार को नियंत्रित और संचालित करने वाले नियमों, हिदायतों, पाबंदियों और हकों की संहिता। लेकिन यह भूमिका तो नैतिक,

धार्मिक और अन्य सामाजिक संहिताओं की भी होती है। दरअसल, कानून इन संहिताओं से कई मायनों में अलग है। पहली बात तो यह है कि कानून सरकार द्वारा बनाया जाता है लेकिन समाज में उसे सभी के ऊपर समान रूप से लागू किया जाता है। दूसरे 'राज्य की इच्छा' का रूप ले कर वह अन्य सभी सामाजिक नियमों और मानकों पर प्राथमिकता प्राप्त कर लेता है। तीसरे, कानून अनिवार्य होता है अर्थात् नागरिकों को उसके पालन करने के चुनाव की स्वतंत्रता नहीं होती। पालन न करने वाले के लिए कानून में दण्ड की व्यवस्था होती है। लेकिन, कानून केवल दण्ड ही नहीं देता। वह व्यक्तियों या पक्षों के बीच अनुबंध करने, विवाह, उत्तराधिकार, लाभों के वितरण और संस्थाओं को संचालित करने के नियम भी मुहैया कराता है। कानून स्थापित सामाजिक नैतिकताओं की पुष्टि की भूमिका भी निभाता है। चौथे, कानून की प्रकृति 'सार्वजनिक' होती है क्योंकि प्रकाशित और मान्यता प्राप्त नियमों की संहिता के रूप में उसकी रचना औपचारिक विधायी प्रक्रियाओं के जरिए की जाती है।

अंत में कानून में अपने अनुपालन की एक नैतिक बाध्यता निहित है जिसके तहत वे लोग भी कानून का पालन करने के लिए मजबूर होते हैं जिन्हें वह अन्यायपूर्ण लगता है। राजनीतिक व्यवस्था चाहे लोकतांत्रिक हो या अधिनायकवादी, उसे कानून की किसी न किसी संहिता के आधार पर चलना पड़ता है। लेकिन, लोकतांत्रिक व्यवस्थाओं में बदलते समय के साथ अप्रासंगिक हो गए या न्यायपूर्ण न समझे जाने वाले कानून को रद्द करने और उसकी जगह नया बेहतर कानून बनाने की माँग करने का अधिकार होता है। कानून की एक उल्लेखनीय भूमिका समाज को संगठित शैली में चलाने के लिए नागरिकों को शिक्षित करने की भी मानी जाती है। शुरुआत में राजनीतिशास्त्र के केंद्र में कानून का अध्ययन ही था। राजनीतिक दार्शनिक विधि के सार और संरचना के सवाल पर जबरदस्त बहसों में उलझे रहे हैं। कानून के विद्वानों को मानवशास्त्र, राजनीतिक अर्थशास्त्र, नैतिकशास्त्र और विधायी मूल्य-प्रणाली का अध्ययन भी करना पड़ता है।

विधि का शासन (Rule of Law)

संविधानसम्मत आधार पर संचालित होने वाले उदारतावादी लोकतंत्रों में 'कानून के शासन' की धारणा प्रचलित होती है। इन व्यवस्थाओं में कानून के दायरे के बाहर कोई काम नहीं करता, न व्यक्ति और न ही सरकार। इसके पीछे कानून का उदारतावादी सिद्धांत है जिसके अनुसार कानून का उद्देश्य व्यक्ति पर पाबंदियाँ लगाना न हो कर उसकी स्वतंत्रता की गारंटी करना है। उदारतावादी सिद्धांत मानता है कि कानून के बिना व्यक्तिगत आचरण को संयमित करना नामुमकिन हो जाएगा और एक के अधिकारों को दूसरे के हाथों हनन से बचाया नहीं जा सकेगा। इस प्रकार जॉन लॉक की भाषा में कानून का मतलब है जीवन, स्वतंत्रता और सम्पत्ति की रक्षा के लिए कानून।

उदारतावादी सिद्धांत स्पष्ट करता है कि कानून के बनाने और लागू करने के तरीके कौन–कौन से होने चाहिए। दूसरे, कोई कानून पिछली तारीख से लागू नहीं किया जा सकता, क्योंकि उस सूरत में वह नागरिकों को उन कामों के लिए दण्डित करेगा जो तत्कालीन कानून के मुताबिक किए गए थे। इसी तरह उदारतावादी कानून क्रूर और अमानवीय किस्म की सजाएँ देने के विरुद्ध होता है।

राजनीतिक प्रभावों से निरपेक्ष रहने वाली एक निष्पक्ष न्यायपालिका की स्थापना की जाती है ताकि कानून की व्यवस्थित व्याख्या करते हुए पक्षकारों के बीच उसके आधार पर फैसला हो सके। मार्क्सवादियों की मान्यता है कि कानून के शासन की अवधारणा व्यक्तिगत स्वतंत्रता की गारंटी करने के नाम पर सम्पत्ति संबंधी अधिकारों की रक्षा करते हुए पूँजीवादी व्यवस्था की सुरक्षा के काम आती है। इसका नतीजा सामाजिक विषमता और वर्गीय प्रभुत्व को बनाए रखने में निकलता है। मार्क्स कानून को राजनीति और विचारधारा की भाँति उस सुपरस्ट्रक्चर या अधिरचना का हिस्सा मानते हैं जिसका बेस या आधार पूँजीवादी उत्पादन की विधि पर रखा जाता है। नारीवादियों ने भी कानून के शासन की अवधारणा की आलोचना की है कि वह लैंगिक निष्पक्षता पर आधारित नहीं है। इसीलिए न्यायपालिका और कानून के पेशे पर पुरुषों का कब्जा रहता है। बहुसंस्कृतिवाद के पैरोकारों का तर्क है कि कानून असल में प्रभुत्वशाली सांस्कृतिक समूहों के मूल्यों और रवैयों की नुमाइंदगी ही करता है। परिणामस्वरूप अल्पसंख्यक और हाशियाग्रस्त समूहों के मूल्य और सरोकार नजरअंदाज किए जाते रहते हैं।

कानून और नैतिकता के बीच अंतर के सवाल पर दार्शनिक शुरू से ही सिर खपाते रहे हैं। कानून का आधार नैतिक प्रणाली में मानने वालों का विश्वास 'प्राकृतिक कानून' के सिद्धांत में है। प्लेटो और उनके बाद अरस्तू की मान्यता थी कि कानून और नैतिकता में नजदीकी रिश्ता होता है। एक न्यायपूर्ण समाज वही हो सकता है जिसमें कानून नैतिक नियमों पर आधारित प्रज्ञा की पुष्टि करते हों। मध्ययुगीन ईसाई विचारक थॉमस एक्विना भी मानते थे कि इस धरती पर उत्तम जीवन व्यतीत करने के लिए नेचुरल लॉ यानी ईश्वर प्रदत्त नैतिकताओं के मुताबिक कानून होने चाहिए। उन्नीसवीं सदी में बुद्धिवाद और वैज्ञानिक दृष्टिकोण की प्रतिष्ठा बढ़ने के कारण प्राकृतिक कानून का सिद्धांत निष्प्रभावी होता चला गया। कानून को नैतिक, धार्मिक और रहस्यवादी मान्यताओं से मुक्त करने की कोशिशें हुई। जॉन ऑस्टिन ने 'विधिक प्रत्यक्षतावाद' की स्थापना की जिसका दावा था कि कानून का सरोकार किसी उच्चतर नैतिक या धार्मिक ऊसूल से न हो कर किसी सम्प्रभु व्यक्ति या संस्था से होता है।

कानून इसलिए कानून है कि उसका पालन करवाया जाता है और करना पड़ता है। विधिक प्रत्यक्षतावाद की कहीं अधिक व्यावहारिक और नफीस व्याख्या एच.एल.ए. हार्ट की रचना 'द कंसेप्ट ऑफ लॉ' (1961) में मिलती है। हार्ट कानून को नैतिक नियमों

के दायरे से निकाल कर मानव समाज के संदर्भ में परिभाषित करते हैं। उनके मुताबिक कानून प्रथम और द्वितीयक नियमों का संयोग है। प्रथम श्रेणी के नियमों को 'कानून के सार' की संज्ञा देते हुए हार्ट कहते हैं कि उनका सम्बन्ध सामाजिक व्यवहार के विनियमन से है जैसे - फौजदारी कानून। द्वितीय श्रेणी के नियम सरकारी संस्थाओं को हिदायत देते हैं कि कानून किस तरह बनाया जाए, उनका किस तरह कार्यान्वयन किया जाए, किस तरह उसके आधार पर फैसले किए जाए और इन आधारों पर किस तरह उसकी वैधता स्थापित की जाए। हार्ट द्वारा प्रतिपादित विधिक प्रत्यक्षतावाद के सिद्धांत की आलोचना राजनीतिक दार्शनिक रोनॉल्ड ड्वर्किन ने की है। उनके अनुसार कानून केवल नियमों की संहिता ही नहीं होता और न ही आधुनिक विधि प्रणालियाँ कानून की वैधता स्थापित करने के लिए किसी एक समान तरीके का प्रावधान करती हैं।

कानून और नैतिकता के बीच संबंध की बहस नाजियों के अत्याचारों को दण्डित करने वाले न्यूरेम्बर्ग मुकदमे में भी उठी थी। प्रश्न यह था कि क्या उन कामों को अपराध ठहराया जा सकता है जो राष्ट्रीय कानून के मुताबिक किए गए हों? इसके जवाब के लिए प्राकृतिक कानून की अवधारणा का सहारा लिया गया, लेकिन उसकी अभिव्यक्ति मानवाधिकारों की भाषा में हुई। दरअसल कानून और नैतिकता के रिश्ते का प्रश्न बेहद जटिल है और गर्भपात, वेश्यावृत्ति, पोर्नोग्राफी, टीवी और फिल्मों में दिखाई जाने वाली हिंसा, अपनी कोख किराए पर देने वाली माताओं और जेनेटिक इंजीनियरिंग जैसे मसलों के सदंर्भ में बार-बार उठती रहती है।

विधि के प्रकार (Types of Law)

विधि के दो प्रकार हैं-

(1) प्रक्रिया विधि - विधि जो कार्यवाही के प्रक्रमों (प्रोसीजर्स) का निर्धारण करे।

(2) मौलिक विधि - विधि जो कर्तव्य व अधिकारों की परिभाषा दे।

प्रक्रिया विधियाँ

(क) दण्ड प्रक्रिया संहिता, 1973

(ख) सिविल प्रक्रिया सं‌ह‍िता, 1908

(ग) भारतीय साक्ष्य अधिनियम, 1872 आदि

मौलिक विधियाँ

(क) भारतीय संविदा अधिनियम,

(ख) भारतीय दण्ड संहिता, 1860

(ग) सम्पत्ति हस्तान्तरण अधिनियम, 1882 आदि।

न्याय का प्रशासन (Administration of Justice)

प्रशासकीय न्याय (Administrative Justice) की व्याख्या ऐसी व्यवस्था के रूप में की जा सकती है जिसके अंतर्गत प्रशासकीय अधिकारियों को कानून द्वारा इस बात का अधिकार मिलता है कि वे निजी मामलों का अथवा निजी एवं सरकारी अधिकारियों के बीच उठने वाले मामलों का निपटारा कर सकें। भारत में यह व्यवस्था यद्यपि ब्रिटिश शासन की देश में शुरुआत होने के समय से ही कोई अनजानी बात नहीं रह गई थी, फिर भी 20वीं सदी में हुए प्रथम तथा द्वितीय महायुद्धों के बाद यह उत्तरोत्तर अधिक प्रचलित होती गई। विशेषत: देश की स्वाधीनता के बाद, जब कि सत्तारूढ़ राजनीतिक दल ने समाजवादी समाज के ढाँचे का रूप राष्ट्रीय लक्ष्य के तौर पर अपनाया।

प्रशासकीय न्याय भारत में इन दिनों एक उपयोगी कार्य कर रहा है। विधि-व्यवस्था की रक्षा के लिए यह आवश्यक नहीं है कि केवल सामान्य न्यायालयों को ही मामलों के निर्णय का एकाधिकार प्राप्त हो। प्रशासकीय न्यायालयों का सहारा लिए बिना आज का राज्यतंत्र अपने उत्तरदायित्वों का निर्वाह भली-भाँति नहीं कर सकता।

आपराधिक न्याय प्रणाली (Criminal Justice System)

आपराधिक न्याय प्रणाली से आशय सरकार की उन संस्थाओं से है जो कानून का प्रवर्तन करने, आपराधिक मामलों पर निर्णय देने और आपराधिक आचरण में सुधार करने हेतु कार्यरत हैं। इसके तीन घटक पुलिस, न्यायालय और कारागार हैं। ये एक एकीकृत लक्ष्य की प्राप्ति हेतु परस्पर सम्बद्ध, परस्पर निर्भर और प्रयासरत हैं। भारतीय आपराधिक विधि के अंतर्गत भारतीय साक्ष्य अधिनियम, 1872 के कुछ भागों सहित भारतीय दंड संहिता (IPC), 1860 एवं दंड प्रक्रिया संहिता (CRPC), 1973 सम्मिलित हैं। इसके साथ ही बड़ी संख्या में मौजूद विशेष और स्थानीय कानून, विभिन्न अन्य असामाजिक गतिविधियों को नियंत्रित करते हैं।

आपराधिक न्याय प्रणाली की समीक्षा की आवश्यकता

भारतीय दंड संहिता और दंड प्रक्रिया संहिता को अपनाये जाने के बाद से देश में अपराधों की प्रकृति और स्थितियों में अनेक परिवर्तन हुए हैं। देश में होने वाले तथा दर्ज किए गए अपराधों की संख्या में वृद्धि हुई है, जिनका भार स्पष्ट रूप से पुलिस पर है। राष्ट्रीय मानवाधिकार आयोग के अनुसार प्रति वर्ष की गयी लगभग 60 प्रतिशत गिरफ्तारियाँ अनावश्यक और अनुचित होती हैं, जिसका मुख्य कारण जमानती न्याय एवं कारावास संबंधी न्याय प्रणाली है। वर्तमान न्यायिक प्रणाली आपराधिक मामलों के लंबित होने एवं दोषसिद्धि की दर अत्यधिक कम होने जैसी समस्याओं का सामना कर रही है। इससे न्यायिक प्रणाली की विश्वसनीयता में कमी आती है।

आपराधिक न्याय प्रणाली के व्यापक उद्देश्यों को कहीं भी संहिताबद्ध नहीं किया गया है। हालांकि इन्हें संविधान और न्यायिक निर्णयों सहित विभिन्न विधियों के आधार पर निर्धारित किया जा सकता है। इस प्रकार इन सभी तत्वों के कारण न्यायिक प्रणाली की क्षमता में कमी हुई है। यह न केवल इस प्रणाली के औचित्य के लिए गंभीर चुनौती है, बल्कि सामाजिक व्यवस्था पर भी प्रतिकूल प्रभाव डालती है। अन्य मुद्दों में, जाँच और अभियोजन के मध्य समन्वय की कमी, गवाह की अपर्याप्त सुरक्षा, पीड़ितों के अधिकारों के प्रति असंवेदनशीलता आदि शामिल हैं।

रिपोर्ट की कुछ महत्वपूर्ण अनुसंशाएँ

जर्मनी और फ्रांस जैसे देशों से इन्क्विजिटोरीअल सिस्टम को ग्रहण किया जाना चाहिए। इसके अतिरिक्त, यदि आवश्यक हो तो न्यायालयों को किसी भी व्यक्ति को समन करने की शक्ति प्रदान की जानी चाहिए, चाहे वह जाँच हेतु साक्षी के तौर पर सूचीबद्ध हो या न हो।

- **चुप रहने का अधिकार (राइट टू साइलेंस)** – संविधान के अनुच्छेद 20(3) में सुधार किया जा सकता है। अनुच्छेद 20(3), स्वयं के विरुद्ध गवाही देने के लिए विवश करने से अभियुक्त की रक्षा करता है। इस सन्दर्भ में न्यायालय को अभियुक्त से जानकारी प्राप्त करने और यदि वह उत्तर देने से मना करे तो उसके विरुद्ध प्रतिकूल निष्कर्ष निकालने की स्वतंत्रता प्रदान की जानी चाहिए।
- **अभियुक्त के अधिकार** – संहिता की एक सूची सभी क्षेत्रीय भाषाओं में प्रस्तुत की जानी चाहिए ताकि अभियुक्त अपने अधिकारों के साथ-साथ यह भी जान सकें कि उनका कैसे प्रयोग किया जाए और उन अधिकारों के हनन की स्थिति में किससे संपर्क किया जाए।
- **अपराध पीड़ित को न्याय** – गंभीर अपराधों से संबंधित मामलों में पीड़ित को कार्यवाही में भाग लेने की अनुमति और पर्याप्त क्षतिपूर्ति प्रदान की जानी चाहिए। गंभीर अपराधों के मामलों में पीड़ित की मृत्यु हो जाने पर कानूनी प्रतिनिधि को स्वयं को एक पक्षकार के रूप में प्रस्तुत करने का अधिकार हो। राज्य को पीड़ित का पक्ष रखने के लिए उसकी रूचि के अनुरूप अधिवक्ता उपलब्ध करवाना चाहिए। साथ ही यदि पीड़ित उसका शुल्क देने में सक्षम नहीं है तो उसे राज्य द्वारा वहन किया जाना चाहिए। सभी गंभीर अपराधों में पीड़ित को क्षतिपूर्ति राज्य का दायित्व है, चाहे अपराधी को गिरफ्तार किया गया हो या नहीं या चाहे आरोपी दोषी हो या निर्दोष। पीड़ित क्षतिपूर्ति कानून के अंतर्गत एक पीड़ित क्षतिपूर्ति कोष बनाया जा सकता है और संगठित अपराधों में जब्त संपत्ति को कोष का एक भाग बनाया जा सकता है।

- **पुलिस जाँच** – जाँच की गुणवत्ता में सुधार करने के लिए राष्ट्रीय सुरक्षा आयोग और राज्य सुरक्षा आयोग का गठन किया जा सकता है। संगठित अपराधों से निपटने हेतु विशेष दस्तों का गठन और आपराधिक आंकड़ों का अनुरक्षण करने के लिए प्रत्येक जिले में एक अतिरिक्त पुलिस अधीक्षक को नियुक्त किया जाना चाहिए।
- **न्यायालय और न्यायाधीश** – यह भारतीय न्यायिक प्रणाली में और अधिक न्यायाधीशों की आवश्यकता को निर्दिष्ट करती है। साथ ही उच्चतर न्यायालयों में पृथक आपराधिक विभाग होना चाहिए जो ऐसे न्यायाधीशों से गठित हो जो आपराधिक कानूनों के विशेषज्ञ हों। राष्ट्रीय न्यायिक आयोग का गठन किया जाना चाहिए और न्यायाधीशों के महाभियोग की प्रक्रिया को सरल बनाने के लिए अनुच्छेद 124 में संशोधन किया जाना चाहिए। गवाह की सुरक्षा समिति ने एक सुदृढ़ गवाह सुरक्षा तंत्र के प्रावधान पर बल दिया है। इसने कहा है कि यदि कानूनी पूछताछ के दौरान गवाह को परेशान किया जाता है तो न्यायाधीश द्वारा आवश्यक कदम उठाये जाने चाहिए।
- **महिलाओं के विरुद्ध अपराध** – महिलाओं के विरुद्ध अपराध के संदर्भ में इसने विभिन्न परिवर्तनों की अनुशंसा की है। उदाहरण के लिए - यह अनुच्छेद 498। (दहेज उत्पीड़न) को जमानती और प्रशमनीय (Compoundable) अपराध बनाने का समर्थन करती है।
- **संगठित अपराध और आतंकवाद** – यद्यपि कानून एवं व्यवस्था एक राज्य सूची का विषय है, तथापि संगठित अपराध, संघीय अपराध और आतंकवाद से निपटने हेतु एक केंद्रीय कानून लागू किया जाना चाहिए।
- **आवधिक समीक्षा** – आपराधिक न्याय प्रणाली की कार्यपद्धति की समय-समय पर समीक्षा हेतु प्रेजिडेंशल कमीशन (Presidential Commission) की नियुक्ति की जानी चाहिए।

आपराधिक न्याय प्रणाली में सुधारों के तीन महत्वपूर्ण घटक हैं -

भारत में गवाहों का संरक्षण

हाल ही में बॉम्बे हाईकोर्ट ने केन्द्रीय अन्वेषण ब्यूरो (CBI) से गवाहों को प्रदान की जाने वाली सुरक्षा के बारे में सवाल किया क्योंकि उनमें से अधिकांश अपने बयानों से मुकर गए थे।

भारत में गवाहों की सुरक्षा के लिए प्रावधान

भारत में गवाहों की सुरक्षा के लिए कोई पृथक कानून नहीं है। इन प्रावधनों का विभिन्न कानूनों में उल्लेख किया गया है। इसके अतिरिक्त, गवाहों या उनके संबंधियों

की सुरक्षा सुनिश्चित करने के लिए ये कानून प्रभावी नहीं हैं। इनमें से कुछ कानून निम्नलिखित हैं–

- साक्ष्य अधिनियम की धारा 151 और 152
- राष्ट्रीय जाँच एजेंसी अधिनियम, 2008 की धारा 17
- मॉडल उदाहरण - दिल्ली गवाह सुरक्षा योजना
- दिल्ली स्टेट लीगल सर्विसेज अथॉरिटी द्वारा जोखिमों के आकलन के बाद प्रत्येक मामले में सुरक्षा संबंधी आदेश दिए जाते हैं।
- गवाह सुरक्षा संबंधी आदेश के समग्र कार्यान्वयन के लिए पुलिस आयुक्त उत्तरदायी होते हैं।
- सुरक्षा उपायों में सशस्त्र पुलिस संरक्षण, गवाहों के घर के आसपास नियमित गश्त, क्लोज्ड-सर्किट टेलीविजन, कैमरे लगाना और गवाहों का स्थानांतरण आदि शामिल हो सकते हैं।

गवाहों की सुरक्षा का महत्व

गवाह, न्याय व्यवस्था की आँख और कान होते हैं। जब किसी अपराध से संबंधित गवाह को धमकी दी जाती है, उसकी हत्या की जाती है या उसका उत्पीड़न किया जाता है, तब केवल गवाह को धमकी ही नहीं मिलती अपितु किसी नागरिक के स्वतंत्र एवं उचित ट्रायल के मौलिक अधिकार का भी हनन होता है। न्याय प्रशासन का मुख्य स्तंभ न्यायालय में बिना किसी पक्षपात या भय के तथा बिना किसी धमकी या प्रलोभन के अपनी गवाही देने वाले गवाहों के अस्तित्व पर निर्भर होता है। यदि गवाह अपनी गवाही किसी भय या धमकी अथवा पक्षपात या प्रलोभन के वशीभूत होकर देता है, तो इससे न केवल न्याय प्रशासन की नींव कमजोर होती है बल्कि इसका अस्तित्व भी समाप्त हो सकता है। देश में दोषसिद्धि में होने वाले विलम्ब का यह सबसे बड़ा कारण रहा है। उदाहरणस्वरुप, गंभीर अपराधों से संबंधित पीड़ित और गवाह विशेष रूप से तब संकट की स्थिति में होते हैं जब दोषी व्यक्ति शक्तिशाली, प्रभावशाली या समृद्ध वर्ग से संबंधित हो और पीड़ित या गवाह सामाजिक या आर्थिक रूप से कमजोर वर्ग से संबंध रखता हो।

गवाह संरक्षण विधेयक 2015 (Witness Protection Bill 2015)

- प्रस्तावित विधेयक का उद्देश्य गवाहों का संरक्षण सुनिश्चित करना।
- गवाह संरक्षण कार्यक्रम का निर्माण करने और उसके कार्यान्वयन को सुनिश्चित करने हेतु राष्ट्रीय गवाह संरक्षण परिषद और राज्य गवाह संरक्षण परिषद का गठन करना।

- कार्यक्रम में प्रवेश दिए जाने के पश्चात् गवाह (जिसे यहाँ "संरक्षित" कहा गया है) से पूछताछ करने एवं उसे संरक्षण प्रदान करने के संबंध में ट्रायल कोर्ट हेतु एक रिपोर्ट तैयार करने के लिए 'गवाह संरक्षण प्रकोष्ठ' का गठन करना।
- गवाहों की पहचान सुरक्षित रखने के लिए रक्षोपाय उपलब्ध कराना।
- यह सुनिश्चित करना कि मूल न्यायिक क्षेत्राधिकार से स्थानांतरित वादों के गवाह स्वतंत्र रूप से अपनी गवाही दे सकें।
- कोई व्यक्ति जिसने इन प्रावधानों का उल्लंघन किया हो और झूठी गवाही दी हो उसके लिए कठोर दंड का उपबंध करना।

गवाहों की सुरक्षा से संबंधित चुनौतियाँ

न्यायिक क्षेत्राधिकार में अतिव्यापन (Overlap) - पुलिस और लोक व्यवस्था संविधान की सातवीं अनुसूची के अंतर्गत राज्य का विषय है, जबकि आपराधिक कानून और आपराधिक प्रक्रिया समवर्ती सूची का विषय हैं। अतः न्यायिक क्षेत्राधिकार में अतिव्यापन के कारण गवाहों के लिए एक सुदृढ़ संरक्षण नीति की समस्या विद्यमान है। स्वतंत्रता और जवाबदेहिता के अभाव जैसे पुलिस विभाग से संबंधित कई मुद्दों ने गवाहों को सुरक्षा प्रदान करने की उनकी क्षमता को प्रभावित किया है। पुलिस बल की संख्या काफी कम है। एक लाख आबादी में मात्र 136 पुलिसकर्मी ही हैं। विकसित देशों के मानकों की तुलना में यह अनुपात काफी कम है।

- **गवाहों की सुरक्षा और अभियुक्तों के अधिकारों में संतुलन स्थापित करना** – कई मामलों में गवाहों की गुमनामी उनकी सुरक्षा के लिए महत्वपूर्ण हो जाती है लेकिन अपराध प्रक्रिया संहिता (CPC) की धारा 327 ने खुली सुनवाई के महत्व को भी निर्धारित किया है। खुली सुनवाई के तहत आरोपी के लिए यह जानना आवश्यक हो जाता है कि उसके खिलाफ कौन गवाही दे रहा है। यह प्रक्रिया मुख्यतः उन्हें इस तरह की गवाही के खिलाफ खुद को सुरक्षित करने के लिए होती है।
- **प्रशासन में भ्रष्टाचार** – दूसरी बड़ी समस्या यह है कि प्रशासन और न्यायपालिका में भ्रष्टाचार की जड़ें बहुत गहरी हैं। गवाह संरक्षण कार्यक्रम अप्रभावी पर्यवेक्षण के कारण सुचारु ढंग से कार्यान्वित नहीं किया जा सकेगा।
- **व्हिसलब्लोवर के संरक्षण से संबंधित मुद्दा** – ऐसे अनेक उदाहरण हैं जब न्यायालय की कार्यवाही शुरू होने से पहले ही गवाह की पहचान सार्वजानिक रूप से प्रकट हो गयी जिससे उनके जीवन का संकट उत्पन्न हो गया। यह इस तथ्य से देखा जा सकता है कि विगत तीन वर्षों (2015-2017) में भारत में 15 से अधिक व्हिसलब्लोवर की हत्या कर दी गई है।

- **वित्तपोषण** – गवाह संरक्षण कार्यक्रम में अत्यधिक व्यय होने की संभावना है जिसका भुगतान राज्यों द्वारा किया जाएगा। वित्तीय अभाव गवाहों की संरक्षण में विलम्ब का कारण बन सकता है, विशेष रूप से उस समय जब सीसीटीवी एवं अन्य अवसंरचनाओं की स्थापना की आवश्यकता हो।

भारत में विभिन्न आयोगों के दृष्टिकोण

इस मुद्दे को विगत काल में विभिन्न समितियों और आयोगों द्वारा संबोधित किया गया है। विधि आयोग ने अपनी विभिन्न रिपोर्टों में गवाहों के संरक्षण के लिए कई सिफारिशें की हैं, जैसे कि गवाहों की पहचान को सुरक्षित रखना बनाम अभियुक्त के अधिकार। न्यायमूर्ति मलिमथ समिति ने संयुक्त राज्य अमेरिका और अन्य देशों के कानूनों की तर्ज पर गवाह संरक्षण कानून बनाने की सिफारिश की है। सरकार द्वारा गवाह संरक्षण विधेयक 2015 भी प्रस्तुत किया गया, हालांकि इसे अभी तक पारित नहीं किया जा सका है।

गवाह संरक्षण कानून के विकास का प्रथम चरण यह होगा कि यह सुनिश्चित किया जाए कि गवाहों की सुरक्षा राज्य का कर्तव्य है। धमकी के कारण गवाहों के अपने बयानों से मुकरने की समस्या से निपटने के लिए भारत द्वारा निम्नलिखित कदम उठाए जाने की आवश्यकता है–

- गवाहों को ट्रायल के पहले, उसके दौरान और उसके बाद सुरक्षा प्रदान की जानी चाहिए। देश भर में गवाहों के संरक्षण हेतु दिल्ली मॉडल के समान एक मॉडल विकसित किया जाना चाहिए।
- भारत को गवाहों के संरक्षण हेतु प्रभावी विधान बनाने की आवश्यकता है, जिसमें पुलिस, सरकार तथा न्यायपालिका को सम्मिलित किया जाना चाहिए सरकार द्वारा आवश्यक अधिनियमों को लागू किया जाना चाहिए, कानूनी पहलुओं की पड़ताल न्यायपालिका द्वारा की जानी चाहिए और पुलिस द्वारा इसका क्रियान्वयन किया जाना चाहिए।

संविदा या अनुबन्ध विधि (Contract Law)

किसी राज्य अथवा सरकार द्वारा सामाजिक व्यवस्था को सुचारु रुप से संचालित करने हेतु तथा मानवीय आचरण एवं व्यवहारों को व्यवस्थित तथा क्रियान्वित करने के उद्देश्य से जो नियम बनाए जाते हैं, उन्हें 'सन्नियम' या राजनियम (Statutes) कहा जाता है। सालमण्ड (Salmond) के अनुसार, सन्नियम या राजनियम (विधि) से आशय राज्य द्वारा स्वीकृत एवं प्रवर्तित उन सिद्धान्तों के समूह से हैं जिनका उपयोग उसके द्वारा न्याय प्रशासन के लिए किया जाता है।

व्यापारिक सन्नियम में उन अधिनियमों को सम्मिलित किया जाता है जो व्यवसाय एवं वाणिज्यिक क्रियाओं के नियमन एवं नियन्त्रण के लिए बनाए जाते हैं। ए.के. सेन के अनुसार, 'व्यापारिक या व्यावसायिक सन्नियम के अन्तर्गत वे राजनियम आते हैं जो व्यापारियों, बैंकर्स तथा व्यवसायियों के साधारण व्यवहारों से सम्बन्धित हैं और जो सम्पत्ति के अधिकारों एवं वाणिज्य में संलग्न व्यक्तियों से सम्बन्ध रखते हैं।

भारतीय अनुबन्ध अधिनियम, व्यापारिक अथवा व्यावसायिक सन्नियम की एक महत्वपूर्ण शाखा है, क्योंकि अधिकांश व्यापारिक व्यवहार चाहे वे साधारण व्यक्तियों द्वारा किए जायें या व्यवसायियों द्वारा किए जायें, अनुबन्धों पर ही आधारित होते हैं। भारतीय अनुबन्ध अधिनियम 25 अप्रैल, 1872 को पारित किया गया था और 1 सितम्बर, 1872 से लागू हुआ था।

भारतीय अनुबन्ध (संविदा) अधिनियम को दो भागों में बांटा जा सकता है। इसमें प्रथम भाग में धारा 1 से 75 तक है जो अनुबन्ध के सामान्य सिद्धान्तों से सम्बन्धित है और सभी प्रकार के अनुबन्धों पर लागू होती हैं। द्वितीय भाग में धारा 76 से 266 तक है जो विशिष्ट प्रकार के अनुबन्धों जैसे वस्तु विक्रय, क्षतिपूर्ति एवं गारण्टी, निक्षेप, गिरवी, एजेन्सी तथा साझेदारी से सम्बन्धित हैं। 1930 में वस्तु विक्रय से सम्बन्धित धाराओं को निरस्त करके पृथक से वस्तु विक्रय अधिनियम बनाया गया है। इसी प्रकार 1932 में साझेदारी अनुबन्धों से सम्बन्धित धाराओं को इस अधिनियम में से निरस्त कर दिया गया और पृथक साझेदारी अधिनियम बनाया गया।

इस अधिनियम की धारा 2 में इन आधारभूत शब्दों को परिभाषित किया गया है-

1. **प्रस्ताव** (Proposal) – जब एक व्यक्ति किसी दूसरे व्यक्ति के सम्मुख किसी काम को करने अथवा न करने के सम्बन्ध में अपना विचार इस उद्देश्य से प्रकट करता है कि उस व्यक्ति की सहमति उस कार्य को करने अथवा न करने के सम्बन्ध में प्राप्त हो जाये, तो कहा जाता है कि पहले व्यक्ति ने दूसरे व्यक्ति के सम्मुख प्रस्ताव किया है। (धारा 2 ए)
2. **वचन** (Promise) – वह व्यक्ति जिसके सम्मुख प्रस्ताव किया गया है, उसके प्रति अपनी सहमति दे देता है, तो प्रस्ताव स्वीकृत समझा जाता है। एक प्रस्ताव जब स्वीकार कर लिया जाता है, तो वह वचन कहलाता है। (धारा 2 ब)
3. **वचनदाता एवं वचनग्रहीता** (Promisor and Promises) – प्रस्ताव करने वाले व्यक्ति को प्रस्तावक अथवा प्रतिज्ञाकर्ता अथवा वचनदाता कहते हैं तथा उस प्रस्ताव को स्वीकार करने वाले व्यक्ति को वचनग्रहीता अथवा स्वीकर्ता कहते हैं। (धारा 2 सी)

4. **प्रतिफल** (Consideration) – जब वचनदाता की इच्छा पर वचनग्रहीता अथवा किसी अन्य व्यक्ति ने कोई कार्य किया है अथवा करने से विरत रहा है, अथवा कोई कार्य करता है अथवा करने से विरत रहता है, अथवा कोई कार्य करने अथवा विरत रहने का वचन देता है तो ऐसा कार्य या विरति या वचन उस वचन का प्रतिफल कहलाता है। (धारा 2 डी)
5. **सहमति (करार)** (Agreement) – प्रत्येक वचन या वचनों का प्रत्येक समूह जो एक दूसरे का प्रतिफल हो, करार कहलाता है। (धारा 2 ई)
6. **पारस्परिक वचन** (Reciprocal Promises) – ऐसे वचन जो एक दूसरे के लिए प्रतिफल अथवा आंशिक प्रतिफल होते हैं, पारस्परिक वचन कहलाते हैं। (धारा 2 एफ)
7. **शून्य करार** (Void Agreement) – वह करार जो राजनियम द्वारा प्रवर्तनीय नहीं होता है, शून्य करार कहलाता है। (धारा 2 जी)
8. **अनुबन्ध** (Contract) – एक ऐसा करार जो राजनियम द्वारा प्रवर्तनीय हो 'अनुबन्ध' कहलाता है। (धारा 2 एच)
9. **शून्यकरणीय** (Voidable Contract) – ऐसा करार जो उसके एक या अधिक पक्षकारों की इच्छा पर प्रवर्तनीय हो, किन्तु दूसरे पक्षकार या पक्षकारों की इच्छा पर प्रवर्तनीय नहीं होता है, शून्यकरणीय अनुबन्ध कहलाता है। (धारा 2 आई)
10. **शून्य अनुबन्ध** (Void Contract) – एक अनुबन्ध जब वह राजनियम द्वारा प्रवर्तनीय नहीं हो पाता है, उस समय व्यर्थ हो जाता है, जब वह इस प्रकार प्रवर्तनीय नहीं हो पाता है। (धारा 2 जे)

अनुबन्ध का अर्थ एवं परिभाषा

अनुबन्ध (Contract) शब्द की उत्पत्ति लैटिन शब्द कॉन्ट्रैक्टम (Contracturm) से हुई है, जिसका अर्थ है 'आपस में मिलाना'। सामान्य शब्दों में अनुबन्ध से आशय दो या अधिक व्यक्तियों को किसी कार्य को करने अथवा न करने हेतु आपस में मिलाने वाले समझौते अथवा ठहराव से है। वैधानिक दृष्टिकोण से अनुबन्ध का अर्थ विभिन्न विद्वानों द्वारा दी गयी परिभाषाओं के आधार पर स्पष्ट किया जा सकता है। अनुबन्ध की प्रमुख परिभाषाएँ निम्न प्रकार हैं–

1. **न्यायाधीश सालमण्ड** (Salmond) के अनुसार, अनुबन्ध एक ऐसा ठहराव है जो पक्षकारों के बीच दायित्व उत्पन्न करता है और उनकी व्याख्या करता है। इस परिभाषा का विश्लेषण करने से स्पष्ट होता है कि अनुबन्ध में दो या

अधिक पक्षकार होते हैं, पक्षकारों के बीच एक ठहराव या समझौता होता है, इस ठहराव से पक्षकारों के मध्य दायित्व उत्पन्न होता है और यह ठहराव पक्षकारों के दायित्वों की व्याख्या करता है।

2. **सर विलियम एन्सन** (Sir William Anson) के अनुसार, अनुबन्ध दो या दो से अधिक पक्षकारों के बीच किया गया ऐसा ठहराव है जिसको राजनियम द्वारा प्रवर्तित कराया जा सकता है तथा जिसके अन्तर्गत एक या अधिक पक्षकारों को दूसरे पक्षकार या पक्षकारों के विरुद्ध कुछ अधिकार प्राप्त हो जाते हैं। सर विलियम एन्सन की परिभाषा की व्याख्या करने से स्पष्ट होता है कि अनुबन्ध एक ठहराव होता है जिसमें दो या दो से अधिक पक्षकार होते हैं और यह ठहराव राजनियम के प्रावधनों के अधीन प्रवर्तनीय कराया जाता है। इस ठहराव के आधीन पक्षकारों को किसी कार्य को करने अथवा न करने के बारे में, एक दूसरे के विरुद्ध कुछ वैधानिक अधिकार प्राप्त होते हैं।

3. **लीक** (Leake) के अनुसार अनुबन्ध 'वैधानिक अनुबन्ध' होने की दृष्टि से ऐसा ठहराव है जिसके द्वारा एक पक्षकार कुछ निष्पादन करने के लिए बाध्य होगा और जिसको प्रवर्तित कराने का दूसरे पक्षकार को वैधानिक अधिकार होगा। लीक द्वारा दी गयी परिभाषा से स्पष्ट होता है कि अनुबन्ध एक ठहराव है जो वैधानिक आधार पर किया जाता है और उसके दो पक्षकार होते हैं। इस ठहराव के अनुसार एक पक्षकार निश्चित दायित्व का निष्पादन करने के लिए बाध्य होता है और दूसरे पक्षकार को यह वैधानिक अधिकार होता है कि वह पहले पक्षकार से उसके दायित्व का निष्पादन करा सके।

4. **लॉर्ड हाल्सबरी** (Lord Halsbury) के अनुसार, अनुबन्ध दो या दो से अधिक व्यक्तियों के बीच एक ठहराव है जो राजनियम द्वारा प्रवर्तित कराने के उद्देश्य से किया जाता है और जिसका निर्माण एक पक्षकार द्वारा किसी कार्य को करने अथवा करने से दूर रहने के दूसरे पक्षकार के प्रस्ताव की स्वीकृति देने के परिणामस्वरुप होता है। इस परिभाषा में बतलाया गया है कि अनुबन्ध दो या दो से अधिक पक्षकारों के बीच किया गया एक ठहराव होता है जो कानून द्वारा प्रवर्तित कराने के उद्देश्य से किया जाता है। अनुबन्ध का निर्माण एक पक्षकार द्वारा किसी कार्य को करने अथवा न करने के बारे में प्रस्ताव करने तथा दूसरे पक्षकार द्वारा उस प्रस्ताव को स्वीकार करने के परिणामस्वरुप होता है।

5. **सर फ्रेडरिक पोलक** (Sir Fredrick Pollock) के अनुसार, प्रत्येक ठहराव एवं वचन जो राजनियम द्वारा प्रवर्तनीय हो, अनुबन्ध होता है। सर फ्रेडरिक पोलक द्वारा दी गयी परिभाषा संक्षिप्त एवं पूर्ण है। इस परिभाषा में सार रुप में यह कहा

गया है कि जो करार राजनियम के प्रावधनों के अनुसार प्रवर्तनीय कराया जा सकता है, वही अनुबन्ध हो सकता है।

6. **भारतीय अनुबन्ध अधिनियम की धारा 2 (h)** के अनुसार, 'अनुबन्ध एक ऐसा करार है, जो राजनियम द्वारा प्रवर्तनीय होता है। यह परिभाषा भी संक्षिप्त किन्तु पूर्ण है जिसके अन्तर्गत कहा गया है कि अनुबन्ध बनने के लिए किसी करार का राजनियम द्वारा प्रवर्तनीय होना आवश्यक है। जो करार राजनियम द्वारा प्रवर्तनीय नहीं होता है, वह अनुबन्ध नहीं बन सकता है।

सर फ्रेडरिक पोलक एवं भारतीय अनुबन्ध अधिनियम की धारा 2 (h) में दी गयी परिभाषाओं का अध्ययन करने से स्पष्ट होता है कि अनुबन्ध के निर्माण करने के लिए दो बातों का होना आवश्यक है– प्रथम, पक्षकारों के बीच ठहराव अथवा समझौते का होना तथा द्वितीय, उस करार या समझौते का राजनियम द्वारा लागू होना। अब प्रश्न यह उठता है कि एक करार को राजनियम द्वारा प्रवर्तनीय कब कराया जा सकता है? भारतीय अनुबन्ध अधिनियम की धारा 10 में उन सभी लक्षणों को बताया गया है, जो एक ठहराव को राजनियम द्वारा प्रवर्तनीय कराने के लिए आवश्यक होते हैं। इस धारा के अनुसार, 'सभी करार अनुबन्ध है, यदि वे उन पक्षकारों की स्वतन्त्र सहमति से किए जाते हैं, जिनमें अनुबन्ध करने की क्षमता है, जो वैधानिक प्रतिफल के लिए तथा वैधानिक उद्देश्य से किए जाते हैं और जो इस अधिनियम द्वारा स्पष्ट रुप से व्यर्थ घोषित नहीं किए गए हैं। इसके अतिरिक्त यदि भारत में प्रचलित किसी विशेष राजनियम द्वारा अनिवार्य हो तो करार लिखित हो, अथवा साक्षियों द्वारा प्रमाणित हो अथवा रजिस्टर्ड हो।

उपर्युक्त वर्णित सभी परिभाषाओं के विवेचन के पश्चात् हम कह सकते हैं कि अनुबन्ध से आशय उस करार से है जो राजनियम द्वारा प्रवर्तनीय कराया जा सकता है और जिसके अन्तर्गत एक पक्षकार का किसी काम को करने अथवा न करने के लिए वैधानिक दायित्व उत्पन्न होता है तथा दूसरे पक्षकार को पहले पक्षकार के विरुद्ध वैधानिक अधिकार प्राप्त होते हैं।

वैध अनुबन्ध के आवश्यक लक्षण

अनुबन्ध की विभिन्न विधिवेत्ताओं द्वारा एवं भारतीय अनुबन्ध अधिनियम में दी गयी उपरोक्त परिभाषाओं का अध्ययन करने से एक अनुबन्ध के निम्नलिखित लक्षण अथवा तत्व प्रकट होते हैं जिनका होना अनुबन्ध की वैधता के लिए नितान्त आवश्यक है।

1. दो या दो से अधिक पक्षकारों का होना
2. ठहराव, प्रस्ताव एवं स्वीकृति
3. पक्षकारों की आपस में वैधानिक सम्बन्ध स्थापित करने की इच्छा

4. पक्षकारों में अनुबन्ध करने की क्षमता
5. पक्षकारों की स्वतन्त्र सहमति
6. वैधानिक प्रतिफल एवं उद्देश्य
7. ठहराव का स्पष्ट रुप से व्यर्थ घोषित न होना
8. यदि आवश्यक हो तो लिखित, प्रमाणित एवं रजिस्टर्ड होना।

अपकृत्य विधि (Tort)

विधि के क्षेत्र में, ऐसे दोषपूर्ण कार्य को अपकृत्य या अपकृति (Tort) कहते हैं जो संविदा के उल्लंघन से सम्बन्धित न हो और न ही आपराधिक हों। इसे सरल शब्दों में सिविल रोंग (Civil Wrong) भी कहते हैं। अपकृति का प्रयोग कानून में किसी ऐसे अपकार अथवा क्षति के अर्थ में होता है जिसकी अपनी निश्चित विशेषताएँ होती हैं। मुख्य विशेषता यह है कि उसका प्रतिकार क्षतिपूर्ति के द्वारा संभव हो तथा कारावास भेजने की आवश्यकता न हो।

अपकृत्य की विशेषताएँ निम्नलिखित हैं–

- अपकृत्य किसी व्यक्ति के अधिकार का अतिक्रमण अथवा उसके प्रति किसी अन्य व्यक्ति के कर्तव्य का उल्लंघन हैं।
- इसका प्रतिकार व्यवहारवाद द्वारा हो सकता है।
- इंग्लैंड में सन् 1895 ई. के पूर्व अपकृत्य का प्रतिकार सामान्य कानून के अंतर्गत हुआ करता था।

अपकृत्य के अनेक रूप हैं। मूल शब्द ''टार्ट'' का सार्वजनिक रूप में अर्थ यही है कि सीधे एवं सरल मार्ग का अतिक्रमण। अपकृति के प्रमुख रूप ये हैं। शारीरिक क्षति, जैसे आघात, आक्रमण या मिथ्या कारावास, संपत्ति संबंधी अपकार, जैसे अनधिकार प्रवेश, सार्वजनिक बाधा, मानहानि, द्वेषपूर्ण अभियोजन, धोखा अथवा छल तथा विविध अधिकारों की क्षति।

ऐतिहासिक पृष्ठभूमि

अंग्रेजी विधि प्रणाली में ''टॉर्ट'' शब्द का प्रयोग नार्मन तथा रंगेविन सम्राटों के राज्यकाल में प्रारंभ हुआ। सन 1896 ई. के पूर्व प्राय: पाँच शताब्दियों तक अपकृति का प्रतिकाल सम्राट् के लेख पर निर्भर रहा। अपकृति संबंधी अंग्रेजी कानून अधिकांश में वादजनित विधि के रूप में मिलता है यद्यपि गत शताब्दी के प्रारंभ में कुछ अनुविधि भी बनाए गए। अतएव सारभूत विधि के रूप में अपकृति कानून का विकास आधुनिक काल में हुआ।

भारतवर्ष में अंग्रेजी विधि प्रणाली अपनाई जाने के बहुत पहले, सुदूर अतीत में, अपकृति संबंधी कानून के प्रमाण मिलते हैं। मनु, याज्ञवल्क्य, नारद, व्यास, बृहस्पति तथा कात्यायन की स्मृतियों में अपकृति संबंधी हिंदू विधि प्रणाली का आधार हमें मिलता है। हिंदू तथा अंग्रेजी अपकृत्य-विधि-प्रणाली में एक महत्वपूर्ण अंतर यह है कि हिंदू प्रणाली में क्षतिपूर्ति द्वारा प्रतिकार केवल तभी संभव है जब आर्थिक क्षति हुई हो, न कि आग्रमण या मानहानि या परस्त्रीगमन के मामलों में। मुस्लिम विधि प्रणाली में अपकृति कानून का क्षेत्र और भी अधिक संकीर्ण हो गया। उसमें हिंसात्मक कार्यों में दंड दिया जाता था, केवल संपत्ति के बलातग्रहण के मामलों में क्षतिपूर्ति के नियम थे।

अपकृत्य की अंग्रेजी विधि के इतिहास में रालैण्ड्स बनाम "फ्लेचर (1868) का एक प्रसिद्ध मामला हुआ जिसमें कठोर दायित्व (Strict Liability) के सिद्धांत को प्रतिपादित किया गया। भारत में कठोर दायित्व के सिद्धांत (Doctrine of Strict Liability) को एमसी मेहता बनाम भारत संघ (1986) के मामले में लागू किया गया। इसमें गैस रिसाव एवं प्रदुषण से होने वाले नुकसान की युक्तियुक्त क्षतिपूर्ति के आदेश न्यायालय द्वारा दिए गए।

अपकृत्य तथा अपराध में अन्तर

अपकृत्य तथा अपराध के सिद्धांत एवं प्रक्रिया दोनों में अंतर है। अपकृति क्षति या कर्तव्य का वह उल्लंघन है जिसका संबंध व्यक्ति से होता है और वह व्यक्ति अपकारों द्वारा क्षतिपूर्ति का अधिकारी होता है। परंतु अपराध लोककर्तव्य का उल्लंघन समझा जाता है और इसके लिए समाज अथवा राज्य अपराधी को दंड देता है। क्षति के कई दृष्टांत ऐसे हैं जो अपकृति तथा अपराध दोनों श्रेणियों के अंतर्गत आते हैं, जैसे आक्रमण, अपमानलेख या चोरी। कभी-कभी कोई क्षति केवल अपराध की श्रेणी में रखी जा सकती है, जैसे सार्वजनिक बाधा और इसके ठीक विपरीत कतिपय क्षतियाँ केवल अपकृति की श्रेणी में आती हैं, जैसे अनधिकार प्रवेश। अपकृति तथा अपराध संबंधी प्रक्रिया में यह अंतर है कि अपकृति के मामले का वाद व्यवहार न्यायालय में प्रस्तुत किया जाता है परंतु आपराधिक मामलों का अभियोग दंड न्यायालय में चलता है।

अपकृत्य और संविदाभंग

अपकृति में वादी का अधिकार साधारण विधि के अंतर्गत प्राप्य अधिकार है परंतु संविदाभंग के मामले में पक्षों के अधिकार एवं कर्तव्य संविदा के उपबंधों के अनुसार ही होते हैं। संविदा में प्राय: क्षतिपूर्ति की राशि भी निश्चित हो जाती है और क्षतिपूर्ति सिद्धांत रूप में दंड न होकर केवल संविदा के उपबंध का पालन मात्र है।

दण्ड प्रक्रिया संहिता, 1973
(Code of Criminal Procedure, 1973)

भारत में आपराधिक कानून के क्रियान्वयन के लिए दण्ड प्रक्रिया संहिता मुख्य विधि है। यह सन 1973 में पारित हुआ तथा 1 अप्रैल 1974 से लागू हुआ। **'सीआरपीसी'** दंड प्रक्रिया संहिता का संक्षिप्त नाम है। जब कोई अपराध किया जाता है तो सदैव दो प्रक्रियाएँ होती हैं, जिन्हें पुलिस अपराध की जाँच करने में अपनाती है। एक प्रक्रिया पीड़ित के संबंध में और दूसरी आरोपी के संबंध में होती है। सीआरपीसी में इन प्रक्रियाओं का ब्योरा दिया गया है।

कुछ प्रकार के मानव व्यवहार ऐसे होते हैं जिसकी कानून इजाजत नहीं देता। ऐसे व्यवहार करने पर किसी व्यक्ति को उनके परिणामों का सामना करना पड़ता है। खराब व्यवहार को अपराध या गुनाह कहते हैं और इसके परिणाम को दंड कहा जाता है। जिन व्यवहारों को अपराध माना जाता है उनके बारे में और हर अपराध से संबंधित दंड के बारे में ब्यौरा मुख्यतया: आइपीसी में दिया गया है।

जब कोई अपराध किया जाता है, तो सदैव दो प्रक्रियाएँ होती हैं, जिन्हें पुलिस अपराध की जाँच करने में अपनाती है। एक प्रक्रिया पीड़ित के संबंध में और दूसरी आरोपी के संबंध में होती है। सीआरपीसी में इन दोनों प्रकार की प्रक्रियाओं का विवरण दिया गया है। दंड प्रक्रिया संहिता में निहित प्रक्रिया के द्वारा ही अपराधी को दंड दिया जाता है।

प्रमुख प्रावधान

धारा 41 बी : गिरफ्तारी की प्रक्रिया तथा गिरफ्तार करने वाले अधिकारी के कर्तव्य।

धारा 41 डी : इसके अनुसार जब कोई व्यक्ति गिरफ्तार किया जाता है तथा पुलिस द्वारा उससे परिप्रश्न किए जाते है तो परिप्रश्नों के दौरान उसे अपने पसंद के अधिवक्ता से मिलने का हक होगा, पूरे परिप्रश्नों के दौरान नहीं।

धारा 46 : गिरफ्तारी कैसे की जायेगी।

धारा 51 : गिरफ्तार व्यक्ति की तलाशी।

धारा 52 : आक्रामक आयुध का अभिग्रहण – गिरफ्तार व्यक्ति के पास यदि कोई आक्रामक आयुध पाये जाते हैं तो उन्हें अभिग्रहित करने के प्रावधान हैं।

धारा 55ए : इसके अनुसार अभियुक्त की अभिरक्षा रखने वाले व्यक्ति का यह कर्तव्य होगा कि वह अभियुक्त के स्वास्थ्य तथा सुरक्षा की युक्तियुक्त देख-रेख करें।

धारा 58 : इस धारा के अनुसार पुलिस थाने के भारसाधक अधिकारी जिला मजिस्ट्रेट को या उसके ऐसे निर्देश देने पर उपखण्ड मजिस्ट्रेट को, अपने-अपने थाने की सीमाओं के भीतर वारण्ट के बिना गिरफ्तार किए सब व्यक्तियों के मामले की रिपोर्ट करेंगे चाहे उन व्यक्तियों की जमानत ले ली गई हो या नहीं।

धारा 106 से 104 तक : ये धाराएँ दण्ड प्रक्रिया संहिता के अध्याय 8 में 'परिशान्ति कायम रखने के लिए और सदाचार के लिए प्रतिभूति' शीर्षक से दी गयी हैं, जिसमें 107/116 धारा परिशान्ति के भंग होने की दशा में लागू होती है। धारा 107 के अनुसार, जब किसी कार्यपालक मजिस्ट्रेट को सूचना मिले कि सम्भाव्य है कि कोई व्यक्ति परिशान्ति भंग करेगा या लोक प्रशान्ति विक्षुब्ध करेगा या कोई ऐसा संदोष कार्य करेगा, जिससे सम्भवत तथा परिशान्ति भंग हो जाएगी या लोकप्रशान्ति विक्षुब्ध हो जाएगी, तब वह मजिस्ट्रेट यदि उसकी राय में कार्यवाई करने के लिए पर्याप्त आधार हो तो वह ऐसे व्यक्ति से इसमें इसके पश्चात् उपबन्धित रीति से अपेक्षा कर सकेगा कि वह कारण दर्शित करें कि एक वर्ष से अनधिक इतनी अवधि के लिए, जितनी मजिस्ट्रेट नियत करना ठीक समझे, परिशान्ति कायम रखने के लिए उसे (प्रतिभूतिओं सहित या रहित) बन्धपत्र निष्पादित करने के लिए आदेश क्यों न दिया जाए।

धारा 108 : राजद्रोहात्मक बातों को फैलाने वाले व्यक्तियों से सदाचार के लिए प्रतिभूति।

धारा 109 : संदिग्ध और आवारा-गर्द व्यक्तियों से अच्छे व्यवहार के लिए जमानत।

धारा 144 : यह धारा शांति व्यवस्था कायम करने के लिए लगाई जाती है। इस धारा को लागू करने के लिए जिलाधिकारी एक नोटिफिकेशन जारी करता है और जिस जगह भी यह धारा लगाई जाती है, वहाँ चार या उससे ज्यादा लोग इकट्ठे नहीं हो सकते हैं। इस धारा को लागू किए जाने के बाद उस स्थान पर हथियारों के लाने व ले जाने पर भी रोक लगा दी जाती है। धारा-144 का उल्लंघन करने वाले या इस धारा का पालन नहीं करने वाले व्यक्ति को पुलिस गिरफ्तार कर सकती है। उस व्यक्ति की गिरफ्तारी धारा-107 या फिर धारा-151 के अधीन की जा सकती है। इस धारा का उल्लंघन करने वाले या पालन नहीं करने के आरोपी को एक साल कैद की सजा भी हो सकती है। वैसे यह एक जमानती अपराध है, इसमें जमानत हो जाती है।

धारा 151 : यह धारा अध्याय 11 में 'पुलिस की निवारक शक्ति' में है। यह धारा संज्ञेय अपराधों के किए जाने से रोकने हेतु गिरफ्तार कर अपराध की गम्भीरता को रोकती है और पक्षों को मजिस्ट्रेट के समक्ष प्रस्तुत करती है।

धारा 154 : यह धारा संज्ञेय मामलों में इत्तिला से सम्बंधित है। इसके अनुसार–

संज्ञेय अपराध किए जाने से सम्बंधित प्रत्येक इत्तिला, यदि पुलिस थाने के भारसाधक अधिकारी को मौखिक रूप से दी गयी हो तो उसके द्वारा या उसके निदेशाधीन लेखबद्ध कर ली जाएगी और इत्तिला देने वाले को पढ़कर सुनाई जाएगी और प्रत्येक ऐसी इत्तिला पर, चाहे वह लिखित रूप में दी गयी हो या पूर्वोक्त रूप में लेखबद्ध की गयी हो, उस व्यक्ति द्वारा हस्ताक्षर किए जायेंगे जो उसे दे और उसका सार ऐसी पुस्तक में, जो उस अधिकारी द्वारा ऐसे रूप में रखी जाएगी जिसे राज्य सरकार इस निमित्त विहित करे, प्रविष्ट किया जायेगा।

भारतीय दण्ड संहिता, 1860
(Indian Penal Code - IPC, 1860)

भारतीय दण्ड संहिता भारत के अन्दर भारत के किसी भी नागरिक द्वारा किए गए कुछ अपराधों की परिभाषा व दण्ड का प्रावधान करती है, किन्तु यह संहिता भारत की सेना पर लागू नहीं होती। अनुच्छेद 370 हटने के बाद जम्मू एवं कश्मीर में भी अब भारतीय दण्ड संहिता (आईपीसी) लागू होगी।

भारतीय दण्ड संहिता ब्रिटिश काल में सन 1862 में लागू हुई। इसके बाद इसमें समय-समय पर संशोधन होते रहे (विशेषकर भारत के स्वतन्त्र होने के बाद)। पाकिस्तान और बांग्लादेश ने भी भारतीय दण्ड संहिता को ही लागू किया। लगभग इसी रूप में यह विधान तत्कालीन अन्य ब्रिटिश उपनिवेश/उपनिवेशों (बर्मा, श्रीलंका, मलेशिया, सिंगापुर, ब्रूनेई आदि) में भी लागू की गयी थी, लेकिन इसमें अब तक बहुत से संशोधन किए जा चुके हैं।

आई पी सी के प्रमुख प्रावधान

- **धारा 302**

  हत्या के लिए दंड का प्रावधान - भारतीय दंड संहिता की धारा 302 में हत्या के लिए दंड का प्रावधान किया गया है, जहाँ कोई भी व्यक्ति यदि हत्या का अपराध करता है, तो वह दंडनीय होगा जो की मृत्यु या आजीवन कारावास की सजा से दण्डित किया जायेगा और जुर्माने से भी दण्डित किया जायेगा।

- **धारा 304 B**

  दहेज मृत्यु - भारतीय दंड संहिता की धारा 304 B दहेज मृत्यु क्या है उसके बारे में बताती है, जहाँ पर किसी भी विवाहित स्त्री की मृत्यु आग लगा के जला डालने से या शारीरिक क्षति उसको इतनी बुरी तरह से मारा-पीटा जाता है जिसके कारण उसकी मृत्यु हो जाती है या उस स्त्री के विवाह के सात वर्ष के

भीतर उसकी मृत्यु हो जाती है तो यह दर्शित किया जाता है की उसकी स्त्री की मृत्यु के पहले उसके पति ने या उसके पति के किसी रिश्तेदार ने दहेज की माँग के लिए या उसके सम्बन्ध में उसके साथ क्रूरता की थी या उसे तंग किया, मारा-पीटा गया या मारने की धमकी दी गई, वहाँ ऐसी मृत्यु को दहेज मृत्यु कहा जायेगा। इस मृत्यु के जिम्मेदार उस स्त्री के पति, सास-ससुर या नाते रिश्तेदार समझे जायेंगे। दहेज मृत्यु के दोषी को सात साल के कारावास से या आजीवन कारावास से दण्डित किया जायेगा।

- **धारा 376**

  बलात्कार के लिए दंड - भारतीय दंड संहिता की धारा 376 बलात्कार के दोषियों के लिए दंड का प्रावधान करती है। जो कोई किसी भी स्त्री के साथ उसकी मर्जी के बिना, डरा धमका कर या, उसकी सम्मति के बिना, उसकी इच्छा के विरुद्ध उसके साथ शारीरिक सम्बन्ध बनाता है वह बलात्कार कहा जायेगा जो अपराध की श्रेणी में आता है और ऐसे अपराध के लिए सजा दस साल के कारावास की सजा से कम नहीं होगी जो की आजीवन कारावास की सजा तक भी हो सकती है और जुर्माने से भी दंडनीय होगा।

- **धारा 379**

  चोरी के लिए दंड - भारतीय दंड संहिता की धारा 379 में चोरी के लिए दंड का प्रावधान किया गया है। यदि कोई भी व्यक्ति किसी व्यक्ति के कब्जे में से उस व्यक्ति की संपत्ति को उसकी मर्जी के बिना लेता है तो वह चोरी कही जाएगी जो की दंडनीय है। चोरी करते हुए पकड़े पाए जाने पर दोषी व्यक्ति को तीन साल तक की कारावास की सजा हो सकती है या जुर्माने से दंडनीय होगा या दोनों से दंडनीय होगा।

- **धारा 99 से 106**

  व्यक्तिगत प्रतिरक्षा के लिए बल प्रयोग का अधिकार

- **धारा 147**

  अपराध - बलवा करना (Rioting)

  सजा - 2 वर्ष की सजा/जुर्माना या दोनों, जमानतीय

- **धारा 161**

  अपराध - रिश्वत लेना/देना

  सजा - 3 वर्ष की सजा/जुर्माना या दोनों, अजमानतीय

- **धारा 171**

  अपराध - चुनाव में घूस लेना/देना

  सजा - 1 वर्ष की सजा/500 रुपये जुर्माना, गिरफ्तार जमानतीय

- **धारा 177**

  अपराध - सरकारी कर्मचारी/पुलिस को गलत सूचना देना

  सजा - 6 माह की सजा/1000 रुपये जुर्माना

- **धारा 186**

  अपराध - सरकारी काम में बाधा पहुँचाना

  सजा - 3 माह की सजा/500 रुपये जुर्माना

- **धारा 191**

  अपराध - झूठी गवाही देना

  सजा - 3/7 वर्ष की सजा और जुर्माना

- **धारा 193**

  अपराध - न्यायालयीन प्रकरणों में झूठी गवाही

  सजा - 3/7 वर्ष की सजा और जुर्माना

- **धारा 216**

  अपराध - लुटेरे/डाकुओं को आश्रय देने के लिए दंड

- **धारा 224/25**

  अपराध - विधिपूर्वक अभिरक्षा से छुड़ाना

  सजा - 2 वर्ष की सजा/जुर्माना या दोनों

- **धारा 231/32**

  अपराध - जाली सिक्के बनाना

  सजा - 7 वर्ष की सजा और जुर्माना, अजमानतीय

- **धारा 255**

  अपराध - सरकारी स्टाम्प का कूटकरण

  सजा - 10 वर्ष या आजीवन कारावास की सजा

- **धारा 264**

  अपराध - गलत तौल के बांटों का प्रयोग

  सजा - 1 वर्ष की सजा/जुर्माना या दोनों, जमानतीय

- **धारा 267**

  अपराध - औषधि में मिलावट करना

  सजा - 1 वर्ष की सजा/जुर्माना या दोनों, जमानतीय

- **धारा 272**

  अपराध - खाने-पीने की चीजों में मिलावट

  सजा - 6 महीने की सजा-1000 रुपये जुर्माना/दोनों, जमानतीय

- **धारा 274/75**

  अपराध - मिलावट की हुई औषधियाँ बेचना

  सजा - 6 महीने की सजा/1000 रुपये जुर्माना/दोनों, जमानतीय

- **धारा 279**

  अपराध - सड़क पर उतावलेपन/उपेक्षा से वाहन चलाना

  सजा - 6 माह की सजा या 1000 रुपये का जुर्माना

- **धारा 292**

  अपराध - अश्लील पुस्तकों को बेचना

  सजा - 2 वर्ष की सजा और 2000 रुपये जुर्माना, जमानतीय

- **धारा 294**

  अपराध - किसी धर्म/धार्मिक स्थान का अपमान

  सजा - 2 वर्ष की सजा

- **धारा 302**

  अपराध - हत्या/कत्ल

  सजा - आजीवन कारावास/मौत की सजा, अजमानतीय

- **धारा 306**

  अपराध - आत्महत्या के लिए दुष्प्रेरण

  सजा - 10 वर्ष की सजा और जुर्माना

- **धारा 309**

  अपराध - आत्महत्या करने की चेष्टा करना

  सजा - 1 वर्ष की सजा/जुर्माना/दोनों, जमानतीय

- **धारा 311**

  अपराध - ठगी करना

  सजा - आजीवन कारावास और जुर्माना, अजमानतीय

- **धारा 323**

  अपराध - जानबूझ कर चोट पहुँचाना

  सजा - 1 वर्ष का कारावास/गैरजमानतीय

- **धारा 354**

  अपराध - किसी स्त्री का शील भंग करना

  सजा - 2 वर्ष का कारावास/जुर्माना/दोनों, जमानतीय

- **धारा 363**

  अपराध - किसी स्त्री को ले भागना

  सजा - 7 वर्ष का कारावास और जुर्माना

- **धारा 366**

  अपराध - नाबालिग लड़की को ले भागना

  सजा - 10 वर्ष का कारावास एवं जुर्माना

- **धारा 376**

  अपराध - बलात्कार करना

  सजा - 10 वर्ष/आजीवन कारावास/गैरजमानतीय

- **धारा 377**

  अपराध - अप्राकृतिक कृत्य अपराध

  सजा - 5 वर्ष की सजा और जुर्माना, गिरफ्तार/गैरजमानतीय

- **धारा 379**

  अपराध - चोरी (सम्पत्ति) करना

  सजा - 3 वर्ष का कारावास/जुर्माना/दोनों, गिरफ्तार/जमानतीय

- **धारा 392**

  अपराध - लूट

  सजा - 10 वर्ष की सजा

- **धारा 395**

  अपराध – डकैती

  सजा – 10 वर्ष या आजीवन कारावास, अजमानतीय

- **धारा 417**

  अपराध – छल/दगा करना

  सजा – 1 वर्ष की सजा/जुर्माना/दोनों, गिरफ्तार नहीं/गैरजमानतीय

- **धारा 420**

  अपराध – छल/बेईमानी से सम्पत्ति अर्जित करना

  सजा – 7 वर्ष की सजा और जुर्माना

- **धारा 426**

  अपराध – किसी से शरारत करना

  सजा – 3 माह की सजा/जुर्माना/दोनों

- **धारा 477(क)**

  अपराध – लेखा का मिथ्याकरण

  सजा – 7 वर्ष की सजा/जुर्माना/दोनों/जमानतीय

- **धारा 489**

  अपराध – जाली नोट बनाना/चलाना

  सजा – 10 वर्ष की सजा/आजीवन कारावास गिरफ्तार/गैरजमानतीय

- **धारा 493**

  अपराध – गैर मर्द की स्त्री से व्यभिचार करना

  सजा – 10 वर्षों की सजा

- **धारा 494**

  अपराध – पति/पत्नी के जीवित रहते दूसरी शादी करना

  सजा – 7 वर्ष की सजा और जुर्माना गिरफ्तार नहीं/जमानत होगी

- **धारा 498अ**

  अपराध – किसी स्त्री के पति या नातेदार द्वारा क्रूरता।

  सजा – 3 वर्ष तक की कठोर सजा

- **धारा 497**

  अपराध - जारकर्म (Adultery)

  सजा - 5 वर्ष की सजा और जुर्माना

- **धारा 500**

  अपराध - मानहानि

  सजा - 2 वर्ष की सजा और जुर्माना

- **धारा 509**

  अपराध - स्त्री को अपशब्द कहना/अंगविक्षेप करना

  सजा - सादा कारावास या जुर्माना।

भारतीय साक्ष्य अधिनियम, 1872 (Indian Evidence Act, 1872)

साक्ष्य विधि (Law of Evidence)

साक्ष्य विधि (Law of Evidence या Rules of Evidence) उन कानूनों और सिद्धान्तों का समूह है जो निर्धारित करते हैं कि किसी विधिक कार्यवाही में क्या-क्या तथ्य के प्रमाण के रूप में स्वीकार्य हैं। प्राचीन हिन्दू काल में धर्मशास्त्रों में विभिन्न प्रकार के साक्ष्यों का उल्लेख मिलता है, जैसे- लेख, दस्तावेजी साक्ष्य के रूप में, साक्षी जो मौखिक बयान देता है, वह श्रुति या कब्जा आदि।

साक्ष्य विधि 'प्रक्रिया विधि' है तथा 'पूरक विधि' है। इस विधि का भूतलक्षी प्रभाव है। साक्ष्य विधि देशकारी विधि (Lex Fori) है अर्थात् जिस देश में मुकदमा चल रहा है, उस देश की विधि लागू होती है। इसके अंतर्गत यह देखा जाता है कि-

(1) क्या कोई साक्षी है अथवा नहीं।

(2) क्या कोई विषय साबित किए जाने के लिए आवश्यक है अथवा नहीं।

यद्यपि भारतीय साक्ष्य अधिनियम प्रक्रिया विधि है लेकिन इसमें मूल विधि के नियम शामिल हैं, जैसे- धारा 6-55 तक तथ्यों की सुसंगति से सम्बंधित नियम, धारा 115-117 तक विबन्ध के नियम, ये सभी मौलिक विधि के नियम हैं।

स्थानीय विधि (Lex Fori)

यह कार्य स्थान की विधि से संबंधित है। क्योंकि साक्ष्य हमेशा उस देश की विधि से शासित होता है, जहाँ कार्यवाही चलाई गई हैं। भारतीय साक्ष्य अधिनियम में ''निहारेन्द्र दत्त मजूमदार बनाम सम्राट'' के प्रमुख वाद में यह अभिनिर्धारित किया गया है कि ''जब कोई प्रश्न किसी ऐसी घटना के जो इंग्लैंड में घटित हुई हो, साबित करने की उचित पद्धति के बाबत भारत के न्यायालय के समक्ष आता है, ऐसी स्थिति में भारतीय साक्ष्य की विधि ही लागू होती न कि इंग्लैंड की साक्ष्य विधि।''

साक्ष्य विधि के मूलभूत सिद्धान्त

- सभी मामलों में सर्वोत्तम साक्ष्य दिया जाना चाहिए।
- जो भी साक्ष्य दिया जाए वह साक्ष्य विवादित विषय से सम्बंधित होना चाहिए अर्थात् सुसंगत होना चाहिए।
- अनुश्रुत साक्ष्य कोई साक्ष्य नहीं है, यद्यपि कुछ आपवादिक परिस्थितियों में अनुश्रुत साक्ष्य भी ग्राह्य होता है, जैसे– मृत्युकालिक कथन।
- साक्ष्य विधि, लेक्स फोरी विधि है जिसे देशकालिक विधि कहा जाता है अर्थात् जिस देश में सुनवाई हो रही है, वहाँ की साक्ष्य विधि लागू होगी।

सिविल प्रक्रिया संहिता, 1908 (Code of Civil Procedure, 1908)

सिविल मुकदमों (अर्थात् दीवानी) पर निर्णय देते समय न्यायालयों द्वारा पालन की जाने वाली आवश्यक प्रक्रिया एवं मानकों को सिविल प्रक्रिया (Civil procedure) कहते हैं। आपराधिक मुकदमों में दूसरी प्रक्रिया लागू होती है जिसे दण्ड प्रक्रिया कहते हैं। सिविल प्रक्रिया में दिए गए नियमों में स्पष्ट उल्लेख होता है कि सिविल मुकदमों को कैसे आरम्भ किया जा सकता है। इसके लिए वाद पत्र तैयार किया जाएगा, जिसमें निम्नलिखित चीजों को शामिल करना आवश्यक है–

1. वाद की विषयवस्तु के अनुसार न्यायालय का नाम, जहाँ वाद संस्थित किया जाएगा,
2. वाद लाने वाले वादी का नाम, उम्र, निवास स्थान के साथ,
3. प्रतिवादी का नाम, उम्र, निवास स्थान के साथ,
4. उन तथ्यों का उल्लेख जिस समय वाद हेतु उत्पन्न हुआ,
5. न्यायालय की अधिकारिता,
6. वादी जो अनुतोष प्राप्त करना चाहता है।

यदि किसी व्यक्ति के अधिकारों का किसी अन्य व्यक्ति द्वारा उल्लंघन किया जा रहा है तो जिस व्यक्ति के अधिकारों का उल्लंघन हो रहा है वह न्यायालय की शरण में जाता है। किसी भी सिविल मुकदमे को आरम्भ करने से लेकर उसके निपटारे तक के लिए न्यायालय की अपनी एक प्रक्रिया होती है क्योंकि यदि यह प्रक्रिया न हो या निश्चित न हो तो अनेकों समस्याएँ आयेंगी और केस के निपटारे में असाधारण बिलम्ब हो सकता है। ऐसी समस्याओं से बचने के लिए ही सिविल प्रक्रिया संहिता, 1908 पारित की गयी थी। इसमें न्यायालय में सिविल वाद के प्रस्तुति से लेकर निस्तारण तथा उसके बाद उसकी डिग्री के निष्पादन के लिए एक सुस्पष्ट लिखित प्रक्रिया निर्धारित कर दी गयी है।

सिविल वाद (Civil Suit)

सिविल प्रक्रिया संहिता के अनुसार किसी सम्पत्ति से सम्बन्धित या अधिकारों से सम्बन्धित वाद सिविल वाद या दीवानी वाद कहलाते हैं। दूसरे शब्दों में, किसी निजी या सार्वजनिक अधिकार को लेकर दो या अधिक व्यक्तियों में जो वाद शुरू होता है उसे सिविल वाद कहते हैं।

मोटे तौर पर सिविल वादों के अन्तर्गत निम्नलिखित वाद शामिल किए जाते हैं–

- कर्ज या किसी अन्य धनराशि की वसूली से सम्बन्धित वाद।
- नागरिक अधिकारों (सिविल राइट्स) से संबन्धित वाद, जैसे– कॉपीराइट, सड़क पर आवागमन से सम्बन्धित वाद।
- चल या अचल सम्पत्ति से सम्बन्धित वाद।
- सुखाधिकार से सम्बन्धित वाद, जैसे– व्यक्तिगत नाले का उपयोग, नाली, नींव आदि से सम्बन्धित वाद।
- मकान मालिक एवं किरायेदार के बीच विवाद।
- पारिवारिक विवाद जैसे– वैवाहिक विवाद, भरण-पोषण से सम्बन्धित विवाद आदि।
- किसी करार या समझौते से सम्बन्धित विवाद।
- साझेदारी फर्म या लेखा-जोखा से सम्बन्धित वाद।
- धार्मिक अधिकारों से सम्बन्धित वाद।
- सार्वजनिक स्थलों से सम्बन्धित विवाद।
- मोटर दुर्घटना हेतु प्रतिकर आदि से सम्बन्धित विवाद।

आपराधिक अनुसंधान (Criminal Investigation)

किसी आपराधिक मामले में पुलिस स्टेशन पर प्रथम सूचना रिपोर्ट दर्ज होने के बाद उसका अनुसंधान प्रारम्भ होता है। अपराध से पीड़ित अथवा उसके प्रत्यक्षदर्शी पुलिस के पास किसी भी प्रकार के अपराध के संबंध में जा सकते हैं। कुछ प्रकार के अपराध, जिन्हे संज्ञेय अपराध कहते हैं, में पुलिस का तुरन्त परिवादी की शिकायत दर्ज करना आवश्यक है। इसे प्रथम सूचना रिपोर्ट (FIR) कहते है। यदि पीड़ित ने प्रथम सूचना रिपोर्ट में आपका नाम दिया है या पुलिस को यह प्रतीत हो कि आपने कोई अपराध कारित किया है, तो वह आपसे सवाल कर सकती है।

यदि अपराध के संबंध में आप पर पुलिस को शक हो, तो यह सम्भावित है कि वह आपसे सवाल-जवाब या अन्वेषण करेंगे। संज्ञेय अपराध के मामले में पुलिस को शीघ्र कार्यरत होना एवं जाँच तुरन्त शुरू करना आवश्यक है। उन्हें ऐसे अपराध की जानकारी बाबत सूचना मिलने के बाद अनुसंधान शुरू करने हेतु मजिस्ट्रेट की आज्ञा की आवश्यकता नहीं होती है।

सबसे पहले कदमों में से एक कदम जो पुलिस अनुसंधान प्रक्रिया में उठाती है वह है घटनास्थल पर उपस्थित हो उसका मुआयना करना। मौके से वह तथ्य संबंधी जानकारी एवं साक्ष्य इकट्ठा करने का प्रयास करती है तथा यह जानने का प्रयास करती है कि अपराध किन परिस्थितियों में घटा है। इस प्रक्रिया के अन्तर्गत वह संदिग्ध व्यक्तियों से बिना गिरफ्तार किए भी पूछताछ कर सकती है अथवा उन्हें गिरफ्तार भी कर सकती हैं।

इससे तुरन्त पहले उन्हें मजिस्ट्रेट को एफ.आई.आर. की एक प्रति भेजनी होती है। जब मजिस्ट्रेट यह रिपोर्ट प्राप्त करे तो वह औपचारिक रूप से पुलिस को अनुसंधान करने का निर्देश दे सकता है। वह अपने से अधीनस्थ को औपचारिक रूप से स्वीकृति प्रदान करने से पूर्व एक बुनियादी जाँच करने का आदेश भी दे सकता है।

जब एक असंज्ञेय अपराध कारित हुआ है, पुलिस को अनुसंधान प्रारम्भ करने के लिए मजिस्ट्रेट की आज्ञा की आवश्यकता होती है। गिरफ्तारी करने के लिए पुलिस को मजिस्ट्रेट से वारंट उपलब्ध करने की आवश्यकता होती है। क्योंकि इन अपराधों में पुलिस को अविलम्बता से कार्य करने की जरूरत नहीं होती मजिस्ट्रेट से आज्ञा प्राप्त करने की सामान्य प्रक्रिया का पुलिस को पालन करना होता है। लेकिन संज्ञेय मामलों में पुलिस बिना वारण्ट के गिरफ्तार कर सकती है।

पुलिस को दिए गए कथन को हस्ताक्षरित नहीं करना चाहिए। यदि आपको हस्ताक्षर करने के लिए विवश किया जा रहा है, वह फिर भी आपके विरूद्ध ट्रायल में उपयोग

में नहीं लिया जा सकता। पुलिस का यह दायित्व है कि वह आपको स्वयं के विरूद्ध साक्ष्य देने के लिए विवश ना करें।

यदि अन्वेषण के दौरान आपके साथ दुर्व्यवहार हुआ है तो आप शिकायत कर सकते हैं-

पुलिस अधीक्षक अथवा वरिष्ठ पुलिस अधिकारी को, या मजिस्ट्रेट को, राज्य मानवधिकार आयोग अथवा पुलिस शिकायत प्राधिकरण को (यदि वह आपके राज्य में गठित हो) सामान्यतः तलाशी लेने के लिए उन्हे 'सर्च वारंट' की जरूरत होती है। 'तलाशी वारंट' न्यायालय का तलाशी लेने हेतु आदेश है जो पुलिस को आपके आवास की तलाशी किसी दस्तावेज अथवा वस्तु बाबत लेने के लिए अधिकृत करता है।

यदि न्यायालय को आशंका हो कि आपके पास चोरी की सम्पति है या कोई अवैध प्रकार की वस्तुएँ हैं अथवा आपने किसी को अपने आवास में परिरूद्ध कर रखा है। अवैध वस्तुएँ जैसे कि–

- जाली सिक्के, नोट या स्टेम्प या धातु के टुकड़े जो मुद्रा के रूप में उपयोग किए जा सकते हैं
- असत्य/खोटे मोहर (सील)
- अपमानजनक कला अथवा प्रकाशन

पुलिस बिना वारंट तलाशी ले सकती है यदि-

- उसे लगे कि आपके पास अनुसंधान में अपेक्षित कोई वस्तु है जिसका तुरन्त मिलना अतिआवश्यक है।
- मजिस्ट्रेट ने तलाशी का आदेश दिया है एवं वह तलाशी के लिए स्वयं साथ आए।
- विधि आपसे अपेक्षा रखती है कि तलाशी लेते वक्त आप पुलिस से सहयोग करें। यदि आप सहयोग नहीं करते, तो वह आपके घर में दरवाजा तोड़कर भी आ सकती है। यदि आप उनसे कुछ छिपाते हैं तो वह आपकी तलाशी भी ले सकते हैं।
- तलाशी के दौरान पुलिस सामान्यतः आपको उपस्थित रहने देगी।
- यदि आप महिला है एवं पुलिस को तलाशी लेते वक्त यह आशंका है कि आपने कुछ छुपा रखा है, वह आपकी जामा तलाशी ले सकती है बशर्ते की तलाशी एक महिला पुलिस ऑफिसर द्वारा करवाई जाए।
- पुलिस का दायित्व है कि वह तलाशी लेने हेतु स्वतंत्र साक्षियों को लायें। जो कुछ भी आवास से बरामद हुआ है, आपका अथवा आपके गवाहों का सूची पर हस्ताक्षर करना आवश्यक है।

- जब्त हुई वस्तुओं का एक 'जब्ती मीमो' की एक प्रतिलिपि पाना आपका अधिकार है यह सूची आपकी अथवा आपके घर की तलाशी से उत्पन्न हर वस्तु का उल्लेख करती है।
- यदि आपको अपराध स्वीकारना है तो आप यह **महानगरीय मजिस्ट्रेट** अथवा **न्यायिक मजिस्ट्रेट** के समक्ष कर सकते हैं।
- मजिस्ट्रेट आपको यह समझाएगा कि आप अपराध स्वीकारने को बाध्य नहीं हैं।
- मजिस्ट्रेट आपको यह समझाएगा कि आपका 'दोष स्वीकृति बयान' विचारण के दौरान आपके विरूद्ध साक्ष्य के रूप में उपयोग में लिया जा सकता है।
- मजिस्ट्रेट का दायित्व है कि वह दोष स्वीकृति बयान रिकॉर्ड करने से मना कर दे यदि उसे प्रतीत हो कि आपको पुलिस अथवा कोई अन्य व्यक्ति ऐसा बयान देने हेतु विवश कर रहा है।
- आपको अपने बयान के अपने अधिवक्ता की उपस्थिति में ऑडियो अथवा विडियो रिकॉर्ड करने की आज्ञा दे सकती है।
- दोष स्वीकृति बयान करने से तुरन्त पहले भी यदि आप ऐसा करने से मना कर देते है तो भी वह आपको हिरासत में नहीं लेगी।
- यदि आप किसी विकलांगता से ग्रसित हैं तो वह किसी दुभाषिये अथवा विशिष्ट शिक्षक की मदद ले सकती है।
- याद रखें आपको अपने दोष स्वीकृति बयान को हस्ताक्षरित करना होगा। यदि आप 18 वर्ष से कम उम्र के है तो मजिस्ट्रेट आपके द्वारा बोली गयी सटीक भाषा को ही रिकॉर्ड करेंगे। साथ ही बयान रिकॉर्ड करते समय मजिस्ट्रेट आपके अधिवक्ता को उपस्थित रहने के लिए आज्ञा नहीं देंगी।

विविध नियामक प्रावधान (Regulatory Provisions)

हिन्दू विवाह अधिनियम (Hindu Marriage Act)

भारत की संसद द्वारा सन् 1955 में पारित एक कानून है। इसी कालावधि में तीन अन्य महत्वपूर्ण कानून पारित हुए-

हिन्दू उत्तराधिकार अधिनियम (1956), हिन्दू अल्पसंख्यक तथा अभिभावक अधिनियम (1956) और हिन्दू एडॉप्शन और भरण-पोषण अधिनियम (1956) ये सभी नियम हिन्दुओं के वैदिक परम्पराओं को आधुनिक बनाने के ध्येय से लागू किए गए थे।

हिन्दू विवाह अधिनियम 1955 (Hindu Marriage Act 1955)

लागूकरण तिथि - 18 मई, 1955

स्मृतिकाल से ही हिंदुओं में विवाह को एक पवित्र संस्कार माना गया है और हिंदू विवाह अधिनियम 1955 में भी इसको इसी रूप में बनाए रखने की चेष्टा की गई है। किंतु विवाह, जो पहले एक पवित्र एवं अटूट बंधन था, अधिनियम के अंतर्गत, ऐसा नहीं रह गया है। कुछ विधि विचारकों की दृष्टि में यह विचारधारा अब शिथिल पड़ गई है। अब यह जन्म जन्मांतर का संबंध अथवा बंधन नहीं वरन् विशेष परिस्थितियों के उत्पन्न होने पर (अधिनियम के अंतर्गत) वैवाहिक संबंध विघटित किया जा सकता है।

अधिनियम की धारा 10 के अनुसार न्यायिक पृथक्करण निम्न आधारों पर न्यायालय से प्राप्त हो सकता है–

त्याग 2 वर्ष, निर्दयता (शारीरिक एवं मानसिक), कुष्ट रोग (1 वर्ष), रतिजरोग (3 वर्ष), विकृतमन (2 वर्ष) तथा परपुरुष अथवा पर-स्त्री-गमन (एक बार में भी) अधिनियम की धारा 13 के अनुसार - संसर्ग, धर्मपरिवर्तन, पागलपन (3 वर्ष), कुष्ट रोग (3 वर्ष), रतिज रोग (3 वर्ष), संन्यास, मृत्यु निष्कर्ष (7 वर्ष), पर नैयायिक पृथक्करण की डिग्री पास होने के दो वर्ष बाद तथा दांपत्याधिकार प्रदान करने वाली डिग्री पास होने के दो साल बाद 'संबंधविच्छेद' प्राप्त हो सकता है।

स्त्रियों को निम्न आधारों पर भी संबंधविच्छेद प्राप्त हो सकता है–

यथा-द्विविवाह, बलात्कार, पुंमैथुन तथा पशुमैथुन। धारा 11 एवं 12 के अंतर्गत न्यायालय 'विवाहशून्यता' की घोषणा कर सकता है। विवाह प्रवृत्तिहीन घोषित किया जा सकता है, यदि दूसरा विवाह सपिंड और निषिद्ध गोत्र में किया गया हो (धारा 11)। नपुंसकता, पागलपन, मानसिक दुर्बलता, छल एवं कपट से अनुमति प्राप्त करने पर या पत्नी के अन्य पुरुष से (जो उसका पति नहीं है) गर्भवती होने पर विवाह विवर्ज्य घोषित हो सकता है। (धारा 12)।

अधिनियम द्वारा अब हिंदू विवाह प्रणाली में निम्नांकित परिवर्तन किए गए हैं–

(1) अब हर हिंदू स्त्री-पुरुष दूसरे हिंदू स्त्री-पुरुष से विवाह कर सकता है, चाहे वह किसी भी जाति का हो।

(2) एकविवाह तय किया गया है। द्विविवाह अमान्य एवं दंडनीय भी है।

(3) न्यायिक पृथक्करण, विवाह-संबंध-विच्छेद तथा विवाहशून्यता की डिक्री की घोषणा की व्यवस्था की गई है।

(4) प्रवृत्तिहीन तथा विकर्ज्य विवाह के बाद और डिक्री पास होने के बीच उत्पन्न संतान को वैध घोषित कर दिया गया है। परंतु इसके लिए डिग्री का पास होना आवश्यक है।

(5) न्यायालयों पर यह वैधानिक कर्तव्य नियत किया गया है कि हर वैवाहिक झगड़े में समाधान कराने का प्रथम प्रयास करें।

(6) बाद के बीच या संबंधविच्छेद पर निर्वाह व्यय एवं निर्वाह भत्ता की व्यवस्था की गई है।

(7) न्यायालयों को इस बात का अधिकार दे दिया गया है कि अवयस्क बच्चों की देख रेख एवं भरण पोषण की व्यवस्था करे।

विधिवेत्ताओं का यह विचार है कि हिंदू विवाह के सिद्धांत एवं प्रथा में परिवर्तन करने की जो आवश्यकता उपस्थित हुई थी, उसका कारण संभवत: यह है कि हिंदू समाज अब पाश्चात्य सभ्यता एवं संस्कृति से अधिक प्रभावित हुआ है।

हिन्दू उत्तराधिकार अधिनियम, 1956

हिन्दू कोड बिल के अन्तर्गत पारित कई कानूनों में से एक है। इस अधिनियम के अन्तर्गत यह बताया गया है कि जब किसी हिन्दू व्यक्ति की मृत्यु बिना वसीयत बनाए हो जाती है, तो उस व्यक्ति की सम्पत्ति को उसके उत्तराधिकारियों, परिजनों या सम्बन्धियों में कानूनी रूप से किस तरह बांटी जाएगी। अधिनियम में मृतक के वारिसों को अलग-अलग श्रेणियों में बांटा गया है और मृतक की संपत्ति में उनको मिलने वाले हिस्से के बारे में भी बताया गया है।

अधिनियम किन व्यक्तियों पर लागू होगा–

- जो व्यक्ति जन्म से हिन्दू, बौद्ध, जैन या सिक्ख हो, या कोई ऐसा व्यक्ति जिसने हिंदू, बौद्ध, जैन या सिक्ख धर्म अपना लिया हो।
- कोई जायज या नाजायज बच्चा जिसके माता-पिता में से कोई एक धर्म से हिंदू, बौद्ध, जैन या सिक्ख हो और जिसका पालन पोषण किसी जनजाति, समुदाय, समूह और परिवार के रूप में हुआ हो, क्योंकि किसी ऐसे व्यक्ति पर जो धर्म से मुसलमान, ईसाई, पारसी या यहूदी न हो, जब तक कि यह साबित न हो जाए कि वह हिंदू धर्म का पालन नहीं करता है।
- यह अधिनियम अनुसूचित जाति एवं अनुसूचित जनजाति के लोगों पर तब तक लागू होगा, जब तक केन्द्र सरकार द्वारा ऐसा करने की घोषणा न की गई हो।

यह अधिनियम निम्नलिखित स्थितियों में लागू नहीं होगा–

- यह अधिनियम ऐसी सम्पत्ति पर लागू नहीं होगा, जिस सम्पत्ति पर भारतीय उत्तराधिकार अधिनियम, 1925 लागू होता है।
- **सौतेला** – सौतेले वह बच्चे होते हैं जिसके माँ या बाप ने दूसरा विवाह किया है। ऐसे मामलों में, पिता के जैविक बच्चों (पिछली पत्नी से) का सम्पत्ति पर पहला अधिकार होता है। संक्षेप में कहें तो जैविक बच्चों का अधिकार सौतेले बच्चों से ज्यादा होता है।
- **एक साथ मृत्यु के मामले में** – अगर दो लोग मारे गए हैं, और अगर यह अनिश्चित हो जाता है कि किसने दूसरे को बचाया तो उत्तराधिकार के लिए इसका विरोध होने तक यह माना जाता है कि छोटे ने बड़े को बचाया।
- **लड़कियों का भाग** – किसी हिन्दू संयुक्त परिवार का मुखिया वसीयत छोड़े बिना ही मर जाता है और उसके परिवार में बेटे और बेटियाँ हैं। उसकी सम्पत्ति में एक मकान भी है, जिस पर किसी भी वारिस का पूरी तरह से कब्जा नहीं है। ऐसे में बेटियों को हिस्सा तभी मिलेगा, जब बेटे अपना-अपना हिस्सा चुन लेंगे। हालांकि अगर बेटी अविवाहित, विधवा या पति द्वारा छोड़ दी गई है तो कोई भी उससे घर में रहने का अधिकार नहीं छीन सकता। वहीं विवाहित महिला को इस प्रावधान का अधिकार नहीं मिलता।
- **पुर्नविवाहित विधवाएँ** – यदि मर चुके बेटे या भाई की विधवा उस समय तक विवाह कर लेती है, जब न्यायालय उत्तराधिकार के मामले में सुनवाई करती है तो उसे संपत्ति का उत्तराधिकारी नहीं माना जाएगा।
- **अपराध** – कोई कानूनी उत्तराधिकारी है और उसे सम्पत्ति मिलने वाली है। इसी बीच वह किसी हत्या के मामले में दोषी या शामिल पाया जाता है तो ऐसे व्यक्ति को संपत्ति हासिल करने से अयोग्य माना जाएगा।
- **धर्म बदलने वालों के उत्तराधिकारी** – धर्म बदल चुके लोगों को पूर्वज या पिता द्वारा अधिग्रहित सम्पत्ति के लिए अयोग्य नहीं ठहराया जा सकता। हालांकि ऐसे लोगों के उत्तराधिकारियों को अपने हिंदू सम्बन्धियों की सम्पत्ति में हक नहीं मिलेगा, यदि वे उत्तराधिकार के समय हिन्दू नहीं हैं।
- **अयोग्य उत्तराधिकारी का उत्तराधिकारी** – अयोग्य उत्तराधिकारी के लिए यह माना जाता है कि वह वसीयत बनने से पहले ही मर चुका है। इसलिए उत्तराधिकार उसी के अनुसार जारी रहता है। पिता, जो अयोग्य वारिस है, उसे भले ही कोई

संपत्ति न मिले, लेकिन उसका बेटा या श्रेणी-1 उत्तराधिकारी गैर हिंदू विभाजित परिवार में विरासत पर दावा कर सकता है।

मोटर वाहन (संशोधन) अधिनियम, 2019

अधिनियम में सड़क दुर्घटनाओं को कम करने के उद्देश्य से बेहद कठोर प्रावधान रखे गए हैं एवं इसके प्रावधान 18 राज्यों के परिवहन मंत्रियों की सिफारिशों पर आधारित हैं। संसद की स्थायी समिति ने इन सिफारिशों की विस्तार से जाँच की और समिति की रिपोर्ट के आधार पर इन्हें अधिनियम में शामिल किया गया है। इस अधिनियम में केन्द्र सरकार के लिए मोटर वाहन दुर्घटना कोष के गठन की बात कही गई है जो भारत में सड़क का उपयोग करने वालों को अनिवार्य बीमा कवर प्रदान करेगा। इस अधिनियम में यातायात के नियमों के उल्लंघन पर भारी जुर्माना लगाने का प्रावधान किया गया है।

मोटर वाहन (संशोधन) अधिनियम, 2019 अधिनियम के प्रमुख बिंदु

सड़क दुर्घटना के पीड़ितों को मुआवजा

केंद्र सरकार 'गोल्डन आवर' के दौरान सड़क दुर्घटना के शिकार लोगों का कैशलेस उपचार करने की एक योजना विकसित करेगी। अधिनियम के अनुसार, 'गोल्डन आवर' घातक चोट के बाद की एक घंटे की समयावधि होती है जब तत्काल मेडिकल देखभाल से मृत्यु से बचाव की संभावना सबसे अधिक होती है। केंद्र सरकार थर्ड पार्टी इंश्योरेंस के अंतर्गत मुआवजे का दावा करने वालों को अंतरिम राहत देने के लिए एक योजना भी बना सकती है। अधिनियम में हिट एंड रन के मामलों में न्यूनतम मुआवजे को बढ़ा दिया गया है–

(i) मृत्यु की स्थिति में 25,000 रुपए से बढ़ाकर 2,00,000 रुपए और

(ii) गंभीर चोट की स्थिति में 12,500 से बढ़ाकर 50,000 रुपए।

अनिवार्य बीमा

अधिनियम में केंद्र सरकार से मोटर वाहन दुर्घटना कोष बनाने की अपेक्षा की गई है। यह कोष भारत में सड़क का प्रयोग करने वाले सभी लोगों को अनिवार्य बीमा कवर प्रदान करेगा।

इसे निम्नलिखित स्थितियों के लिए उपयोग किया जाएगा–

- गोल्डन आवर योजना के अंतर्गत सड़क दुर्घटना के शिकार लोगों का उपचार।

- हिट और रन मामलों में मौत का शिकार होने वाले लोगों के प्रतिनिधियों को मुआवजा देना।
- हिट और रन मामलों में गंभीर रूप से घायल व्यक्ति को मुआवजा देना और केंद्र सरकार द्वारा विनिर्दिष्ट किए गए व्यक्तियों को मुआवजा देना।

इस कोष में निम्नलिखित के माध्यम से धन जमा कराया जाएगा–

- उस प्रकृति का भुगतान जिसे केंद्र सरकार द्वारा विनिर्दिष्ट किया जाए,
- केन्द्र सरकार द्वारा अनुदान या ऋण,
- क्षतिपूर्ति कोष में शेष राशि (हिट और रन मामलों में मुआवजा देने के लिए एक्ट के अंतर्गत गठित मौजूदा कोष) या केन्द्र सरकार द्वारा निर्धारित अन्य कोई स्रोत।

गुड समैरिटन (Good Samaritans)

अधिनियम के अनुसार, गुड समैरिटन वह व्यक्ति है जो दुर्घटना के समय पीड़ित को आपातकालीन मेडिकल या नॉन मेडिकल मदद देता है। यह मदद सद्भावना पूर्वक, स्वैच्छिक और किसी पुरस्कार की अपेक्षा के बिना होनी चाहिए। अगर सहायता प्रदान करने में लापरवाही के कारण दुर्घटना के शिकार व्यक्ति को किसी प्रकार की चोट लगती है या उसकी मृत्यु हो जाती है तो गुड समैरिटन किसी दीवानी या आपराधिक कार्रवाई के लिए उत्तरदायी नहीं होगा।

वाहनों को रीकॉल करना

अधिनियम केंद्र सरकार को ऐसे मोटर वाहनों को रीकॉल (वापस लेने) करने का आदेश देने की अनुमति देता है, जिसमें कोई ऐसी खराबी हो जो कि पर्यावरण या ड्राइवर या सड़क का प्रयोग करने वालों को नुकसान पहुँचा सकती है।

ऐसी स्थिति में मैन्युफैक्चरर को–

(i) खरीदार को वाहन की पूरी कीमत लौटानी होगी, या

(ii) खराब वाहन को दूसरे वाहन जो कि समान या बेहतर विशेषताओं वाला हो, से बदलना होगा।

अपराध और दंड

इस अधिनियम में विभिन्न अपराधों के लिए दंड को बढ़ाया गया है। उदाहरण के लिए शराब या ड्रग्स के नशे में वाहन चलाने पर अधिकतम दंड 2,000 रुपए से बढ़ाकर 10,000 रुपए कर दिया गया है। अगर मोटर वाहन मैन्युफैक्चरर मोटर वाहनों के निर्माण

या रखरखाव के मानदंडों का अनुपालन करने में असफल रहता है तो अधिकतम 100 करोड़ रुपए तक का दंड या एक वर्ष तक का कारावास या दोनों दिए जा सकते हैं। अगर कॉन्ट्रैक्टर सड़क के डिजाइन के मानदंडों का अनुपालन नहीं करता तो उसे एक लाख रुपए तक का जुर्माना भरना पड़ सकता है। केंद्र सरकार अधिनियम में उल्लिखित जुर्माने को हर साल 10 प्रतिशत तक बढ़ा सकती है।

अपराध एवं जुर्माने का प्रावधान

अपराध	जुर्माना पूर्व में (रुपए में)	जुर्माना वर्तमान में (रुपए में)
सीट बेल्ट नहीं पहनने पर	100	1,000
दुपहिया वाहनों पर 2 से ज्यादा सवारी	100	1,000
हेलमेट नहीं पहनने पर	100	1,000 एवं तीन महीने के लिए लाइसेंस निलंबित
इमरजेंसी वाहनों को रास्ता नहीं देने पर	0	10,000
बिना ड्राइविंग लाइसेंस के ड्राइविंग करने पर	500	5,000
ड्राइविंग लाइसेंस रद्द होने के बावजूद ड्राइविंग करने पर	500	10,000
ओवरस्पीड	400	2,000
खतरनाक ड्राइविंग करने पर	1,000	5,000
शराब पीकर वाहन चलाने पर	2,000	10,000
ड्राइविंग के दौरान मोबाइल फोन पर बात करने पर	1,000	5,000
बिना परमिट पाए जाने पर	5,000	10,000
गाडियों की ओवरलोडिंग पर	2,000 और उसके बाद प्रति टन 1,000	20,000 और उसके बाद प्रति टन 2,000

बिना इंश्योरेंस के गाड़ी चलाने पर	1,000	2,000
नाबालिग द्वारा गाड़ी चलाने पर	0	25,000 जुर्माना और 3 साल की सजा, वाहन का रजिस्ट्रेशन रद्द और गाड़ी के मालिक तथा नाबालिग के अभिभावक दोषी माने जाएंगे, नाबालिग को 25 साल की उम्र तक लाइसेंस नहीं

टैक्सी एग्रीगेटर

यह अधिनियम एग्रीगेटर को डिजिटल इंटरमीडियरी या मार्केट प्लेस के रूप में परिभाषित करता है जिसे परिवहन के उद्देश्य से (टैक्सी सेवाओं के लिए) ड्राइवर से कनेक्ट होने के लिए यात्री इस्तेमाल कर सकता है। राज्य सरकारों द्वारा इन एग्रीगेटरों को लाइसेंस जारी किए जाएंगे। इसके अतिरिक्त एग्रीगेटरों को इन्फॉरमेशन टेक्नोलॉजी एक्ट, 2000 का अनुपालन करना होगा। ज्ञातव्य है कि मोटर वाहन समवर्ती सूची में शामिल है एवं अधिनियम के अनुसार, राज्य सरकारों पर इसे लागू करने का कोई दबाव नहीं है किंतु अगर वे इसे लागू करते हैं तो केन्द्र सरकार सहयोग करेगी।

भारत में सड़क सुरक्षा (Road Safety in India)

वर्ष 2019 में वैश्विक सड़क सुरक्षा सप्ताह के दौरान विश्व स्वास्थ्य संगठन ने एक रिपोर्ट प्रस्तुत की जिसके अनुसार वैश्विक स्तर पर सड़क दुर्घटनाओं में प्रतिवर्ष 1.35 मिलियन से अधिक लोगों की मौत होती है एवं 50 मिलियन से अधिक लोगों को गंभीर शारीरिक चोटें आती हैं। इस रिपोर्ट की मानें तो ज्यादातर 5 से 29 वर्ष की आयु के लोग ही सड़क दुर्घटनाओं के शिकार होते हैं।

भारत सरकार की तरफ से जारी आँकड़ों के अनुसार, भारत में सड़क दुर्घटनाओं में प्रतिवर्ष करीब 1,50,000 लोगों की मौत होती है, जबकि विश्व स्वास्थ्य संगठन की सड़क दुर्घटना से संबंधित ग्लोबल स्टेटस रिपोर्ट में यह आँकड़ा लगभग 2,99,000 बताया गया है।

ज्ञातव्य है कि भारत, वर्ष 2015 में ब्रासीलिया सड़क सुरक्षा (Brasilia Declaration on Road Safety) घोषणा का हस्ताक्षरकर्ता बन गया, जिसके अंतर्गत वर्ष 2020 तक सड़क दुर्घटना में होने वाली मौतों की संख्या को आधा करने का लक्ष्य निर्धारित किया गया है।

विशेषज्ञों के अनुसार, भारत में बढ़ती सड़क दुर्घटनाओं के प्रमुख कारणों में शहरीकरण की तीव्र दर, सुरक्षा के पर्याप्त उपायों का अभाव, नियमों को लागू करने में विलंब, नशीली दवाओं एवं शराब का सेवन कर वाहन चलाना, तेज गति से वाहन चलाते समय हेल्मेट और सीट-बेल्ट न पहनना आदि हैं।

श्रम कानून (Labour Law)

श्रम सन्नियमन या श्रम कानून (Labour law या Employment law) किसी राज्य द्वारा निर्मित उन कानूनों को कहते हैं जो श्रमिक (कार्मिकों), रोजगार प्रदाताओं, ट्रेड यूनियनों तथा सरकार के बीच सम्बन्धों को परिभाषित करतीं हैं। औद्योगिक सन्नियम का आशय उस विधान से है जो औद्योगिक संस्थानों, उनमें कार्यरत श्रमिकों एवं उद्योगपतियों पर लागू होता है। इसे हम दो भागों में बांट सकते हैं–

1. उद्योग एवं श्रम सम्बन्धी विधान (Legislation pertaining to Factory and Labour),
2. सामाजिक सुरक्षा सम्बन्धी विधान (Legislation pertaining to Social Security)

1. **उद्योग तथा श्रम सम्बन्धी विधान** – उद्योग तथा श्रम सम्बन्धी विधान में वे सब अधिनियम आते हैं जो कारखाने तथा श्रमिकों के काम की दशाओं का नियमन (रेगुलेशन) करते हैं तथा कारखानों के मालिकों और श्रमिकों के दायित्व का उल्लेख करते हैं। कारखाना अधिनियम 1948, औद्योगिक संघर्ष अधिनियम 1947, भारतीय श्रम संघ अधिनियम 1926, भृति-भुगतान अधिनियम 1936, श्रमजीवी क्षतिपूर्ति अधिनियम 1923 इत्यादि उद्योग तथा श्रम सम्बन्धी विधान की श्रेणी में आते हैं।

2. **सामाजिक सुरक्षा सम्बन्धी विधान** – सामाजिक सुरक्षा सम्बन्धी विधान के अन्तर्गत वे समस्त अधिनियम आते हैं जो श्रमिकों के लिए विभिन्न सामाजिक लाभों- बीमारी, प्रसूति, रोजगार सम्बन्धी आघात, प्रॉविडेण्ट फण्ड, न्यूनतम मजदूरी इत्यादि की व्यवस्था करते हैं। इस श्रेणी में कर्मचारी राज्य बीमा अधिनियम 1948, कर्मचारी प्रॉविडेण्ट फण्ड अधिनियम 1952, न्यूनतम भृत्ति अधिनियम 1948, कोयला खान श्रमिक कल्याण कोष अधिनियम 1947, भारतीय गोदी श्रमिक अधिनियम 1934, खदान अधिनियम 1952 तथा मातृत्व लाभ अधिनियम 1961 इत्यादि प्रमुख हैं। भारत में वर्तमान में 128 श्रम तथा औद्योगिक विधान लागू हैं।

   वास्तव में श्रम विधान सामाजिक विधान का ही एक अंग है। श्रमिक समाज के विशिष्ट समूह होते हैं। इस कारण श्रमिकों के लिए बनाए गए विधान, सामाजिक विधान की एक अलग श्रेणी में आते हैं। औद्योगीकरण के प्रसार, मजदूरी अर्जकों

के स्थायी वर्ग में वृद्धि, विभिन्न देशों के आर्थिक एवं सामाजिक जीवन में श्रमिकों के बढ़ते हुए महत्व तथा उनकी प्रस्थिति में सुधार, श्रम संघों के विकास, श्रमिकों में अपने अधिकारों के प्रति जागरूकता, संघों श्रमिकों के बीच शिक्षा के प्रसार, प्रबन्धकों और नियोजकों के परमाधिकारों में ह्रास तथा कई अन्य कारणों से श्रम विधान की व्यापकता बढ़ती गई है।

श्रम विधानों की व्यापकता और उनके बढ़ते हुए महत्व को ध्यान में रखते हुए उन्हें एक अलग श्रेणी में रखना उपयुक्त समझा जाता है। श्रम विधान में व्यक्तियों या उनके समूहों को श्रमिक या उनके समूह के रूप में देखा जाता है। आधुनिक श्रम विधान के कुछ महत्वपूर्ण विषय है - मजदूरी की मात्रा, मजदूरी का भुगतान, मजदूरी से कटौतियाँ, कार्य के घंटे, विश्राम अंतराल, साप्ताहिक अवकाश, सवेतन छुट्टी, कार्य की भौतिक दशाएँ, श्रम संघ, सामूहिक सौदेबाजी, हड़ताल, स्थायी आदेश, नियोजन की शर्तें, बोनस, कर्मकार क्षतिपूर्ति, प्रसूति हित लाभ एवं कल्याण निधि आदि है।

श्रम कानून के उद्देश्य

श्रम विधान के अग्रलिखित उद्देश्य हैं–

1. औद्योगिक के प्रसार को बढ़ावा देना,
2. मजदूरी अर्जकों के स्थायी वर्ग में उपयुक्त वृद्धि करना,
3. विभिन्न देशों के आर्थिक एवं सामाजिक जीवन में श्रमिकों के बढ़ते हुए महत्व तथा उनकी प्रस्थिति में सुधार को देखते हुए स्थानीय परिदृश्य में लागू कराना,
4. श्रम संघों का विकास करना,
5. श्रमिकों में अपने अधिकारों के प्रति जागरूकता फैलाना,
6. संघों श्रमिकों के बीच शिक्षा के प्रसार को बढ़ावा देना,
7. प्रबन्धकों और नियोजकों के परमाधिकारों में ह्रास तथा कई अन्य कारणों से श्रम विधान की व्यापकता को बढ़ाना।

महत्वपूर्ण न्यायिक निर्णय (Important Landmark Judgments)

चंपकम दोराइराजन बनाम मद्रास राज्य, 1951

इस मामले के फैसले से संविधान के पहले संशोधन की पृष्ठभूमि तैयार हुई। सुप्रीम कोर्ट ने मद्रास सरकार के आदेश को रद्द कर दिया था, जिसने सरकारी नौकरियों और

कॉलेजों में जाति आधारित आरक्षण प्रदान किया था। सर्वोच्च न्यायालय ने यह निर्णित किया कि यह आदेश संविधान के अनुच्छेद 15 एवं 16 (2) का उल्लंघन करता है।

के.एम. नानावती बनाम महाराष्ट्र राज्य, 1961

इस मामले में भारत में जूरी परीक्षण का अंत हो गया और इस मामले को आखिरकार बॉम्बे हाईकोर्ट ने तय किया। नेवी अफसर नानावती को हत्या के अपराध से जूरी ने बरी कर दिया था। बॉम्बे हाईकोर्ट ने उसे आजीवन कारावास की सजा सुनाई। यद्यपि तत्कालीन गवर्नर विजय लक्ष्मी पंडित द्वारा उन्हें क्षमादान दे दिया गया था। यह मामला राजनीति एवं मीडिया में हाई प्रोफाइल एवं चर्चित रहा। इस केस पर अचानक, रूस्तम एवं लव अफेयर्स जैसी फिल्में भी बन चुकी हैं।

केशवानंद भारती बनाम केरल राज्य, 1973

यह प्रकरण न्यायपालिका की न्यायिक समीक्षा के अधिकार को प्रबल बनाता है। इसमें 13 न्यायाधीशों की पीठ ने मूल संरचना की अवधारणा (Doctrine of Basic Structure) को निर्धारित किया और यह भी कहा कि संविधान के आधारभुत ढाँचे में संशोधन नहीं किया जा सकता।

इंदिरा नेहरू गांधी बनाम राज नारायण, 1975

39 वें संवैधानिक संशोधन को सर्वोच्च न्यायालय द्वारा असंवैधानिक घोषित किया गया। 39 वें संशोधन द्वारा अनुच्छेद 392ए लाया गया, जिसमें यह भी बताया गया कि देश के किसी भी अदालत में प्रधानमंत्री और राष्ट्रपति की नियुक्ति को चुनौती नहीं दी जा सकती। सुप्रीम कोर्ट ने इसे असंवैधानिक घोषित कर दिया क्योंकि वह संविधान के बुनियादी ढाँचे का उल्लंघन करती है।

एडीएम जबलपुर बनाम एस. शुक्ला, 1976

अनुच्छेद 359 के तहत राष्ट्रपति द्वारा जारी आदेश, अनुच्छेद 14, 21 और 22 के तहत सही लागू करने के लिए अदालतों तक पहुंच का अधिकार निलंबित कर दिया गया था। कोर्ट ने कहा कि अनुच्छेद 14, 21 और 22 के तहत अधिकारों को आपातकाल के दौरान निलंबित कर दिया जाएगा।

मेनका गांधी बनाम भारत संघ, 1978

अनुच्छेद 21 के तहत विधि द्वारा स्थापित प्रक्रिया (Process Established by Law) की अभिव्यक्ति समझाते हुए, कि अनुच्छेद 21 में प्रक्रिया निष्पक्ष, उचित है। कल्पित, दमनकारी या मनमानी नहीं है, कानून द्वारा स्थापित प्रक्रिया अमेरिकी संविधान द्वारा व्याख्या की गई कानून की उचित प्रक्रिया के समान है।

मिठू सिंह बनाम पंजाब राज्य, 1983

सर्वोच्च न्यायालय ने भारतीय दंड संहिता की धारा 303 को अवैध ठहराया, जिसने आजीवन कारावास की सजा वाले अपराधी द्वारा किए गए हत्या के लिए अनिवार्य मौत की सजा दी। अत: धारा 303 अब असंवैधानिक है।

नंदिनी सतपति बनाम पी.एल. दाणी, 1978

पुलिस को आरोपी को सूचित करना होगा कि उनके पास किसी भी प्रश्न का उत्तर देने से पहले वकील को फोन करने का अधिकार है। ये निर्णय अपराधी को विधिक एवं कानूनी सहायता प्रदान करने का प्रावधान करता है।

हुसैनारा खातून बनाम बिहार राज्य, 1979

सुप्रीम कोर्ट ने शीघ्र परीक्षण के बारे में बात की। कोर्ट ने शीघ्र परीक्षण का अधिकार और कानूनी सहायता सेवाओं के अधिकार को मान्यता दी है। इस केस को जनहित याचिका (PIL-Public Internet Litigation) का आधार माना जाता है। महिला अधिवक्ता पुष्पा कपिला हिंगोरानी (1927-2013) को जनहित याचिका की प्रतिपादक (जननी) कहा जाता है।

अहमद खान बनाम शाह बानो बेगम, 1985

मुस्लिम महिला को सीआरपीसी की धारा 125 के तहत भरण पोषण का अधिकार है। धारा 125 के तहत पत्नी (तलाकशुदा पत्नी सहित) के लिए उपलब्ध है, भले ही वह किसी भी धर्म से संबंध रखती हो। यह शाहबानो के केस के नाम से प्रसिद्ध हुआ। लेकिन तत्कालीन सरकार द्वारा मुस्लिम महिला अधिकार संरक्षण अधिनियम 1986 बनाकर इस निर्णय को निष्प्रभावी बना दिया गया।

इंद्रा साहनी बनाम भारत संघ, 1992

यह मामला मंडल आयोग के मामले के रूप में भी जाना जाता है। सुप्रीम कोर्ट ने यह माना है कि किसी असाधारण स्थितियों के आरक्षण को छोड़कर आरक्षण 50 प्रतिशत से अधिक नहीं होना चाहिए। पदोन्नति में आरक्षण को खारिज करते हुए सुप्रीम कोर्ट की वृहद पीठ ने क्रिमीलेयर का सिद्धांत प्रतिपादित किया, लेकिन आर्थिक आधार पर आरक्षण को रद्द कर दिया गया।

इन री बेरूबारी संघ मामला, 1960

यह माना गया था कि प्रस्तावना संविधान का हिस्सा नहीं है। यह फैसला केशवानंद भारती मामले में 13 न्यायाधीशों की बेंच ने खारिज कर दिया था और यह स्थापित

किया गया कि प्रस्तावना भारतीय संविधान का हिस्सा है। बेरूबारी संघ भारत-बांग्लादेश की सीमा पर स्थित एक क्षेत्र है जो विवादित रहा है।

एस.आर. बोम्मई बनाम भारत संघ, 1994

अनुच्छेद 356 के तहत उद्घोषणा जारी करने की राष्ट्रपति की शक्ति एक निरपेक्ष शक्ति नहीं है। राष्ट्रपति शासन आदेश (अनुच्छेद 356) को न्यायालय में चुनौती दी जा सकती है। न्यायालय में यह भी कहा गया है कि सेक्युलरिज्म भारतीय संविधान का हिस्सा था, जो कि सेक्युलर शब्द को प्रस्तावना में जोड़ा गया था। न्यायालय ने संविधान के बुनियादी ढाँचे के हिस्से के रूप में धर्मनिरपेक्षता घोषित किया है। कोर्ट ने यह भी घोषित किया है कि प्रस्तावना संविधान के बुनियादी ढाँचे को इंगित करता है।

राजगोपाल बनाम तमिलनाडु राज्य, 1994

संविधान के अनुच्छेद 21 के तहत गारंटीकृत जीवन और स्वतंत्रता के अधिकार में गोपनीयता का अधिकार शामिल है। यह अकेला छोड़ने का अधिकार है। सुप्रीम कोर्ट ने कहा कि राज्य की मानहानि होने के डर से किसी आलेख को छापने से रोकना संविधान के मौलिक अधिकार-भाषण एवं अभिव्यक्ति के अधिकार का उल्लंघन है।

मिनर्वा मिल बनाम भारत संघ, 1994

सर्वोच्च न्यायालय ने मूलभूत अधिकारों और निदेशक सिद्धांत के बीच सद्भाव और संतुलन का गठन किया जो संविधान के बुनियादी ढाँचे की एक अनिवार्य विशेषता है। अदालत ने 42 वें संशोधन के प्रावधान को भी अमान्य कर दिया है, जो अनुच्छेद 31 सी के तहत कुछ मूलभूत अधिकारों के खिलाफ सभी निदेशक सिद्धांतों के लिए श्रेष्ठता प्रदान करता है। कोर्ट ने यह भी माना कि सामाजिक कल्याण कानून मौलिक अधिकारों को कम नहीं कर सकता। इस निर्णय द्वारा आधारभूत संरचना के सिद्धांत को मजबूत किया गया।

एडवोकेट ऑन रिकॉर्ड एसोसिएशन बनाम भारत संघ (थ्री जजेस केस), 1998

उच्च न्यायपालिका में न्यायाधीशों की नियुक्ति के लिए कोलिजियम (Collegium) प्रणाली की अवधारणा को निर्धारित किया गया था।

एम.सी. मेहता बनाम भारत संघ, 1987

सुप्रीम कोर्ट ने संपूर्ण दायित्व या कठोर दायित्व (Strict Liability) की अवधारणा को विकसित किया। न्यायालय ने माना था कि जहाँ एक उद्यम किसी खतरनाक या

स्वाभाविक खतरनाक गतिविधि के संचालन में एक दुर्घटना के कारण किसी खतरनाक या स्वाभाविक खतरनाक गतिविधियों और हानि के परिणाम में लगी हुई है। उदाहरण के लिए, जहरीले गैस से बचने में उद्यम ने सावधानी अपना रखी हैं। लेकिन फिर भी दुर्घटना होने पर दुर्घटना से प्रभावित सभी लोगों को वह क्षतिपूर्ति करने के लिए पूरी तरह से उत्तरदायी है और ऐसी देयता किसी भी अपवाद के अधीन नहीं है। रालैण्ड बनाम फ्लेचर में नियम के तहत कठोर दायित्व के सिद्धांत के विपरीत काम करती है। कोर्ट द्वारा कठोर दायित्व के सिद्धांत को लागू किया गया।

एम.सी. मेहता बनाम कमल नाथ, 1996

इस मुकदमें के निर्णय द्वारा सार्वजनिक विश्वास की अवधारणा को निर्धारित किया गया था। राज्य सभी प्राकृतिक संसाधनों का ट्रस्टी है, जो कि सार्वजनिक उपयोग और आनंद के लिए प्रकृति से होता है। इन संसाधनों को निजी संपत्ति में परिवर्तित नहीं किया जा सकता है। प्राकृतिक संसाधनों के ट्रस्टी होने वाले राज्य इस तरह के प्राकृतिक संसाधनों की रक्षा के लिए कानूनी दायित्व के अधीन हैं।

सरला मुद्गल बनाम भारत संघ, 1995

यह मामला द्विविवाह (Bigamy) के अपराध से संबंधित है। व्यक्तिगत कानूनों के बीच संघर्ष और देश में एक समान नागरिक संहिता की मजबूत आवश्यकता है। सुप्रीम कोर्ट ने यह माना कि, इस्लाम में धर्मांतरित होने के बाद हिंदू पुरुष का दूसरा विवाह, यदि पहला विवाह भंग नहीं हुआ है, तो अमान्य होगा। दूसरा विवाह करने के लिए धर्मान्तरण करना (इस्लाम अपनाना) अवैध एवं असंवैधानिक है। द्विविवाह भारतीय दण्ड संहिता की धारा 494 में अपराध है।

विशाखा बनाम राजस्थान राज्य, 1997

न्यायालय ने कार्यस्थल पर यौन उत्पीड़न परिभाषित किया और यौन उत्पीड़न के खिलाफ कार्यस्थल पर दिशानिर्देशों की पालना हेतु गाइड-लाइन्स जारी की गई। इसके परिणास्वरूप कार्यस्थलों पर यौन उत्पीडन (निषेध) अधिनियम 2013 पारित किया गया है।

नालसा बनाम भारत संघ, 2014

सुप्रीम कोर्ट ने किन्नरों के संवैधानिक अधिकारों और ट्रांसजेंडर की स्वतंत्रता की पुष्टि की और उन्हें 'तीसरा लिंग'' (Third Gender) के रूप में मान्यता दी। अब व्यक्तिगत विवरण में स्त्री-पुरूष के साथ तृतीय लिंग (Third Gender) का कॉलम अनिवार्य कर दिया गया है। लेकिन समलैंगिक (गे एवं लेस्बियन) थर्ड जेण्डर की श्रेणी में शामिल नहीं होंगे।

श्रेया सिंघल बनाम भारत संघ, 2015

सुप्रीम कोर्ट ने सूचना प्रौद्योगिकी अधिनियम की धारा 66-ए को रद्द कर दिया (जो कि आजादी की अभिव्यक्ति और अभिव्यक्ति का उल्लंघन करती है), इसे असंवैधानिक घोषित किया गया। उल्लेखनीय है कि आईटी एक्ट की धारा 66-ए में अपमानजनक संदेश भेजने पर 3 वर्ष की सजा का प्रावधान किया गया था, जिसका पुलिस एवं शासन द्वारा दुरूपयोग किए जाने का अंदेशा था। अतः सुप्रीम कोर्ट ने इसे गैर-क़ानूनी एवं असंवैधानिक घोषित कर दिया।

जस्टिस पुत्तास्वामी बनाम भारत संघ, 2017

इस प्रकरण में सुप्रीम कार्ट की संवैधानिक पीठ द्वारा निजता के अधिकार (Right to Privacy) को अनुच्छेद 14, 19 एवं 21 के अन्तर्गत मौलिक अधिकार माना गया है। कर्नाटक के सेवानिवृत्त न्यायाधीश पुत्तास्वामी द्वारा आधार कार्ड की अनिवार्यता को इस आधार पर चुनौती दी गई थी कि यह नागरिकों की निजता के अधिकार का उल्लंघन करता है।

❑❑❑

5 लोक प्रबन्धन एवं अर्थशास्त्र (Public Management and Economics)

सूक्ष्म अर्थशास्त्र (Micro Economics)

अर्थशास्त्र की वह शाखा जिसमें व्यक्तिगत इकाइयों का अध्ययन किया जाता है, व्यष्टि अर्थशास्त्र कहलाता है। व्यष्टि का अर्थ है छोटा। सूक्ष्म अर्थशास्त्र (ग्रीक उपसर्ग माइक्रो - अर्थ ''छोटा'' + ''अर्थशास्त्र) अर्थशास्त्र की एक शाखा है जो यह अध्ययन करता है कि किस प्रकार अर्थव्यवस्था के व्यक्तिगत अवयव, परिवार एवं फर्म, विशिष्ट रूप से उन बाजारों में सीमित संसाधनों के आवंटन का निर्णय करते हैं, जहाँ वस्तुएँ एवं सेवाएँ खरीदी एवं बेचीं जाती हैं। सूक्ष्म अर्थशास्त्र यह परीक्षण करता है कि ये निर्णय एवं व्यवहार किस प्रकार वस्तुओं एवं सेवाओं की आपूर्ति एवं मांगों को प्रभावित करते हैं, जो मूल्यों का निर्धारण करती हैं और किस प्रकार, इसके बदले में, मूल्य, वस्तुओं एवं सेवाओं की आपूर्ति एवं मांगों को निर्धारित करती हैं।

सूक्ष्म अर्थशास्त्र का एक लक्ष्य बाजार तंत्र का विश्लेषण करना है जो वस्तुओं एवं सेवाओं के बीच सापेक्ष मूल्य की स्थापना और कई वैकल्पिक उपयोगों के बीच सीमित संसाधनों का आवंटन करता है। सूक्ष्म अर्थशास्त्र बाजार की विफलता का विश्लेषण करता है, जहाँ बाजार प्रभावशाली परिणाम उत्पन्न करने में विफल रहते हैं और यह पूर्ण प्रतियोगिता के लिए आवश्यक सैद्धांतिक अवस्थाओं का वर्णन करता है। सूक्ष्म अर्थशास्त्र में अध्ययन के महत्वपूर्ण क्षेत्रों में सामान्य संतुलन, असममित जानकारी के अंतर्गत बाजार, अनिश्चितता के अंतर्गत विकल्प और खेल सिद्धांत के आर्थिक अनुप्रयोग शामिल हैं। बाजार व्यवस्था के भीतर उत्पादों के लोच पर भी विचार किया जाता है।

आम तौर पर आपूर्ति और माँग का सिद्धांत यह मानता है कि बाजार पूर्ण रूप से प्रतिस्पर्धात्मक होते हैं। इसका मतलब यह है कि बाजार में कई क्रेता एवं विक्रेता हैं और किसी में भी वस्तुओं और सेवाओं की कीमतों को महत्वपूर्ण रूप से प्रभावित करने की क्षमता नहीं होती है। कई वास्तविक जीवन के लेनदेन में, यह पूर्वधारणा विफल हो जाती है क्योंकि कुछ व्यक्तिगत क्रेताओं (खरीदार) या विक्रेताओं में कीमतों को प्रभावित करने की क्षमता होती है।

समष्टि अर्थशास्त्र में किसी अर्थव्यवस्था के समस्त आर्थिक परिवर्तनों पर विचार किया जाता है। इसमें उन विविध अंतर-सहलग्नताओं की भी चर्चा है जो अर्थव्यवस्था के विभिन्न क्षेत्रों में विद्यमान रहती हैं। इन्हीं कारणों से यह व्यष्टि अर्थशास्त्र से भिन्न होता है। जिसमें किसी अर्थव्यवस्था के खास क्षेत्रक में कार्यप्रणाली का परीक्षण किया जाता है और अर्थव्यवस्था के अन्य क्षेत्रकों को एक समान मान लिया जाता है। समष्टि अर्थशास्त्र का उद्‌भव एक पृथक विषय के रूप में 1930 में कीन्स के कारण हुआ। महामंदी से विकसित देशों को गहरा धक्का लगा और कीन्स को अपनी पुस्तक लिखने की प्रेरणा मिली।

परिभाषाएँ

- **प्रो. बोल्डिंग** – व्यष्टि अर्थशास्त्र विशिष्ट फर्मे विशिष्ट परिवारों, वैयक्तिक कीमतों, मजदूरियों, आय, विशिष्ट उद्योगों और विशिष्ट वस्तुओं का अध्ययन है।
- **प्रो. चेम्बरलिन** – व्यष्टि अर्थशास्त्र पूर्णरूप से व्यक्तिगत व्याख्या पर आधारित है और इसका संबंध अन्तर वैयक्तिक संबंधों से भी होता है।
- **प्रो. जे.एम. जोशी** – व्यष्टिभाव आर्थिक विश्लेषण का सम्बन्ध वैयक्तिक निर्णयन इकाईयों से है।
- **एडविन मेन्सफील्ड** – व्यष्टिभाव अर्थशास्त्र वैयक्तिक इकाईयों जैसे उपभोक्ता, फर्म, साधन स्वामियों की आर्थिक क्रियाओं से सम्बन्धित है।
- **हेंडरसन एवं क्वांट** – व्यष्टि अर्थशास्त्र में व्यक्तियों एवं व्यक्तियों के ठीक से परिभाषित समूहों की आर्थिक क्रियाओं का अध्ययन किया जाता है।

सूक्ष्म अर्थशास्त्र के प्रकार

सूक्ष्म अर्थशास्त्र प्राय: तीन प्रकार का होता है–

- व्यष्टि स्थैतिकी
- तुलनात्मक सूक्ष्म स्थैतिकी
- सूक्ष्म प्रौद्योगिकी

1. **व्यष्टि स्थैतिकी** – व्यष्टि स्थैतिकी विश्लेषण में किसी दी हुई समयावधि में सतुंलन की विभिन्न सूक्ष्म मात्राओं के पारस्परिक संबंधों की व्याख्या की जाती है।
2. **तुलनात्मक सूक्ष्म स्थैतिकी** – तुलनात्मक सूक्ष्म स्थैतिकी विश्लेषण विभिन्न समय बिन्दुओं पर विभिन्न संतुलनों का तुलनात्मक अध्ययन करता है, परंतु यह नये व पुराने संतुलन के बीच के संक्रमण काल पर प्रकाश नहीं डालता है।
3. **सूक्ष्म प्रौद्योगिकी** – यह विश्लेषण पुराने एवं नये सतुंलन को बताती है।

समष्टि अर्थशास्त्र (Macroecnomics)

समष्टि अर्थशास्त्र (मैक्रो इकनॉमिक्स) आर्थिक विश्लेषण की वह शाखा है जिसमें समुच्चय का विश्लेषण सम्पूर्ण अर्थशास्त्र के सन्दर्भ में किया जाता है। समष्टि अर्थशास्त्र में समस्त आर्थिक क्रियाओं का संपूर्ण रूप से अध्ययन किया जाता है। राष्ट्रीय आय, उत्पादन, रोजगार, बेरोजगारी, व्यापार चक्र, सामान्य कीमत स्तर, मुद्रा संकुचन, आर्थिक विकास, अंतर्राष्ट्रीय व्यापार आदि इसकी आर्थिक क्रियाएँ हैं जिनका विश्लेषण इसके अंतर्गत किया जाता है। समष्टि अर्थशास्त्र, विश्लेषण प्रकृति में योगात्मक है। यह एक व्यक्तिगत इकाई के रूप में राष्ट्र के व्यवहार का अध्ययन करता है। समष्टि अर्थशास्त्र के सबसे महत्वपूर्ण चर हैं राष्ट्रीय आय, राष्ट्रीय निवेशमुद्रा की क्रय शक्ति में बदल, मुद्रास्फीति और संकुचन, अर्थव्यवस्था में रोजगार का स्तर, बजटीय सरकार की नीति और देश के भुगतान संतुलन और विदेशी मुद्रा। समष्टि अर्थशास्त्र अर्थव्यवस्था के एक पूरे रूप में संचालन का विश्लेषण करती है। यह अर्थव्यवस्था के प्रदर्शन में सुधार करने के लिए नीतियों की सिफारिश करती है।

परिभाषाएँ

प्रो. बौल्डिंग के अनुसार, समष्टि अर्थशास्त्र वैयक्तिक इकाईयों का नहीं बल्कि उनके समूह का अध्ययन है। इसमें व्यक्तिगत आय के स्थान पर राष्ट्रीय आय, व्यक्तिगत कीमतों के स्थान पर सामान्य कीमत स्तर तथा व्यक्तिगत उत्पादन के स्थान पर राष्ट्रीय उत्पादन का अध्ययन किया जाता है।

प्रो. जी. एकले के अनुसार, समष्टि अर्थशास्त्र आर्थिक मुद्दों पर व्यापक रूप से विचार करता है इसका संबंध आर्थिक जीवन के सम्पूर्ण पहलुओं से है। यह आर्थिक अनुभव ''हाथी'' के व्यक्तिगत अंगों के कार्य संचालन, आकार व पहचान की अपेक्षा उसके कुल आकार व संचालन का अध्ययन करता है। दूसरे शब्दों में, यह एक जंगल की प्रकृति का अध्ययन है न कि व्यक्तिगत पेड़ों का जिनसे जंगल का निर्माण हुआ है।

समष्टि अर्थशास्त्र का महत्व

समष्टि अर्थशास्त्र संपूर्ण आर्थिक प्रणाली की कार्यप्रणाली को समझने में मदद करता है। यह अर्थव्यवस्था के कामकाज का विश्लेषण करने के लिए उपकरणों और तकनीकों को प्रदान करता है। यह इस तरह के राष्ट्रीय आय के आँकड़े, मुद्रास्फीति सूचकांक और विदेशी दर, दृढ़ संकल्प के रूप में कुल चर, कम्प्यूटिंग के लिए उपकरण प्रदान करता है। ये सभी सूचकांक देश के आर्थिक प्रदर्शन का मूल्यांकन करने में उपयोगी होते हैं।

समष्टि आर्थिक विश्लेषण का महत्व सैद्धान्तिक एवं व्यावहारिक दृष्टि से सन् 1929 की विश्वव्यापी महामंदी के बाद अत्यधिक बढ़ गया था। पिछले कुछ वर्षों में

इसमें तीव्रगति से वृद्धि हुई है। समष्टि आर्थिक विश्लेषण का अध्ययन कई कारणों से महत्वपूर्ण है, जो निम्न हैं-

- अर्थशास्त्र की कार्यप्रणाली को समझाने में सहायक
- आर्थिक नीति निर्धारण में सहायक
- अंतर्राष्ट्रीय तुलना में सहायक
- आर्थिक नियोजन में सहायक
- सामान्य बेरोजगारी के विश्लेषण में सहायक
- मौद्रिक समस्याओं के विश्लेषण में सहायक
- व्यापार चक्रों के विश्लेषण में सहायक
- व्यष्टि अर्थशास्त्र के विकास में सहायक

व्यष्टि अर्थशास्त्र व समष्टि अर्थशास्त्र में अंतर

- व्यष्टि अर्थशास्त्र में व्यक्ति के लिए बचत लाभकारी है जबकि इसके विपरीत समष्टि अर्थशास्त्र में समष्टि के लिए बचत अलाभकारी मानी जाती है।
- व्यष्टि अर्थशास्त्र पूर्ण प्रतियोगिता एवं रोजगार, सरकार का दखल नहीं, स्वतंत्र कीमत तंत्र इत्यादि मान्यताओं पर आधारित है जबकि समष्टि अर्थशास्त्र उत्पादन के साधनों का वर्तमान वितरण पहले से ही निर्धारित है ऐसी मान्यता रखता है।
- व्यष्टि अर्थशास्त्र में आंशिक संतुलन पर ध्यान दिया जाता है जबकि समष्टि अर्थशास्त्र सामान्य संतुलन की बात करता है।
- व्यष्टि अर्थशास्त्र एक व्यक्तिगत इकाई का अध्ययन करता है जबकि समष्टि अर्थशास्त्र संपूर्ण देश की अर्थव्यवस्था का अध्ययन करता है।
- व्यष्टि एवं समष्टि अर्थशास्त्र में उद्देश्य की भिन्नता पाई जाती है। व्यष्टि अर्थशास्त्र संसाधनों के अधिकतम वितरण से संबंधित सिद्धांतों के लिए अध्ययन करता है जबकि समष्टि अर्थशास्त्र उत्पादकता का विस्तार एवं पूर्ण रोजगार की प्राप्ति से संबंधित सिद्धांतों हेतु अध्ययन करता है।
- व्यष्टि अर्थशास्त्र विश्लेषण के लिए उपकरण के रूप में कीमत का उपयोग करता है जबकि समष्टि अर्थशास्त्र राष्ट्रीय आय का स्तर विश्लेषण के उपकरण के रूप में प्रयोग करता है।
- व्यष्टि अर्थशास्त्र के परिवर्तन समष्टि की स्थिरता में भी हो सकते हैं जबकि समष्टि की स्थिरता से व्यष्टि की बनावट में परिवर्तन का प्रभाव नहीं पड़ता है।

- व्यष्टि अर्थशास्त्र व्यक्तिगत इकाइयों का जब वे संतुलन की स्थिति में हो तब अध्ययन करता है जबकि समष्टि अर्थशास्त्र संपूर्ण अर्थव्यवस्था का अध्ययन तब करता है जब असंतुलन की स्थिति में हो।

आर्थिक वृद्धि एवं विकास (Economic Growth and Development)

विभिन्न अर्थशास्त्रियों ने आर्थिक विकास और आर्थिक वृद्धि शब्दों के अर्थ को अलग ढंग से प्रयुक्त किया है। प्राय: अर्थशास्त्री आर्थिक विकास शब्द का प्रयोग अल्पविकसित देशों के लिए और आर्थिक वृद्धि शब्द का प्रयोग विकसित देशों के लिए करते हैं।

हिक्स की परिभाषा

हिक्स की परिभाषा से दोनों शब्दों का अन्तर स्पष्ट किया जा सकता है। उसके अनुसार "अल्पविकसित देशों की समस्याएँ, उपयोग में न लाए गए साधनों के विकास से संबंध रखती हैं, भले ही उनके उपयोग भली-भांति ज्ञात हों, जबकि उन्नत देशों की समस्याएँ वृद्धि से संबंधित रहती हैं जिनके बहुत सारे साधन पहले से ज्ञात और किसी सीमा तक विकसित होते हैं।"

इस परिभाषा से स्पष्ट है कि 'विकास' शब्द का संबंध पिछड़े हुए, देशों से है जहाँ पर साधनों का पूर्णतया उपयोग नहीं हुआ और उनके विकास की संभावना है। जबकि 'वृद्धि शब्द का प्रयोग आर्थिक दृष्टिकोण से विकसित देशों से है।

मैडिसन की परिभाषा

मैडिसन की परिभाषा द्वारा किया गया भेद सबसे सरल है। उसके शब्दों में "आय स्तरों को ऊँचा करना सामान्यतया अमीर देशों में आर्थिक वृद्धि कहलाता है जबकि गरीब देशों में यह आर्थिक विकास कहलाता है।"

कभी-कभी अल्पविकसित के पर्याय के रूप में पिछड़े अथवा गरीब शब्द का भी प्रयोग किया जाता है। 'गरीब' शब्द का प्रयोग प्रति व्यक्ति आय के नीचे स्तर से है। परन्तु मैडिसन की परिभाषा दोनों प्रकार की अर्थव्यवस्थाओं में आय स्तरों को बढ़ाने वाली अंतर्निहित शक्तियों को स्पष्ट नहीं करती है। शूम्पीटर की परिभाषा में वास्तव में, 'विकास' और वृद्धि शब्दों का अर्थव्यवस्था के प्रकार से कोई संबंध नहीं है। दोनों में भेद परिवर्तन की प्रकृति और कारणों से हैं। शूम्पीटर दोनों शब्दों में भेद को स्पष्ट करते हुए, कहता है कि विकास स्थिर अवस्था में, एक निरंतर और स्वत: प्रेरित परिवर्तन

है जो पहले से वर्तमान संतुलन अवस्था को हमेशा के लिए, परिवर्तित और विस्थापित करता है, जबकि वृद्धि दीर्घकाल में होने वाला क्रमिक तथा सतत् परिवर्तन है जो बचतों और जनसंख्या की दर में धीरे-धीरे वृद्धि द्वारा आता है। शूम्पीटर की इस परिभाषा को अधिकतर अर्थशास्त्रियों ने स्वीकृत किया और सुधारा है।

किंडलबर्गर और हैरिक की परिभाषा

किंडलबर्गर और हैरिक के अनुसार, आर्थिक विश्लेषण में कभी-कभी 'वृद्धि' और 'विकास' को पर्यायवाची के रूप में प्रयुक्त किया जाता है। अक्सर, ऐसा प्रयोग मान्य है लेकिन जहाँ दोनों धारणाएँ प्रयुक्त की जाती हैं वहाँ विशेषतया अलग अर्थ लिया जाता है। स्पष्ट और अस्पष्ट रूप से सामान्य तौर से इनका प्रयोग इस प्रकार से है। ''आर्थिक वृद्धि का मतलब अधिक उत्पादन है जबकि आर्थिक विकास का अर्थ है अधिक उत्पादन तथा तकनीकी और संस्थानिक व्यवस्थाओं में परिवर्तन जिनके द्वारा यह उत्पादित और वितरित होता है।''

निर्धनता और असमानता (Poverty and Inequality)

निर्धनता बेरोजगारी और आर्थिक विषमता का मूल कारण है। विकासशील देशों में 'निरपेक्ष निर्धनता' के साथ-साथ घटिया जीवन स्तर के रूप में 'सापेक्ष निर्धनता' भी देखने को मिलती है। दो समय का भोजन इनके लिए विलासिता है, अपने स्वामियों के उतरे हुए कपड़े और बचा हुआ भोजन इनकी खुशकिस्मती है, आवास के अभाव में ये प्रकृति की गोद में जन्म लेते हैं। 'एक स्थान की दरिद्रता दूसरे स्थान की सम्पन्नता के लिए एक खतरा है। 'अर्थशास्त्रियों का मानना है कि 'राष्ट्रों की निर्धनता का अध्ययन राष्ट्रों के धन से भी अधिक महत्वपूर्ण है।'' सच भी है क्योंकि सम्पन्नता का अस्तित्व निर्धनता पर ही निर्भर करता है। अन्यथा निर्धनता सम्पन्नता को जीने नहीं देती। स्वतंत्रता के पश्चात् भारत में आर्थिक नियोजन के माध्यम से देश का तीव्र आर्थिक विकास करने का निर्णय लिया गया था।

नियोजित आर्थिक विकास में देश में निर्धनता को कम करने, बेरोजगारी दूर करने, आर्थिक विषमताओं में कमी करने तथा जनसंख्या वृद्धि को रोकने का उद्देश्य रखा गया। लेकिन स्वतंत्रता के पश्चात् एवं आर्थिक नियोजन के बावजूद भारत में वर्तमान समय में बेरोजगारी, निर्धनता, आर्थिक विषमता तथा जनसंख्या विस्फोट की समस्या का समाधान नहीं किया जा सका है। इस दृष्टि से हमारे देश में 12 पंचवर्षीय योजनाएँ पूरी हो गई हैं। इन सब प्रयासों के बाबजूद भारतीय आर्थिक समस्याएँ - निर्धनता, आर्थिक विषमता, बेरोजगारी तथा जनसंख्या विस्फोट ज्यों की त्यों हैं।

निर्धनता की अवधारणा और गरीबी की रेखा

सैद्धान्तिक रुप से निर्धनता को निरपेक्ष एवं सापेक्ष निर्धनता के रूप में परिभाषित किया गया है–

- **निरपेक्ष निर्धनता –** निरपेक्ष निर्धनता से तात्पर्य मानव द्वारा आधारभूत आवश्यकताओं जैसे - भोजन, कपडा, आवास, स्वास्थ्य, शिक्षा आदि की पूर्ति हेतु पर्याप्त वस्तुओं एवं सेवाओं को जुटा पाने की असमर्थता से है।
- **सापेक्ष निर्धनता –** सापेक्ष निर्धनता से आशय आय की असमानताओं से है। निर्धनता का सापेक्षिक दृष्टिकोण आय, संपत्ति तथा उपभोग के वितरण में व्याप्त विषमता को दर्शाता है।

योजना आयोग के अनुसार किसी भी व्यक्ति को अपने जीवन की आवश्यकताओं की पूर्ति के लिए न्यूनतम निम्न वस्तुएँ उपलब्ध होनी चाहिए–

- संतोषजनक पौष्टिक आहार, कपड़ा, मकान और अन्य कुछ सामग्रियाँ जो किसी परिवार के लिए जरूरी हैं।
- न्यूनतम शिक्षा, स्वच्छ पानी और साफ पर्यावरण।

योजना आयोग ने गरीबी रेखा को गरीबी मापने का सूचक माना है, जिसे दो कसौटियों में प्रस्तुत किया गया है–

पहली कैलोरी का उपयोग और दूसरी कैलोरी पर खर्च होने वाली न्यूनतम आय। कैलोरी उपभोग मापदण्ड के अनुसार किसी भी व्यक्ति को औसत रूप से स्वस्थ रहने के लिए ग्रामीण क्षेत्र में 2410 कैलोरी एवं शहरी क्षेत्रों में 2070 कैलोरी की न्यूनतम आवश्यकता होती है। वास्तव में यही वह अवस्था है जिसमें आकर जीवन पर संकट और दुखों की संभाव्यता सौ फीसदी हो जाती है। जिस सीमा को हम गरीबी रेखा कहते है, उसे परिभाषित करने के लिए सरकार की ओर से कुछ आर्थिक मानदण्ड तय किए गए हैं, जिसके आधार पर यह तय होता है कि किसका जीवन संकटमय अभाव में बीत रहा है। गरीबी रेखा के निर्धारण के संदर्भ में आर्थिक मापदण्ड की महत्वपूर्ण भूमिका रहती है। आर्थिक मापदण्ड के अन्तर्गत किसी परिवार की आय मापने के लिए उसके पास उपलब्ध सुविधाओं और सेवाओं का मूल्यांकन किया जाता है, जैसे– परिवार के पास सीलिंग पंखा, साईकिल, स्कूटर, कार, टीवी है अथवा नहीं। साथ ही मकान कैसा है– कच्चा या किराए का। लोग क्या और कितना खाते हैं - दाल, सब्जी, दूध, फल आदि।

भारत में निर्धनता के कारण

- **प्रदर्शन प्रभाव –** यह अल्पविकसित देशों के लोगों में उन्नत देशों का अनुकरण करने की लालसा उत्पन्न करके, उनकी उपभोग प्रवृत्ति को बढ़ाकर पूँजी निर्माण की दर को कम करता है।

- **सम्पर्क प्रभाव** – जब अल्पविकसित देशों के लोग विकसित देशों के उन्नत उपभोग तरीकों व उच्च उपभोग स्तर को जान लेते हैं तो उनमें उनका अनुकरण करने की लालसा बहुत तीव्र हो जाती है। जो अनेक तरीकों से उत्पन्न हो सकता है, जैसे– चलचित्र, दूरदर्शन, पत्र-पत्रिकाएँ आदि तथा कारों, रेफ्रिजरेटरों, वातानुकूलित साधनों आदि का उपभोग।
- **जनसंख्या वृद्धि** – जनसंख्या वृद्धि गरीबी का सबसे बड़ा कारण रहा है। जनसंख्या वृद्धि से गरीबों के उपभोग स्तर पर प्रतिकूल प्रभाव पड़ता है, प्रत्यक्ष रुप से ऐसे परिवारों की आर्थिक स्थिति को क्षति पहुँचती है। साथ ही परोक्ष रुप से बचत एवं निवेश में भी बाधा उत्पन्न होती है।
- **कृषि का आधुनिकीकरण** – पारम्परिक रुप से देश में कृषि जीवन का आधार रही है। लेकिन उद्योगों के विकास से नकदी तथा व्यावसायिक फसलों के उत्पादन, रासायनिक खाद के अधिक प्रयोग से कृषकों की भूमि अनुत्पादक होती गई, साथ ही कृषि के आधुनिकीकरण से कृषि मजदूरी के अवसरों में कमी आई है ऐसी स्थिति में जीवन निर्वाह करने एवं रोजगार के अभाव में लोग कम मजदूरी पर भी कार्य करने को तैयार हो जाते हैं।
- **रोजगार की धीमी गति** – भारत देश में श्रमिकों की संख्या में वृद्धि के अनुपात में रोजगार के अवसरों में वृद्धि नहीं हुई है। जिसका कारण है विकास की धीमी गति, अपर्याप्त पूँजी निर्माण, पूँजी उत्पादन अनुपात ऊँचा होने से उत्पादन में कमी आदि। ऐसी स्थिति में गरीबी की समस्या उत्पन्न होना सामान्य बात है।
- **अपर्याप्त जन सुविधाएँ** – रोजगार का अभाव एवं मजदूरी कम होने के कारण अधिकांशतः क्षेत्रों में आज भी अनिवार्य सुविधाएँ जैसे– शिक्षा, चिकित्सा, पेयजल, परिवहन, आवास एवं विद्युत आदि का अभाव पाया जाता है।
- **स्थानान्तरण** – विकास के नाम पर औद्योगिक इकाइयों की स्थापना एवं बड़ी परियोजनाओं को (बाँध, ताप, विद्युत, परियोजनाएँ, वन्य जीव अभ्यारण आदि) को शासकीय स्तर पर बड़ी तत्परता से लागू किया गया, जिसके परिणामस्वरुप हजारों गाँवों को विस्थापित किया गया वहाँ के निवासियों को अपनी जमीन के साथ-साथ परम्परागत व्यवसाय छोड़कर नए व्यवसाय की खोज में निकलना पड़ा। रोजगार के अभाव में व्यक्ति एक स्थान से दूसरे स्थान की ओर पलायन करता है।
- **वितरण में विषमता** – आय एवं धन के वितरण में विषमता निर्धनता का एक कारण है। धन एवं आर्थिक सत्ता का केन्द्रीयकरण कुछ लोगों के ही हाथों में है जिसके परिणामस्वरूप प्रति व्यक्ति आय एवं उपभोग कम होने से निर्धनता बढ़ी है।
- **प्राकृतिक विपदाएँ** – प्राकृतिक विपदाओं से जान माल को क्षति होती है। आय एवं रोजगार पर प्रतिकूल प्रभाव पड़ते हैं। जिससे निर्धनता बढ़ती है।

- **अनार्थिक जोत** – आर्थिक जोत एक ऐसी जोत होनी चाहिए जिसमें प्रत्येक व्यक्ति को पर्याप्त उत्पादन के अवसर उपलब्ध हों ताकि वह आवश्यक व्ययों के बाद अपने परिवार का उचित पालन पोषण कर सके। दूसरे शब्दों में भूमि का आकार, भूमि, खेती आदि स्थानीय दशाओं को ध्यान में रखते हुए, इतना होना चाहिए कि वह आर्थिक जोत को हो तथा भरण-पोषण के लिए पर्याप्त हो।

भारत के लोग सृजनात्मक होते हैं, उन्होंने यह साबित किया है कि वे परिश्रमी और मितव्ययी होते हैं। परन्तु वे क्या कारण हैं जो भारत को गरीब और अमेरिका को अमीर देश बनाते हैं, जबकि एक समान राजनैतिक ढाँचा है, समान विचारधाराएँ व मान्यताएँ हैं। ये गहन विचार एवं विमर्श का विषय है।

मूलत: सामाजिक और राजनैतिक असमानता, आर्थिक असमानता का कारण बनती है। जब तक किसी व्यक्ति, परिवार, समूह या समुदाय को व्यवस्था में हिस्सेदारी नहीं मिलती है तब तक वह शनैः-शनैः विपन्नता की दिशा में अग्रसर होता जाता है। यही वह प्रक्रिया है जिसमें वह शोषण का शिकार होता है, क्षमता का विकास न होने के कारण विकल्पों के चुनाव की व्यवस्था से बाहर हो जाता है, उसके आजीविका के साधन कम होते हैं तो वह सामाजिक और राजनैतिक व्यवस्था में निष्क्रिय हो जाता है और निर्धनता की स्थिति में पहुँच जाता है।

उपभोक्ता अधिकार (Consumer Rights)

प्रत्येक व्यक्ति एक उपभोक्ता है, चाहे उसका व्यवसाय, आयु, लिंग, समुदाय तथा धार्मिक विचारधारा कोई भी हो। उपभोक्ता अधिकार और कल्याण आज प्रत्येक व्यक्ति के जीवन का अविभाज्य हिस्सा बन गया है और हमने अपने दैनिक जीवन में इन सभी का कहीं न कहीं उपयोग किया है। प्रत्येक वर्ष 15 मार्च को विश्व 'उपभोक्ता अधिकार दिवस' मनाया जाता है। यह अमेरिका के पूर्व राष्ट्रपति जॉन एफ. केनेडी द्वारा की गई एक ऐतिहासिक घोषणा में बताया गया था, जिसमें चार मूलभूत अधिकार बताए गए हैं–

- सुरक्षा का अधिकार
- सूचना पाने का अधिकार
- चुनने का अधिकार
- सुने जाने का अधिकार

इस घोषणा से अंततः यह तथ्य अंतर्राष्ट्रीय रूप से मान्य हुआ कि सभी नागरिक, चाहे उनकी आय या सामाजिक स्थिति कोई भी हो उन्हें उपभोक्ता के रूप में मूलभूत अधिकार हैं। 9 अप्रैल, 1985 एक अन्य उल्लेखनीय दिवस है, जब संयुक्त राष्ट्र की

महासभा द्वारा उपभोक्ता संरक्षण के लिए मार्गदर्शी सिद्धांतों का एक सैट अपनाया गया और संयुक्त राष्ट्र के महासचिव को नीति में बदलाव या कानून द्वारा इन मार्गदर्शी सिद्धांतों को अपनाने के लिए सदस्य देशों से बातचीत करने का अधिकार दिया गया। इन मार्गदर्शी सिद्धांतों ने एक व्यापक नीति रूपरेखा का गठन किया जिसमें निम्नलिखित क्षेत्रों में उपभोक्ता संरक्षण के लिए सरकार द्वारा किए जाने वाले कार्यो की जरूरत की जानकारी दी गई–

- भौतिक सुरक्षा
- उपभोक्ता के आर्थिक हितों की सुरक्षा और प्रोत्साहन
- उपभोक्ता वस्तुओं और सेवाओं की सुरक्षा तथा गुणवत्ता के लिए मानक
- राहत पाने के लिए उपभोक्ताओं को सक्षम बनाने हेतु साधन
- विशिष्ट क्षेत्रों (भोजन, पानी और दवाएँ) से संबंधित साधन और उपभोक्ता शिक्षा और सूचना कार्यक्रम

अब यह सभी जगह स्वीकार कर लिया गया है कि उपभोक्ता को अधिकार है कि उसे शोषण से बचने के लिए सभी संगत जानकारियाँ प्रदान की जाएँ और बाजार से उत्पाद या सेवाएँ लेते समय उसे पर्याप्त विकल्प प्रदान किए जाएँ। ये अधिकार राष्ट्रीय तथा अंतर्राष्ट्रीय दोनों ही मंचों पर सुपरिभाषित हैं तथा सरकार के समान अनेक अभिकरण और स्वयं सेवी संगठन नागरिकों को सुरक्षा प्रदान करने के लिए निरंतर कार्य करते हैं।

राष्ट्रीय उपभोक्ता दिवस

भारत में 24 दिसंबर के दिन राष्ट्रीय उपभोक्ता अधिकार दिवस मनाया जाता है, जिसे इसी दिन उपभोक्ता संरक्षण अधिनियम, 1986 को लागू किया गया था। उपभोक्ता संरक्षण अधिनियम उपभोक्ताओं के अधिकारों की बेहतर सुरक्षा प्रदान करने के उद्देश्य सहित संयुक्त मार्गदर्शी सिद्धांतों के आधार पर 1986 में लागू किया गया था। इस अधिनियम में मुख्यत: दंडात्मक या निवारणात्मक मार्ग के स्थान पर शोषण और अनुचित रूप से लेनदेन के विभिन्न प्रकारों के खिलाफ उपभोक्ताओं को प्रभावी सुरक्षा प्रदान की जाती है। यह सभी वस्तुओं और सेवाओं पर लागू होता है जब तक कि इसे विशेष रूप से छूट न दी जाए और इसमें तीव्र तथा कम खर्चीले न्याय मार्ग के लिए निजी, सार्वजनिक और सहकारी क्षेत्रों को शामिल किया जाता है।

उपभोक्ता संरक्षण अधिनियम

उपभोक्ता संरक्षण अधिनियम, 1986 के तहत अधिकार भारत के संविधान की धारा 14 से 19 में वर्णित अधिकारों से आरंभ होते हैं। सूचना का अधिकार अधिनियम, जिससे

हमारे देश में शासन प्रक्रिया में एक खुलापन आया है और साथ ही इसमें अब उपभोक्ता संरक्षण के लिए दूरगामी निहितार्थ शामिल हैं। अधिनियम के अनुसार 'उपभोक्ता' को निम्नानुसार परिभाषित किया है–

- कोई व्यक्ति जो विचार हेतु सामान खरीदता हैं और कोई व्यक्ति जो बिक्री करने वाले की अनुमति से इन वस्तुओं का उपयोग करता है।
- कोई व्यक्ति जो विचार हेतु कोई सेवा किराए पर लेता है और इन सेवाओं का कोई लाभार्थी, बशर्ते कि सेवा का लाभ उस व्यक्ति के अनुमोदन से लिया गया है जिसने विचार हेतु सेवाएँ किराए पर ली थीं।
- इसके अलावा किसी ऐसी वस्तु या सेवा को विचार में लेना जिसके लिए या तो भुगतान किया गया है अथवा इसका वचन दिया गया है या आंशिक भुगतान किया गया है अथवा वचन दिया गया है अथवा इसे एक अस्थगित भुगतान की प्रणाली के तहत प्रदान किया गया है।

इस अधिनियम में उपभोक्ताओं के निम्नलिखित अधिकारों के प्रवर्तन और संरक्षण की कल्पना की गई है–

सुरक्षा का अधिकार

इसका अर्थ है वस्तुओं और सेवाओं के विपणन के विरुद्ध सुरक्षा प्रदान करना, जो जीवन और सम्पत्ति के लिए जोखिम पूर्ण है। खरीदी गई वस्तुएँ और सेवाएँ न केवल तात्कालिक आवश्यकताओं की पूर्ति करें बल्कि इनसे दीर्घ अवधि हितों की पूर्ति भी होनी चाहिए। खरीदने से पहले उपभोक्ताओं द्वारा वस्तुओं की गुणवत्ता पर जोर दिया जाना चाहिए और साथ ही उत्पाद तथा सेवाओं की गारंटी पर बल दिया जाना चाहिए। उन्हें वरीयता गुणवत्ता चिह्न वाले उत्पाद खरीदने चाहिए जैसे आईएसआई, एगमार्क आदि।

सूचना पाने का अधिकार

इसका अर्थ है वस्तुओं की मात्र, गुणवत्ता, शक्ति, शुद्धता, स्तर और मूल्य के बारे में जानकारी पाने का अधिकार है ताकि अनुचित व्यापार प्रथाओं के विरुद्ध उपभोक्ता को सुरक्षा दी जा सके। उपभोक्ता द्वारा एक उत्पाद या सेवा के बारे में सभी जानकारी पाने पर बल दिया जाना चाहिए ताकि वह एक निर्णय या विकल्प के पहले इस पर विचार कर सके। इससे उसे बुद्धिमानी और जिम्मेदारी से कार्य करने की क्षमता मिलेगी तथा वह उच्च दबाव वाली बिक्री तकनीकों का शिकार बनने से बच सकेगा।

चुनने का अधिकार

इसका अर्थ है आश्वस्त होने का अधिकार, जहाँ भी प्रतिस्पर्धी कीमत पर वस्तुओं और सेवाओं की किस्मों तक पहुँचना संभव हो। जहाँ किसी का एकाधिकार है, इसका अर्थ

है संतोषजनक गुणवत्ता और सेवा का आश्वासन उचित मूल्य पर पाना। इसमें मूलभूत वस्तु और सेवाओं का अधिकार भी शामिल है। इसका कारण है अल्पसंख्यक वर्ग को चुनाव का अबाधित अधिकार देना ताकि वे इसके बड़े हिस्से में बड़े वर्ग को अस्वीकार कर सकें। इस अधिकार का उपयोग प्रतिस्पर्धी बाजार में बेहतर रूप से किया जा सकता है, जहाँ अनेक प्रकार की वस्तुएँ प्रतिस्पर्धी कीमतों पर उपलब्ध हैं।

सुने जाने का अधिकार

इसका अर्थ है उपभोक्ताओं के हितों पर उपयुक्त मंचों में पर्याप्त ध्यान दिया जाएगा। इसमें उपभोक्ता कल्याण पर विचार करने हेतु गठित विभिन्न मंचों में अधिकारों का प्रतिनिधित्व भी शामिल है। उपभोक्ताओं द्वारा गैर-राजनैतिक और गैर-वाणिज्यक उपभोक्ता संगठन बनाए जाने चाहिए, जिन्हें सरकार और उपभोक्ताओं से संबंधित अन्य मामलों में निकायों द्वारा गठित विभिन्न समितियों में प्रतिनिधित्व दिया जा सके।

विवाद सुलझाने का अधिकार

इसका अर्थ है अनुचित व्यापार प्रथाओं या उपभोक्ताओं के गलत शोषण के विरुद्ध विवाद सुलझाने का अधिकार। इसमें उपभोक्ता की वास्तविक शिकायतों के उचित निपटान का अधिकार भी शामिल है। उपभोक्ताओं द्वारा अपनी वास्तविक शिकायतों के लिए शिकायत दर्ज कराई जानी चाहिए। कई बार शिकायत बहुत कम कीमत की होती है। समाज पर कुल मिलाकर इसका गहरा प्रभाव होता है। इसमें उपभोक्ता संगठनों की सहायता से भी अपनी शिकायतों का निपटान किया जा सकता है।

उपभोक्ता शिक्षा का अधिकार

इसका अर्थ है पूरे जीवन उपभोक्ता को सूचित बने रहने का ज्ञान और कुशलता अर्जित करने का अधिकार। उपभोक्ताओं की उपेक्षा, विशेष रूप से ग्रामीण उपभोक्ताओं की, यह उनके शोषण के लिए मुख्य रूप से उत्तरदायी है। उन्हें अपने अधिकारों का ज्ञान होना चाहिए तथा इनका उपयोग अवश्य करना चाहिए। केवल तभी वास्तविक उपभोक्ता सुरक्षा सफलतापूर्वक प्राप्त की जाती है।

इस प्रकार उपभोक्ता संरक्षण की चिंता उचित व्यापार प्रथाओं को सुनिश्चित करने के साथ, वस्तुओं की गुणवत्ता और सूचित उपभोक्ता सहित प्रभारी सेवाओं से जुड़ी है जिन्हें अपनी रुचि की वस्तु की गुणवत्ता, मात्र, शक्ति, बनावट और मूल्य की जानकारी हो। एक ऐसी उपभोक्ता संरक्षण नीति ऐसे परिवेश का सृजन करती है जिसके द्वारा ग्राहक और उपभोक्ता उनके लिए आवश्यक वस्तुओं तथा सेवाओं की आपूर्ति से संतोष प्राप्त करते हैं।

सूक्ष्म-वित्त (माइक्रोफाइनेंस) (Microfinance)

सूक्ष्म वित्त का आशय है, उपभोक्ताओं तथा स्व-नियोजित व्यक्तियों सहित निम्न आय वर्ग के ग्राहकों को वित्तीय सेवाएँ मुहैया कराना। स्थूल रूप से, यह एक ऐसे आंदोलन की ओर इंगित करता है जिसमें परिकल्पना की गई है 'एक ऐसी दुनिया की, जहाँ यथासंभव, गरीबों और गरीबी की कगार पर खड़े लोगों को, न सिर्फ ऋण बल्कि बचत, बीमा और निधि-अंतरण सहित उच्च गुणवत्ता वाले उपयुक्त श्रेणी की वित्तीय सेवाएँ स्थाई तौर पर सुगम हों। आम तौर पर सूक्ष्म-वित्त के प्रवर्तकों का यह मानना है कि ऐसी पहुँच से गरीबों को गरीबी से बाहर निकलने में मदद मिलती है।

सूक्ष्म-वित्त (माइक्रोफाइनेंस) की सुविधा अक्सर उन्हीं लोगों को दी जाती है जो कि एक तरफ कम आय वर्ग वाले होते हैं और उनके इलाके में बैंक की किसी भी प्रकार की सुविधा नहीं होती है। साथ ही स्व-रोजगार हेतु ऋण के पारंपरिक स्रोतों पर निर्भर होते हैं।

माइक्रोफाइनेंस की सुविधा विगत कुछ दशकों पूर्व ही शुरू की गयी थी। ये सेक्टर गैर सरकारी संगठन (सहकारी या ट्रस्ट) के तौर पर पंजीकृत होते हैं। इनका पंजीकरण कंपनी अधिनियम की धारा 25 के अधीन किया जाता है। क्षेत्रीय ग्रामीण बैंक, सहकारी बैंक, वाणिज्यिक बैंक और अन्य आर्थिक संस्थाएँ इन सूक्ष्म-वित्त (माइक्रोफाइनेंस) संस्थाओं को ऋण सुविधा प्रदान करते हैं। इसके अलावा अन्य बड़े उधारदाताओं नें भी माइक्रोफाइनेंस संस्थाओं को पुनर्वित्त सुविधा प्रदान करने में एक महत्वपूर्ण भूमिका निभाई है। साथ ही बैंक भी स्वयं सहायता समूहों के माध्यम से ऋण लेने वालों को सीधे क्रेडिट (उधार) की सुविधा प्रदान करते हैं।

भारत में वित्तीय समावेशन के साथ भारत का प्रमुख नीतिगत उद्देश्य विकासपरक कार्यों के रूप में निर्धारित हुआ है। माइक्रोफाइनेंस की सुविधा वर्तमान में बैंक-रहित क्षेत्रों में प्रमुख वर्गों के लिए वित्तीय सेवाओं के विस्तार के रूप में एक बेहतर विकल्प साबित हुआ है। साथ ही विभिन्न उधारदाताओं द्वारा जो कि ऋण देने में अपनी मनमानी करते थे, अब समाज के विविध वर्गों को सुविधाएँ देने में रूचि रखने लगे हैं। साथ ही कानून के प्रावधानों के अधीन भी हो गए हैं।

सूक्ष्म-वित्त (माइक्रोफाइनेंस) की मुख्य विशेषताएँ निम्न हैं-

- इसके अन्तर्गत दिए जाने वाले ऋण छोटी राशि के होते हैं, जैसे– सूक्ष्म ऋण देने का मूल उद्देश्य आम तौर पर आय सृजन से जुड़ा होता है।
- कम आय-वर्ग के लोगों को इस तरह का ऋण प्रदान किया जाता है।
- ये लघु अवधि के ऋण होते हैं।
- बिना किसी समानांतर व्यवस्था के इसमें ऋण प्रदान किया जाता है।

बीमा (Insurance)

बीमा (इंश्योरेंस) उस साधन को कहते हैं जिसके द्वारा कुछ शुल्क (जिसे प्रीमियम कहते हैं) देकर हानि का जोखिम दूसरे पक्ष (बीमाकार या बीमाकर्ता) पर डाला जा सकता है। जिस पक्ष का जोखिम बीमाकार पर डाला जाता है उसे 'बीमाकृत' कहते हैं। बीमाकार आमतौर पर एक कंपनी होती है जो बीमाकृत के हानि या क्षति को बाँटने को तैयार रहती है और ऐसा करने में वह समर्थ होती है।

बीमा एक प्रकार का अनुबंध (संविदा) है। दो या अधिक व्यक्तियों में ऐसा समझौता जो कानूनी रूप से लागू किया जा सके, अनुबंध कहलाता है। बीमा अनुबंध का व्यापक अर्थ है कि बीमापत्र (पॉलिसी) में वर्णित घटना के घटित होने पर बीमा करने वाला एक निश्चित धनराशि बीमा कराने वाले व्यक्ति को प्रदान करता है। बीमा कराने वाला जो सामयिक रकम (बीमा किस्त, प्रीमियम) बीमा करने वाले को देता रहता है, वही इस अनुबंध का प्रतिदेय है। 'बीमा' शब्द फारसी से आया है जिसका भावार्थ है – "जिम्मेदारी लेना"। इसका अंग्रेजी पर्याय इंश्योरेंस (Insurance) है। बीमा वास्तव में बीमाकर्ता और बीमाकृत के बीच अनुबंध है जिसमें बीमाकर्ता बीमाकृत से एक निश्चित रकम (प्रीमियम) के बदले किसी निश्चित घटना के घटित होने (जैसे कि एक निश्चित आयु की समाप्ति या मृत्यु की स्थिति में) पर एक निश्चित रकम देता है या फिर बीमाकृत की जोखिम से होने वाली वास्तविक हानि की क्षतिपूर्ति करता है।

बीमा के आधार के बारे में सोचने पर पता चलता है कि बीमा एक तरह का सहयोग है जिसमें सभी बीमाकृत लोग, जो जोखिम का शिकार हो सकते हैं, प्रीमियम अदा करते हैं जबकि उनमें से सिर्फ कुछ (बहुत कम) को ही, जो वास्तव में नुकसान उठाते हैं, मुआवजा दिया जाता है। वास्तव में जोखिम की संभावना वालों की संख्या अधिक होती है लेकिन किसी निश्चित अवधि में उनमें से केवल कुछ को ही नुकसान होता है। बीमाकर्ता (कंपनी) बीमाकृत पक्षों के नुकसान को शेष बीमाकृत पक्षों में बाँटने का काम करती है।

बीमा की विशेषताएँ एवं प्रकृति (Characteristics and Nature of Insurance)

1. **जोखिम से सुरक्षा** – बीमा जोखिमों से सुरक्षा का सशक्त उपाय है। जीवन में व्याप्त सभी अनिश्चितताओं से व्यक्ति को चिन्तामुक्त करता है। ये जोखिमें जीवन, स्वास्थ्य, अधिकारों तथा वित्तीय साधनों, सम्पत्तियों से सम्बन्धित हो सकती है। अतः इन सभी जोखिमों से सुरक्षा का एक उपाय बीमा ही है।
2. **जोखिमों को कम करने का तरीका** – बीमा में सहकारिता की भावना के आधार पर 'एक सब के लिए व सब एक के लिए" कार्य किया जाता है। समान

प्रकार के जोखिमों से घिरे व्यक्तियों को एकत्रित कर एक कोष का निर्माण किया जाता है ताकि एक व्यक्ति का जोखिम समस्त सदस्यों में बँट जाए व किसी एक सदस्य को जोखिम उत्पन्न होने पर उस कोष से उस सदस्य विशेष को भुगतान कर दिया जाता है।

3. **जोखिम का बीमितों से बीमाकर्ता को हस्तान्तरण** – बीमा में समस्त बीमितों की जोखिमों को बीमाकर्ता को अन्तरण कर दिया जाता है। बीमाकर्ता द्वारा बीमित को हानि होने पर निश्चित भुगतान कर दिया जाता है।

4. **बीमा एक प्रक्रिया** – बीमा एक प्रक्रिया भी है जो पूर्व निर्धारित विधि से संचालित की जाती है। पहले बीमित अपनी जोखिम का अन्तरण बीमाकर्ता को निश्चित प्रीमियम के बदले करता है तत्पश्चात् बीमाकर्ता द्वारा उस जोखिम के विरूद्ध सुरक्षा प्रदान की जाती है।

5. **बीमा एक अनुबंध** – बीमा में वैधानिकता का गुण होने से यह एक वैध अनुबंध है। इसमें बीमित द्वारा बीमाकर्ता को प्रस्ताव दिया जाता है एवं बीमाकर्ता द्वारा स्वीकृति देने पर निश्चित प्रतिफल (प्रीमियम) के बदले दोनों के मध्य एक वैध अनुबंध निर्मित होता है। जिसमें एक निश्चित घटना के घटित होने पर बीमाकर्ता उसकी हानि की पूर्ति करने का वचन देता है।

6. **बीमा सहकारी तरीका है** – बीमा सहकारिता की भावना पर आधारित है। समान प्रकार की जोखिमों से घिरे व्यक्ति एक निश्चित कोष में अंशदान करते हैं, उसमें से किसी भी सदस्य को जोखिम उत्पन्न होने पर उस कोष से भुगतान कर दिया जाता है। इस प्रकार 'सब एक के लिए व एक सब के लिए'' की भावना पर कार्य किया जाता है।

7. **हानियों तथा जोखिमों को निश्चित करना** – बीमा में जोखिमों को समाप्त नहीं किया जा सकता है, परन्तु जोखिमों की अनिश्चितता को कम व निश्चित अवश्य किया जाता है। बीमित द्वारा बीमा कम्पनी को जोखिमों का अन्तरण किया जाता है व एक निश्चित प्रतिफल या प्रीमियम से उस जोखिम का मूल्य निश्चित कर दिया जाता है। अर्थात् निश्चित प्रीमियम के बदले अनिश्चित हानियों को बीमा कम्पनी द्वारा मिलने वाली बीमा राशि के रूप में निर्धारित कर दिया जाता है। यही राशि बीमा दावा राशि कहलाती है।

8. **घटना के घटित होने पर ही भुगतान** – बीमा में घटना के घटित होने पर ही भुगतान किया जाता है। जीवन बीमा में घटना का घटित होना निश्चित है, जैसे– व्यक्ति की मृत्यु होना, किसी विशेष बीमारी से ग्रसित होना, बीमा अवधि का पूर्ण हो जाना तो ऐसी स्थिति में बीमित को भुगतान होता ही है। परन्तु सामान्य

बीमों में घटना के घटित होने पर ही भुगतान होगा अन्यथा बीमित भुगतान हेतु उत्तरदायी नहीं माना जायेगा।

9. **जोखिम का मूल्यांकन व निर्धारण** – बीमा में जोखिम का मूल्यांकन बीमा अनुबंध के पूर्व ही कर लिया जाता है। जोखिम की राशि व जोखिम के उत्पन्न होने की सम्भावना के आधार पर प्रीमियम का पूर्व निर्धारण कर लिया जाता है। इस निश्चित प्रतिफल या प्रीमियम के बदले निश्चित जोखिम उत्पन्न होने पर निश्चित बीमित राशि का भुगतान किया जाता है।

10. **भुगतान का आधार** – जीवन बीमा में विनियोग तत्व निहित होता है अतः पक्षकार की मृत्यु होने अथवा अवधि पूर्ण होने पर निश्चित राशि का भुगतान बीमित को कर दिया जाता है। परन्तु अन्य बीमा में वास्तविक क्षति के बराबर ही भुगतान किया जायेगा। यह क्षति अनुबंधानुसार बीमित कारणों से जोखिम उत्पन्न होने पर व बीमित राशि की सीमा में ही भुगतान किया जायेगा उससे अधिक राशि का भुगतान नहीं।

11. **व्यापक क्षेत्र** – बीमा का क्षेत्र अब बहुत विस्तृत हो गया है। पहले केवल जीवन बीमा, समुद्री बीमा व अग्नि बीमा का ही बीमा होता था पर अब परम्परागत जोखिमों के साथ गैर परम्परागत जोखिमों का भी बीमा किया जाता है। अब विविध बीमा का क्षेत्र बहुत व्यापक हो गया है। इसमें चोरी बीमा, दुर्घटना बीमा, पशुधन बीमा, फसल बीमा आदि अनेक प्रकार बीमों को सम्मिलित किया गया है।

12. **संस्थागत ढाँचा** – सम्पूर्ण विश्व में बड़ी-बड़ी संस्थाएँ बीमा कार्य में लगी हुई हैं। भारत में जीवन बीमा निगम, सामान्य बीमा निगम एवं उसकी चार सहायक कम्पनियाँ व कई निजी कम्पनियाँ बीमा के कार्य में लगी हैं।

13. **बीमा जुआ नहीं है** – बीमा में वास्तविक क्षति के बराबर ही क्षतिपूर्ति या सामान्य क्षति होने पर ही क्षति पूर्ति की जाती है, अतः बीमा की तुलना जुए से करना गलत है। जुए में एक पक्षकार लाभ में तो दूसरा पक्षकार हमेशा हानि में ही रहता है, परन्तु बीमा में ऐसा नहीं होता है।

14. **बीमा दान नहीं, अधिकार है** – बीमा में बीमित द्वारा अंशदान दे कर अधिकार प्राप्त किया जाता है अनुबंधात्मक सम्बन्धों के आधार पर बीमाकर्ता निश्चित प्रतिफल (प्रीमियम) के बदले बीमित को निश्चित समयावधि पश्चात् बीमा धन या दावा का भुगतान करता है।

15. **सामाजिक समस्याओं के निवारण का उपाय** – समाज में व्याप्त अनेक सामाजिक समस्याओं का निवारण बीमा के द्वारा किया जाता है क्योंकि बीमा से समाज की अनिश्चितताओं को निश्चिताओं में व जोखिमों को कम किया जाता है।

16. **बीमा कानून अनिवार्य** – आधुनिक युग में बीमा का क्षेत्र विस्तृत होता जा रहा है इसके साथ ही सरकारों का कर्तव्य होता जा रहा है कि बीमा से सम्बन्धित नियामक अधिनियम बनाएँ। भारत में भी जीवन बीमा, समुद्री बीमा, साधारण बीमा हेतु अधिनियम बनाए गए हैं। इसके अतिरिक्त 'बीमा नियन्त्रण एवं विकास प्राधिकरण'' (IRDA) द्वारा सम्पूर्ण बीमा व्यवसाय का नियमन एवं नियन्त्रण किया जाता है।

17. **बीमा सिद्धान्तों की अनिवार्यता** – बीमा अनुबंध हेतु कुछ सिद्धान्तों का होना अनिवार्य है। इनमें बीमा योग्य हित, परम सदविश्वास का सिद्धान्त, सहकारिता व संभाविता आदि मुख्य सिद्धान्त हैं। बीमा योग्य हित के सिद्धान्त के अभाव में बीमा जुए के समान माना जायेगा।

18. **वैध सम्पत्तियों अथवा कार्यों का ही बीमा** – बीमा केवल वैध सम्पत्तियों का किया जा सकता है। चोरी, डकैती, तस्करी आदि के सामान का बीमा नहीं करवाया जा सकता है।

19. **बीमितों की बड़ी संख्या का होना** – एक ही प्रकार की जोखिम से घिरे व्यक्तियों का जितना बड़ा समूह होगा उतना ही बीमितों को कम प्रीमियम के बदले सुरक्षा प्राप्त होगी।

20. **हानि बीमित के नियन्त्रण के बाहर हो** – अज्ञात व अनिश्चित हानियों का ही बीमा करवाया जा सकता है। हानि होगी अथवा नहीं होगी, हानि की गहनता व तीव्रता क्या होगी ये सभी नियन्त्रण से बाहर होनी चाहिए।

बीमा का महत्व (Importance of Insurance)

सभ्यता के विकास के साथ-साथ बीमा का महत्व भी बढ़ता जा रहा है, क्योंकि जोखिमों, दुर्घटनाओं व अनिश्चितताओं में वृद्धि होती जा रही है। आज हम ऐसे किसी देश की कल्पना नहीं कर सकते जो बीमा का लाभ नहीं उठा रहा हो। आज बीमा प्रारम्भिक स्वरूप से हट कर सामाजिक व व्यावसायिक जगत के प्रत्येक क्षेत्र में पदार्पण कर चुका है और अपनी उपयोगिता के आधार पर लोकप्रियता प्राप्त करता जा रहा है। बीमा की उपयोगिता से प्रभावित होकर ब्रिटेन के प्रधानमंत्री सर विन्स्टन चर्चिल ने कहा था 'यदि मेरा वश चले तो मैं द्वार- द्वार पर यह अंकित करा दूँ कि बीमा कराओ।'' बीमा सम्पूर्ण मानवजाति एवं इससे सम्बन्धित सभी वर्गों को सामाजिक एवं आर्थिक रूप से लाभ पहुँचाता है। संक्षेप में कह सकते हैं कि आधुनिक युग में बीमा का महत्व दिन दुगुना रात चौगुना होता चला जा रहा है। बीमा के महत्व अथवा लाभों को निम्नांकित वर्गीकरण द्वारा समझा जा सकता है–

1. **मितव्ययिता व बचत को प्रोत्साहन** – बीमा करा लेने से व्यक्ति को प्रब्याजि जमा कराने की चिन्ता रहती है अतः वह प्रारम्भ से ही बचत करना व मितव्ययता को अपनाना प्रारम्भ कर देता है। प्रो. रीगल, मिलर तथा विलियम्स के अनुसार– "बीमा बचत को प्रोत्साहन देने वाला वातावरण प्रदान करता है।" यदि उसने प्रीमियम नहीं चुकाया हो तो वह उस धन राशि का अपव्यय भी कर सकता है। प्रतिवर्ष बचत योजना के अन्तर्गत करोड़ों रुपये का प्रीमियम जमा होता है, जो बचत की आदत से ही संभव है।

2. **जोखिमों से सुरक्षा** – मनुष्य का जीवन ही नहीं व्यापार भी जोखिमों से भरा हुआ है, बीमा उन अनिश्चितताओं को दूर करता है। प्रो. एन्जेल के अनुसार- बीमा अनिश्चित हानियों से सुरक्षा का स्थायी आधार है। बीमा के कारण ही व्यवसाय व उद्योग विकसित हुए हैं और व्यक्ति के रोजगार को उत्पन्न जोखिम भी समाप्त होता है।

3. **विनियोग** – जीवन बीमा में विनियोग तत्व भी विद्यमान है। व्यक्ति जो राशि प्रीमियम के रूप में जमा करवाता है। वह उसकी बचत है। निश्चित अवधि के पूर्ण होने अथवा निश्चित घटना के घटित होने पर बीमित को अथवा उसके उत्तराधिकारियों को निश्चित राशि प्राप्त हो जाती है। इस प्रकार बीमा व्यक्ति के लिए सुरक्षा के साथ-साथ विनियोग का साधन भी बन जाता है।

4. **बीमित व उसके उत्तराधिकारियों को पूर्ण सुरक्षा** – बीमा कराने से बीमित व उसके उत्तराधिकारियों को पूर्ण वैधानिक सुरक्षा प्राप्त होती है। बीमित मृत्यु से पूर्व इच्छित व्यक्ति के नाम बीमापत्र का नामांकन कर सकता है जिससे पारिवारिक धन सम्बन्धी, बँटवारे के झगड़े दूर हो सकते हैं व उत्तराधिकारी भी पूर्णतः सुरक्षित रहते हैं।

5. **करों में छूट** – बीमा से करों में भी छूट मिलती है। भारत में चुकायी गयी प्रीमियम की राशि पर आयकर में छूट प्राप्त की जा सकती है। इसी प्रकार सम्पदा कर में भी छूट मिलती है।

6. **आय क्षमता का पूँजीकरण** – बीमा के द्वारा व्यक्ति अपनी आय क्षमता का पूँजीकरण भी कर सकता है। वह भविष्य में उसके द्वारा कमायी जा सकने वाली राशि का भी बीमा करवाकर अपनी आय का पूँजीकरण कर सकता है। यदि बीमित की मृत्यु हो जाती है या कार्यक्षमता समाप्त हो जाती है तो भी इतनी ही राशि बीमापत्र पर प्राप्त हो सकेगी।

7. **साख सुविधाएँ** – ऋणदाता ऐसे व्यक्तियों को ऋण देना अधिक पसन्द करते हैं जिनका बीमा करवाया हुआ है। वित्तीय संस्थाएँ भी बीमित-व्यक्ति को ही ऋण

देना चाहती हैं। इसके अतिरिक्त बीमा कम्पनी से भी साख सुविधाएँ प्राप्त की जा सकती हैं।

8. **वैधानिक दायित्वों से मुक्ति** – व्यक्ति वैधानिक दायित्व बीमा करवाकर तृतीय पक्षकारों के प्रति अपने दायित्वों से मुक्ति प्राप्त कर सकता है। निश्चित प्रीमियम के बदले बीमा कम्पनी उन दायित्वों का भुगतान करेगी।

9. **कार्यक्षमता में वृद्धि** – अनिश्चितता जीवन की सबसे बड़ी चिन्ता होती है और बीमा व्यक्तियों को उस अनिश्चितता से ही मुक्ति दिलाता है। व्यक्ति जब चिन्ता मुक्त होकर कार्य करता है तो पूर्ण एकाग्रता से कार्य करने में समर्थ हो पाता है, जिससे उसकी कार्यक्षमता में वृद्धि होती है।

10. **मानसिक शान्ति** – जब व्यक्ति अनिश्चितताओं से मुक्त हो जाता है तो वह प्रसन्न मन से कार्य करता है। उसे मृत्यु के पश्चात् उत्पन्न होने वाले दायित्वों की भी चिन्ता नहीं रहती है क्योंकि वह वर्तमान में ही उनका बीमा करा चुका होता है।

11. **स्वावलम्बन को प्रोत्साहन** – बीमित व्यक्ति में आर्थिक आत्मनिर्भरता की भावना पैदा हो जाती है। व्यक्ति जीवित अवस्था में भी ऋण आसानी से प्राप्त कर सकता है और मृत्यु के पश्चात् भी आश्रित परिवार को बीमा धन राशि मिलने से आर्थिक आत्मनिर्भरता प्राप्त होती है।

12. **भविष्य की आवश्यकताओं का नियोजन** – बीमा कम्पनी के द्वारा कई प्रकार के बीमा पत्रों जैसे शिक्षा, विवाह, पेंशन आदि को जारी किया जाता है। व्यक्ति अपनी सीमित आय में से वर्तमान में ही भविष्य की तैयारी कर लेता है कि उसे कब, किस आवश्यकता पर, कितनी राशि की आवश्यकता होगी। इस आधार पर वह उन विशेष बीमापत्रों का चयन करने में सफल हो सकता है, यहाँ तक की मृत्यु के पश्चात् भी परिवार की आवश्यकताएँ पूर्ण नियोजित तरीके से पूरी कर सकता है।

13. **सतर्कता को प्रोत्साहन** – बीमा कम्पनियाँ हानियों से बचने के कई सुरक्षात्मक सुझाव देती रहती हैं। इन सुरक्षात्मक उपायों से मानव जीवन अधिक सुरक्षित हो जाता है वह समय-समय पर विभिन्न बीमारियों से बचने के उपाय करता है। क्षतिपूरक बीमाओं में सतर्कता उपाय अपनाने व सामान्य औसत से कम दाता प्रस्तुत करने पर प्रीमियम में छूट भी प्रदान की जाती है जो अंततः बीमा लागत को कम करती है।

14. **सामाजिक प्रतिष्ठा व आत्म सम्मान में वृद्धि** – बीमा समाज में व्यक्ति के आत्म सम्मान व प्रतिष्ठा में वृद्धि करता है। जिन लोगों का बीमा होता है समाज

उन्हें अधिक सुरक्षित समझ कर सम्मान करता है, मुसीबत के समय उन्हें दूसरों की ओर नहीं देखना पड़ता है, वे आसानी से बीमा पत्र पर ऋण भी प्राप्त कर सकते हैं।

15. **वृद्धावस्था में सहारा** – वर्तमान में जबकि संयुक्त परिवार प्रथा का लोप हो रहा है बीमा व्यक्ति की वृद्धावस्था का सहारा बनता जा रहा है। वृद्धावस्था में आय के स्रोत सीमित हो जाते हैं व उत्तरदायित्व बढ़ जाते हैं, ऐसे में बीमा से प्राप्त धन ही उसका प्रमुख सहारा बनता है।

भारत में स्वास्थ्य प्रबन्धन (Health Management in India)

भारतीय संविधान सार्वजनिक स्वास्थ्य में सुधार को राज्य का प्राथमिक कर्तव्य मानता है। हालांकि, व्यवहारिकता में निजी स्वास्थ्य सेवा क्षेत्र भारत के स्वास्थ्य सेवाओं के बहुमत के लिए जिम्मेदार है और अधिकांश स्वास्थ्य देखभाल के खर्चों का भुगतान बीमा के बजाय रोगियों और उनके परिवारों द्वारा किया जाता है। इस प्रकार सरकारी स्वास्थ्य नीति द्वारा बड़े पैमाने पर अच्छी तरह से डिजाइन किए गए लेकिन सीमित सार्वजनिक स्वास्थ्य कार्यक्रमों के साथ निजी क्षेत्र के विस्तार को प्रोत्साहित किया जाता है।

मध्यम और उच्च वर्ग के व्यक्ति सार्वजनिक स्वास्थ्य सेवा का उपयोग कम जीवन स्तर वाले लोगों की तुलना में कम करते हैं। इसके अतिरिक्त, महिलाओं और बुजुर्गों द्वारा सार्वजनिक सेवाओं का उपयोग करने की अधिक संभावना रहती है। सार्वजनिक स्वास्थ्य देखभाल प्रणाली मूल रूप से सामाजिक आर्थिक स्थिति की परवाह किए बिना स्वास्थ्य सेवा के साधन प्रदान करने के लिए विकसित की गई थी। हालांकि, सार्वजनिक और निजी स्वास्थ्य सेवा क्षेत्रों पर निर्भरता राज्यों के बीच काफी भिन्न होती है। सार्वजनिक क्षेत्र के बजाय निजी पर भरोसा करने के लिए कई कारणों का हवाला दिया जाता है। राष्ट्रीय स्तर पर मुख्य कारण सार्वजनिक क्षेत्र में देखभाल की खराब गुणवत्ता, 57 प्रतिशत से अधिक घरों में निजी स्वास्थ्य देखभाल के लिए प्राथमिकता का कारण है।

अधिकांश सार्वजनिक स्वास्थ्य सेवा ग्रामीण क्षेत्रों में मुहैया कराई जाती है और खराब गुणवत्ता, ग्रामीण क्षेत्रों में सेवा प्रदाताओं की जाने की अनिच्छा से उत्पन्न होती है। नतीजतन, ग्रामीण और दूरदराज के क्षेत्रों में सार्वजनिक स्वास्थ्य प्रणाली अधिकांशत: अनुभवहीन और अप्रेरित प्रशिक्षु पर निर्भर रहती है जिन्हें सार्वजनिक स्वास्थ्य क्लीनिकों में समय बिताना अनिवार्य होता है। अन्य प्रमुख कारणों में सार्वजनिक सुविधा क्षेत्र की दूरी, लंबी प्रतीक्षा अवधि और संचालन के असुविधाजनक घंटे आदि हैं।

सभी को स्वास्थ्य (Health for All)

भारत में लगभग 14 लाख चिकित्सक हैं। फिर भी, भारत स्वास्थ्य से संबंधित अपने सहस्राब्दी विकास लक्ष्यों तक पहुँचने में विफल रहा है। पहुँच की परिभाषा एक विशिष्ट लागत और सुविधा पर एक निश्चित गुणवत्ता की सेवाएँ प्राप्त करने की क्षमता है। भारत की स्वास्थ्य सेवा प्रणाली में स्वास्थ्य सेवा तक पहुँच तीन कारकों से प्रभावित है। प्रावधान, उपयोग और लाभ। प्रावधान या स्वास्थ्य सुविधाओं की आपूर्ति, उपयोग का संचालन कर सकती हैं और अंत में अच्छे स्वास्थ्य की प्राप्ति। हालांकि, वर्तमान में इन कारकों के बीच एक बड़ा अंतर मौजूद है, जिससे स्वास्थ्य के लिए अपर्याप्त पहुँच के साथ एक धवस्त प्रणाली का निर्माण होता है।

सेवाओं, शक्ति और संसाधनों के विभेदक वितरण के कारण स्वास्थ्य देखभाल पहुँच में असमानताएँ पैदा हुई हैं। अस्पतालों में प्रवेश और लैंगिक, सामाजिक आर्थिक स्थिति, शिक्षा, धन और निवास स्थान (शहरी बनाम ग्रामीण) पर निर्भर करता है। इसके अलावा, वित्तपोषण में असमानताएँ और स्वास्थ्य सुविधाओं से दूरी, स्वास्थ्य सेवा तक पहुँच की प्रमुख बाधाएँ हैं। इसके अतिरिक्त, गरीब व्यक्तियों के उच्च घनत्व वाले क्षेत्रों में पर्याप्त बुनियादी ढाँचे की कमी है। जनजातियों और पूर्व-अछूतों की बड़ी संख्या जो अलग-थलग और बिखरी हुई जगहों पर रहती हैं, वहाँ अक्सर पेशेवरों की संख्या कम होती है। अंत में, स्वास्थ्य सेवाओं के लिए लंबे समय की प्रतीक्षा या ज्यादा गंभीर बीमारी न होने पर उपचार के लिए पर्याप्त समय नहीं दिया जाता है। सबसे ज्यादा जरूरत वाले लोगों की अक्सर स्वास्थ्य सेवा तक पहुँच नहीं होती है।

नैदानिक उपकरणों की अनुपलब्धता और ग्रामीण क्षेत्रों में अभ्यास करने के लिए योग्य और अनुभवी स्वास्थ्य पेशेवरों की बढ़ती अनिच्छा, कम-सुविधाओं से सुसज्जित और वित्तीय रूप से कम आकर्षक बड़ी चुनौतियाँ बन रही हैं। ग्रामीण क्षेत्रों में प्रशासनिक चिकित्सकों की अत्यधिक माँग रहती है, क्योंकि वे सार्वजनिक स्वास्थ्य केन्द्र पर ज्यादा निर्भर होते हैं जो कि आर्थिक रूप से सस्ती और भौगोलिक रूप से सुलभ होती है। लेकिन कुछ ऐसी घटनाएँ भी हुई हैं जहाँ ग्रामीण इलाकों में डॉक्टरों पर हमले किए गए और यहाँ तक कि मारे भी गए। ब्रिटिश मेडिकल जर्नल ने कोलकाता से डॉ. गैड्रे की एक रिपोर्ट (2019) प्रकाशित की, जिसमें भारतीय स्वास्थ्य प्रणाली में कदाचार की सीमा को उजागर किया गया। उन्होंने 78 डॉक्टरों का साक्षात्कार लिया और पाया कि रेफरल के लिए किकबैक, तर्कहीन दवा निर्धारित करना और अनावश्यक हस्तक्षेप आम बात है।

मार्टिन पैट्रिक द्वारा किए गए एक अध्ययन के अनुसार, 2020 में जारी सीपीपीआर के मुख्य अर्थशास्त्री ने अनुमान लगाया है कि लोग स्वास्थ्य सेवा के लिए निजी क्षेत्र

पर अधिक निर्भर हैं और निजी सेवाओं का लाभ उठाने के लिए एक घर द्वारा खर्च की जाने वाली राशि सार्वजनिक स्वास्थ्य सेवाओं के लिए खर्च किए गए खर्च से लगभग 24 गुना अधिक है।

किसी भी देश में स्वास्थ्य का अधिकार जनता का सबसे पहला बुनियादी अधिकार होता है लेकिन भारत में बेहतर स्वास्थ्य सेवाओं के अभाव में रोजाना हजारों लोग अपनी जान गवां देते हैं। भारत स्वास्थ्य सेवा के क्षेत्र में बांग्लादेश, चीन, भूटान और श्रीलंका समेत अपने कई पड़ोसी देशों से पीछे है। इसका खुलासा शोध एजेंसी लैंसेट ने अपने ग्लोबल बर्डेन ऑफ डिजीज नामक अध्ययन में किया है। इसके अनुसार भारत स्वास्थ्य देखभाल, गुणवत्ता व पहुँच के मामले में 195 देशों की सूची में 145वें स्थान पर है। इससे सभी को स्वास्थ्य का लक्ष्य दूर की कौड़ी दिखाई देती है।

वित्तीय प्रबन्धन (Financial Management)

वित्तीय प्रबन्धन (Financial Management) से आशय धन (फण्ड) के दक्ष एवं प्रभावी प्रबन्धन से है ताकि संगठन के लक्ष्यों की प्राप्ति की जा सके। वित्त प्रबन्धन का कार्य संगठन के सबसे ऊपरी प्रबन्धकों का विशिष्ट कार्य है। मनुष्य द्वारा अपने जीवन काल में प्राय: दो प्रकार की क्रियाएँ सम्पादित की जाती हैं– आर्थिक क्रियाएँ तथा अनार्थिक क्रियाएँ।

- **आर्थिक क्रियाओं** के अन्तर्गत हम उन समस्त क्रियाओं को सम्मिलित करते हैं जिनमें प्रत्यक्ष अथवा परोक्ष रूप से धन की संलग्नता होती है, जैसे– रोटी, कपड़े, मकान की व्यवस्था आदि।
- **अनार्थिक क्रियाओं** के अन्तर्गत पूजा-पाठ व अन्य सामाजिक व राजनैतिक कार्यों को सम्मिलित किया जा सकता है।

जब हम किसी प्रकार का व्यवसाय करते हैं अथवा उद्योग लगाते हैं अथवा फिर कतिपय तकनीकी दक्षता प्राप्त करके किसी पेशे को अपनाते हैं तो हमें सर्वप्रथम वित्त (Finance) धन (Money) की आवश्यकता पड़ती है जिसे हम पूँजी (Capital) कहते हैं। जिस प्रकार किसी मशीन को चलाने हेतु ऊर्जा के रूप में तेल, गैस या बिजली की आवश्यकता होती है उसी प्रकार किसी भी आर्थिक संगठन के संचालन हेतु वित्त की आवश्यकता होती है। अत: वित्त जैसे अमूल्य तत्व का प्रबन्ध ही वित्तीय प्रबन्धन कहलाता है। व्यवसाय के लिए कितनी मात्र में धन की आवश्यकता होगी, वह धन कहाँ से प्राप्त होगा और उपयोग संगठन में किस रूप में किया जायेगा, वित्तीय प्रबन्धक को इन्हीं प्रश्नों के उत्तर खोजने पड़ते हैं। व्यवसाय का उद्देश्य अधिकतम लाभ अर्जन करना होता है, जो दो प्रकार से किया जा सकता है–

निर्मित वस्तु का मूल्य बढ़ाकर अथवा वस्तु को अत्यधिक लाभ में बेचकर निर्मित वस्तु की उत्पादन लागत घटाकर अथवा खरीदी गई वस्तु पर कम लाभ लेकर अधिक मात्र में बिक्री करके।

वित्तीय प्रबन्धन का प्रमुख उद्देश्य लाभ एवं व्यवसाय की परिसम्पत्तियों को अधिकतम करना होता है। प्रतिस्पर्धा के कारण हम प्रथम विकल्प पर विचार नहीं कर सकते। संगठन को दीर्घकाल तक संचालित करने हेतु दूसरे विकल्प अर्थात् वस्तु की उत्पादन लागत घटाकर, तथा खरीदी गई वस्तु की अधिक मात्र बेचकर ही लाभ को अधिकतम किया जाना श्रेयस्कर होगा।

प्रमुख वित्त विशेषज्ञों द्वारा दी गई परिभाषाएँ

- **हावर्ड एवं उपटन** – वित्तीय प्रबन्ध से आशय नियोजन एवं नियंत्रण कार्यों को वित्त कार्य पर लागू करना है।
- **जे. एल. मैसी** – वित्तीय प्रबन्ध एक व्यवसाय की वह संचालनात्मक प्रक्रिया है जो कुशल प्रचालनों के लिए आवश्यक वित्त को प्राप्त करने तथा उसका प्रभावशाली ढंग से उपयोग करने हेतु उत्तरदायी होता है।
- **वेस्टर्न एवं जाइगम** – वित्तीय प्रबन्धन वित्तीय निर्णयन की वह प्रक्रिया है जो व्यक्तिगत मामलों एवं उपक्रम के लक्ष्यों के मध्य मेल स्थापित करती है।

उपरोक्त परिभाषाओं से स्पष्ट है कि वर्तमान समय में वित्तीय प्रबन्धन के अन्तर्गत कोषों को एकत्रित करने के साथ-साथ नियोजन, निर्णयन, संचालन, पूँजी स्रोतों के निर्धारण एवं अनुकूलतम प्रयोग से घनिष्टता पूर्वक सम्बन्धित है।

वित्तीय प्रबन्धन की प्रकृति

परम्परागत एवं आधुनिक विचारधाराओं के आधार पर वित्तीय प्रबन्ध की प्रकृति एवं विशेषताओं को निम्न प्रकार से प्रस्तुत किया जा सकता है-

- **केन्द्रीय प्रकृति** – व्यवसायिक प्रबन्धन के अन्तर्गत वित्तीय प्रबन्धन ही ऐसा क्षेत्र है, जिसकी प्रकृति केन्द्रीयकृत होती है। आधुनिक औद्योगिक प्रबन्धन में विपणन व उत्पादन कार्यों को हम विकेन्द्रीकृत करके सफल हो सकते हैं, किन्तु वित्त कार्य का विकेन्द्रीकरण सम्भव नहीं होता है। अर्थात् इसे हम अनेक व्यक्तियों के मध्य विभाजित नहीं कर सकते। चूँकि वित्त कार्य में समन्वय व नियंत्रण की स्थिति केन्द्रीयकरण द्वारा ही प्राप्त की जा सकती है।
- **निर्णयन में सहायक** – आधुनिक संदर्भ में वित्तीय प्रबन्धन, सर्वोच्च प्रबन्धन को निर्णय लेने में सहायता पहुँचाता है। अर्थात् सर्वोच्च प्रबन्धन की सफलता वित्तीय प्रबन्ध के कुशल मार्गदर्शन से ही सम्भव होती हैं।

- **व्यावसायिक समन्वय** – विभिन्न व्यावसायिक गतिविधियों को एक सूत्र में बाँध ने का कार्य वित्त के द्वारा ही किया जाता है। विभिन्न क्रियाओं के मध्य समन्वय स्थापित करके हम व्यावसायिक लागतों को उचित सीमाओं में बाँध सकते हैं। समन्वय के द्वारा उपलब्ध संसाधनों का अनुकूलतम आवंटन तथा अधिकतम उपयोग सम्भव हो सकता है।
- **कार्य निष्पत्ति का मापक** – किसी भी संगठन के कार्य निष्पात्ति का मापन हम वित्त के माध्यम से ही कर सकते हैं। वित्तीय निर्णयन का प्रभाव नीति निर्धारण, जोखिम की मात्रा एवं लाभदायकता पर पड़ता है। अर्थात् 'वित्तीय निर्णयन आय की मात्रा तथा व्यावसायिक जोखिम, दोनों तत्वों को प्रभावित करते हैं इन दोनों कारकों द्वारा सामूहिक रूप से फर्म के मूल्य को निर्धारित किया जाता है।
- **विश्लेषणात्मक एवं व्यापक स्वरूप** – परम्परागत वित्तीय प्रबन्धन विगत अनुभव तथा अन्तप्रेरणा से प्रेरित था किन्तु आधुनिक वित्तीय प्रबन्धन के अन्तर्गत सांख्यकीय आँकड़ों तथा तथ्यों के आधार पर परिस्थिति विशेष में हानि तथा लाभ का मूल्यांकन करके तदनुरूप निर्णयन द्वारा जोखिम की मात्र को कम किया जा सकता है। वित्तीय प्रबन्धन का वर्तमान स्वरूप विश्लेषणात्मक है, वर्णनात्मक नहीं।
- **सतत प्रशासनिक क्रिया** – वित्तीय प्रबन्धन के पारम्परिक स्वरूप में वित्तीय प्रबन्ध का कार्य कोषों की व्यवस्था तक सीमित था, संगठन की स्थापना के आरम्भिक चरण में अथवा पुनर्गठन के समय में ही वित्तीय प्रबन्धन की महती भूमिका रहती थी। किन्तु वर्तमान युग में वित्तीय प्रबन्धन कार्य एक सतत् प्रशासनिक प्रक्रिया है। जो व्यवसाय की स्थापना से लेकर संचालन तथा समापन तक अनवरत जारी रहता है।

वित्तीय प्रबन्धन का क्षेत्र

वित्तीय प्रबन्धन की पारम्परिक विचारधारा के अन्तर्गत वित्तीय प्रबन्धक का कार्य केवल वित्त प्राप्ति की व्यवस्था तक ही सीमित था किन्तु वित्तीय प्रबन्ध की विचारधारा में परिवर्तन एवं परिमार्जन के साथ ही वित्तीय प्रबन्ध के क्षेत्र में भी व्यापक परिवर्तन हुआ है। अब वित्त प्रबन्धन कोषों की व्यवस्था के साथ-साथ उपलब्ध कोषों के प्रभाव पूर्ण उपयोग हेतु भी उत्तरदायी होता है। अर्थात् वर्तमान युग में वित्तीय प्रबन्धन, नियोजन की प्रक्रिया से घनिष्ठतापूर्वक जुड़ गया है। आधुनिक संदर्भों में वित्तीय प्रबन्धन का क्षेत्र निम्नलिखित कार्यों तक फैला हुआ है–

- **वित्तीय नियोजन में सहायक** – वर्तमान युग में वित्तीय प्रबन्धन की भूमिका वित्तीय नियोजन के क्षेत्र में अग्रणी है। इसके अन्तर्गत उद्देश्यों, नीतियों एवं

कार्यविधियों का निर्धारण, वित्तीय योजनाओं एवं पूँजी ढाँचे का निर्माण आदि को सम्मिलित किया जाता है।

- **वित्त प्राप्ति की व्यवस्था** – वित्तीय प्रबन्धन का प्रमुख कार्य संगठन के प्रस्तावित पूँजी ढाँचे के अनुरूप विभिन्न स्रोतों से व्यवसाय संचालन हेतु अपेक्षित पूँजी की व्यवस्था करना होता है।
- **वित्त कार्य का प्रशासन** – इसके अन्तर्गत वित्तीय प्रबन्धन द्वारा वित्त विभाग एवं उपविभागों का संगठन, कोषाध्यक्ष तथा नियंत्रक के कार्यों, दायित्वों एवं अधिकारों का निर्धारण एवं लेखा पुस्तकों के रख-रखाव की व्यवस्था की जाती है। वित्तीय प्रबन्ध सम्पत्तियों के प्रभाव पूर्ण उपयोग एवं प्रबन्धन हेतु भी उत्तरदायी होता है। स्थिर सम्पत्तियों के क्रय सम्बन्धी वित्तीय पहलुओं पर उचित परामर्श के साथ-साथ चल सम्पत्तियों की समयानुकूल आपूर्ति सुनिश्चित करना भी वित्तीय प्रबन्धन के कार्य क्षेत्र में सम्मिलित होता है। वित्तीय नियंत्रण वित्तीय प्रशासन का प्रमुख अंग है। वित्तीय प्रबन्ध द्वारा वित्तीय नियन्त्रण के माध्यम से ही व्यावसायिक लक्ष्यों की पूर्ति (अधिकतम लाभार्जन) की जा सकती है। वित्तीय नियंत्रण की स्थापना हेतु पूँजी बजटिंग, रोकड़ बजट, तथा लोचपूर्ण बजटिंग नामक तकनीकों का प्रयोग किया जा सकता है।
- **शुद्ध लाभ का आवंटन** – लाभांश नीति का निर्धारण वित्तीय प्रबन्धक का प्रमुख कार्य होता है। शुद्ध लाभ का कितना भाग अंशधारकों के मध्य वितरित किया जाए तथा कितना भाग संचित कोषों के रूप में रोक लिया जाए, जिसका प्रयोग संगठन के विकास, सम्वर्धन एवं लाभदेयकता में वृद्धि हेतु किया जा सके। इस निर्णय का सीधा प्रभाव अंशों के भावी बाजार मूल्यों पर पड़ता है। यदि हम समस्त शुद्ध लाभ के अधिकांश भाग को अंशधारकों के मध्य विभाजन का निर्णय लेते हैं तो अल्पकाल में अंशों के बाजार मूल्य में वृद्धि स्वाभाविक है किन्तु संगठन के विकास की भावी योजनाओं को क्रियान्वित नहीं किया जा सकेगा तथा दीर्घ काल में संगठन की लाभदेयकता प्रभावित हो सकती है। इसके विपरीत यदि वित्तीय प्रबंधक समस्त लाभों या लाभ के अधिकांश भाग को प्रतिधारित करता है, तो अंशों का बाजार मूल्य अत्यन्त कम हो सकता है। परिणाम स्वरूप भविष्य में पूँजी संग्रहण की कठिनाई आ सकती है अत: लाभों के आवंटन में वित्तीय प्रबन्धन की भूमिका पर संगठन का भावी विकास एवं अंशों का बाजार मूल्य प्रभावित होता है।
- **विकास एवं विस्तार** – वित्तीय प्रबन्धन संगठन के भावी विकास एवं विस्तार हेतु भी उत्तरदायी होता है। संगठन के विकास एवं विस्तार हेतु अतिरिक्त पूँजी की लागत, स्वामित्व, नियंत्रण, जोखिम एवं आय पर पड़ने वाले प्रभावों का विश्लेषण भी वित्तीय प्रबन्धन के क्षेत्र में सम्मिलित होता है।

भारतीय संविधान के अनुच्छेद 112 में भारत के केन्द्रीय बजट को वार्षिक वित्तीय विवरण के रूप में निर्दिष्ट किया गया है। जो कि भारतीय गणराज्य का वार्षिक बजट होता है, जिसे प्रत्येक वर्ष फरवरी के पहले कार्य-दिवस को भारत के वित्त मंत्री द्वारा संसद में पेश किया जाता है। 2016 से पहले इसे फरवरी के अंतिम कार्य-दिवस को पेश किया जाता था। भारत के वित्तीय वर्ष की शुरूआत, अर्थात् 1 अप्रैल से इसे लागू करने से पहले बजट को सदन द्वारा इसे पारित करना आवश्यक होता है। पूर्व वित्त मंत्री मोरारजी देसाई ने अभी तक सबसे ज्यादा 10 बार बजट प्रस्तुत किया है।

श्रम (Labour)

साधारण बोलचाल में श्रम किसी कार्य को करने के लिए किए गए प्रयत्नों को कहते हैं। अर्थशास्त्र में श्रम मनुष्य के उन सभी शारीरिक तथा मानसिक प्रयत्नों को कहते हैं, जो धनोत्पादन की दृष्टि से किए जाते हैं। अर्थशास्त्र में श्रम का अर्थ मानवीय प्रयत्नों से लगाया जाता है, पशु या मशीन आदि के प्रयत्न से नहीं। इस तरह मनोरंजन के लिए खेलना, तैरना, घर का काम करना तथा समितियों में भाषण देना श्रम नहीं होता, क्योंकि ये काम धनोत्पादन के लिए नहीं किए जाते हैं।

परिभाषाएँ

जेवन्स के अनुसार, "श्रम वह मानसिक या शारीरिक प्रयत्न है, जो अंशतः या पूर्णतः कार्य से प्रत्यक्ष प्राप्त होने वाले आनंद के अतिरिक्त किसी अन्य लाभ की दृष्टि से किया जाए।"

मार्शल के शब्दों में, "श्रम का आशय मनुष्य के आर्थिक कार्य से है, भले ही वह शरीर से किया गया हो अथवा मस्तिष्क से।"

उपरोक्त परिभाषाओं से श्रम के स्वभाव के बारे में निम्न बातें स्पष्ट होती हैं– 1. श्रम के अंतर्गत मानवीय प्रयत्न आते हैं। 2. श्रम के अंतर्गत मनुष्य के मानसिक व शारीरिक दोनों तरह के प्रयत्न शामिल किए जाते हैं। 3. वे ही प्रयत्न श्रम के अंतर्गत आते हैं जो आर्थिक उद्देश्य से किए जाते हैं।

श्रम की विशेषताएँ

1. **श्रम उत्पत्ति का एक सक्रिय साधन है** – श्रमिकों के प्रयत्नों के अभाव में उत्पत्ति संभव नहीं है। भूमि तथा पूँजी उत्पत्ति के निष्क्रिय साधन हैं, क्योंकि वे स्वयं उत्पादन नहीं कर सकते। श्रम की सहायता से ही भूमि और पूँजी उत्पादन कर सकती है। सक्रिय साधन होने की वजह से श्रम को बिना श्रमिक की इच्छा

के लगाना संभव नहीं है, साथ ही श्रम के उचित उपयोग के लिए उससे अच्छा व्यवहार करना पड़ता है।

2. **श्रम को श्रमिक से पृथक नहीं किया जा सकता –** भूमि एवं पूँजी को उसके स्वामी से अलग किया जा सकता है, किन्तु श्रम को उसके स्वामी (श्रमिक) से अलग करना संभव नहीं है। श्रम श्रमिक के साथ रहता है तथा यही कारण है कि मजदूरी के साथ श्रमिक को कारखाने की जलवायु, काम की प्रकृति, प्रबंधक का व्यवहार, जीवन स्तर आदि बातों का भी ध्यान रखना होता है।
3. **श्रमिक अपना श्रम बेचता है, परंतु स्वयं अपना स्वामी होता है –** भूमि, पूँजी आदि का स्वामित्व बदल सकता है, पर श्रम का नहीं। श्रमिक अपने श्रम को बेचता है स्वयं को नहीं। जब कोई वस्तु बेची जाती है, तो उसका स्वामित्व भी बदल जाता है, पर श्रमिक सिर्फ (श्रम) अपना प्रयोग बेचता है। अपने शरीर, गुण, कुशलता का मालिक वह स्वयं बना रहता है। श्रम की इस विशेषता के कारण मालिक श्रमिक को काम करवाने पर अधिक व्यय नहीं करता या करता है तो उससे अधिक काम करवाने का अनुबंध करा लेता है।
4. **श्रम नाशवान है –** श्रम नाशवान इस अर्थ में है कि जिस दिन उसे काम नहीं मिलता, वह दिन हमेशा के लिए चला जाता है। उत्पत्ति के अन्य साधनों के स्वामी उचित पारितोषिक पर ही साधन को काम पर लगाते हैं, पर श्रमिक (विशेष कर गरीब श्रमिक) अच्छी मजदूरी की प्रतीक्षा नहीं कर सकते। जो दिन या घंटा श्रमिक का बेकार जाता है, उसकी हानि की पूर्ति कभी नहीं हो सकती।
5. **श्रम की सौदा करने की शक्ति कमजोर होती है –** श्रम नाशवान है, उसका संचय भी नहीं हो सकता, इसका परिणाम यह होता है कि मालिक के साथ उसकी सौदा करने की शक्ति कम होती है। श्रमिक बेरोजगार नहीं रह सकता, वह आर्थिक दृष्टि से कमजोर होता है किन्तु आजकल श्रमिक संगठनों की सहायता से उनकी सामूहिक सौदा करने की शक्ति अवश्य बढ़ी है।
6. **श्रम की पूर्ति में शीघ्र परिवर्तन नहीं होता –** पूँजी की पूर्ति में माँग के अनुसार घट-बढ़ होने की अधिक संभावनाएँ हैं, किन्तु श्रम की पूर्ति को माँग में समायोजित करने हेतु शीघ्र ही उसकी पूर्ति को घटाया-बढ़ाया नहीं जा सकता। पूर्ति को दो तरह से घटाया-बढ़ाया जा सकता है, एक तो नये काम योग्य युवकों को कार्य विशेष की शिक्षा देकर तथा श्रमिकों को एक व्यवसाय से दूसरे व्यवसाय में स्थानांतरित करके। दोनों ही विधियों में समय लगता है। यदि पूरे देश में श्रम-पूर्ति घटाने-बढ़ाने की बात करते हैं तो यह काम जन्मदर को घटा-बढ़ाकर किया जा सकता है किन्तु जन्मदर को घटाना-बढ़ाना संभव नहीं

है। यह विशेषता लगभग हर उत्पत्ति के साधन में पायी जाती है, अंतर केवल अंश का है।

7. **श्रम में पर्याप्त गतिशीलता होती है** – भूमि से श्रम में गतिशीलता ज्यादा होती है। पूँजी और अन्य उपकरणों की तुलना में वह कम गतिशील है।

लोक वित्त (Public Finance)

अर्थव्यवस्था में सरकार की भूमिका का अध्ययन लोक वित्त कहलाता है। यह अर्थशास्त्र की वह शाखा है जो सरकार के आय तथा व्यय का आकलन करती है। अर्थात् सार्वजनिक वित्त सरकार के आय व व्यय का विस्तृत अध्ययन है। इसके द्वारा राज्य द्वारा अर्जित आय तथा सार्वजनिक अधिकारियों द्वारा किए गए व्यय का लेखा-जोखा प्रस्तुत किया जाता है। सरकार के आय व व्यय को सीमान्त समन्वय के द्वारा नियमित किया जाता है ताकि अधिकतम जनहित प्राप्त किया जा सके। यह वांछित प्रभाव प्राप्त करने और अवांछित प्रभावों से बचने के लिए इनमें आवश्यक घट-बढ़ करने का सुझाव भी देती है। आधुनिक लोकतांत्रिक समाजों में लोक वित्त अर्थात् आय और व्यय से जुड़े प्रावधान लोगों के जीवन स्तर और देश की विकास प्रक्रिया पर सीधे प्रभाव डालते हैं।

सार्वजनिक वित्त से अभिप्राय किसी देश की सरकार के वित्तीय साधनों अर्थात् आय और व्यय से है। अन्य शब्दों में, सरकार की आय तथा व्यय सम्बन्धी समस्याओं के अध्ययन को सार्वजनिक वित्त कहते है।

परिभाषाएँ

- **फिन्डले शिराज** के अनुसार सार्वजनिक वित्त सरकारी अधिकारियों द्वारा एकत्रित की जाने वाली आय तथा उसके व्यय में निहित सिद्धान्तों का अध्ययन है।
- **डॉल्टन** के अनुसार सार्वजनिक वित्त ऐसा विषय है जो सार्वजनिक अधिकारियों के आपसी सहयोग से किए गए आय व व्यय का अध्ययन करता है।
- इस प्रकार यह कहा जा सकता है कि सार्वजनिक वित्त केन्द्रीय, राज्य या स्थानीय सरकारों के वित्त सम्बन्धी विषयों का अध्ययन है।

सार्वजनिक वित्त के क्षेत्र

- **सार्वजनिक राजस्व** – सार्वजनिक वित्त के विषय क्षेत्र में हम धन को एकत्रित करने तथा विविध गतिविधियों में इसके वितरण का अध्ययन करते हैं। सार्वजनिक राजस्व का सम्बन्ध आय प्राप्ति के साधनों कराधान के सिद्धान्तों तथा उनकी समस्याओं से है। अन्य शब्दों में, करों से प्राप्त होने वाली सब प्रकार की आय

तथा सार्वजनिक जमा से होने वाली प्राप्तियों को सार्वजनिक राजस्व में सम्मिलित किया जाता है।

- **सार्वजनिक व्यय** – इस भाग में हम सार्वजनिक व्यय से संबंधित सिद्धान्तों व समस्याओं एवं विभिन्न आधारों पर सार्वजनिक व्यय के वर्गीकरण का भी अध्ययन करते हैं। इसमें हम सरकार द्वारा सार्वजनिक व्यय पर अपनाई गई नीतियों का आलोचनात्मक सर्वेक्षण करते हैं तथा सुधार हेतु उपाय सुझाते हैं।
- **सार्वजनिक ऋण** – सार्वजनिक वित्त के इस अनुभाग में हम ऋण करने की समस्या का अध्ययन करते हैं। ऋण किस कारण लिया जा रहा है? ऋण का स्रोत क्या है? उसे एकत्रित करने का क्या तरीका है? उस पर क्या ब्याज है? तथा उसका भुगतान करने का क्या ढंग है? इसलिए यह ऋण एकत्रित करने तथा उसके भुगतान करने की समस्या से संबंधित है।
- **वित्तीय प्रशासन** – वित्तीय या राजस्व प्रशासन के अंतर्गत हम उस सरकार से संबंधित होते हैं। जो राज्य के विविध कार्यों के लिए उत्तरदायी होते हैं। वित्तीय प्रशासन से जुड़ा महत्वपूर्ण विषय यही है कि बजट कैसे लागू किया जाए? इसके अतिरिक्त बजट तैयार करने की पूरी प्रक्रिया बजट प्रस्तुत करना, पास करना, लागू करना तथा उसका मूल्यांकन करना इत्यादि विषय शामिल हैं।
- **आर्थिक स्थिति** – इसमें सरकार द्वारा देश में आर्थिक स्थिरता लाए जाने के लिए किए गए उपाय तथा अन्य उपायों व विभिन्न आर्थिक नीतियों का वर्णन किया जाता है।

सार्वजनिक वित्त की प्रकृति

सार्वजनिक वित्त की प्रकृति से अभिप्राय इस बात की विवेचना से है कि सार्वजनिक वित्त विज्ञान है अथवा कला है या दोनों ही है। सार्वजनिक वित्त की प्रकृति के विषय में यह भी प्रशन उत्पन्न होता है कि यह केवल वास्तविक विज्ञान है या आदर्शात्मक विज्ञान भी।

सार्वजनिक वित्त एक वास्तविक विज्ञान है

विज्ञान किसी विषय का क्रमागत अध्ययन है जिसमें तथ्यों के कारण तथा परिणाम का अध्ययन किया जाता है। सार्वजनिक वित्त में सरकार के आय तथा व्यय सम्बन्धी विषय का क्रमागत अध्ययन किया जाता है। इसमें सरकार की आय तथा व्यय सम्बन्धी तथ्यों में पाए जाने वाले कारण तथा परिणाम के सम्बन्ध का भी अध्ययन किया जाता है। उदाहरण के लिए, सार्वजनिक वित्त के अध्ययन से ज्ञात होता है कि यदि कर ऊँची

दर पर लगाए जायेंगे तो उनका उत्पादन तथा उपभोग पर बुरा प्रभाव पड़ सकता है। इस प्रकार सार्वजनिक वित्त एक वास्तविक विज्ञान है।

अब प्रश्न यह है कि सार्वजनिक वित्त वास्तविक विज्ञान के साथ-साथ आदर्शात्मक विज्ञान भी है। वास्तविक विज्ञान का सम्बन्ध 'क्या है' से है जबकि आदर्शात्मक विज्ञान का सम्बन्ध 'क्या होना चाहिए' से है। सार्वजनिक वित्त वास्तविक विज्ञान के साथ-साथ आदर्शात्मक विज्ञान भी है क्योंकि सार्वजनिक वित्त के अध्ययन से यह भी ज्ञात होता है कि कर कितनी मात्रा में लगाए जाने चाहिए। सार्वजनिक व्यय कौन-सी मदों पर अधिक तथा कौन-सी मदों पर कम किया जाना चाहिए। इस प्रकार सार्वजनिक वित्त एक आदर्शात्मक विज्ञान भी है।

अन्य शब्दों में इसका अर्थ यह है कि सार्वजनिक वित्त द्वारा केवल कार्यों की व्याख्या ही नहीं की गई है, बल्कि यह अच्छे हैं या बुरे हैं, यह मूल्यांकन भी किया जाता है। सार्वजनिक वित्त का यह कल्याणकारी पहलू ही इसको आदर्शात्मक विज्ञान बनाता है। इसलिए सार्वजनिक वित्त 'क्या होना चाहिए' से भी संबंधित हैं। इसलिए इसका प्रयोग राजस्व क्रियाओं के रूप में व्यापार चक्र में उतार चढ़ाव रोकने बेरोजगारी रोकने तथा छिपी बेरोजगारी कम करने आय व धन का समान वितरण सुनिश्चित करने, आर्थिक स्थिरता व वृद्धि तथा क्षेत्रीय समस्याएँ घटाने में किया जाता है।

सार्वजनिक वित्त एक कला है

कला निश्चित उद्देश्यों की प्राप्ति के लिए ज्ञान का प्रयोग है। सार्वजनिक वित्त, राजस्व नीति द्वारा सरकार की आय तथा व्यय सम्बन्धी ज्ञान का प्रयोग पूर्ण रोजगार, आर्थिक समानता, आर्थिक विकास, कीमत स्थिरता आदि उद्देश्यों की प्राप्ति के लिए किया जाता है। उदाहरण के लिए, आर्थिक समानता के लक्ष्य को प्राप्त करने के लिए कर प्रगतिशील दर पर लगाए जाते हैं। कर लगाने की क्रिया निश्चित रुप से एक कला है और बजट बनाना भी स्वयं एक कला है। इस प्रकार सार्वजनिक वित्त का अध्ययन कई व्यावहारिक समस्याओं के अध्ययन में सहायक सिद्ध होता है। अतः सार्वजनिक वित्त एक कला भी है।

इस प्रकार यह कहा जा सकता है कि सार्वजनिक वित्त विज्ञान और कला दोनों ही है। यह एक वास्तविक विज्ञान भी है तथा आदर्शात्मक विज्ञान भी है।

सार्वजनिक वित्त का महत्व

सार्वजनिक वित्त, विकसित एवं विकासशील देशों में महत्वपूर्ण भूमिका निभाता है। सरकार अनेक गतिविधियाँ संपन्न करती है, इसलिए वर्तमान समय में, सार्वजनिक वित्त ने बहुत महत्व अर्जित कर लिया है।

बजट (Budget)

सरकार की आय एवं व्यय का एक विवरण जिस प्रपत्र में एकत्रित किया जाता है, उसे बजट कहते हैं। बजट में विगत वर्ष के आय और व्यय के अनुमानों का वार्षिक वित्तीय विवरण प्रस्तुत किया जाता है। भारतीय संविधान के अनुच्छेद 112 में बजट निर्माण के विषय में बताया गया है। लोकसभा में केंद्र सरकार के वित्तमंत्री के द्वारा बजट पेश किया जाता है, इस बजट को केंद्रीय बजट के नाम से जाना जाता है। राज्य सरकार में बजट राज्य वित्त मंत्री के द्वारा पेश किया जाता है, यह केवल उसी राज्य के लिए निर्धारित किया जाता है।

बजट के प्रकार (Types of Budget)

भारत में पांच प्रकार के बजट प्रयोग किए जाते हैं-

- आम बजट
- निष्पादन बजट
- जीरोबेस बजट
- आउटकम बजट
- जेंडर बजट

आम बजट (Common Budget)

इस बजट का मुख्य उद्देश्य सरकारी खर्चों पर नियन्त्रण करना तथा विकास कार्यों को गति प्रदान करना है।

निष्पादन बजट (Performance Budget)

इस बजट का मुख्य उद्देश्य सरकार जिन कार्यों को पूरा करना चाहती है उस पर आधारित होता है। इस बजट को उपलब्धि बजट या कार्यपूर्ति बजट भी कहा जाता है। यह कार्य के परिणामों के आधार पर बनाया जाता है।

जीरोबेस बजट (Zero Base Budget)

आय कम होने और व्यय अधिक होने की परिस्थिति में इस बजट को जारी किया जाता है, जिससे व्ययों पर कटौती करके घाटों पर अंकुश लगाया जा सके।

आउटकम बजट (Outlook Budget)

इस बजट का प्रयोग किसी मंत्रालय अथवा विभाग के लिए किया जाता है, जिसमें बजट में आवंटित की गयी राशि का प्रयोग भौतिक लक्ष्यों का निर्धारण और मूल्यांकन के लिए किया जाता है।

जेंडर बजट (Gender Budget)

भारत सरकार द्वारा निर्मित ऐसा बजट जो कार्यों और योजनाओं का आवंटन लिंग के आधार पर करता है। इस बजट के द्वारा महिला अधिकारिता और महिला सशक्तिकरण को बढ़ावा दिया गया है।

भारतीय बजट के प्रमुख दस्तावेज (Major Documents of Indian Budget)

भारतीय बजट के प्रमुख दस्तावेज इस प्रकार हैं–

- वित्तमंत्री का भाषण
- वार्षिक वित्तीय कथन
- बजट का सार
- वित्त विधेयक
- बजट प्राप्तियाँ
- बजट व्यय
- अनुदान की माँग

बजट का महत्व और प्रक्रिया (Importance and Process of Budget)

बजट द्वारा सरकार के सभी कार्य निर्धारित किए जाते हैं। सरकार द्वारा संचालित सभी योजनाओं के लिए धन की व्यवस्था बजट के माध्यम से ही की जाती है। सरकार बिना बजट के एक रुपये का व्यय नहीं कर सकती है।

बजट में प्रत्येक वर्ष नयी योजनाओं की घोषणा होती है और टैक्स में संशोधन किया जाता है, जिसका सीधा प्रभाव जनता पर पड़ता है, बजट में किए गए सभी प्रावधान तब तक लागू नहीं किए जा सकते हैं, जब तक वह संसद के द्वारा पास नहीं किया जाता है।

बजट को वित्त विधेयक द्वारा पेश किया जाता है। वित्त विधेयक केवल लोकसभा में ही पेश किया जा सकता है। बजट लोकसभा में पास होने के बाद राज्य सभा के पास स्वीकृति के लिए भेजा जाता है, यदि राज्य सभा इस पर 14 दिन के अंदर स्वीकृति प्रदान नहीं करती है, तो बजट को पास मान लिया जाता है और वित्तीय वर्ष

की पहली तिथि को बजट में किए गए प्रावधान पूरे देश में लागू कर दिए जाते हैं। राज्य सरकार द्वारा निर्मित बजट केवल राज्य की सीमाओं तक के लिए मान्य रहता है। बजट में यदि राज्य सरकार और केंद्र सरकार के बजट में विरोधाभास होता है, तो केंद्र सरकार के बजट को मान्यता प्रदान की जाती है।

बजट बनाने का आरम्भ कब होता है

(When does the Budget Start)

भारत में बजट निर्माण प्रक्रिया अगस्त-सितंबर के महीने में शुरू कर दी जाती है। इसके लिए बजट सर्कुलर जारी किया जाता है। वित्त विभाग के अधीन बजट डिवीजन अगस्त के अंत में या सितंबर के प्रारम्भ में बजट सर्कुलर जारी करता है। इस सर्कुलर के माध्यम से भारत सरकार और उसके सभी मंत्रालयों से संबंधित आय-व्यय का पूरा विवरण माँगा जाता है। इस विवरण के आधार पर बजट की रूप-रेखा तैयार की जाती है। सितंबर महीने के अंत में अगले वित्त वर्ष के लिए सरकारी खर्च का अनुमानित आंकड़ा तैयार किया जाता है।

सार्वजनिक निजी साझेदारी (PPP – Public Private Partnership)

सार्वजनिक निजी साझेदारी को PPP (3P) या P3 आदि नामों से जाना जाता है। यह दो या दो से अधिक सार्वजनिक और निजी क्षेत्रों के बीच एक सहकारी व्यवस्था है, जो आमतौर पर दीर्घकालिक प्रकृति की होती है। पब्लिक प्राइवेट पार्टनरशिप के तहत सरकार निजी कंपनियों के साथ अपनी परियोजनाओं को पूरा करती है। देश के कई हाईवे इसी मॉडल पर बने हैं। इसके द्वारा किसी जन सेवा या बुनियादी ढाँचे के विकास के लिए धन की व्यवस्था की जाती है। इसमें सरकारी और निजी संस्थान मिलकर अपने पहले से निर्धारित लक्ष्य को पूरा करते हैं और उसे हासिल करते हैं।

पीपीपी एक व्यापक शब्द है जिसे एक सरल, अल्पकालिक प्रबन्धन के किसी भी लंबी अवधि के अनुबंध के लिए लागू किया जा सकता है जिसमें धन, योजना, भवन, संचालन, रख-रखाव और विनिवेश शामिल हैं। पीपीपी व्यवस्था बड़ी परियोजनाओं के लिए उपयोगी होती है जिन्हें शुरू करने के लिए अत्यधिक कुशल श्रमिकों और महत्वपूर्ण नकदी परिव्यय की आवश्यकता होती है। वे उन देशों में भी उपयोगी हैं जिन्हें राज्य को कानूनी रूप से किसी भी बुनियादी ढाँचे की आवश्यकता होती है जो जनता की सेवा करता है।

सार्वजनिक निजी साझेदारी की आवश्यकता (Need of PPP)

सार्वजनिक निजी साझेदारी की जरूरत इसलिए पड़ती है, क्योंकि जब सरकार के पास इतना धन नहीं होता है, जिससे वह अपनी हजारों करोड़ रुपयों की घोषणाओं को पूरा कर सके तब ऐसी स्थिति में सरकार प्राइवेट कंपनियों के साथ एग्रीमेंट करती हैं और इन परियोजनाओं को पूरा करती है।

एक पब्लिक इंफाट्रक्चर प्रोजेक्ट, जैसे– नए टेलीकम्युनिकेशन सिस्टम, एयरपोर्ट या पावर प्लांट के लिए फंडिंग मॉडल है। सार्वजनिक भागीदार का प्रतिनिधित्व सरकार द्वारा स्थानीय, राज्य और या राष्ट्रीय स्तर पर किया जाता है। निजी भागीदार एक निजी स्वामित्व वाला व्यवसाय, सार्वजनिक निगम या विशेषज्ञता के विशिष्ट क्षेत्र के साथ व्यवसायों का संघ हो सकता है।

पब्लिक–प्राइवेट पार्टनरशिप का महत्व (Advantages of Public Private Partnership)

- पीपीपी मॉडल अपनाने से परियोजनाएँ सही लागत पर और समय से पूरी हो जाती हैं।
- पीपीपी से काम समय से पूरा होने के कारण निर्धारित परियोजनाओं से होने वाली आय भी समय से शुरू हो जाती है, जिससे सरकार की आय में भी बढ़ोत्तरी होने लगती है।
- परियोजनाओं को पूरा करने में श्रम और पूँजी संसाधन की प्रोडक्टिविटी बढ़ाकर अर्थव्यवस्था की क्षमता को बढ़ाया जा सकता है।
- पीपीपी मॉडल के तहत किए गए काम की क्वालिटी सरकारी काम के मुकाबले अच्छी होती है और साथ ही काम अपने निर्धारित योजना के अनुसार होता है।
- पीपीपी मॉडल के तहत होने वाली जोखिम को सार्वजनिक व निजी दोनों क्षेत्र में विभाजित किया जाता हैं।
- पीपीपी मॉडल से सरकार को उसकी बजटीय समस्या व उधार लेने की सीमाओं से मुक्ति मिलती है।

पीपीपी फंडिंग के विभिन्न मॉडलों की विशेषता है कि परियोजना के विभिन्न चरणों में संपत्ति के स्वामित्व और रख–रखाव के लिए कौन–सा भागीदार जिम्मेदार है। पीपीपी मॉडल के उदाहरणों में निम्न मॉड्यूल शामिल हैं–

डिजाइन–बिल्ड (Design-Build)

निजी क्षेत्र के साझेदार सार्वजनिक क्षेत्र के भागीदार के विनिर्देशों को पूरा करने के लिए बुनियादी ढाँचे का निर्माण करते हैं, अक्सर एक निश्चित मूल्य के लिए। निजी क्षेत्र का साझेदार सभी जोखिमों को स्वीकार करता है।

संचालन और रखरखाव अनुबंध (Operation and Maintenance Contract)

अनुबंध के तहत निजी क्षेत्र का साझेदार, एक विशिष्ट अवधि के लिए सार्वजनिक स्वामित्व वाली संपत्ति का संचालन करता है। सार्वजनिक भागीदार संपत्ति का स्वामित्व बरकरार रखता है।

डिजाइन-बिल्ड-फाइनेंस-ऑपरेट (Design-Build-Finance-Operate)

निजी क्षेत्र का साझेदार एक नया इंफ्रास्ट्रक्चर घटक तैयार करता है, उसका वित्त पोषण करता है और उसे लंबी अवधि के पट्टे के तहत रखरखाव करता है। निजी क्षेत्र का साझेदार पट्टे पर होने पर बुनियादी ढाँचा घटक को सार्वजनिक क्षेत्र के भागीदार को हस्तांतरित करता है।

बिल्ड-ओन-ऑपरेट (Build-Own-Operate)

निजी क्षेत्र का साझेदार वित्त, अवसंरचना घटक का निर्माण, स्वामित्व और संचालन करता है। सार्वजनिक क्षेत्र के साझेदार की बाधाओं को मूल समझौते और ऑन-गोइंग नियामक प्राधिकरण के माध्यम से कहा गया है।

बिल्ड-ओन-ऑपरेट-ट्रांसफर (Build-Own-Operate-Transfer)

निजी क्षेत्र के भागीदार को एक विशिष्ट अवधि के लिए अवसंरचना घटक (Infrastructure Components) को वित्त, डिजाइन, निर्माण और संचालन के लिए अधिकृत किया जाता है, जिसके बाद स्वामित्व वापस सार्वजनिक क्षेत्र के भागीदार के लिए स्थानांतरित कर दिया जाता है।

बाय-बिल्ड-ऑपरेट (Buy-Build-Operate)

सार्वजनिक रूप से स्वामित्व वाली यह संपत्ति कानूनी तौर पर नामित अवधि के लिए निजी क्षेत्र के भागीदार को हस्तांतरित की जाती है।

बिल्ड-लीज-ऑपरेट-ट्रांसफर (Build-lease-operate-transfer)

निजी क्षेत्र के साझेदार डिजाइन, पट्टे पर सार्वजनिक भूमि पर एक सुविधा का निर्माण करते हैं। निजी क्षेत्र के भागीदार भूमि पट्टे की अवधि के लिए सुविधा का संचालन करते हैं। जब पट्टे की अवधि समाप्त हो जाती है, तो परिसंपत्तियों को सार्वजनिक क्षेत्र के भागीदार को स्थानांतरित कर दिया जाता है।

ऑपरेशन लाइसेंस (Operation License)

निजी क्षेत्र के साझेदार को सार्वजनिक सेवा संचालित करने के लिए आमतौर पर एक निर्दिष्ट अवधि के लिए कानूनी अनुमति का लाइसेंस या अन्य अभिव्यक्ति दी जाती है। (यह मॉडल अक्सर आईटी परियोजनाओं में उपयोग किया जाता है।)

केवल वित्त (Finance Only)

निजी क्षेत्र का भागीदार, आमतौर पर एक वित्तीय सेवा कंपनी, बुनियादी ढाँचे के घटक को निधि देती है और धन के उपयोग के लिए सार्वजनिक क्षेत्र के साझेदार के ब्याज का शुल्क लेती है।

पब्लिक प्राइवेट पार्टनरशिप की अवधारणा को ग्रामीण क्षेत्रों में 4पी - मॉडल (पब्लिक प्राइवेट पंचायत पार्टनरशिप) के रूप में लागू किया जा रहा है। 3पी या 4पी मॉडल वास्तव में आर्थिक सुधारों (LPG) का परिणाम है, जिसमें उपभोक्ताओं से उपभोग शुल्क लेकर उनको गुणवत्तापूर्ण उत्कृष्ट सेवाएँ प्रदान की जाती हैं।

❑❑❑

6 राजनीतिक अवधारणाएँ एवं भारत का संविधान (Political Concepts and The Constitution of India)

भारत में राजनीति (Politics in India)

राजनीति दो शब्दों का एक समूह है, राजनीति (राज मतलब शासन और नीति मतलब उचित समय और उचित स्थान पर उचित कार्य करने की कला) अर्थात् नीति विशेष के द्वारा शासन करना या विशेष उद्देश्य को प्राप्त करना राजनीति कहलाती है। इस प्रकार राजनीति एक कला और कौशल भी है।

जनता के सामाजिक एवं आर्थिक स्तर (सार्वजनिक जीवन स्तर) को ऊँचा करना ही राजनीति है। नागरिक स्तर पर या व्यक्तिगत स्तर पर कोई विशेष प्रकार का सिद्धान्त एवं व्यवहार राजनीति (पॉलिटिक्स) कहलाती है। अधिक संकीर्ण रूप से कहें तो शासन में पद प्राप्त करना तथा सरकारी पद का उपयोग करना राजनीति है। राजनीति में बहुत से रास्ते अपनाये जाते हैं जैसे - राजनीतिक विचारों को आगे बढ़ाना, विधि बनाना, विरोधियों के विरुद्ध युद्ध आदि शक्तियों का प्रयोग करना। राजनीति बहुत से स्तरों पर हो सकती है- गाँव की परम्परागत राजनीति से लेकर, स्थानीय सरकार, राज्य या अन्तराष्ट्रीय स्तर पर।

राजनीति का इतिहास अति प्राचीन है जिसका विवरण विश्व के सबसे प्राचीन सनातन धर्म ग्रन्थों में देखने को मिलता है। राजनीति की शुरूआत रामायण काल से भी अति प्राचीन है। महाभारत महाकाव्य में इसका सर्वाधिक विवरण देखने को मिलता है। चाहे वह चक्रव्यूह रचना हो या चौसर खेल में पाण्डवों को हराने की राजनीति।

अरस्तु को राजनीति का जनक कहा जाता है। राजनीति किसी भी समाज का अविभाज्य अंग है। राजनीति पर श्रेष्ठ ऐतिहासिक ग्रन्थ अर्थशास्त्र के रचयिता आचार्य चाणक्य (कौटिल्य) को भारतीय राजनीति का जनक माना जाता है। महात्मा गांधी ने एक बार टिप्पणी की थी कि राजनीति ने हमें सांप की कुंडली की तरह जकड़ रखा है और इससे जूझने के सिवाय कोई अन्य रास्ता नहीं है। राजनीतिक संगठन और सामूहिक निर्णय के किसी ढाँचे के बिना कोई भी समाज जीवित नहीं रह सकता।

भारत की राजनीति दरअसल भारतीय लोकतंत्र (Indian Democracy) को अभिव्यक्त करती है। भारत में राजनीति लोकतंत्र के ढाँचे में काम करती है, क्योंकि भारत एक संघीय संसदीय, लोकतांत्रिक गणतंत्र है, जहाँ पर राष्ट्रपति देश का प्रमुख होता है और प्रधानमंत्री सरकार का प्रमुख होता है। भारत एक द्वि-शासनतन्त्र का अनुसरण करता है, अर्थात्, केन्द्र में एक केन्द्रीय सत्ता वाली सरकार और परिधि में राज्य सरकारें।

संविधान में विधान मंडल के द्विसदनीयता का प्रावधान हैं, जिसमें एक ऊपरी सदन (राज्य सभा) जो भारतीय संघ के राज्यों तथा केन्द्र-शासित प्रदेशों का प्रतिनिधित्व करता हैं, और निचला सदन (लोक सभा) जो भारतीय जनता का प्रतिनिधित्व करता हैं, सम्मिलित है। शासन एवं सत्ता सरकार के हाथ में होती है। संयुक्त वैधानिक बागडोर सरकार एवं संसद के दोनों सदनों, लोक सभा एवं राज्य सभा के हाथ में होती है। न्याय मण्डल शासकीय एवं वैधानिक, दोनों से स्वतंत्र होता है।

संविधान के अनुसार, भारत एक संप्रभु, समाजवादी, पंथ-निरपेक्ष, लोकतांत्रिक राज्य है, जहाँ पर सरकार जनता के द्वारा चुनी जाती है। अमेरिका की तरह, भारत में भी संयुक्त सरकार होती है, लेकिन भारत में केन्द्र सरकार राज्य सरकारों की तुलना में अधिक शक्तिशाली है, जो कि ब्रिटेन की संसदीय प्रणाली पर आधारित है। बहुमत की स्थिति में न होने पर सरकार न बना पाने की दशा में अथवा विशेष संवैधानिक परिस्थिति के अंतर्गत, केन्द्र सरकार राज्य सरकार को निष्कासित कर सकती है और सीधे संयुक्त शासन लागू कर सकती है, जिसे राष्ट्रपति शासन कहा जाता है।

भारत का पूरा राजनीतिक शासन प्रधानमंत्री एवं उनके मंत्रियों के द्वारा निर्धारित होता है। भारत विश्व का सबसे बड़ा लोकतांत्रिक गणराज्य और सामुदायिक देश है। यहाँ चुनाव को लोकतांत्रिक पर्व की तरह मनाया जाता है।

राजनीतिक सिद्धान्त की अवधारणा (Concept of Political Theory)

राजनीतिक सिद्धांत एक ऐसा पदबन्ध है जिसे राजनीतिक चिन्तन, राजनीतिक दर्शन, राजनीतिक विचार, राजनीतिक विश्लेषण, राजनीतिक परीक्षण, राजनीतिक विचारधारा, राजनीतिक व्यवस्था के सिद्धान्त आदि के पर्याय के रूप में प्रयोग किया जाता रहा है। राजनीतिक सिद्धांत और राजनीतिक दर्शन को तो आज भी समानार्थी माना जाता है। लेकिन वास्तव में ये दोनों शब्द एक जैसे नहीं है। दर्शन एक बुद्धि का विज्ञान है। प्लेटो और अरस्तु राजनीतिक दार्शनिक इसी कारण हैं कि उन्होंने सत्य की खोज की है। राजनीतिक दर्शन दर्शन का एक भाग है। दर्शन संसार की प्रत्येक वस्तु की व्याख्या करने का प्रयास करता है। इस सन्दर्भ में दर्शन न केवल 'है' का परीक्षण करता है बल्कि

यह भी देखता है कि किसी वस्तु को कैसा होना चाहिए, इसमें वैज्ञानिक परीक्षणों के साथ-साथ कल्पना-लोक की बातें भी शामिल होती है। हैलोवैल का कथन है कि - दर्शन अर्थ की तलाश है, यह हमारे ज्ञान को कुछ विवेकशील व सार्थक प्रतिमानों में संश्लिष्ट करने का प्रयास करता है। दर्शन का वास्तविक उद्देश्य हमारे ज्ञान को बढ़ाना ही नहीं, बल्कि उसे और अधिक गहन करना भी है। जब दर्शन को राजनीतिक घटनाओं पर लागू किया जाता है तो यह राजनीतिक दर्शन बन जाता है ।

राजनीतिक दर्शन का एक प्रमुख कार्य यह है कि वह मानव के विश्वासों को आत्म-सजगता में लाए और तर्क व बुद्धि के आधार पर उनकी समीक्षा करें। राजनीतिक दर्शन और राजनीतिक सिद्धांत में प्रमुख अन्तर यही है कि दार्शनिक सिद्धान्तशास्त्री हो सकता है जैसे प्लेटो व अरस्तु थे, लेकिन यह आवश्यक नहीं है कि सिद्धान्तशास्त्री दार्शनिक भी हो। हैरोल्ड, लासवैल और चार्ल्स मेरियम सिद्धान्त शास्त्री तो हैं, लेकिन वे हॉब्स व लॉक जैसे महान दार्शनिक नहीं हैं। राजनीतिक दर्शन का राजनीतिक संस्थाओं के साथ उतना निकट का सम्बन्ध नहीं है जितना उन विचारों और महत्वकांक्षाओं के साथ है जो उन संस्थाओं में निहित है। यह अन्तर्निहित प्रेरणाओं, विश्वासों और महत्वाकांक्षाओं की खोज करने की आड़ में राजनीतिक घटनाओं और संस्थाओं की सतह के भीतर देखने का प्रयास करता है।

उपर्युक्त विवेचन से स्पष्ट है कि राजनीतिक दर्शन का मुख्य सरोकार इस समस्या से है कि 'उत्तम जीवन' की प्राप्ति के लिए किस तरह का राजनीतिक संगठन उपयुक्त होगा। उत्तम जीवन क्या है- यह नैतिक चिन्तन का विषय है। राजनीतिक-सिद्धान्त अनुभावात्मक ज्ञान पर आधारित होने के कारण उत्तम जीवन को परिभाषित करने के काफी निकट पहुँचकर भी उससे दूर ही रहता है, परन्तु राजनीतिक सिद्धांत में वैज्ञानिक अध्ययन के अन्तर्गत उत्तम जीवन की बहुत-सी मान्यताओं को परखने की सहायता अवश्य मिल जाती है। राजनीतिक-सिद्धान्त के अन्तर्गत राजनीतिक जीवन की विभिन्न अभिव्यक्तियों के अध्ययन के लिए उपयुक्त पद्धतियों का चयन और प्रयोग किया जाता है। सार रूप में कहा जाता है कि राजनीति-दर्शन का सरोकार तथ्यों, आदर्शों, मानकों और मूल्यों से है।

राजनीतिक-सिद्धान्त राजनीतिक-विज्ञान की सबसे अधिक सरल और सबसे अधिक कठिन घटनाओं में से एक है। इस शब्द की उत्पत्ति ग्रीक भाषा के 'Theoria' शब्द से हुई है। राजनीतिक सिद्धांत को अंग्रेजी भाषा में 'Political Theory' कहा जाता है। 'Theoria' शब्द का अर्थ, 'समझने की दृष्टि से, चिन्तन की अवस्था में प्राप्त किसी सुकेन्द्रित मानसिक दृष्टि से है, जो उस वस्तु के अस्तित्व एवं कारणों को प्रकट करती है अर्थात् एक मानसिक दृष्टि जो एक वस्तु के अस्तित्व और उसके कारणों को प्रकट करती है। केवल वर्णन या किसी लक्ष्य के बारे में कोई विचार या सुझाव देना ही

सिद्धान्त नहीं होता। सिद्धान्त के अन्तर्गत किसी भी विषय के सम्बन्ध में एक लेखक की तरह पूरी सोच या समझ शामिल होती है। उसमें तथ्यों का वर्णन, उनकी व्याख्या लेखक का इतिहास बोध, उसकी मान्यताएँ और वे लक्ष्य शामिल हैं जिनके लिए किसी सिद्धान्त का प्रतिपादन किया जाता है। सरल अर्थ में सिद्धान्त शब्द का प्रयोग हमेशा किसी परिघटना की व्याख्या करने के प्रयास के रूप में किया जाता है। सिद्धान्त को व्यापक अर्थ में प्रयोग करते समय इसमें तथ्यों और मूल्यों दोनों को शामिल किया जाता है। आधुनिक अर्थ में राजनीतिक सिद्धांत के अन्तर्गत वे सभी गतिविधियाँ आ जाती हैं जो 'सत्ता के लिए संघर्ष से संबंधित हैं।

राजनीतिक सिद्धांत का विकास

राजनीतिक सिद्धांत की उत्पत्ति का केन्द्र बिन्दू यूनानी राजनीतिक चिन्तन को माना जाता है। यूनानी दार्शनिकों व चिन्तकों ने आदर्श राज्य की संकल्पना पर ही अपना सारा ध्यान संकेन्द्रित किया। मध्य युग में सेन्ट एक्विनास जैसे विचारकों ने राजाओं को पृथ्वी पर ईश्वर का अवतार माना, जिसकी पुष्टि हीगल के विश्वात्मा के विचार में होती है। औद्योगिक क्रान्ति के बाद इंग्लैण्ड व अमेरिका में संविधानों व संवैधानिक कानूनों के विकास पर जोर दिया जाने लगा। अब राज्य, कानून, प्रभुसत्ता, अधिकार और न्याय की संकल्पनाओं के साथ-साथ सरकारों की कार्यविधियों को भी परखने की चेष्टा की जाने लगी। यह प्रक्रिया 19वीं सदी के अन्त तक प्रचलित रही। 20वीं सदी के आरम्भ में राजनीतिक सिद्धांत को एक विशिष्ट क्षेत्र माना जाने लगा।

अमेरिकन पॉलिटिकल साइन्स एसोसिएशन (American Political Science Association) ने राजनीतिक सिद्धांत को राजनीति-विज्ञान का महत्वपूर्ण विषय स्वीकार किया और इसके अध्ययन व विकास के प्रयास तेज किए। अब राजनीतिक सिद्धान्त के अध्ययन के विषय राजनीतिक संस्थाएं, राज्य के लक्ष्य, न्याय, सुरक्षा, स्वतन्त्रता समानता आदि के साथ-साथ विशिष्ट वर्ग, शक्ति, प्रभाव, राजनीतिक विकास, राजनीतिक संस्कृति आदि को भी राजनीतिक सिद्धान्त के दायरे में ला दिया गया। अब राजनीतिक संस्थाओं के गुण-दोषों की चर्चा के साथ-साथ इनकी अच्छाई या बुराई के निष्कर्ष निकाले जाने लगे। चार्ल्स मेरियम, जी.ई. कैटलिन जैसे विचारकों के प्रयासों ने अब राजनीतिक सिद्धान्त को यथार्थवादी प्रवृत्ति से परिपूर्ण किया। लॉसवैल तथा ईस्टन ने व्यवहारवाद को जन्म देकर राजनीतिक सिद्धान्त को आधुनिक युग में प्रवेश करा दिया।

व्यवहारवाद के आगमन ने परम्परागत राजनीतिक सिद्धान्त को आधुनिक राजनीतिक सिद्धान्त की परिधि में प्रवेश करा दिया। अब ईस्टन ने राजनीति-विज्ञान में नए राजनीतिक सिद्धान्त के निर्माण पर जोर देना शुरू कर दिया। 1969 में ईस्टन ने उत्तर-व्यवहारवाद

की क्रान्ति का सूत्रपात करके राजनीतिक सिद्धान्त को नया आयाम दिया। द्वितीय विश्व युद्ध के बाद राजनीतिक सिद्धान्त निरन्तर नई-नई राजनीतिक समस्याओं से जूझ रहा है। इसी कारण आज तक किसी ऐसे सर्वमान्य राजनीतिक सिद्धान्त का निर्माण नहीं हुआ है जो विश्व के हर भाग में अपनी उपादेयता सिद्ध कर सके। इसका प्रमुख कारण इस बात में निहित माना जाता है कि आधुनिक राजनीतिक विचार किसी भी राजनीतिक सिद्धान्त का निर्माण करते समय प्लेटो व अरस्तु जैसी विश्व-दृष्टि नहीं रखते। इसी कारण आज राजनीतिक सिद्धान्त अपरिपक्व अवस्था में है।

परम्परागत राजनीतिक सिद्धान्त (Traditional Political Theories)

प्लेटो व अरस्तु से लेकर व्यवहारवादी क्रान्ति की शुरूआत होने तक का समय परम्परागत राजनीतिक-सिद्धान्त का है। परम्परागत राजनीतिक सिद्धान्त में व्यवहारवादी क्रान्ति से पूर्व प्रचलित विचार-सामग्री, राजनीतिक संस्थाओं के अध्ययन, विचारधाराओं तथा राजनीतिक विचारों के विश्लेषण को शामिल किया जाता है। राज्य, राज्य की प्रकृति तथा उसका आधार, सरकार, कानून, नैतिकता, प्राकृतिक विधि, राजनीतिक संस्थाएँ आदि परम्परागत राजनीतिक-सिद्धान्त के महत्वपूर्ण विषय रहे हैं। परम्परागत राजनीतिक सिद्धान्त के विकास में प्लेटो, अरस्तु, हॉब्स, लॉक, हीगल, कार्ल मार्क्स तथा मान्टेस्क्यू आदि राजनीतिक विचारकों का महत्वपूर्ण योगदान रहा है।

परम्परागत राजनीतिक सिद्धांत की विशेषताएं

- **मूल्य-सापेक्ष** – परम्परागत राजनीतिक-सिद्धान्त में मूल्यों, आदर्शों व परम तत्वों को सर्वोपरि स्थान दिया गया है। प्लेटो का न्याय सिद्धान्त, अरस्तु का मध्यम-प्रजातन्त्र, लॉक का प्राकृतिक कानून, रुसो की सामान्य इच्छा इसी प्रकार के हैं। परम्परागत राजनीतिक सिद्धान्त का निर्माण सिद्धान्त निर्माताओं की मान्यताओं से हुआ है। इनके समक्ष आनुभाविक तथ्यों, जाँच, प्रमाण तथा अवलोकन का कोई महत्व नहीं है। परम्परागत राजनीतिक सिद्धान्त 'चाहिए' प्रकृति का है। इसके अन्तर्गत राजनीतिक सिद्धान्तकार हमेशा क्रियात्मक उद्देश्य को लेकर लिखते रहे हैं उनका उद्देश्य सुधार, समर्थन या विरोध करना रहा है। परम्परागत राजनीतिक सिद्धान्त में मूल्यों व मान्यताओं को इतना महत्व दिया गया है कि इससे राजनीतिक दर्शन राजनीतिक विज्ञान और राजनीति सिद्धान्त का अन्तर ही समाप्त हो गया है।
- **समस्याओं का समाधान करने का प्रयास** – परम्परागत राजनीतिक सिद्धान्त का संबंध समसामयिक समस्याओं के हल निकालने के प्रयासों से रहा है। प्लेटो का

दार्शनिक राजा का सिद्धान्त तत्कालीन यूनानी नगर-राज्यों में मौजूद अराजकता के वातावरण से छुटकारा पाने के लिए किया गया है। इटली की तत्कालीन स्थिति से छुटकारा पाने के लिए मैकियावेली ने भी अपने ग्रन्थ 'The Prince' में छल-कपट के सिद्धान्तों का प्रतिपादन किया है। इससे स्पष्ट है कि परम्परागत सिद्धान्त के चिन्तक व सिद्धान्तकार तत्कालीन सामाजिक और राजनीतिक समस्याओं के प्रति बड़े संवेदनशील रहे हैं। इसी कारण उन्होंने ऐसे सिद्धान्तों का निर्माण किया जो तत्कालीन समस्याओं का समाधान प्रस्तुत करने में सफल रहे।

- **मुख्यतः वर्णनात्मक अध्ययन** – परम्परागत राजनीतिक सिद्धान्त की प्रमुख विशेषता इसका वर्णनात्मक होना है। इस सिद्धान्त के अन्तर्गत राजनीतिक संस्थाओं की व्याख्या व विश्लेषण न करके, उनका वर्णन ही किया गया है। इस सिद्धान्त द्वारा समस्याओं का कोई समाधान नहीं हुआ है। इस सिद्धान्त के अन्तर्गत यह जानने का प्रयास कभी नहीं किया गया है कि संस्थाओं की समानताओं तथा असमानताओं के मूल में कौन-सी ऐसी परिस्थितियाँ हैं जो इन्हें प्रभावित करती हैं।
- **दर्शन, धर्म तथा नीतिशास्त्र का प्रभाव** – प्लेटो से लेकर हीगल तक राजनीतिक सिद्धान्तों को सदैव आचार शास्त्र या दर्शन शास्त्र के एक अंश के रूप में प्रतिपादित किया गया है। उस समय के राजनीतिक विचारक अपने आपको किसी न किसी रूप में दर्शन, धर्म व नीतिशास्त्र से जोड़ रहे हैं। इन चिन्तकों का चिन्तन धर्म व दर्शन से प्रभावित रहा है। मध्य युग में राज्य व धर्म के आपसी सम्बन्ध इसी बात की स्पष्ट प्रमाण है। यूरोप में काफी लम्बे समय तक यह सिद्धान्त प्रचलित रहा कि चर्च की सत्ता राजसत्ता से ऊपर है। सेन्ट एक्विनास की विचारधारा इसी प्रकार की थी। इस सिद्धान्त के विचारक सिद्धान्तशास्त्री होने के साथ-साथ अच्छे दार्शनिक भी रहे हैं। इसी कारण परम्परागत राजनीतिक सिद्धान्त पर दर्शन व धर्म का प्रभाव है।
- **मुख्यतः निगमनात्मक अध्ययन** – परम्परागत राजनीतिक सिद्धान्त में आदर्शात्मक (Normative) अध्ययन पर जोर दिया जाता है। इन लेखकों ने किसी वैज्ञानिक विधि का प्रयोग नहीं किया है। यह सिद्धान्त किसी आदर्श की कल्पना को ही व्यावहारिक रूप देने के लिए किए गए प्रयासों में से एक है। प्लेटो का दार्शनिक शासक और रुसो की सामान्य इच्छा इसी कोटि की कल्पनाएँ हैं। हीगल का विश्वात्मा का विचार भी काल्पनिक विचार होने के कारण आदर्शी अध्ययन का ही नमूना है। यद्यपि परम्परावादी विचारकों ने अपने सिद्धान्तों का निर्माण करते समय आनुभाविक विधियों का भी प्रयोग किया, लेकिन उनके परिणाम आदर्शों अध्ययन वाले ही रहे। 158 देशों के संविधानों का तुलनात्मक अध्ययन करने के बाद भी अरस्तु ने आदर्श राज्य के सिद्धान्त का ही प्रतिपादन किया। इस पद्धति को

प्लेटो, हॉब्स, हीगल, अरस्तु, कान्ट, बर्क आदि विचारकों ने अपनाया। इन सभी के अध्ययन निगमनात्मक पद्धति पर आधारित आदर्श अध्ययन ही रहे।

- **मुख्यतः कानूनी, औपचारिक व संस्थागत अध्ययन** – परम्परागत राजनीतिक सिद्धान्त मुख्यतः औपचारिक संस्थाओं या विधि व संविधान द्वारा निर्मित औपचारिक संस्थाओं तक ही सीमित रहा। इन सिद्धान्त के विचारकों ने केवल औपचारिक संस्थाओं का ही वर्णन व अध्ययन किया, बाहर जाकर उनके व्यवहार का अध्ययन व परीक्षण नहीं किया। डॉयसी, जेनिग्स, लॉस्की तथा मुनरो की रचनाएँ इसी कोटि के अन्तर्गत शामिल हैं। इन सभी विचारकों या विद्वानों का अध्ययन कानूनी या औपचारिक अध्ययन ही बना रहा, इन्होंने कभी भी अनौपचारिक अध्ययन का प्रयास नहीं किया।
- **अवधारणात्मक अध्ययन** – परम्परागत राजनीतिक सिद्धान्त के समर्थक न्याय, सुरक्षा, समानता, लोक कल्याण, नैतिकता, राज्य, कानून, सम्प्रभुता, राष्ट्रवाद आदि अवधारणाओं को परिभाषित करने में ही लगे रहे। इस सिद्धान्त के समर्थकों ने एक सार्वभौम समाज सुधारक व धर्म प्रचारक की तरह अपनी अवधारणाओं को परिभाषित किया, लेकिन कभी भी उन्हें व्यवहारवादी बनने का प्रयास नहीं किया। इसी कारण यह सिद्धान्त अवधारणात्मक अध्ययन तक ही सिमटकर रह गया।
- **अधि-अनुशासनात्मक अध्ययन** – परम्परागत राजनीतिक सिद्धान्त में राजनीतिक विचारकों ने मानव जीवन के सभी चिन्तनात्मक पहलूओं का अध्ययन किया है। इसी कारण इन विचारकों के सिद्धान्तों को किसी विषय विशेष से जोड़ना असम्भव है। प्लेटो, अरस्तु, रुसो, मार्क्स आदि विचारकों का दृष्टिकोण समाज विज्ञान के सभी विषयों तथा विज्ञान से रहा है। इन विषयों से राजनीतिक सिद्धान्तों के निर्माण के लिए राजनीति-विज्ञान को अलग करके देखना सम्भव नहीं है। इसी कारण परम्परागत राजनीतिक सिद्धान्त अधि-अनुशासनात्मक अध्ययन का परिणाम है। इसी कारण राजनीतिक सिद्धान्त में भी विषय क्षेत्र संबंधी अस्पष्टता का जन्म हुआ है। जो आज भी विद्यमान है।
- **आत्मनिष्ठता** – परम्परागत राजनीतिक चिन्तन आत्मनिष्ठता का गुण रखता है। इसमें वस्तुनिष्ठता का अभाव होने के कारण यह किसी सर्वमान्य राजनीतिक सिद्धान्त का निर्माण करने में असफल रहा है। वैचारिक अलगाववाद के कारण ही परम्परागत राजनीतिक सिद्धान्त के निर्माण के किसी भी राजनीतिक चिन्तक ने प्रयास नहीं किए है। रॉबर्ट ए. डहल का मानना है कि "परम्परागत राजनीतिक विचारकों के चिन्तन का आधार एक व्यक्तिपरक भावात्मक विश्व-दृष्टि है। उनके विचार व्यक्तिगत दृष्टिकोण, चिन्तन, कल्पना आदि से विस्तृत हुए हैं। शाश्वत्

एवं उच्चस्तरीय तत्वों से सम्बद्ध होने के कारण उनकी चिन्तन प्रणाली तार्किक और निगमनात्मक है। वे आकाश में बैठकर धरती की तरफ देखते हैं।'' इसी कारण उनमें राजनीतिक सिद्धान्त के प्रति जागरुकता नहीं रही है। यही वैचारिक अलगाववाद व जागरुकता का अभाव सर्वमान्य व सर्वकालिक राजनीतिक सिद्धान्त का निर्माण करने के मार्ग में बाधक रहा है।

उपरोक्त विवेचन के बाद कहा जा सकता है कि परम्परागत राजनीतिक सिद्धान्त, दार्शनिक व इतिहासवादी रहा है। इस सिद्धान्त पर दर्शन व नीति-शास्त्र का अधिक प्रभाव रहा है। व्यक्तिनिष्ठ होने के कारण परम्परागत राजनीतिक सिद्धान्तों में विविधता, अस्पष्टता, अमूर्तता तथा परस्पर तुलना का अभाव पाया जाता है। मूल्यों पर आधारित होने के कारण यह व्यवहारवादी विचारकों की आलोचना का केन्द्र भी बना है। लेकिन उत्तर-व्यवहारवाद के आगमन ने राजनीतिक सिद्धान्त को मूल्य संबंधी विवाद से छुटकारा दिला दिया है। आधुनिक राजनीतिक सिद्धान्त भी परम्परागत राजनीतिक सिद्धान्त की तरह मूल्य-सापेक्ष माना जाता है। आनुभाविक या आधुनिक राजसिद्धान्त का कट्टर विरोधी होने के बावजूद भी यह परम तत्वों, शाश्वत सत्यों, व सम्पूर्ण विचारों को समेटे हुए हैं। प्लेटो, अरस्तु, हॉब्स आदि के द्वारा प्रतिपादित राजनीतिक सिद्धान्त आज भी महत्वपूर्ण हैं। स्वतन्त्रता, समानता, न्याय, सम्प्रभुसत्ता, राष्ट्रवाद, राज्य, कानून का शासन आदि अवधारणाएँ आज भी राजनीति-विज्ञान के अध्ययन में महत्वपूर्ण स्थान बनाए हुए हैं।

आधुनिक राजनीतिक सिद्धांत (Modern Political Theories)

प्रथम विश्व युद्ध के प्रारम्भ होते ही परम्परागत राजनीतिक सिद्धान्त को खतरे का आभास होने लगा जो द्वितीय विश्व युद्ध के बाद वास्तविकता में बदल गया, द्वितीय विश्व युद्ध के बाद उत्पन्न जटिल राजनीतिक व सामाजिक परिस्थितियों में परम्परागत सिद्धान्त अप्रसांगिक लगने लगा। इन जटिल परिस्थितियों में राजनीतिक शास्त्र के साथ-साथ राजनीतिक सिद्धान्त के क्षेत्र में भी परिवर्तन आना अवश्यम्भावी था। अब राजनीतिक विज्ञान में अध्ययन की नई-नई तकनीकों, तथ्यों, विश्लेषण की इकाईयों तथा एक सुव्यवस्थित सिद्धान्त की माँग जोर पकड़ने लगी। चार्ल्स ई. मेरियम ने अपनी पुस्तक 'New Aspects of Politics' में यह स्पष्ट संकेत दे डाला कि ''राजनीति विज्ञान को नया मार्ग तलाशना पड़ेगा क्योंकि राजनीतिक सिद्धान्त ऐसी शक्तियों के सम्पर्क में आ गया है कि कालान्तर में वे इसकी प्रक्रिया (Process) को मूलतः संशोधित कर देगी।'' राजनीतिक विज्ञान के क्षेत्र में आनुभाविक पद्धति (Empirical Methods) ने राजनीति के अध्ययन को वैज्ञानिक बनाने पर जोर दिया और राजनीतिक सिद्धान्तशास्त्री

की 'शक्ति', 'सत्ता', 'राजनीतिक अभिजन', 'राजनीतिक प्रभाव', 'राजनीतिक विकास', 'राजनीतिक आधुनिकीकरण' तथा 'राजनीतिक संस्कृति' आदि की अवधारणाओं पर अधिक जोर देने लगे।

लासवैल तथा मेरियम ने शक्ति सिद्धान्त तथा मोस्का, मिचेल्स तथा परेटो ने राजनीतिक अभिजन सिद्धान्त का प्रतिपादन करके राजनीतिक सिद्धान्त को नई दिशा दी। 1953 में डेविड ईस्टन ने व्यवहारवादी क्रान्ति का नया राजनीतिक सिद्धान्त पेश करके परम्परागत राजनीतिक सिद्धान्त की अव्यवहारिकता की पोल ही खोल दी। डेविड ईस्टन, डाहल तथा पॉवेल आदि व्यवहारवादी विचारकों ने राजनीतिक सिद्धान्त को आधुनिक बनाने पर जोर दिया और मूल्य-मुक्त राजनीतिक-सिद्धान्त की अवधारणा पेश की। लेकिन 1969 में उत्तर-व्यवहारवादी क्रान्ति का बिगुल बजाकर ईस्टन ने आधुनिक राजनीतिक सिद्धान्त में मूल्यों को भी महत्व दिया। ईस्टन के साथ ही रॉल्स व पॉपर जैसे विचारकों ने भी मूल्यों को बहुत महत्व दिया। 1990 के बाद जॉन डन्न, स्टीवन लूकेज, डेविड हैल्ड आदि विद्वानों ने राजनीतिक-सिद्धान्त का विकास किया।

राजनीतिक अध्ययन की अन्तः शास्त्रीय पद्धति

आधुनिक राजनीतिक सिद्धान्तकारों का मानना है कि मानव-व्यवहार विभिन्न तत्वों का सैट है। इसी सन्दर्भ में राजनीतिक विज्ञान भी समाजशास्त्र, अर्थशास्त्र तथा मनोविज्ञान आदि से प्रभावित होता है। किसी भी समाज की राजनीतिक व्यवस्था और उसके व्यवहार को समझने के लिए उस समाज की आर्थिक, धार्मिक, सांस्कृतिक परिस्थितियों को भी समझना जरूरी है। यह विचार भूमण्डलीकरण की प्रक्रिया का भी पोषण करता है। विश्व-व्यापी राजनीतिक सिद्धान्त का निर्माण करने के लिए यह आवश्यक है कि विश्व समाज की आर्थिक, राजनीतिक, सामाजिक व धार्मिक व्यवस्थाओं को एक साथ लाकर ही सिद्धान्त निर्माण के प्रयास किए जाएं।

किसी भी राजनीतिक घटना को अन्तः अनुशासनात्मक दृष्टिकोण से परखने का प्रयास ही सामान्य सिद्धान्त निर्माण के लक्ष्य तक पहुँच सकता है। लेकिन अधिकतर राजनीतिक विज्ञान के विद्वान इस बात पर ही अड़े हुए हैं कि राजनीतिक-विज्ञान एक स्वतन्त्र अनुशासन रहे। इसी कारण ग्राम वालास, आर्थर वेन्टले, चार्ल्स मेरियम, लासवैल जैसे विद्वानों का अन्तः अनुशासनात्मक अध्ययन का दृष्टिकोण कुछ बाधित सा प्रतीत होता है। लेकिन अब यथार्थ में स्थिति कुछ बदल रही है। आधुनिक राजनीतिक विज्ञान और सिद्धान्तकार को अन्तः अनुशासनात्मक दृष्टिकोण अपनाकर ही राजनीतिक सिद्धान्त का निर्माण करना चाहिए ताकि एक सामान्य व सर्वव्यापक राजनीतिक सिद्धान्त का निर्माण हो सके।

आनुभाविक राजनीतिक अध्ययन

आधुनिक राजनीतिक विद्वान राजनीतिक विज्ञान को विशुद्ध विज्ञान बनाने के लिए राजनीतिक तथ्यों के संकलन, मापन व अध्ययन की नवीन तकनीकें अपनाने पर जोर देते हैं। डेविड ईस्टन का जोर इसी बात पर रहा है कि "राजनीति विज्ञान में खोज सुव्यवस्थित होनी चाहिए। यदि कोई सिद्धान्त आंकड़ों पर आधारित नहीं है तो वह निरर्थक साबित होगा।" इसलिए सभी व्यवहारवादी विद्वानों ने वर्णनात्मक एवं अनुभवात्मक अध्ययन पर जोर दिया है जो पर्यवेक्षण, माप, तार्किक, युक्तियुक्तता आदि तकनीकों पर आधारित हैं। इसमें व्यक्तिनिष्ठता की अपेक्षा वस्तुनिष्ठता पर जोर दिया जाता है। लासवैल, चार्ल्स मेरियम जैसे विद्वानों ने राजनीति-विज्ञान और राजनीतिक सिद्धान्त दोनों को आनुभाविक विधियों के आधार पर वैज्ञानिक बनाने में महत्वपूर्ण योगदान दिया है। इससे मतदान, चुनावी आचरण आदि का साक्षात्मकारों व जातीय अध्ययनों द्वारा उचित अध्ययन करने व जनमत का पता लगाने में बड़ी सुविधा हुई है।

परम्परागत सीमाएं छोड़कर अध्ययन

आधुनिक राजनीतिक सिद्धान्त के अन्तर्गत राजनीतिक विद्वान अध्ययन की परम्परागत सीमाएं छोड़कर ही अपना कार्य करते हैं। राजनीतिक विद्वान अब तथ्य और घटनाओं को प्रत्येक क्षेत्र व विषय से ग्रहण करने में संकोच नहीं करते हैं। इसी कारण आधुनिक राजनीतिक सिद्धान्त अध्ययनमुक्तत्ता के गुण से सम्बन्धित है। राजनीतिक तथ्य और घटनाएँ जहाँ भी उपलब्ध हो, चाहे वे समाजशास्त्र, धर्म या अर्थशास्त्र के विषय में हो अथवा व्यक्ति, परिवार, राष्ट्र और विश्व से सम्बन्धित हो, अब राजनीति-विज्ञान का विषय बन गए हैं। यहाँ तक कि वैयक्तिक और सामूहिक स्तर पर बचपन, युवावस्था आदि में विकसित राजनीतिक प्रवृत्तियों को भी सर्वेक्षण और शोध का विषय बना लिया गया है। अब राजनीतिक सिद्धान्तशास्त्री की यही भावना रहती है कि वास्तविक परिस्थितियों का अध्ययन करके ही अवधारणात्मक आधार पर सिद्धान्त निर्माण का कार्य किया जाए। ईस्टन, डाहल, वेबर तथा ऑमण्ड आदि विद्वानों ने विश्लेषणात्मक पद्धति का प्रयोग करके ही राजनीतिक सिद्धान्त के निर्माण के प्रयास किए हैं। इसी कारण यह राजनीतिक सिद्धान्त अधिकांश राजनीतिक विद्वानों द्वारा मान्य है।

मूल्य-निरपेक्ष बनाम मूल्य-सापेक्ष अध्ययन

अपने जीवन के प्रारम्भिक काल में राजनीतिक सिद्धान्त में मूल्यों की उपेक्षा की गई थी। व्यवहारवादी विद्वानों ने इस बात पर बल दिया कि शोधकर्ता को अनुसन्धान में स्वयं के मूल्यों एवं धारणाओं से दूर रखना चाहिए ताकि अध्ययन पर उनकी व्यक्तिगत मान्यताओं व धारणाओं का प्रभाव न पड़ने पाए। व्यवहारवादी लेखकों ने मूल्य-निरपेक्ष

राजनीतिक विज्ञान की धारणा पर बल दिया। उन्होंने कहा कि सच्चा चिन्तक वही है जो अच्छे बुरे में भेद न करके यथार्थवादी आंकड़ों व तथ्यों के संकलन, वर्गीकरण व विश्लेषण में ही लगा रहता है। व्यवहारवादी चिन्तकों ने बौद्धिक निष्पक्षता की आड़ में राजनीतिक सिद्धान्त व राजनीतिक विज्ञान को कोरा सिद्धान्तवादी बना दिया। व्यवहारवादी विद्वानों ने सिद्धान्त निर्माण करते समय 'चाहिए' शब्द की उपेक्षा करे अपने को मूल्य निरपेक्षवादी सिद्ध करने का प्रयास किया। व्यवहारवाद के जनक डेविड ईस्टन ने स्वयं 1969 में अपनी भूल को सुधारते हुए 1969 में उत्तर-व्यवहारवादी क्रान्ति का बिगुल बजाकर यह घोषणा की कि राजनीतिक सिद्धान्त व राजनीतिक विज्ञान के अध्ययन को मूल्य-सापेक्ष होना चाहिए।

उत्तर-व्यवहारवादियों ने यह तर्क दिया कि राजनीति-विज्ञान कभी भी प्राकृतिक विज्ञान की तरह पूर्ण विज्ञान नहीं बन सकता। इसलिए राजनीतिक सिद्धान्तशास्त्रियों को चाहिए कि वे समस्याओं के समाधान का प्रयास करें और मानवीय तथा आनुभाविक उपागमों के महत्व को स्वीकार करें। डेविड ईस्टन ने स्वयं कहा कि मूल्य निरपेक्ष या तटस्थ अध्ययन राजनीतिक सिद्धान्त के निर्माण में बाधक है। इसलिए राजनीतिक विद्वानों व सिद्धान्तशास्त्रियों को नैतिक मूल्यों को प्रोत्साहन देना चाहिए। उसने यह भी कहा कि "हम चाहे कितना भी प्रयास करें, मूल्यों से छुटकारा नहीं पा सकते। मूल्य हमारे व्यक्तित्व का अभिन्न अंग है। मानव होने के नाते हम अपने मनोभावों और अपनी पसंद और ना पसंद से प्रभावित हुए बिना नहीं रह सकते। ईस्टन की तरह की कब्बन ने भी मूल्यों के पुनर्निमाण पर जोर दिया। आधुनिक राजनीतिक सिद्धान्तशास्त्री अब इसी बात पर जोर देते हैं कि राजनीति-विज्ञान में अध्ययन करते समय तथ्यों व आंकड़ों के साथ-साथ मूल्यों को भी महत्वपूर्ण समझा जाना चाहिए। तथ्यों और मूल्यों को मिलाकर ही उपयोगी राजनीतिक सिद्धान्त का निर्माण किया जा सकता है।

शोध एवं सिद्धान्त में घनिष्ठ सम्बन्ध

आधुनिक राजनीतिक सिद्धान्तशास्त्रियों का मानना है कि शोध और सिद्धान्त में घनिष्ठ सम्बन्ध होना चाहिए। इसी कारण आज राजनीतिक सिद्धान्तशास्त्री व राजनीतिक विद्वान वैज्ञानिक पद्धति के प्रयोग द्वारा व्याख्याओं एवं सिद्धान्तों के निर्माण में लगे रहते हैं।

आधुनिक राजनीतिक सिद्धान्त शास्त्रियों का एकमात्र उद्देश्य राजनीति के सैद्धान्तिक प्रतिमानों को विकसित करना है। इसके लिए वे शोध व सिद्धान्त में एकरूपता बनाए रखने का प्रयास करते हैं। शोध और सिद्धान्त की एकरूपता के आधार पर ही आधुनिक राजनीतिक विद्वान घटनाओं और तथ्यों में सम्बन्ध स्थापित करके उनका विश्लेषण करते हैं।

अनौपचारिक तत्वों का अध्ययन

आधुनिक राजनीतिक सिद्धान्तशास्त्रियों का कहना है कि आज परम्परागत अध्ययन की औपचारिक संस्थाओं जैसे-राज्य, सरकार, दल आदि का अध्ययन ही पर्याप्त नहीं है। राबर्ट डहल, व ऑमण्ड-पावेल का मानना है कि सिद्धान्त निर्माण व राजनीतिक विश्लेषण के लिए अर्थात् राजनीतिक वास्तविकताओं को समझने के लिए अनौपचारिक तत्वों के अध्ययन के बिना किसी भी सर्वव्यापक व सामान्य राजनीतिक सिद्धान्त का निर्माण कर पाना असम्भव है। इसलिए आधुनिक राजनीतिक सिद्धान्तकारों ने जनमत, मतदान, आचरण, विधानमण्डल, कार्यपालिका, न्यायपालिका, राजनीतिक दल, दबाव व हित समूहों आदि के अध्ययन पर भी जोर दिया है।

समस्या समाधान का प्रयास – उत्तर-व्यवहारवाद के आगमन से पहले ऐसा लगता था कि राजनीति-विज्ञान कोरा विज्ञानवाद बन जाएगा और इसमें समस्याओं के समाधान की कोई गुंजाइश नहीं रहेगी। लेकिन उत्तर-व्यवहारवादियों ने इस शंका को दूर करते हुए स्वयं को मूल्यों, नीतियों और समस्याओं से जोड़े रखा है। वे अपने विश्लेषण द्वारा राजनीतिक विज्ञान की महत्वपूर्ण अवधारणाओं-राजसत्ता, व्यक्तिगत स्वतन्त्रता, प्रभुसत्ता, न्याय, समानता व लोकतन्त्र आदि को नए सिरे से परिभाषित करने के प्रयास करते रहे हैं। आधुनिक राजनीतिक सिद्धान्तशास्त्रियों ने उत्तर-व्यवहारवाद की मदद से युद्ध और शान्ति, बेरोजगारी, सामाजिक परिवर्तन, असमानता, पर्यावरण और विकासवाद, प्रदुषण आदि समस्याओं के समाधान प्रस्तुत करने के प्रयास किए हैं।

विकासशील राजनीतिक सिद्धान्त

आधुनिक राजनीतिक सिद्धान्त अभी अपनी प्रारम्भिक अवस्था में है। हमें आज ऐसा लगता है कि एक व्यापक राजनीतिक सिद्धान्त का निर्माण हो चुका है, लेकिन यथार्थ में ऐसा नहीं है। आज जो अनेक राजनीतिक सिद्धान्त विकसित या निर्मित हो चुके हैं, वे राजनीतिक सिद्धान्त न होकर उपागम हैं। आधुनिक राजनीतिक सिद्धान्त का निर्माण करने वाली पद्धतियाँ निश्चित हो चुकी हैं। आधुनिक राजनीतिक सिद्धान्त धीरे- धीरे एकीकरण, प्रगति एवं सामंजस्य की तरफ बढ़ रहा है। इसलिए आधुनिक राजनीतिक सिद्धान्त अनिश्चित व अपूर्ण अवस्था में है। इसमें विश्वसनीय व सत्यापित सामान्यीकरणों की मात्रा बहुत ही सीमित है। अतः आधुनिक राजनीतिक सिद्धान्त विकासशील अवस्था में है।

स्वायत्तता एवं विकास के प्रति जागरुकता

आधुनिक राजनीतिक विद्वानों का एक ऐसा वर्ग भी है जो राजनीति विज्ञान को एक स्वतन्त्र विषय बनाना चाहता है। इस वर्ग में ईस्टन डाहल, कैटलिन आदि उच्च कोटि

के राजनीतिक विद्वान आते हैं। इन विद्वानों की रुचि राजनीतिक सिद्धान्त के निर्माण, स्थायित्व, विश्वसनीयता और व्यापकता में है। ये राजनीतिक विद्वान राजनीतिक सिद्धान्त के निर्माण के लिए जागरुकता का परिचय देते हुए राजनीतिक तथ्यों और निष्कर्षों में एक क्रमबद्धता व सम्बद्धता लाना चाहते हैं। इसी कारण इन्होंने सामान्य व्यवस्था सिद्धान्त का निर्माण किया है। उपरोक्त विश्लेषण के बाद कहा जा सकता है कि आधुनिक राजनीतिक सिद्धान्त अब परम्परागत सीमाएं छोड़ चुका है।

उत्तर-व्यवहारवाद के आगमन ने इसे मूल्य-सापेक्ष अध्ययन करने पर बाध्य किया है। इसी कारण आधुनिक राजनीतिक विद्वान व सिद्धान्तशास्त्री परम्परागत राजनीतिक सिद्धान्त की तरह मूल्यों को बहुत महत्व देते हैं। आधुनिक राजनीतिक सिद्धान्त में शोध व सिद्धान्त में जो पारस्परिक सम्बन्ध पाया जाता है, उसने आधुनिक सिद्धान्त के निर्माण का मार्ग विकासोन्मुखी बना दिया है। यद्यपि कुछ विद्वान राजनीतिक सिद्धान्त व राजनीतिक विज्ञान को अन्तः अनुशासनात्मक बनाने पर भी जोर देते हैं, जबकि ईस्टन, डाहल व कैटलीन जैसे विद्वानों ने इसे स्वायतः बनाने पर जोर दिया है। इससे स्पष्ट है कि आधुनिक राजनीतिक सिद्धान्त अभी विकासशील अवस्था में है। आधुनिक राजनीतिक विद्वानों पर यह प्रयास है कि राजनीति-विज्ञान को सामाजिक सन्दर्भ अनुस्थायी अध्ययन पर आधारित करके सिद्धान्त शास्त्रियों के कार्य को आगे बढ़ाया जाए। आज राजनीतिक सिद्धान्त शास्त्रियों व राजनीतिक वैज्ञानिकों के प्रयासों को देखकर कहा जा सकता है कि राजनीति विज्ञान में भी सामान्य व सर्वव्यापक सिद्धान्त निर्माण संभव है।

राजनीतिक सिद्धांत की समस्याएँ (Problems of Political Theories)

प्लेटो व अरस्तु से लेकर 20वीं सदी तक राजनीतिक सिद्धान्त के विकास की गति काफी धीमी रही है। 'अमेरिकन पॉलिटिकल साइन्स एसोसिएशन' तथा 'सोशल साइन्स रिसर्च कौंसिल' की स्थापना से राजनीतिक सिद्धान्त के विकास में कुछ तेजी आई। इतना होने के बावजूद अधिकतर विकासशील देशों में तो राजनीतिक सिद्धान्त की दशा आज भी काफी शोचनीय है। विकासशील देशों में तो यह एक स्वतन्त्र अनुशासन के स्तर से काफी दूर है। इन देशों में राजनीतिक सिद्धान्त के अध्ययन के लिए उपयुक्त अध्ययन पद्धतियों का अभाव है। यूरोप के देशों में तो इसका तीव्र विकास हुआ है लेकिन विकासशील देशों में नहीं। उपनिवेशवाद व साम्राज्यवाद का शिकार रह चुके इन देशों में शोध संबंधी सुविधाओं का नितान्त अभाव रहा है।

विकासशील देशों में राजनीतिक सिद्धान्त का परम्परागत रूप ही देखने को मिलता है। इन देशों में मौलिक चिन्तन और अनुभवात्मक शोध का अभाव आज भी है। यद्यपि भारत में इस दिशा में कुछ प्रगति अवश्य हुई है। विकासशील देशों में

राजनीतिक सिद्धान्त को वैज्ञानिक बनाने तथा राजनीतिक समस्याओं को हल करने में राजनीतिक विद्वानों ने कोई खास योगदान नहीं दिया है। इन देशों में राजनीतिक विद्वानों में राजनीतिक तटस्थता भाव का पाया जाना ही राजनीतिक सिद्धान्त के पिछड़ेपन का कारण है। विकासशील देशों की अपेक्षा विकसित देशों में राजनीतिक सिद्धान्त की स्थिति कुछ अच्छी है।

आधुनिक राजनीतिक सिद्धान्त आज अनेक समस्याओं से जूझ रहा है। अनेक प्रयासों के बावजूद भी राजनीतिक-विज्ञान आज तक किसी वैज्ञानिक राजनीतिक सिद्धान्त का निर्माण नहीं कर पाए हैं। राबर्ट डहल ने तो यहाँ तक कह दिया कि राजनीतिक सिद्धान्त अंग्रेजी भाषी देशों में तो मृत हो चुका है। साम्यवादी देशों में बन्दी है तथा अन्यत्र मरणासन्न है। अनेक प्रयासों के बाद भी अर्थात् वैज्ञानिक शोध पद्धतियों तथा व्यवहारवादी क्रान्ति को आत्मसात कर लेने के बाद भी राजनीति विज्ञान में कोई सर्वमान्य वैज्ञानिक राज-सिद्धान्त नहीं बन सका है।

राजनीतिक सिद्धान्त के समर्थन में यह कहा जाने लगा है कि आज राजनीतिक सिद्धान्त के लिए बहु-अनुशासनात्मक दृष्टियुक्त राजनीतिक विद्वानों, बहु-पद्धति विशेषज्ञों एवं निष्ठावान शोधकर्ताओं की जरूरत है। जिन्हें कार्य करने के लिए पर्याप्त धन-सुविधाएँ एवं अभिप्रेरणाएँ दी जानी चाहिए। आज आवश्यकता इस बात की है कि आधुनिक राजनीतिक सिद्धान्त में अन्तः अनुशासनात्मक व स्वतन्त्र अनुशासन के बीच संतुलन कायम किया जाए तथा मूल्यों संबंधी विवाद पर भी सर्वमान्य सहमति की जाए। इसका अर्थ यह है कि मूल्य-निरपेक्ष बनाम मूल्य-सापेक्षता की समस्या को सुलझा लिया जाए ताकि अनुसंधान प्रक्रिया में संगति व क्रमबद्धता लाई जा सके। राजनीतिक सिद्धान्त के सामने आज जो प्रमुख समस्या है, वह है-युद्ध और शान्ति, प्रजातन्त्र और तानाशाही, के बीच संतुलन कायम रखना। विकासशील देशों में भूख, गरीबी, अशिक्षा, संकीर्णता, रुढ़िवादिता आदि समस्याओं के रहते इन देशों में भी राजनीतिक सिद्धान्त के विकास की कल्पना करना बेकार है। अतः एक व्यापक राजनीतिक सिद्धान्त के निर्माण के लिए यह आवश्यक है कि इस दिशा में सभी राजनीतिक विद्वानों, समाज सुधारकों, राजनीतिज्ञों, प्रशासकों, नीति-धारकों, समाजशास्त्रियों आदि को सकारात्मक प्रयास करने चाहिएं और राजनीतिक सिद्धान्त के मार्ग में आने वाली बाधाओं को दूर करने के हर सम्भव प्रयास किए जाएं।

लोकतंत्र की अवधारणा और व्याकरण (Concept of Democracy and Grammar)

लोकतंत्र की अवधारणा और व्याकरण वेदों की देन है। चारों वेदों में इस संबंध में कई सूत्र मिलते हैं और वैदिक समाज का अध्ययन करने के बाद यह और भी सत्य

सिद्ध होता है। ऋग्वेद में सभा और समिति का जिक्र मिलता है जिसमें राजा, मंत्री और विद्वानों से विचार-विमर्श करने के बाद ही कोई फैसला लेता था। सभा और समिति की संरचना एवं प्रकार्य आधुनिक युग की संसद के सदनों के समान होते थे।

वैदिक काल में इंद्र का चयन भी इसी आधार पर होता था। इंद्र नाम का एक पद होता था जिसे राजाओं का राजा कहा जाता था। हालांकि भारत में वैदिक काल के पतन के बाद राजतंत्रों का उदय हुआ और वे ही लंबे समय तक शासक रहे। यह संभवतः दाशराज्ञ युद्ध के बाद हुआ था।

भारत में गणतंत्र का विचार वैदिक काल से चला आ रहा है। गणतंत्र शब्द का प्रयोग ऋग्वेद में चालीस बार, अथर्ववेद में 9 बार और ब्राह्मण ग्रंथों में अनेक बार किया गया है। वैदिक साहित्य में, विभिन्न स्थानों पर किए गए उल्लेखों से यह जानकारी मिलती है कि उस काल में अधिकांश स्थानों पर हमारे यहाँ गणतंत्रीय व्यवस्था ही थी। महाभारत में भी लोकतंत्र और इसके अनेक सूत्र मिलते हैं।

महाभारत के बाद बौद्धकाल में (450 ई.पू. से 350 ई.पू.) में भी अनेक चर्चित गणराज्य थे। जैसे पिप्पली वन के मौर्य, कुशीनगर और काशी के मल्ल, कपिलवस्तु के शाक्य, मिथिला के विदेह और वैशाली के लिच्छवी का नाम प्रमुख रूप से लिया जा सकता है। इसके बाद अटल, अराट, मालव और मिसोई नामक गणराज्यों का भी जिक्र किया जाता है। बौद्ध काल में वज्जी, लिच्छवी, वैशाली, बृजक, मल्लक, मदक, और कम्बोज जैसे गणतंत्र संघ लोकतांत्रिक व्यवस्था के उदाहरण हैं। वैशाली के पहले राजा को चुनाव द्वारा चुना गया था।

कौटिल्य (चाणक्य) अपने अर्थशास्त्र में लिखते हैं कि गणराज्य दो तरह के होते हैं, पहला अयुधय गणराज्य अर्थात् ऐसा गणराज्य जिसमें केवल राजा ही फैसले लेते हैं, दूसरा है श्रेणी गणराज्य जिसमें हर कोई भाग ले सकता है। कौटिल्य के पहले पाणिनी ने कुछ गणराज्यों का वर्णन अपने व्याकरण में किया है। पाणिनी की अष्टाध्यायी में जनपद शब्द का उल्लेख अनेक स्थानों पर किया गया है, जिनकी शासन व्यवस्था जनता द्वारा चुने हुए प्रतिनिधियों के हाथों में रहती थी।

इस प्रकार निश्चित रूप से कहा जा सकता है कि यूनान के गणतंत्रों से पहले ही भारत में गणराज्यों का जाल बिछा हुआ था। यूनान ने भारत को देखकर ही गणराज्यों की स्थापना की थी। यूनान के राजदूत मेगास्थनीज ने भी अपनी पुस्तक इंडिका में क्षुद्रक, मालव और शिवि आदि कई गणराज्यों में निहित लोकतंत्रात्मक प्रणाली का वर्णन किया है।

भारतीय संविधान – प्रस्तावना एवं विशेषताएँ (The Constitution of India – Preamble and Features)

भारत का संविधान विश्व का सबसे बड़ा एवं लिखित संविधान है। इस अध्याय में हम निम्न बिंदुओ की चर्चा करेंगे - संविधान की प्रस्तावना, संविधान सभा, संविधान सभा की कार्य प्रणाली, संविधान के उद्देश्य, प्रस्तावना, 42वें संवैधानिक संशोधन के पश्चात् प्रस्तावना, भारतीय संविधान की प्रस्तावना के प्रमुख तत्व एवं भारतीय संविधान की विशेषताएँ इत्यादि।

संविधान की प्रस्तावना (Preamble)

"प्रस्तावना भारतीय संविधान का सबसे बहुमूल्य अंग है, यह संविधान की आत्मा है, यह संविधान की कुंजी है यह वह उचित मापदण्ड है, जिसमें संविधान की सहजता नापी जाती है, यह स्वयं में पूर्ण है। हम चाहेंगे कि संविधान के सभी उपबन्धों को इसी प्रस्तावना की कसौटी से जाँचना चाहिए और तभी यह निर्णय करना चाहिए कि संविधान अच्छा है या बुरा।"

भारतीय संविधान की रचना एक संविधान सभा द्वारा हुई है। यह सभा एक अप्रत्यक्ष रूप से निर्वाचित संस्था थी। इस सभा ने भारतीय संविधान में शामिल किए जाने हेतु कुछ आदर्श सुनिश्चित किए। ये आदर्श थे- लोकतंत्र के प्रति कटिबद्धता, सभी भारतवासियों के लिए न्याय, समानता तथा स्वतंत्रता की गारंटी। इस सभा के द्वारा यह भी घोषणा की गई कि भारत एक प्रभुसत्ता संपन्न लोकतांत्रिक गणराज्य होगा। भारतीय संविधान का प्रारंभ एक प्रस्तावना के साथ होता है। प्रस्तावना के अंतर्गत संविधान के आदर्श, उद्देश्य तथा मुख्य सिद्धांतों का उल्लेख है। प्रस्तावना में दिए गए उद्देश्यों से ही प्रत्यक्ष तथा अप्रत्यक्ष रूप से संविधान की मुख्य विशेषताओं का विकास हुआ है।

संविधान सभा

भारत का संविधान एक संविधान सभा द्वारा निर्मित किया गया है। इस सभा का गठन 1946 में हुआ। संविधान सभा के सदस्य तत्कालीन प्रांतीय विधान सभाओं के सदस्यों द्वारा अप्रत्यक्ष रूप से निर्वाचित हुए थे। इसके अतिरिक्त ऐसे सदस्य भी थे जो रियासतों के शासकों द्वारा मनोनीत किए गए थे। भारत की आजादी के साथ ही संविधान सभा एक पूर्ण प्रभुसत्ता संपन्न संस्था बन गई। 1947 में देश के विभाजन के पश्चात् संविधान सभा में 31 दिसंबर 1947 को 299 सदस्य थे। इनमें से 229 सदस्यों का चुनाव प्रांतीय विधान सभाओं ने किया था तथा शेष देशी रियासतों के शासकों ने मनोनीत किए थे। संविधान सभा के अधिकांश सदस्य भारतीय राष्ट्रीय कांग्रेस से थे। स्वतंत्रता आंदोलन सभी प्रमुख नेता के सदस्य सभा के सदस्य थे।

देशी रियासतें – ब्रिटिश शासन के समय भारत के कुछ भाग सीधे ब्रिटिश नियंत्रण में नहीं थे। ऐसे लगभग 560 क्षेत्र थे। भारतीय रियासतें देशी शासकों के अधीन थीं। कश्मीर, हैदराबाद, पटियाला, ट्रावनकोर, मैसूर, बड़ौदा आदि बड़ी देशी रियासतें थी।

संविधान सभा की कार्य प्रणाली

संविधान सभा की अध्यक्षता सभा के अध्यक्ष द्वारा की जाती थी। डॉ. राजेन्द्र प्रसाद इस संविधान सभा के अध्यक्ष के रूप में निर्वाचित हुए। सभा अनेकों समितियों तथा उप-समितियों की मदद से कार्य करती थी। ये समितियाँ दो प्रकार की थी- 1. कार्यविधि संबंधी 2. महत्वपूर्ण मुद्दों संबंधी।

इसके अतिरिक्त एक परामर्श समिति भी थी। इसमें सबसे महत्वपूर्ण समिति प्रारूप समिति थी जिसके अध्यक्ष डॉ. भीम राव अम्बेडकर थे। इस समिति का कार्य संविधान को लेखबद्ध करना था। संविधान सभा की बैठकें 2 वर्ष 11 महीने तथा 18 दिन के अंतराल में 166 बार हुई।

संविधान के उद्देश्य

संविधान सभा, लगभग 200 वर्षों के औपनिवेशिक शासन, जन-आधारित स्वतंत्रता संघर्ष, राष्ट्रीय आंदोलन, देश के विभाजन, व राष्ट्र-व्यापी सांप्रदायिक हिंसा की पृष्ठभूमि में स्वतंत्र भारत के संविधान का निर्माण कर रही थी। इसलिए संविधान निर्माता, जनआकांक्षाओं की पूर्ति, देश की एकता व अखण्डता तथा लोकतांत्रिक समाज की स्थापना के प्रति सचेत थे। सभा के अंदर भी विभिन्न विचारधाराओं को मानने वाले सदस्य थे। कुछ सदस्यों का झुकाव समाजवादी सिद्धांतों के प्रति था जबकि अन्य गांधीवादी दर्शन से प्रभावित थे। परंतु अधिकांश सदस्यों का दृष्टिकोण उदार था। आम सहमति बनाने के प्रयास होते रहते थे। ताकि संविधान बनने की प्रगति में बाधा न आए। उनका मुख्य लक्ष्य था भारत को एक ऐसा संविधान देना जो देश के लोगों के आदर्शों एवं विचारों को पूरा कर सकें।

विभिन्न मुद्दों तथा सिद्धांतों के प्रति आम सहमति बनाने तथा असहमति से बचने के भरपूर प्रयास संविधान सभा में किए गए। यह आम सहमति दिसम्बर 3, 1946 को 'उद्देश्य प्रस्ताव' के रूप में पं. नेहरू द्वारा प्रस्तुत की गई तथा जनवरी 22, 1947 को लगभग सर्वसम्मति से अपनाई गई। इन उद्देश्यों के आधार पर पर सभा ने 26 नवंबर 1949 को अपना कार्य पूरा किया तथा 26 जनवरी, 1950 से संविधान लागू किया गया। कांग्रेस के लाहौर अधिवेशन में 31 दिसंबर, 1929 को लिए गए निर्णय के आधार पर 26 जनवरी, 1930 को मनाए गए प्रथम स्वाधीनता दिवस के ठीक 20 वर्ष बाद, 26

जनवरी 1950 को भारत एक गणराज्य बना। अतः 26 जनवरी, 1950 की तिथि को ही संविधान के लागू होने की तिथि के रूप में निश्चित किया गया।

प्रस्तावना

जैसे कि आप जानते है भारतीय संविधान की शुरूआत एक प्रस्तावना के साथ हुई है। आइए जानें कि प्रस्तावना किसे कहते हैं। प्रस्तावना किसी पुस्तक की भूमिका के समान ही है। भूमिका के रूप में प्रस्तावना संविधान के उपबंधों का भाग नहीं है, परंतु यह संविधान निर्माण का उद्देश्यों व लक्ष्यों की व्याख्या करती है। भारतीय संविधान की प्रस्तावना भी इसी रूप में है। इस प्रकार से प्रस्तावना संविधान की मार्गदर्शिका होती है। इस प्रस्तावना को श्री के.एम. मुंशी ने संविधान की "राजनीतिक जन्म कुण्डली" कहा है।

1976 में 42वां संवैधानिक संशोधन हुआ था। इस संशोधन के द्वारा भारतीय संविधान की मूल प्रस्तावना में तीन नये शब्द जोड़े गए - समाजवादी, पंथनिरपेक्षता और अखण्डता।

42वें संवैधानिक संशोधन के पश्चात् प्रस्तावना

"हम भारत के लोग, भारत को एक संपूर्ण प्रभुत्व संपन्न, समाजवादी, धर्म निरपेक्ष, लोकतंत्रात्मक गणराज्य बनाने के लिए तथा उसके समस्त नागरिकों को सामाजिक, आर्थिक और राजनीतिक न्याय, विचार-अभिव्यक्ति, विश्वास, धर्म और उपासना की स्वतंत्रता, प्रतिष्ठा और अवसर की समता प्राप्त कराने के लिए तथा उन सब में व्यक्ति की गरिमा और राष्ट्र की एकता तथा अखण्डता सुनिश्चित करने वाली बन्धुता बढ़ाने के लिए दृढ़ संकल्प होकर अपनी इस संविधान सभा में आज दिनांक 26 नवबंर, 1949 (मिती मार्गशीर्ष शुक्ल सप्तमी, संवत् 2006 विक्रमी) को एतद द्वारा इस संविधान को अंगीकृत, अधिनियमित और आत्मार्पित करते है।"

भारतीय संविधान की प्रस्तावना के प्रमुख तत्व

भारतीय संविधान की प्रस्तावना बहुत अधिक श्रेष्ठ रूप में संविधान निर्माताओं के मनोभावों को व्यक्त करती है, उच्चतम न्यायालय ने प्रस्तावना को 'संविधान-निर्माताओं के उद्देश्य को प्रकट करने वाली कुंजी' (Key to the Intention of the makers of the Act) कहा है।

भारतीय संविधान की प्रस्तावना के प्रमुख तत्व हैं–

- **हम भारत के लोग** – इस वाक्य से तीन बातें स्पष्ट होती हैं प्रथम संविधान निर्माता भारतीय ही हैं कोई विदेशी नहीं, द्वितीय भारतीय संविधान भारतीय जनता

की इच्छा का परिणाम है और भारतीय जनता ने ही इसे राष्ट्र को समर्पित किया है और तृतीय अन्तिम प्रभुसत्ता जनता में ही निहित है। इसके अतिरिक्त 'हम भारत के लोग' वाक्यांश का अभिप्राय यह भी है कि भारतीय जनता ने संविधान को बनाया है, इसलिए भारतीय संघ को कोई भी राज्य संविधान को न तो समाप्त कर सकता है और न ही संविधान द्वारा स्थापित संघ से अपना संबंध-विच्छेद कर सकता है। डॉ. अम्बेडकर के शब्दों में "यह प्रस्तावना इस सदन के प्रत्येक सदस्य की इच्छानुसार यह स्पष्ट कर देती है कि इस संविधान का आधार जनता है और इसमें निहित सत्ता व प्रभुता समस्त जनता के पास है"

- **संपूर्ण प्रभुत्व संपन्न** – 26 जनवरी, 1950 से भारत की अधिराज्य की स्थिति समाप्त हो गयी और भारत एक 'संपूर्ण प्रभुत्व संपन्न लोकतांत्रिक गणराज्य' हो गया है। "संपूर्ण प्रभुत्व संपन्न" का अर्थ है कि आंतरिक या बाह्य दृष्टि से भारत पर किसी विदेशी सत्ता का अधिकार नहीं है। भारत अंतर्राष्ट्रीय क्षेत्र में अपनी इच्छानुसार आचरण कर सकता है और वह किसी भी देश से संधि या समझौता करने के लिए बाध्य नहीं है।

- **समाजवादी राज्य** – मूल संविधान की प्रस्तावना में 'समाजवादी' शब्द नहीं था, परंतु संविधान के 42वें संशोधन अधिनियम 1976 द्वारा प्रस्तावना में 'समाजवादी' शब्द जोड़कर भारत को एक 'समाजवादी राज्य' घोषित किया गया। यद्यपि समाजवादी शब्द से जो तात्पर्य भारतीयों का है, वह है 'प्रजातंत्रात्मक समाजवाद' से है। चीन या रूस के समाजवाद से नहीं। संविधान में समाजवादी शब्द को लिखने का मुख्य उद्देश्य सरकार को गरीबी मिटाने एवं आर्थिक व सामाजिक न्याय की स्थापना के लिए निर्देशित करना है।

- **धर्मनिपेक्ष राज्य** – धर्मनिपेक्षता शब्द 42वें संशोधन (1976) द्वारा प्रस्तावना में जोड़ा गया है, क्योंकि इसका उद्देश्य भारत को एक "धर्मनिरपेक्ष राज्य" के रूप में प्रतिष्ठित करना है, इसीलिए भारत का कोई अपना "राजधर्म" घोषित नहीं किया गया है, "धर्मनिरपेक्ष राज्य" का अर्थ यह है कि भारत धर्म के विषय में पूर्णतः तटस्थ है, वह सभी धर्मों के साथ समान व्यवहार करता है, उन्हें समान संरक्षण प्रदान करता है। देश के समस्त नागरिकों को अपनी आस्था के अनुसार किसी भी धर्म को मानने, उपासना करने, प्रचार-प्रसार करने की पूर्ण स्वतंत्रता प्रदान की गयी है। राज्य न तो किसी धर्म को प्रोत्साहन देगा और न धार्मिक नीतियों में हस्तक्षेप करेगा।

- **लोकतंत्रात्मक गणराज्य** – भारत एक 'लोकतंत्रात्मक' राज्य है, जिसका अर्थ यह है कि शासन की सर्वोच्च शक्ति जनता में निहित है, परंतु जनता राज सत्ता

या शक्ति का प्रयोग प्रत्यक्ष रूप से स्वयं न करके, अप्रत्यक्ष रूप में अपने द्वारा निर्वाचित प्रतिनिधियों के माध्यम से करती है। 'गणराज्य' शब्द का अर्थ है कि भारतीय संघ का प्रधान अर्थात् राष्ट्रपति निर्वाचित होगा, वंशानुगत आधार पर नहीं होगा। इस प्रकार भारत के राष्ट्रपति के पद पर निर्धारित योग्यताधारी देश का कोई भी नागरिक निर्वाचित हो सकता है, भारत अमेरिका की तरह गणराज्य है, किन्तु ब्रिटेन गणराज्य नहीं है, वरन् राजतंत्र है, क्योंकि वहाँ राज्य का पद वंशानुगत है।

- **स्वत्रंता समानता और बंधुत्व** – स्वत्रंतता का अर्थ देश के सभी नागरिकों को राजनीतिक स्वत्रंता का अधिकार प्रदान करना है। समानता का अर्थ देश के सभी नागरिकों को उनकी उन्नति एवं विकास के लिए बिना किसी भेदभाव के समान अवसर प्रदान करना है एवं बंधुत्व का अर्थ देश के समस्त नागरिकों में आपसी भाईचारे की भावना का विकास करना है।
- **एकता और अखण्डता** – भारतीय संविधान में देश की एकता और अखण्डता को अक्षुण्य बनाए रखने के उद्देश्य से 42वें संविधान संशोधन के द्वारा प्रस्तावना में एकता के साथ अखण्डता शब्द और जोड़ा गया है।
- **हरिविष्णु कामथ के अनुसार** – "हमें इस बात पर गर्व है कि हमारा संविधान विश्व का सबसे विशालकाय संविधान है"

भारतीय संविधान की विशेषताएँ

भारतीय संविधान अपने आप में एक अनूठा संविधान है। 2 वर्ष 11 माह 18 दिन का समय लगाकर संविधान का प्रारूप तैयार किया गया परंतु भारतीय संविधान 26 जनवरी, 1950 को लागू किया गया। संविधान निर्माताओं ने दूसरे देशों के संविधानों से भी कई विचार ग्रहण किए तथा इसे मौलिकता प्रदान की।

भारतीय संविधान की प्रमुख विशेषताएँ निम्न है–

- **निर्मित एवं लिखित संविधान** – भारतीय संविधान का निर्माण एक विशेष समय और निश्चित योजना के अनुसार संविधान सभा द्वारा किया गया था अतः यह निर्मित संविधान है इसमें सरकार के सगंठन के लिए सिद्धांत, व्यवस्थापिका, कार्यपालिका, न्यायपालिका आदि के गठन एवं कार्य, नागरिकों के अधिकार एवं कर्त्तव्य आदि के विषय में स्पष्ट रूप से उल्लेख किया गया है।
- **विस्तृत एवं व्यापक संविधान** – भारतीय संविधान विश्व के सभी संविधानों से व्यापक है, इसमें 395 अनुच्छेद एवं 22 भाग हैं जबकि अमेरिका के संशोधित संविधान में केवल 21 अनुच्छेद और चीन के संविधान में 106 अनुच्छेद हैं।
- **सम्पूर्ण प्रभुत्व संपन्न लोकतंत्रात्मक गणराज्य** – इसका अभिप्राय यह है कि भारत अपनी आंतरिक एवं बाह्यनीतियों के निर्धारण में पूर्णरूप से स्वतंत्र है एवं

राज्य की सर्वोच्च शक्ति जनता में निहित है। हमारे देश का प्रमुख राष्ट्रपति वंशानुगत न होकर एक निश्चित अवधि के लिए निर्वाचित होता है।

- **कठोर एवं लचीलेपन का सम्मिश्रण** – हमारे संविधान में संशोधन की तीन विधियाँ दी गई है। इसके कुछ अनुच्छेद संसद के विशेष बहुमत द्वारा परिवर्तित किए जा सकते है, जो लचीलापन का उदाहरण है एवं कुछ अनुच्छेद को आधे से अधिक राज्यों के विशेष बहुमत के साथ ही संसद में उपस्थित दोनो सदनों के दो तिहाई बहुमत के द्वारा ही संशोधन परिवर्तन द्वारा ही संभव है, जो संविधान की कठोरता का उदाहरण है।
- **संघात्मक होते हुए भी एकात्मक** – भारत का संविधान संघात्मक होते हुए एकात्मकता के गुण लिए हुए हैं यथा लिखित संविधान, केन्द्र एवं राज्यों के मध्य शक्ति विभाजन, संविधान की सर्वोच्चता जहाँ संघात्मक संविधान के लक्षण हैं वहीं दूसरी ओर इकहरी नागरिकता एक-सी न्याय व्यवस्था एकात्मकता के लक्षण है।
- **इकहरी नागरिकता** – संघात्मक शासन प्रणाली में नागरिकों को दोहरी नागरिकता प्राप्त होती है जैसा कि अमेरिका में है, जबकि भारत में केवल इकहरी नागरिकता है इसका अभिप्राय यह है कि प्रत्येक व्यक्ति भारत का नागरिक है चाहे वह किसी भी स्थान पर निवास करता हो या किसी भी स्थान पर उसका जन्म हुआ हो।
- **सार्वभौम वयस्क मताधिकार** – भारतीय संविधान के द्वारा 18 वर्ष से ऊपर के प्रत्येक नागरिक को जाति, धर्म, लिंग, प्रजाति या संपत्ति के आधार पर बिना किसी भेदभाव के निर्वाचन में मत देने का अधिकार प्रदान किया है।
- **स्वतंत्र न्यायपालिका** – भारतीय न्यायपालिका स्वतंत्र है। न्यायाधीशों की नियुक्ति उनकी योग्यता के आधार पर होती है एवं उन्हें आसानी से नहीं हटाया जा सकता है।
- **मौलिक अधिकारों की व्यवस्था** – मौलिक अधिकार भारतीय संविधान की एक महत्वपूर्ण विशेषता है संविधान में छः मौलिक अधिकार दिए गए है।
- **मौलिक कर्तव्यों की व्यवस्था** – भारतीय संविधान के 42वें संशोधन के द्वारा नागरिकों के 10 मौलिक कर्तव्य जोड़ दिए गए है। वर्तमान में 11 मौलिक कर्त्तव्य है।
- **राज्य के नीति निदेशक सिद्धांत**- नीति निदेशक सिद्धांत हमारे संविधान में आयरलैण्ड के संविधान से लिए गए हैं। लोगों को सामाजिक और आर्थिक न्याय दिलाने के उद्देश्य से राज्य के नीति निदेशक सिद्धांतों को संविधान में शामिल किया गया है।
- **एकीकृत न्याय व्यवस्था** – भारतीय संविधान की एक महत्वपूर्ण विशेषता एकीकृत न्याय व्यवस्था है। जिस के अंतर्गत सर्वोच्च न्यायालय सर्वोपरि अदालत

है, इसके अधीन उच्च न्यायालय है। इस प्रकार भारतीय न्यायपालिका एक पिरामिड की तरह है।

- **आपात काल की व्यवस्था**- संकट काल (आपातकाल) का सामना करने के लिए संविधान में कुछ आपातकालीन प्रावधानों की व्यवस्था की गई है। आपातकालीन घोषणा निम्नलिखित तीन परिस्थितियों में की जा सकती है। युद्ध या बाह्य आक्रमण अथवा आंतरिक अशांति उत्पन्न होने पर (अनुच्छेद 352), राज्यों में संवैधानिक व्यवस्था असफल होने पर (अनुच्छेद 356), वित्तीय संकट उत्पन्न होने पर (अनुच्छेद 360)।
- **लोक कल्याणकारी राज्य की स्थापना**- भारतीय संविधान में एक लोकल्याणकारी राज्य की स्थापना का लक्ष्य निर्धारित किया गया है। जिसमें समस्त नागरिकों को सामाजिक, आर्थिक और राजनीतिक न्याय मिलेगा सभी को बिना भेदभाव के समान अवसर प्राप्त होंगे।
- **अस्पृश्यता का अन्त**- भारतीय संविधान के अनुच्छेद 17 के अनुसार अस्पृश्यता का अंत किया गया है और उसका किसी भी रूप में आचरण निषिद्ध किया जाता है।

उपरोक्त विशेषताओं से यह स्पष्ट हो जाता है कि भारतीय संविधान विश्व का सर्वश्रेष्ठ संविधान है। इस संबंध में डॉ. अम्बेडकर का यह कथन उल्लेखनीय है "हमने भारत को सर्वश्रेष्ठ संविधान दिया है। मैं यह कहना चाहूंगा कि यदि नये संविधान के अंतर्गत स्थिति बुरी होती है तो इसका कारण यह नहीं होगा कि हमारा संविधान बुरा है वरन् हमको यह कहना होगा कि हम लोग ही बुरे हैं।"

भारतीय संविधान में मौलिक अधिकार (Fundamental Rights in Indian Constitution)

भारत के संविधान में मूल रूप से सात मौलिक अधिकार वर्णित थे। यद्यपि वर्ष 1976 में 44वें संविधान संशोधन द्वारा मौलिक अधिकारों की सूची में से संपत्ति का अधिकार हटा दिया गया था। तब से यह एक कानूनी अधिकार बन गया है। अब कुल छः मौलिक अधिकार हैं–

- समानता का अधिकार (अनुच्छेद 14 से 18)
- स्वतंत्रता का अधिकार (अनुच्छेद 19 से 22)
- शोषण के विरूद्ध अधिकार (अनुच्छेद 23 से 24)
- धार्मिक स्वतंत्रता का अधिकार (अनुच्छेद 25 से 28)

- सांस्कृतिक एवं शैक्षणिक अधिकार (अनुच्छेद 29 से 30)
- संवैधानिक उपचारों का अधिकार (अनुच्छेद 32)

समानता का अधिकार

भारतीय समाज में व्याप्त असमानताओं एवं विषमताओं को दूर करने के लिए संविधान के अनुच्छेद 14 से 18 में समानता के अधिकार का उल्लेख किया गया है।

- **विधि के समक्ष समानता** – अनुच्छेद 14 के अनुसार "भारत के राज्य क्षेत्र में किसी व्यक्ति को विधि के समक्ष समानता से वंचित नहीं किया जायेगा। इसका आशय है कि कानून की दृष्टि में सब नागरिक समान है।"
- **सामाजिक समानता** – अनुच्छेद 15 के अनुसार राज्य किसी नागरिक के विरूद्ध धर्म, वंश, जाति, लिंग, जन्म स्थान आदि के आधार पर जीवन के किसी क्षेत्र में पक्षपात नहीं करेगा।
- **अवसर की समानता** – अनुच्छेद 16 की व्यवस्था के अनुसार राज्य की नौकरियों के लिए सभी को समान अवसर प्राप्त होंगे।
- **अस्पृश्यता का अंत** – अनुच्छेद 17 के अनुसार अस्पृश्यता का अंत कर दिया गया है। किसी भी दृष्टि में अस्पृश्यता का आचरण करना कानून की दृष्टि में अपराध एवं दण्डनीय होगा।
- **उपाधियों का अंत** – अनुच्छेद 18 के अनुसार "सेना अथवा शिक्षा संबंधी उपाधियों के अलावा राज्य अन्य को उपाधियाँ प्रदान नहीं कर सकता।"

समानता के अधिकार के अपवाद

सामाजिक समानता में सबको समान मानते हुए भी राज्य स्त्रियों तथा बच्चों को विशेष सुविधाएँ प्रदान कर सकता है और इसी प्रकार राज्य सामाजिक तथा शिक्षा की दृष्टि से पिछड़े वर्गों, अनुसूचित जातियों तथा अनुसूचित जनजातियों की उन्नति के लिए विशेष नियम बना सकता है।

सरकारी नौकरियों में पिछड़े वर्गों और अनुसूचित जातियों एवं जनजातियों के लिए कुछ स्थान सुरक्षित कर दिए गए हैं तथा राज्य द्वारा जन्म-स्थान एवं निवास-स्थान तथा आयु संबंधी योग्यता का निर्धारण किया जा सकता है।

संविधान में उपाधियों की व्यवस्था न होते हुए भी देश में सन 1950 से भारत रत्न, पद्म विभूषण, पद्मभूषण और पद्म श्री आदि उपाधियाँ भारत सरकार द्वारा प्रदान की जाती हैं। सन 1977 में जनता पार्टी के सत्तारूढ़ होने पर इन उपाधियों का अंत कर दिया गया है और साथ ही उपाधि प्राप्त व्यक्तियों द्वारा उपाधियों के प्रयोग को

प्रतिबन्धित भी कर दिया गया था, परंतु 24 जनवरी, 1980 से इंदिरा गाँधी द्वारा भारत रत्न तथा अन्य उपाधियों एवं अलंकरणों को पुनः प्रारंभ कर दिया गया था।

स्वतंत्रता का अधिकार

स्वतंत्रता एक सच्चे लोकतंत्र की आधारभूत स्तंभ होती है। संविधान के अनुच्छेद 19 से 22 तक इन अधिकारों का उल्लेख है।

- **विचार एवं अभिव्यक्ति की स्वतंत्रता** – अनुच्छेद 19 के अनुसार भारत के प्रत्येक नागरिक को भाषण, लेखन एवं अन्य प्रकार से अपने विचार व्यक्त करने का अधिकार है।
- **शांतिपूर्वक एवं निःशस्त्र सभा करने की स्वतंत्रता** – अनुच्छेद 19 के अनुसार प्रत्येक नागरिक को शांतिपूर्ण ढंग से बिना हथियारों के सभा या सम्मेलन आयोजित करने का अधिकार है।
- **समुदाय और संघ बनाने की स्वतंत्रता** – भारतीय संविधान द्वारा नागरिकों को समुदाय और संघ बनाने की स्वतंत्रता प्रदान की गयी है।
- **भ्रमण की स्वतंत्रता** – प्रत्येक भारतीय को संपूर्ण भारत में बिना किसी रोक-टोक के भ्रमण करने तथा निवास करने की स्वतंत्रता है।
- **अपराध के दोष सिद्ध के विषय में संरक्षण की स्वतंत्रता** – संविधान के अनुच्छेद 20 के अनुसार किसी भी व्यक्ति को अपराध के लिए तब तक दोषी नहीं ठहराया जा सकता जब तक कि वह किसी ऐसे कानून का उल्लंघन न करे जो अपराध के समय लागू था और वह उससे अधिक दण्ड का पात्र न होगा।
- **जीवन और शरीर रक्षण की स्वतंत्रता** – संविधान के अनुच्छेद 21 के अनुसार किसी व्यक्ति को अपने प्राण या शारीरिक स्वतंत्रता से विधि द्वारा स्थापित प्रक्रिया को छोड़कर अन्य किसी से वंचित नहीं किया जा सकता।
- **बंदीकरण से संरक्षण की स्वतंत्रता** – संविधान के अनुच्छेद 22 के द्वारा बंदी बनाए जाने वाले व्यक्ति को कुछ संवैधानिक अधिकार प्रदान किए गए है। इसके अनुसार किसी भी व्यक्ति को बंदी बनाए जाने के कारण बतायें बिना गिरफ्तार या हिरासत में नहीं लिया जा सकता है। उसे यह अधिकार है कि वह अपनी पसंद के वकील की राय ले सकता है, मुकदमा लड़ सकता है। अभियुक्त को 24 घण्टे के अंदर निकटतम दण्डाधिकारी के सामने प्रस्तुत किया जाना होता है।

स्वतंत्रता के अधिकार के अपवाद

स्वतंत्रता का अधिकार असीमित नहीं है। राष्ट्रीय हित और सार्वजनिक हित की दृष्टि से संसद भी नियम बनाकर स्वतंत्रता के अधिकार को सीमित कर सकती है। सिक्खों

को उनके धर्म के अनुसार कृपाण धारण करने का अधिकार दिया गया है। कोई भी नागरिक ऐसे समुदाय या संघ का संगठन नहीं कर सकता, जिसका उद्देश्य राज्य के कार्य में बाधा उत्पन्न करना हो। अनुच्छेद 22 के द्वारा प्रदान किए गए अधिकार शत्रु-देश के निवासियों पर लागू नहीं होते।

शोषण के विरूद्ध अधिकार

- संविधान के अनुच्छेद 23 व 24 के अनुसार कोई व्यक्ति किसी अन्य व्यक्ति का शोषण नहीं कर सकेगा। इस संबंध में निम्न व्यवस्थाएँ की गयी है–
- **मनुष्यों का क्रय-विक्रय निषेध** – संविधान के अनुच्छेद 32 (1) के अनुसार मनुष्यों, स्त्रियों और बच्चों के क्रय-विक्रय को घोर अपराध और दण्डनीय माना गया है।
- **बेगार का निषेध** – संविधान के अनुच्छेद 24 के अनुसार, 14 वर्ष से कम आयु वाले बालकों को कारखानों अथवा खानों में कठोर श्रम के कार्यों के लिए नौकरी में नहीं रखा जा सकेगा।

शोषण के विरूद्ध अधिकार का अपवाद

इस अधिकार की व्यवस्था में सार्वजनिक उद्देश्य से अनिवार्य श्रम की योजना को लागू करने का राज्य को अधिकार है। वस्तुतः शोषण के विरूद्ध अधिकार का उद्देश्य एक वास्तविक सामाजिक लोकतंत्र की स्थापना करना है।

धार्मिक स्वतंत्रता का अधिकार

धार्मिक स्वतंत्रता का अभिप्राय यह है कि किसी धर्म में आस्था रखने या न रखने के बारे में राज्य हस्तक्षेप नहीं करेगा। संविधान के अनुच्छेद 25 से 28 तक भारत के सभी नागरिकों के लिए धार्मिक स्वतंत्रता की व्यवस्था की गयी है। इस अधिकार के अंतर्गत निम्नलिखित स्वतंत्रताएँ प्रदान की गयी हैं–

- **धार्मिक आचरण एवं प्रचार की स्वतंत्रता** – संविधान के अनुच्छेद 25 के अनुसार प्रत्येक व्यक्ति को अपने अतः करण की मान्यता के अनुसार किसी भी धर्म को अबाध रूप में मानने, उपासना करने और उसका प्रचार करने की पूर्ण स्वतंत्रता है।
- **धार्मिक कार्यों के प्रबंध की स्वतंत्रता** – संविधान के अनुच्छेद 26 के द्वारा सभी धर्मों के अनुयायियों को धार्मिक और दानदात्री संस्थाओं की स्थापना और उनके संचालन, धार्मिक मामलों का प्रबंध, धार्मिक संस्थाओं द्वारा चल एवं अचल

संपत्ति अर्जित करके राज्य के कानूनों के अनुसार प्रबंध करने की स्वतंत्रता प्रदान की गयी है।

- **व्यक्तिगत शिक्षण-संस्थाओं में धार्मिक शिक्षा देने की स्वतंत्रता** – संविधान के अनुच्छेद 28 की व्यवस्था के अनुसार किसी राजकीय (राज्य निधि से पूर्णतः पोषित) शिक्षण संस्था में किसी धर्म की शिक्षा नहीं दी जा सकती है।

धार्मिक स्वतंत्रता के अधिकार के अपवाद

धार्मिक कट्टरता एवं धार्मिक उन्माद को रोकने के लिए राष्ट्रीय एकता के उद्देश्य से सार्वजनिक हित में सरकार द्वारा इस अधिकार पर प्रतिबंध लगाया जा सकता है।

संस्कृति और शिक्षा संबंधी अधिकार

संविधान के अनुच्छेद 29 व 30 के द्वारा नागरिकों को संस्कृति एवं शिक्षा संबंधी दो अधिकार दिए गए हैं।

- **अल्पसंख्यकों के हितों का संरक्षण** – अनुच्छेद 29 के अनुसार अल्पसंख्यकों को अपनी भाषा, लिपि या संस्कृति को सुरक्षित रखने का पूर्ण अधिकार है।
- **अल्पसंख्यकों को अपनी शिक्षण संस्थाओं की स्थापना एवं प्रशासन का अधिकार** – अनुच्छेद 30 के अनुसार धर्म या भाषा पर आधारित सभी अल्पसंख्यक वर्गों को अपनी रूचि के अनुसार शिक्षण संस्थाओं की स्थापना और उनके प्रशासन का अधिकार है। यह अधिकार अल्पसंख्यकों को उनकी संस्कृति तथा भाषा के संरक्षण हेतु राज्य से मिल रहे सहयोग को सुनिश्चित करता है।

संवैधानिक उपचारों का अधिकार

भारतीय संविधान में संवैधानिक उपचारों का प्रावधान इंग्लैंड की कानूनी व्यवस्था का अनुकरण है। इंग्लैण्ड में यह कॉमन लॉ की अभिव्यक्ति है। आगे चलकर ये रीट उच्च न्यायालय प्रदान करने लगा, क्योंकि उसके माध्यम से ही सम्राट न्यायिक शक्तियों का प्रयोग करता था।

भारतीय संविधान ने नागरिकों को केवल मौलिक अधिकार ही प्रदान नहीं किए हैं, वरन् उनके संरक्षण की भी पूर्ण व्यवस्था की गयी है। अनुच्छेद 32 से 35 के अंतर्गत प्रत्येक नागरिक को यह अधिकार दिया गया है कि वह अपने मौलिक अधिकारों की रक्षा के लिए उच्च न्यायालय तथा उच्चतम न्यायालय की शरण ले सकता है। संवैधानिक उपचारों के अधिकार के महत्व के विषय में डॉ. भीम राव अम्बेडकर ने कहा था "यदि मुझसे कोई यह पूछे कि संविधान का वह कौन-सा अनुच्छेद है,

जिसके बिना संविधान शून्यप्राय हो जायेगा तो मैं अनुच्छेद 32 की ओर संकेत करूंगा। यह अनुच्छेद तो संविधान की हृदय और आत्मा है।'' यह अनुच्छेद उच्चतम तथा उच्च न्यायालयों को नागरिकों के मूल अधिकारों का सजग प्रहरी बना देता है। न्यायालयों द्वारा इन अधिकारों की रक्षा के लिए पांच उपचार प्रयोग किए जा सकते हैं–

बन्दी प्रत्यक्षीकरण लेख या रिट

व्यक्तिगत स्वतंत्रता हेतु यह लेख सर्वाधिक महत्वपूर्ण है। लैटिन भाषा के हैबियस कार्पस का अर्थ है – 'सशरीर उपस्थिति'। इस लेख के द्वारा न्यायालय बन्दी बनाए गए व्यक्ति की प्रार्थना पर अपने समक्ष उपस्थिति करने तथा उसे बन्दी बनाने का कारण बताए जाने का आदेश दे सकता है। यदि न्यायालय के विचार में संबंधित व्यक्ति को बन्दी बनाए जाने के पर्याप्त कारण नहीं हैं या उसे कानून के विरूद्ध बन्दी बनाया गया है तो न्यायालय उस व्यक्ति को तुरंत रिहा (मुक्त) करने का आदेश दे सकता। व्यक्तिगत स्वतंत्रता के लिए यह लेख सर्वाधिक महत्वपूर्ण है।

परमादेश लेख या रिट

इस लेख का अर्थ है – 'हम आज्ञा देते हैं'। जब कोई सरकारी विभाग या अधिकारी अपने सार्वजनिक कर्तव्यों का पालन नहीं कर रहा है, जिसके परिणामस्वरूप किसी व्यक्ति के मौलिक अधिकार का हनन होता है। तो न्यायालय इस लेख के द्वारा उस विभाग या अधिकारी को कर्तव्य पालन हेतु आदेश दे सकता है।

प्रतिषेध रिट

इस लेख का अर्थ है – 'रोकना या मना करना।' यह आज्ञा-पत्र उच्चतम एवं उच्च न्यायालयों द्वारा अपने अधीनस्थ न्यायालय को किसी मुकदमे की कार्यवाही को स्थगित करने के लिए निर्गत किया जाता है। इसके द्वारा उन्हें यह आदेश दिया जाता है कि वे उन मुकदमों की सुनवाई न करें जो उनके अधिकार क्षेत्र के बाहर हों। प्रतिषेध आदेश केवल न्यायिक प्राधिकारियों के विरूद्ध ही जारी किए जा सकते हैं, प्रशासनिक कर्मचारियों के विरूद्ध नहीं।

उत्प्रेषण रिट

इस लेख का अर्थ है – 'पूर्णतया सूचित करना'। इस आज्ञा-पत्र द्वारा उच्चतम न्यायालय, उच्च न्यायालय को और उच्च न्यायालय अपने अधीनस्थ न्यायालय को किसी मुकदमे को सभी सूचनाओं के साथ उच्च न्यायालय में भेजने की सूचना देते हैं। प्रायः इसका प्रयोग उस समय किया जाता है, जब कोई मुकदमा उस न्यायालय के

क्षेत्राधिकार से बाहर होता है और न्याय के प्राकृतिक सिद्धांतों का दुरूपयोग होने की संभावना होती है। इसके अतिरिक्त उच्च न्यायालय अपने अधीनस्थ न्यायालयों से किसी मुकदमे के विषय में सूचनाएँ भी लेख के आधार पर माँग सकता है।

अधिकार-पृच्छा रिट

इस लेख का अर्थ है – 'किस अधिकार से?' जब कोई व्यक्ति सार्वजनिक पद को अवैधानिक तरीके से जबरदस्ती प्राप्त कर लेता है तो न्यायालय इस लेख द्वारा उसके विरूद्ध पद को खाली कर देने का आदेश निर्गत कर सकता है। इस आदेश द्वारा न्यायालय संबंधित व्यक्ति से यह पूछता है कि वह किस अधिकार से इस पद पर कार्य कर रहा है? जब तक इस प्रश्न का सम्यक् एवं संतोषजनक उत्तर संबंधित व्यक्ति द्वारा नहीं दिया जाता, तब तक वह उस पद का कार्य नहीं कर सकता।

भारतीय संविधान में मौलिक कर्तव्य (Fundamental Duties in Indian Constitution)

भारत में स्वतंत्रता संघर्ष के दौरान महात्मा गाँधी ने सदा कर्तव्यों की धारणा पर बल दिया। स्वतंत्र भारत के लिए गाँधीवादी संविधान नामक लघु पुस्तिका में मौलिक अधिकारों और मौलिक कर्तव्यों पर एक पूर्ण अध्याय शामिल किया गया। इस पुस्तक की भूमिका गाँधी जी ने स्वयं लिखी थी। गाँधी जी के अनुसार अधिकार का अर्थ कर्तव्यों का अच्छी तरह से पालन करना है। गाँधी जी अधिकारों और कर्तव्यों में आंगिक संबंध मानते थे। यदि अधिकार शरीर है तो कर्तव्य उसकी आत्मा है। उनका आपस में वही सम्बन्ध है जो चोली और दामन का होता है। वह एक ही सिक्के के दो पहलू हैं।

भारत के संविधान में नागरिकों के मौलिक अधिकारों को तो स्थान दिया गया, परन्तु मौलिक कर्तव्यों का कहीं भी उल्लेख नहीं किया गया। इसका कारण शायद यह था कि उस समय देश लम्बे काल के विदेशी शासन, राजनैतिक दमन और मानव अधिकारों के अभाव से मुक्त हुआ था और संविधान-निर्माता पश्चिमी उदारवादी व्यक्तिवाद की विचारधारा से बहुत अधिक प्रभावित थे। उस समय राष्ट्र का मुख्य उद्देश्य व्यक्तिगत स्वतंत्रता प्रदान करना था, परन्तु संविधान लागू होने के 26 वर्ष के पश्चात् यह अनुभव किया गया कि संविधान में नागरिकों के मौलिक कर्तव्यों की सूची भी होनी चाहिए। यह कार्य संवैधानिक सुधारों के लिए नियुक्त की गई स्वर्ण सिंह कमेटी को सौंपा गया। इस कमेटी की सिफारिशों को ध्यान में रखते हुए 42वें संविधान संशोधन 1976 के अन्तर्गत भारतीय संविधान में एक नया भाग IV जोड़ा गया है।

भारतीय संविधान में दिए गए मौलिक कर्तव्य

भारतीय संविधान के भाग IV के अनुच्छेद 51 में 11 मौलिक कर्तव्यों का वर्णन किया गया है–

संविधान का पालन करें और उसके आदर्शों, संस्थाओं, राष्ट्रध्वज और राष्ट्रगान का आदर करें। प्रत्येक नागरिक का पुनीत कर्तव्य है कि वह पूर्ण निष्ठा से संविधान का पालन करे, क्योंकि यही देश का सर्वोच्च कानून है। इसके आदर्शों (लोकतंत्र, धर्मनिरपेक्षता आदि), संस्थाओं (संसद कार्यपालिका आदि) का सम्मान करना भी नागरिक का परम कर्तव्य है। राष्ट्रध्वज और राष्ट्रगान का आदर करना भी प्रत्येक नागरिक का मौलिक कर्तव्य निर्धारित किया गया है। अतः प्रत्येक नागरिक को राष्ट्रीय गौरव के प्रतीक तिरंगे ध्वज का आदर करके राष्ट्र के प्रति अपना सम्मान प्रदर्शित करना चाहिए। साथ ही राष्ट्रगान के समय सावधान की मुद्रा में खड़े होकर राष्ट्र के प्रति सम्मान की भावना प्रकट करनी चाहिए।

भारत की प्रभुसत्ता, एकता और अखण्डता को कायम रखना और रक्षा करना। देश की प्रभुता का समर्थन करना प्रत्येक नागरिक का परम कर्तव्य बताया गया है। इसका तात्पर्य यह है कि राज्य द्वारा निर्मित कानूनों का सही ढंग से पालन करना सभी नागरिकों का पवित्र कर्तव्य है।

देश की रक्षा करें और आह्वान किए जाने पर राष्ट्र की सेवा करें। देश की रक्षा करना प्रत्येक नागरिक का परम कर्तव्य है क्योंकि देश की रक्षा में ही नागरिकों की रक्षा निहित है। राष्ट्र पर संकट होने पर नागरिकों को अपने व्यक्तिगत स्वार्थों को भुलाकर राष्ट्र की रक्षा करनी चाहिए। यदि देश को सैनिकों की आवश्यकता हो तो नागरिक को स्वेच्छा से सेना में भर्ती हो जाना चाहिए।

स्वतंत्रता के लिए हमारे राष्ट्रीय आंदोलन को प्रेरित करने वाले उच्च आदर्शों को हृदय में संजोए रखें और उनका पालन करें। प्रत्येक नागरिक का यह कर्तव्य है कि राष्ट्रीय आंदोलन को प्रेरित करने वाले उच्च आदर्शों (स्वतंत्रता, समानता, भ्रातृत्व) को अपने हृदय में सदैव संजोए रखे और अपने दैनिक जीवन में उनका अनुसरण करें।

भारत के सभी लोगों में समरसता और समान भ्रातृत्व की भावना का निर्माण करें। सभी नागरिकों का परम कर्तव्य है कि वे परस्पर भ्रातृत्व की भावना का विकास करें। न्याय, स्वतंत्रता एवं बन्धुत्व के आधार पर निर्मित इस नवीन राष्ट्र (भारत) के समस्त नागरिक यह अनुभव करें कि वे एक ही धारा के शिशु हैं, एक ही उनकी मातृभूमि है और उनका एक ही भ्रातृत्व है।

सामाजिक संस्कृति की गौरवशाली परम्परा का महत्व समझें और उसे बनाए रखें। प्रत्येक देश की अपनी एक प्राचीन सामाजिक संस्कृति होती है। हमारे देश की एक

प्राचीन गौरवशाली संस्कृति है जो एकता, विश्वबंधुत्व, सर्वधर्म समभाव आदि आदर्शों को अपने में समाहित किए हुए है। भारत की इस गौरवशाली सांस्कृतिक परम्परा को समझना और इसे अक्षुण्ण बनाए रखना नागरिकों का मौलिक कर्तव्य निर्धारित किया गया है।

जंगलों, झीलों, नदियों और जंगली जीवन सहित प्राकृतिक वातावरण की संभाल और सुधार तथा जीवित प्राणियों के प्रति दया भाव रखना। हमारे प्राकृतिक वातावरण को प्रदूषण और अनैच्छिक शोषण से बचाने की आवश्यकता अनुभव करते हुए संविधान के निर्माताओं ने नागरिकों का यह मौलिक कर्तव्य निर्धारित किया कि वे प्राकृतिक वातावरण की रक्षा करें और उसमें सुधार करें।

सार्वजनिक सम्पत्ति को सुरक्षित रखें और हिंसा से दूर रहें। सभी नागरिकों का यह कर्तव्य निर्धारित किया गया है कि वे सार्वजनिक सम्पत्ति की रक्षा करें। अतः उन्हें कोई ऐसा कार्य नहीं करना चाहिए जिससे सार्वजनिक सम्पत्ति को हानि पहुँचे या उसके नष्ट होने की आशंका हो। दूसरे उन्हें हिंसात्मक आंदोलनों एवं कार्यों से सदा दूर रहना चाहिए।

वैज्ञानिक दृष्टिकोण का विकास करें। विद्यमान बुराइयों और जड़ पड़ गए रीति-रिवाजों को समाप्त करने के लिए यह आवश्यक है कि लोग एक वैज्ञानिक मानसिकता विकसित करें। उनको प्रत्येक स्थिति में एक तर्कपूर्ण प्रवृत्ति और सीखने की इच्छा विकसित करनी चाहिए और अपने गुणों और साधनों को समाज के सुधार और विकास के लिए प्रयोग करना चाहिए। मानवीय विचारों एवं मूल्यों को समझना, उनका सम्मान करना और उनको अपनाना मनुष्य का एक सर्वोच्च कर्तव्य है।

व्यक्तिगत एवं सामूहिक क्षेत्र में विविध विषयों में उन्नति की ओर अग्रसर हों। सभी नागरिकों का यह परम कर्तव्य है कि वे लगातार ज्ञानार्जन एवं क्षेत्रों में उन्नति की ओर बढ़ने का हमेशा प्रयास करें जिससे राष्ट्र के उत्थान के लिए किए जाने वाले निरन्तर प्रयास एवं उनके फलस्वरूप प्राप्त उपलब्धियाँ सर्वोच्च शिखर पर पहुँच सके। प्रत्येक माता-पिता या अभिभावक 6 से 14 वर्ष की आयु के बच्चे को शिक्षा प्रदान कराना सुनिश्चित करेंगे।

भारतीय संविधान में राज्य के नीति निदेशक तत्व (DPSP in Indian Constitution)

राज्य के नीति निदेशक तत्वों को संविधान के भाग-4 में अनुच्छेद 36 से 51 तक में शामिल किया गया है। नीति निदेशक तत्व बाध्यकारी नहीं हैं अर्थात् यदि राज्य इन्हें लागू करने में असफल रहता है तो कोई भी इसके विरूद्ध न्यायालय नहीं जा सकता है। नीति निदेशक तत्वों की स्वीकृति ठोस संवैधानिक और नैतिक दायित्वों पर आधारित है।

संविधान के अनुच्छेद-37 में कहा गया है कि विधि बनाने में इन तत्वों को लागू करना राज्य का कर्तव्य होगा। संविधान के अनुच्छेद 355 और 365 का प्रयोग इन नीति निदेशक तत्वों को लागू करने के लिए किया जा सकता है।

नीति निदेशक तत्वों का वर्गीकरण

नीति निदेशक तत्वों को तीन भागों में बाँटा गया है जो कि इस प्रकार हैं–

1. **सामाजिक और आर्थिक चार्टर** – न्याय पर आधारित सामाजिक संरचना अनुच्छेद 38(1) में कहा गया है कि 'राज्य ऐसी सामाजिक व्यवस्था की, जिसमें सामाजिक, आर्थिक और राजनैतिक न्याय राष्ट्रीय जीवन की सभी संस्थाओं को अनुप्राणित करे, भरसक प्रभावी रूप में स्थापना और संरक्षण करके लोक कल्याण की अभिवृद्धि का प्रयास करेगा'।

   आर्थिक न्याय- अनुच्छेद 39 कहता है कि राज्य अपनी नीति का इस प्रकार संचालन करेगा कि पुरुष और स्त्री नागरिकों को समान रूप से जीविका के पर्याप्त साधन प्राप्त करने का अधिकार हो, पुरुषों और स्त्रियों को दोनों को समान कार्य के लिए समान वेतन प्राप्त हो, पुरुष और स्त्री कामगारों के स्वास्थ्य और शक्ति का तथा बालकों की सुकुमार अवस्था का दुरुपयोग न हो और बालकों को स्वस्थ विकास के अवसर और सुविधाएँ दी जाएँ तथा नैतिक और आर्थिक परित्याग से रक्षा की जाए।

   अनुच्छेद 38 और 39 वितरणमूलक न्याय के सिद्धांत को साकार करता है, जिसमें सामाजिक, आर्थिक और राजनीतिक न्याय की स्थापना का निर्देश दिया गया है ताकि सभी तरह की सामाजिक असमानताओं को समाप्त किया जा सके।

2. **सामाजिक सुरक्षा चार्टर** – उद्योगों के प्रबन्धन में कामगारों की भागीदारी (अनुच्छेद- 43क) कुछ दशाओं, जैसे– बेकारी, बुढ़ापा, बीमारी और निशक्तता में काम, शिक्षा और लोक सहायता पाने का अधिकार (अनुच्छेद-41), काम करने की न्यायसंगत और मानवोचित दशाएँ (अनुच्छेद-42), कामगारों के लिए निर्वाह मजदूरी (अनुच्छेद-43), बच्चों को, जब तक वे 14 वर्ष की आयु प्राप्त नहीं कर लेते तब तक, निशुल्क और अनिवार्य शिक्षा प्रदान करना (अनुच्छेद-45) हालाँकि, 86वें संविधान संशोधन, 2002 के बाद अनुच्छेद-45 में यह वर्णित है कि "राज्य सभी बालकों को छः वर्ष की आयु पूरी होने तक प्रारंभिक बचपन की देखभाल और शिक्षा देने के लिए उपबंध करने का प्रयास करेगा", पोषाहार स्तर और जीवन स्तर में सुधार करना (अनुच्छेद-47), जिसमें विशेष रूप से मद्यपान निषेध शामिल है। दुर्बल वर्गों के शिक्षा और अर्थ सम्बन्धी

हितों की अभिवृद्धि करना (अनुच्छेद-46) तथा आर्थिक रूप से पिछड़े वर्गों को सामान न्याय और निशुल्क विधिक सहायता (अनुच्छेद-39क)।

3. **सामुदायिक कल्याण चार्टर** – समान नागरिक संहिता (अनुच्छेद 44) के द्वारा वैसे तो राज्य ने हिन्दू पर्सनल लॉ (जोकि सिखों, जैनों और बौद्धों पर भी लागू होता है) में सुधार करने और संहिताबद्ध करने का प्रयास किया है।

(i) कृषि और पशुपालन का संगठन - अनुच्छेद-48

(ii) वन तथा वन्यजीवों का संरक्षण व संवर्धान - अनुच्छेद-48क

(iii) स्मारकों का संरक्षण - अनुच्छेद-49

(iv) कार्यपालिका से न्यायपालिका का पृथक्करण - अनुच्छेद-50

(v) अंतर्राष्ट्रीय शांति और सुरक्षा की अभिवृद्धि - अनुच्छेद-51 में दिए गए निर्देशों का पालन करते हुए संसद ने मानवाधिकार संरक्षण अधिनियम, 1993 पारित किया जिसमें राष्ट्रीय मानवाधिकार आयोग के गठन और मानवाधिकार न्यायालयों की स्थापना का प्रावधान है ताकि देश के अन्दर और बाहर मानवाधिकार हनन की समस्याओं से निपटा जा सके।

(vi) ग्राम पंचायतों का गठन- अनुच्छेद-40 इस प्रावधान का उद्देश्य निचले स्तर तक लोकतंत्र की स्थापना करना है

संसद में बजट (Budget in Parliament)

कल्याणकारी राज्यों के उभरने के साथ ही सरकारें, वस्तुत: मानव जीवन के प्रत्येक क्षेत्र पर ध्यान दे रही हैं। उन्हें कानून और व्यवस्था बनाए रखने, आर्थिक तथा सामाजिक बेहतरी हेतु योजनाओं के क्रियान्वयन के लिए अपने-अपने क्षेत्रों की रक्षा के वास्ते विभिन्न प्रकार के कार्य करने होते हैं। इसके अतिरिक्त वे लोगों को शिक्षा, स्वास्थ्य, रोजगार तथा आवास जैसी सामाजिक सेवाएँ प्रदान करती हैं। यह कहने की जरूरत नहीं है कि सरकार को इन कार्यों को प्रभावी रूप से करने के लिए पर्याप्त संसाधनों की आवश्यकता होती है। यह धन कहाँ से आएगा और कौन धन की स्वीकृति देगा? सरकारी व्यय हेतु आवश्यक धनराशि देश के संसाधनों जैसे प्रत्यक्ष तथा अप्रत्यक्ष कर तथा लंबी और अल्प अवधि, दोनों प्रकार के ऋणों से जुटायी जाती है। भारत में राजस्व का मुख्य स्रोत सीमा शुल्क तथा जी.एस.टी सहित व्यक्तियों तथा कंपनियों पर लगाया गया आयकर है।

बजट की आवश्यकता

ऐसा नहीं है कि सरकार अपनी इच्छा से जितना चाहे कर लगा सकती है, ऋण ले सकती है तथा धन खर्च कर सकती है। चूंकि संसाधनों की एक सीमा होती है, इसलिए

विभिन्न सरकारी क्रियाकलापों हेतु संसाधनों के आवंटन की उचित बजटीय व्यवस्था की आवश्यकता पड़ती है। व्यय की प्रत्येक मद पर पूरी तरह विचार किया जाना चाहिए तथा एक निश्चित अवधि तक कुल परिव्यय निकाला जाना चाहिए। सरकार की स्थिरता के लिए विवेकपूर्ण व्यय अनिवार्य है तथा विवेकपूर्ण व्यय की पहली आवश्यकता समुचित आय है। अतः योजनाबद्ध व्यय तथा आय का सटीक अनुमान सुदृढ़ सरकारी वित्त के अपरिहार्य तत्व हैं।

वित्त पर संसदीय नियंत्रण

हमारी सरकार की संसदीय प्रणाली वेस्टमिंस्टर मॉडल पर आधारित है। इसलिए संविधान ने वित्त संबंधी शक्तियाँ लोगों के निर्वाचित प्रतिनिधियों को सौंपी हैं जिससे कि 'प्रतिनिधित्व के बिना कराधान' नहीं का सिद्धान्त सही सिद्ध होता है। विधानमंडल की स्वीकृति के लिए बजट तैयार करना केन्द्र सरकार तथा राज्य सरकारों का संवैधानिक दायित्व है। कराधान पर विधायी विशेषाधिकार, व्यय पर विधायी नियंत्रण तथा वित्तीय मामलों पर कार्यपालिका द्वारा पहल संसदीय वित्तीय नियंत्रण प्रणाली के कुछ मूलभूत सिद्धान्त हैं।

भारत के संविधान में ऐसे विशेष उपबंध हैं, जिनमें इन सिद्धान्तों का उल्लेख है। उदाहरण के लिए अनुच्छेद-265 में व्यवस्था है कि कोई कर विधि के प्राधिकार से ही अधिरोपित या संगृहीत किया जाएगा। विधायिका के प्राधिकार के बिना कोई व्यय नहीं किया जा सकता (अनुच्छेद-266) तथा राष्ट्रपति प्रत्येक वित्तीय वर्ष के संबंध में वार्षिक वित्तीय विवरण संसद के समक्ष रखेगा (अनुच्छेद-112)। हमारे संविधान के ये उपबंध सरकार को संसद के प्रति जवाबदेह बनाते हैं।

संसद की दोनों सभाओं के समक्ष रखा जाने वाला वार्षिक वित्तीय विवरण केन्द्र सरकार का बजट कहलाता है। इस विवरण में एक वित्तीय वर्ष की अवधि शामिल होती है। भारत में वित्तीय वर्ष हर साल एक अप्रैल को आरम्भ होता है। विवरण में वित्तीय वर्ष हेतु भारत सरकार की अनुमानित प्राप्तियों तथा व्यय का ब्यौरा होता है।

अनुदानों की माँगें

बजट में सम्मिलित व्यय के अनुमान को लोक सभा द्वारा अनुदानों की माँगों के रूप में मतदान के जरिए स्वीकृत होना चाहिए। इन माँगों को मंत्रालयवार क्रमबद्ध किया जाता है तथा प्रत्येक प्रमुख सेवा हेतु पृथक माँग प्रस्तुत की जाती है। प्रत्येक माँग में पहले कुछ अनुदान का विवरण होता है और तत्पश्चात् विस्तृत अनुमान को मदों में विभाजित करने संबंधी विवरण होता है।

रेल बजट

भारतीय रेल का बजट संसद में पृथक रूप से प्रस्तुत किया जाता है तथा इस पर अलग से कार्यवाही चलती है, यद्यपि रेलवे की प्राप्तियां तथा व्यय भारत की संचित निधि का भाग होते हैं तथा उनसे संबंधित आंकड़े वार्षिक वित्तीय विवरण में सम्मिलित किए जाते हैं।

बजट प्रस्तुतीकरण

भारत में राष्ट्रपति द्वारा निर्धारित तिथि पर संसद में बजट प्रस्तुत किया जाता है। वित्त मंत्री का बजट भाषण सामान्यतः दो भागों में होता है। भाग (क) देश के सामान्य आर्थिक सर्वेक्षण के बारे में है जबकि भाग (ख) कराधान प्रस्तावों से संबंधित है। पूर्व में सामान्य बजट फरवरी के अंतिम कार्य दिवस को अपराह्न 5 बजे प्रस्तुत किया जाता था किंतु 1999 से सामान्य बजट फरवरी के अंतिम कार्य दिवस को पूर्वाह्न 11 बजे प्रस्तुत किया जा रहा है अर्थात् उस वर्ष जिसमें लोक सभा के आम चुनाव होते हैं, को छोड़कर, वित्तीय वर्ष के आरंभ होने से लगभग एक माह पूर्व। चुनाव वाले वर्ष में बजट दो बार, पहले तो कुछ महीनों के लिए लेखानुदान प्राप्त करने के लिए और बाद में पूर्ण बजट के रूप में प्रस्तुत किया जाता है।

लोक सभा में सामान्य बजट वित्त मंत्री द्वारा प्रस्तुत किया जाता है। वह बजट को प्रस्तुत करते हुए भाषण देता है और अपने भाषण के अंतिम भाग में ही उनके द्वारा नए कराधान के प्रस्तावों या मौजूदा करों में परिवर्तनों के बारे में बताया जाता है। लोक सभा में वित्त मंत्री के भाषण की समाप्ति पर वार्षिक वित्तीय विवरण राज्य सभा के पटल पर रखा जाता है।

बजट दस्तावेज

वार्षिक वित्तीय विवरण के साथ-साथ सरकार निम्नलिखित दस्तावेज प्रस्तुत करती है। चालू वर्ष और अगले वर्ष के दौरान प्राप्तियों और व्यय की प्रकृति स्पष्ट करने वाला और दो वर्षों के अनुमानों में भिन्नता के कारणों को दर्शाने वाला एक संक्षिप्त व्याख्यात्मक ज्ञापन एवं मंत्रालयवार प्रावधानों को दर्शाने वाली माँगों की सूची और मंत्रालय के प्रत्येक विभाग तथा सेवा के लिए एक पृथक मांग। वित्त विधेयक, जो कि सरकार द्वारा प्रस्तावित कराधान उपायों से संबंधित है, को बजट पेश किए जाने के तुरन्त बाद पुनः स्थापित किया जाता है। इसके साथ एक ज्ञापन प्रस्तुत किया जाता है, जिसमें विधेयक के उपबंधों और देश के वित्त पर इनके प्रभावों को स्पष्ट किया जाता है।

लेखानुदान

बजट पर चर्चा इसे प्रस्तुत किए जाने के कुछ दिनों बाद आरंभ होती है। एक लोकतांत्रिक ढाँचे में, सरकार संसद को बजटीय प्रावधानों और कराधान के लिए विभिन्न प्रस्तावों पर चर्चा करने का पूर्ण अवसर देने के लिए उत्सुक रहती है। चूंकि संसद नए वित्तीय वर्ष के आरंभ होने से पहले संपूर्ण बजट पर मतदान नहीं करा पाती, अत: देश के प्रशासन को चलाने के लिए सरकार के पास पर्याप्त वित्त उपलब्ध रहने की आवश्यकता बनी रहती है। इसलिए, लेखानुदान के लिए एक विशेष उपबंध किया गया है, जिसके अंतर्गत सरकार उतनी धनराशि के लिए संसद की स्वीकृति प्राप्त करती है, जितनी वर्ष के एक भाग के लिए विभिन्न मदों पर व्यय हेतु पर्याप्त हो।

सामान्यत: लेखानुदान की स्वीकृति दो माह के लिए ली जाती है। किंतु यदि किसी निर्वाचन वर्ष में या जब यह पूर्वानुमान हो कि मुख्य अनुदानों और विनियोग विधेयक को पारित करने में दो महीने से अधिक समय लगेगा, तो लेखानुदान की स्वीकृति दो महीने से अधिक अवधि के लिए ली जा सकती है।

बजट पर चर्चा

लोक सभा में बजट पर चर्चा दो चरणों में की जाती है। सर्वप्रथम, पूर्ण बजट पर सामान्य चर्चा होती है। यह चर्चा 4 से 5 दिनों तक चलती है। इस चरण में बजट की व्यापक रूपरेखा और इसमें निहित सिद्धांतों और नीतियों पर ही चर्चा की जाती है।

संसद की स्थायी समितियों द्वारा माँगों पर विचार

रेल और सामान्य बजट दोनों पर सामान्य चर्चा के पहले चरण के समाप्त होने के पश्चात्, सभा एक निश्चित अवधि के लिए स्थगित कर दी जाती है। इस अवधि के दौरान, रेलवे सहित विभिन्न मंत्रालयों या विभागों की अनुदानों की माँगों पर संबंधित स्थायी समितियों द्वारा विचार किया जाता है (नियम 331 छ)। इन समितियों को एक निश्चित अवधि के भीतर, और अधिक समय की माँग किए बिना, सभा को अपने प्रतिवेदन देने होते हैं। स्थायी समितियों द्वारा अनुदानों की माँगों पर विचार किए जाने की प्रणाली वर्ष 1993-94 के बजट से प्रारंभ की गई थी। स्थायी समिति में 45 सदस्य होते हैं, जिनमें लोक सभा के 30 सदस्य और राज्य सभा के 15 सदस्य होते हैं। स्थायी समितियों के प्रतिवेदन सलाहकारी प्रकृति के होते हैं (नियम 331ढ़)। प्रतिवेदन में कटौती प्रस्तावों की प्रकृति का कोई सुझाव नहीं होता है।

स्थायी समितियों के प्रतिवेदन सभा में प्रस्तुत किए जाने के पश्चात् सभा चर्चा करती है और मंत्रालयवार अनुदानों की माँगों पर मतदान करती है। अध्यक्ष द्वारा सभा के नेता

के परामर्श से अनुदानों की माँगों पर चर्चा और मतदान हेतु समय आवंटित किया जाता है। आवंटित दिवसों के अंतिम दिन, अध्यक्ष सभी बकाया माँगों को सभा में मतदान के लिए प्रस्तुत करता है। यह प्रक्रिया आम तौर पर गिलोटिन के नाम से जानी जाती है। लोक सभा के पास किसी भी माँग को स्वीकृति देने अथवा स्वीकृति देने से मना करने या सरकार द्वारा माँगी गई अनुदान की धनराशि में कटौती करने की भी शक्ति है। राज्य सभा में बजट पर केवल सामान्य चर्चा होती है।

यह अनुदानों की माँगों पर मतदान नहीं करती। केवल उतनी ही धनराशि के संबंध में लोक सभा में मतदान होता है, जो कि भारत की समेकित निधि पर व्यय के रूप में प्रभारित नहीं होती। प्रभारित व्यय के अन्तर्गत राष्ट्रपति की परिलब्धियाँ, राज्य सभा के सभापति और उप-सभापति तथा लोक सभा के अध्यक्ष और उपाधयक्ष, उच्चतम न्यायालय के न्यायधीशों, भारत के नियंत्रक और महालेखापरीक्षक के वेतन और भत्ते तथा भारत के संविधान में विनिर्दिष्ट कतिपय अन्य मदें शामिल हैं। प्रभारित व्यय पर लोक सभा में चर्चा की अनुमति है किंतु ऐसे व्यय पर सभा में मतदान नहीं किया जाता। चर्चा के दौरान सदस्यों के पास बजटीय प्रावधानों की आलोचना करने और साथ ही देश की वित्तीय स्थिति सुधारने के लिए सुझाव देने का भी पूरा अवसर होता है।

कटौती प्रस्ताव

विभिन्न अनुदानों की माँगों में कटौती के लिए कटौती प्रस्तावों के रूप में प्रस्ताव किए जाते हैं जिनके अन्तर्गत मितव्ययिता या नीति के मामलों पर मत की विभिन्नता के आधार पर या कोई शिकायत व्यक्त करने के उद्देश्य से सरकार द्वारा माँगी गई धनराशि में कटौती की माँग की जाती है।

विनियोग विधेयक

बजट प्रस्तावों पर सामान्य चर्चा और अनुदानों की माँगों पर मतदान हो जाने के पश्चात् सरकार विनियोग विधेयक पुरःस्थापित करती है। विनियोग विधेयक का आशय सरकार को भारत की संचित निधि में से व्यय करने का प्राधिकार देना है। इस विधेयक को पारित करने की वही प्रक्रिया है, जो अन्य धन विधेयकों के मामले में है।

वित्त विधेयक

सरकार के कराधान प्रस्तावों को मूर्त रूप देने की व्यवस्था करने वाले वित्त विधेयक, जिसे सामान्य बजट प्रस्तुत किए जाने के तुरन्त बाद लोक सभा में पुनः स्थापित किया जाता है, वित्त विधेयक को विनियोग विधेयक पारित किए जाने के पश्चात् विचार करने और पारित किए जाने के लिए लिया जाता है। तथापि नए शुल्क लगाने और

संग्रहीत करने या मौजूदा शुल्कों में परिवर्तन से संबंधित विधेयक के कतिपय उपबंध अनन्तिम कर संग्रहण अधिनियम के अन्तर्गत एक घोषणा द्वारा उस दिन के समाप्त होने के पश्चात् तत्काल प्रभाव से लागू हो जाते हैं। जिस दिन विधेयक को पुन:स्थापित किया गया है। संसद को वित्त विधेयक पुन:स्थापित किए जाने के 75 दिनों के भीतर इसे पारित करना होता है।

अनुपूरक या अतिरिक्त अनुदान

संसद द्वारा प्राधिकृत धनराशि की सीमा से अधिक कोई व्यय संसद की स्वीकृति के बिना नहीं किया जा सकता। जब भी अतिरिक्त व्यय करने की आवश्यकता होती है, संसद के पटल पर एक अनुपूरक अनुमान रखा जाता है। यदि एक वित्तीय वर्ष के दौरान किसी सेवा पर उस सेवा के लिए और उस वर्ष हेतु स्वीकृत धनराशि से अधिक धनराशि खर्च की गई है, तो वित्त अथवा रेल मंत्री अतिरिक्त अनुदानों की माँगें प्रस्तुत करते हैं। अनुपूरक या अतिरिक्त अनुदानों के संबंध में संसद में अपनाई जाने वाली प्रक्रिया लगभग वही है, जो सामान्य बजट में शामिल किए गए अनुमानों के मामले में अपनाई जाती है।

राजनीतिक अर्थशास्त्र (Political Economy)

राजनीतिक अर्थशास्त्र या राजकीय अर्थशास्त्र किसी समाज में राजनीतिक और आर्थिक सत्ता के बँटवारे की जानकारी देते हुए बताता है कि सत्ता का यह वितरण विकास और अन्य नीतियों पर किस तरह का प्रभाव डाल रहा है। इसी बात को इस तरह भी कहा जा सकता है कि राजनीतिक अर्थशास्त्र उन बुद्धिसंगत फैसलों का अध्ययन करता है जो राजनीतिक और आर्थिक संस्थाओं के संदर्भ में लिए जाते हैं। इस अध्ययन में तर्कसंगत आधारों की रोशनी में समष्टिगत प्रभावों पर गौर किया जाता है। मूलत: उत्पादन एवं व्यापार तथा इनका विधि, प्रथा, सरकार से सम्बन्ध और राष्ट्रीय आय एवं सम्पदा के वितरण के अध्ययन को 'राजनीतिक अर्थशास्त्र' कहा गया था। राजनीतिक अर्थशास्त्र की उत्पत्ति नैतिक दर्शन (Moral philosophy) से हुई। अट्ठारहवीं शताब्दी में इसका विकास राज्य के अर्थतंत्र या पॉलिटी (Polity) के अध्ययन के उद्देश्य से किया गया था, इसी लिए इसका नाम 'पॉलिटिकल इकोनॉमी' पड़ा।

अट्ठारहवीं सदी के मध्य में प्रकाशित एडम स्मिथ की रचना 'वेल्थ ऑफ नेशंस' से लेकर उन्नीसवीं सदी में प्रकाशित जॉन स्टुअर्ट मिल की रचना 'प्रिंसिपल्स ऑफ पॉलिटिकल इकोनॉमी' और कार्ल मार्क्स की रचना 'कैपिटल: अ क्रिटीक ऑफ पॉलिटिकल इकोनॉमी' तक के लम्बे दौर में अर्थशास्त्र का अनुशासन मुख्य तौर से 'राजनीतिक अर्थशास्त्र' के नाम से ही जाना जाता था। दरअसल, समाज-वैज्ञानिकों

की मान्यता थी कि राजनीतिक कारक आर्थिक परिणामों पर अनिवार्य ही नहीं बल्कि निर्णयकारी प्रभाव डालते हैं।

बीसवीं सदी में राजनीतिशास्त्र और अर्थशास्त्र के अनुशासन अलग होते चले गये। नियोक्लासिकल अर्थशास्त्र के प्रभाव में अर्थशास्त्र की पद्धतियाँ राजनीति से अपेक्षाकृत स्वायत्त हो कर विकसित हुईं और अर्थशास्त्रियों का जोर उपभोक्ताओं और कम्पनियों के ऊपर पड़ने वाले सरकारी नियंत्रणों और बाजार के विकास की परिस्थितियों पर होता चला गया। अभी पिछले कुछ दशकों से एक बार फिर राजनीति और अर्थशास्त्र के गठजोड़ की बातें होने लगी हैं और नये राजनीतिक अर्थशास्त्र की चर्चा सुनायी देने लगी है। राजनीतिक अर्थशास्त्र का इस नये उभार में खास बात यह है कि यह राजनीति के आर्थिक महत्व को रेखांकित करने के लिए आधुनिक अर्थशास्त्र की परिष्कृत विश्लेषणात्मक पद्धतियों का इस्तेमाल करता है।

आर्थिक विज्ञान के इतिहासकारों के मुताबिक पॉलिटिकल इकोनॉमी (राजनीतिक अर्थशास्त्र) का पद पहली बार 1615 में मोंक्रेतीन द वातविले द्वारा प्रयोग किया गया था। फ्रांस का यह वणिकवादी विद्वान चाहता था कि आर्थिक विज्ञान की परिभाषा को उन सीमाओं से बाहर निकाला जाए जिनमें यूनानी चिंतकों ने उसे सीमित कर दिया है। प्राचीन यूनानियों के अनुसार अर्थशास्त्र का क्षेत्र घर-खर्च तक सीमित था। मोंक्रेतीन ने इस विचार में राज्य की संस्था के इर्द-गिर्द होने वाले चिंतन यानी राजनीति को भी जोड़ दिया। 1761 में सर जेम्स स्टुअर्ट पहले अंग्रेज अर्थशास्त्री थे जिन्होंने इस पद का उल्लेख अपनी पुस्तक 'ऐन इनक्वैरी इनटु द प्रिंसिपल्स ऑफ पॉलिटिकल इकोनॉमी' के शीर्षक में किया।

एडम स्मिथ का विचार था कि राजनीतिक अर्थशास्त्र का काम जनता को जीवनयापन के लिए पर्याप्त आमदनी उपलब्ध कराने का प्रावधान करना है और दूसरी ओर सरकार के लिए इतने राजस्व का इंतजाम करना है जिससे सार्वजनिक उद्देश्यों की पूर्ति हो सके। राजनीतिक अर्थशास्त्र को स्मिथ द्वारा दी गयी परिभाषा के दायरे से निकाल कर कहीं व्यापक अर्थ देने का काम कार्ल मार्क्स ने किया।

मार्क्स के समकालीन जे.एस. मिल की दिलचस्पी पूँजीवाद की आलोचना में नहीं थी, लेकिन उन्होंने मूल्य, व्यापार, धन, आबादी, वेतन, आर्थिक प्रणाली और आर्थिक नीति के संदर्भ में राजनीतिक अर्थशास्त्र की व्याख्या की। परन्तु मार्क्स ने ब्रिटिश राजनीतिक अर्थशास्त्र से ग्रहण किया कि आर्थिक विनिमय तभी समतामूलक हो सकता है जब दोनों पक्षों द्वारा लगाया गया श्रम-मूल्य बराबर हो। लेकिन, जब एक पक्ष श्रम खरीदने वाला और दूसरा श्रम बेचने वाला होता है तो श्रम खरीदने वाला हमेशा ही किसी भी विनिमय में बहुत ज्यादा लाभ हासिल कर लेता है। इसी लाभ के दम पर

उसके पास उत्तरोत्तर विकास जमा होती चली जाती है। इस पूँजी संचय के गहन और दूरगामी आर्थिक-सामाजिक फलितार्थ होते हैं और इसके गर्भ से प्रभुत्व व अधीनस्थता की सामजिक संरचनाएँ जन्म लेती हैं।

दरअसल, मार्क्स जिस उलझन का हल सुझा रहे थे, वह कभी अरस्तु ने अपनी निकोमैकियन इथिक्स में उठायी थी। अरस्तु के इस विमर्श में आधुनिक राजनीतिक अर्थशास्त्र के बीज निहित थे। अरस्तु का कहना था कि दो लोग जब किन्हीं दो चीजों का आपस में विनिमय करते हैं तो उनमें से एक बेहतर और एक कमतर होती ही है। ऐसे में दोनों में से किसी एक पक्ष को दूसरे के मुकाबले अधिक लाभ होना लाजमी है। उनका सवाल था कि दोनों के लाभों को बराबर कैसे किया जाए, क्योंकि लाभों की असमता एक विषम समाज को जन्म दे सकती है। अरस्तु के पास इस समस्या का हल नहीं था। मार्क्स का युग तो राष्ट्रों के विकास का युग था, इसलिए उन्होंने निष्कर्ष निकाला कि पूँजीवाद बड़े पैमाने पर सम्पत्ति जमा करता चला जाता है और एक मुकाम पर पहुँच कर राष्ट्र के विकास में मुख्य भूमिका निभाता है। लेनिन ने मार्क्स के इसी विचार का विस्तार करते हुए दिखाया कि किस तरह उपनिवेशवाद और साम्राज्यवाद के जरिए पूँजीवाद अपना अंतर्राष्ट्रीय विस्तार करता है।

मार्क्स और लेनिन के विमर्श का लाभ उठा कर अर्थशास्त्री कई तरह की रैडिकल धारणाओं का प्रतिपादन कर पाये। उन्होंने योजनापूर्वक राजनीति और अर्थशास्त्र को आपस में मिला दिया, पूँजीवाद की प्रकृति और राजनीतिक दलों के इरादों की जाँच की। इसी सिलसिले में सार्वजनिक उत्पादन, उस पर पड़ने वाले बाहरी प्रभावों और इजारेदारियों का विश्लेषण किया गया। अलग-अलग सरकारों द्वारा संसाधनों का बँटवारा करने की प्रक्रिया की भी व्याख्या की गयी। लोकोपकारी राज्य की अवधारणा के सूत्रीकरण में राजनीतिक अर्थशास्त्र के वामपंथी पहलुओं की प्रमुख भूमिका रही।

पचास के दशक में रिचर्ड एम. टिटमस ने यूरोप की जमीन पर लोकोपकारी राज्य को तीन मॉडलों में बाँट कर देखा। उन्होंने बताया कि एंग्लो-सेक्सन देश लोक उपकार की राजनीति केवल तभी अपनाते हैं जब बाजार विफल हो जाता है। यह आंशिक किस्म का लोक उपकार है। जर्मनी और नीदरलैण्ड जैसे देशों में लोक उपकार की राजनीति अर्थशास्त्र में औद्योगिक उपलब्धियों को बेहतर बनाने के लिए मिश्रित की जाती है। स्कैंडिवेनियन देशों में संस्थागत पुनर्वितरणकारी मॉडल की तरह लोक उपकार की राजनीति की जाती है। हाल ही में लोकोपकारी राज्य की व्याख्या कल्याणकारी पूँजीवाद के रूप में भी की गयी है।

'द थ्री वर्ल्ड्स ऑफ वेलफेयर कैपिटलिजम' में गोस्ता एस्पिंग-एंडरसन ने लोकोपकारी राज्य की पूँजीवादी जड़ों को स्पष्ट करते हुए दिखाया है कि ये मॉडल उदारतावादी, अनुदारतावादी और सामाजिक-जनवादी किस्म के हैं।

बीसवीं सदी के मध्य में हुए नियो-क्लासिकल अर्थशास्त्र ने राजनीतिक अर्थशास्त्र के विपरीत राजनीति के प्रभाव से स्वतंत्र आर्थिक विज्ञान की वकालत की। इस प्रवृत्ति के बोलबाले के दौर में सम्भवतः जोसेफ शुमपीटर की रचना कैपिटलिज्म, सोशलिज्म एंड डेमोक्रैसी एक ऐसी कृति थी जिसमें अंतर्निहित था कि अर्थशास्त्र का अध्ययन राजनीति के अध्ययन से जुड़ा है।

बाजार की विफलता की रोशनी में राजनीतिक अर्थशास्त्र ने पिछले कुछ दशकों में अपनी दावेदारी फिर से पेश की है। इसका एक बड़ा प्रमाण उस समय मिला जब दिसम्बर, 2007 में नोबेल पुरस्कार लेते हुए तीन अर्थशास्त्रियों (लियोनिड हुरविज, एरिक मैस्किन और रोजर मेयरसन) ने अलग-अलग भाषण दिए। तीनों ने अपने-अपने तरीकों से राजनीतिक संस्थाओं और आर्थिक संस्थाओं के एकीकरण की जरूरत को रेखांकित ही नहीं किया बल्कि यह भी कहा कि यह एकीकरण आम तौर पर हो चुका है। उनका कहना था कि आखिरकार दोनों ही किस्म की संस्थाएँ अपने-अपने किस्म के तंत्रों की नुमाइंदगी करती हैं, उनके बीच परस्पर निर्भरता है और दोनों ही परिणाम हासिल करने में अनिवार्य भूमिका निभाती हैं। मेयरसन का कहना था कि अर्थशास्त्र को प्रमुखता देनी आवश्यक है, पर यह उसे राजनीति से काट कर नहीं दी जा सकती। प्रत्येक सामाजिक संस्था विभिन्न तरह के प्रोत्साहनों को आर्थिक और राजनीतिक पहलुओं से मिला कर खड़ी की जाती है। बेहतर सामाजिक संस्था वह होती है जिसमें यह मिश्रण बुद्धिमानीपूर्वक किया जाता है। तभी वह गलत निर्णयों और विभिन्न बाधाओं से पार पाने के लिए सक्रिय और समन्वित प्रयास कर पाती है।

इसमें कोई संदेह नहीं कि अर्थशास्त्र और राजनीतिशास्त्र के अलगाव ने ज्ञान के क्षेत्र को विकसित करने में अहम योगदान किया है। विद्वानों की कई पीढ़ियों ने एक-दूसरे से स्वतंत्र और स्वायत्त अध्ययन करके न जाने कितने सिद्धांतों और विचारों का प्रतिपादन किया है। इस प्रक्रिया में नये और बेहतर विश्लेषणात्मक परिप्रेक्ष्यों में विषय को पुनः परिभाषित किया गया है। लेकिन, व्यावहारिक दृष्टिकोण से यह अलगाव कभी विशुद्ध आर्थिकी या विशुद्ध राजनीतिक-विज्ञान के विकास का रास्ता नहीं खोल पाया। अब एक बार फिर दोनों के एकीकरण की चर्चा होने लगी है, हालाँकि दोनों ही अनुशासनों के विद्वान पहले से ही परस्परव्यापी क्षेत्रों में कार्यरत हैं। यहाँ तक कि नवउदारतावादी नीतियों में भी यह निर्भरता बढ़ी है।

❑❑❑

7 भारत में पर्यावरण प्रबन्धन एवं सतत विकास (Environmental Management and Sustainable Development in India)

पर्यावरण एवं जलवायु परिवर्तन (Environmental and Climate Changes)

पर्यावरण शब्द का निर्माण दो शब्दों से मिल कर हुआ है। 'परि'' जो हमारे चारों ओर है तथा 'आवरण'' जो हमें चारों ओर से घेरे हुए है। अत: पर्यावरण उन सभी भौतिक, रासायनिक एवं जैविक कारकों की समष्टिगत इकाई है जो किसी जीवधारी अथवा पारितंत्रीय आबादी को प्रभावित करते हैं तथा उनके रूप, जीवन और जीविता को तय करते हैं।

सामान्य अर्थों में यह हमारे जीवन को प्रभावित करने वाले सभी जैविक और अजैविक तत्वों, तथ्यों, प्रक्रियाओं और घटनाओं के समुच्चय से निर्मित इकाई है। यह हमारे चारों ओर व्याप्त है और हमारे जीवन की प्रत्येक घटना इसी के अन्दर सम्पादित होती है तथा हम मनुष्य अपनी समस्त क्रियाओं से इस पर्यावरण को भी प्रभावित करते हैं। इस प्रकार एक जीवधारी और उसके पर्यावरण के बीच अन्योन्याश्रित संबंध भी होता है।

पर्यावरण के जैविक संघटकों में सूक्ष्म जीवाणु से लेकर कीड़े-मकोड़े, सभी जीव-जंतु और पेड़-पौधे आ जाते हैं और इसके साथ ही उनसे जुड़ी सारी जैव क्रियाएँ और प्रक्रियाएँ भी। अजैविक संघटकों में जीवनरहित तत्व और उनसे जुड़ी प्रक्रियाएँ आती हैं, जैसे– चट्टानें, पर्वत, नदी, हवा और जलवायु के तत्व इत्यादि।

पर्यावरण एवं पारिस्थितिकीय तंत्र (Environmental and Ecology)

पर्यावरण अपनी सम्पूर्णता में एक इकाई है जिसमें अजैविक और जैविक संघटक आपस में विभिन्न अन्तर्क्रियाओं द्वारा संबद्ध और अंतर्गुम्फित होते हैं। इसकी यह विशेषता इसे

एक पारितंत्र का रूप प्रदान करती है क्योंकि पारिस्थितिक तंत्र या पारितंत्र पृथ्वी के किसी क्षेत्र में समस्त जैविक और अजैविक तत्वों के अंर्तसम्बंधित समुच्चय को कहते हैं। अतः पर्यावरण भी एक पारिस्थितिकीय तंत्र या पारितंत्र है।

पृथ्वी पर पैमाने (scale) के हिसाब से सबसे वृहत्तम पारितंत्र जैवमंडल को माना जाता है। जैवमंडल पृथ्वी का वह भाग है जिसमें जीवधारी पाए जाते हैं और यह स्थलमंडल, जलमण्डल तथा वायुमण्डल में व्याप्त है। पूरे पार्थिव पर्यावरण की रचना भी इन्हीं इकाइयों से हुई है, अतः इन अर्थों में वैश्विक पर्यावरण, जैवमण्डल और पार्थिव पारितंत्र एक दूसरे के समानार्थी हो जाते हैं।

माना जाता है कि पृथ्वी के वायुमण्डल का वर्तमान संघटन और इसमें ऑक्सीजन की वर्तमान मात्रा पृथ्वी पर जीवन होने का कारण ही नहीं अपितु परिणाम भी है। प्रकाश-संश्लेषण, जो एक जैविक (पारिस्थितिकीय अथवा जैवमण्डलीय) प्रक्रिया है, पृथ्वी के वायुमण्डल के गठन को प्रभावित करने वाली महत्वपूर्ण प्रक्रिया रही है। इस प्रकार के चिंतन से जुड़ी विचारधारा पूरी पृथ्वी को एक इकाई सजीव पृथ्वी (living earth) के रूप में देखती है। इसी प्रकार मनुष्य के ऊपर पर्यावरण के प्रभाव और मनुष्य द्वारा पर्यावरण पर डाले गए प्रभावों का अध्ययन मानव पारिस्थितिकी और मानव भूगोल का प्रमुख अध्ययन बिंदु है।

पर्यावरण प्रदूषण (Environmental Pollution)

पर्यावरण में किसी अवांछित पदार्थ (ठोस, द्रव या गैस) अथवा ऊर्जा (ऊष्मा, ध्वनि, रेडियोधर्मिता इत्यादि) के प्रवेश को पर्यावरण प्रदूषण कहते हैं। यदि इसकी गति इतनी तेज हो कि सामान्य और प्राकृतिक प्रक्रियाओं द्वारा इसका परिक्षेपण, मंदन, वियोजन, पुर्नचक्रण अथवा अहानिकारक रूप में संरक्षण न हो सके। इस प्रकार प्रदूषण के दो स्पष्ट सूचक हैं, किसी पदार्थ या ऊर्जा का पर्यावरण में प्रवेश और उसका प्राकृतिक पर्यावरण के प्रति हानिकारक या अवांछित होना। इस तरह के अवांछित तत्व को प्रदूषक या दूषक कहते हैं।

प्रदूषण का वर्गीकरण प्रदूषक के प्रकार, स्रोत अथवा पारितंत्र के जिस हिस्से में उसका प्रवेश होता है, के आधार पर किया जाता है। उदाहरण के तौर पर वायु प्रदूषण, जल प्रदूषण, मृदा प्रदूषण, इत्यादि प्रकार इस आधार पर निश्चित किए जाते हैं कि पारितंत्र के इस हिस्से में दूषक तत्व का प्रवेश होता है। वहीं दूसरी ओर रेडियोधर्मी प्रदूषण, प्रकाश प्रदूषण, ध्वनि या रव प्रदूषण इत्यादि प्रकार प्रदूषक के खुद के प्रकार पर आधारित वर्गीकरण हैं।

समस्त जीवधारी को मौसम की जरूरत होती है। जलवायु परिवर्तन से हमें लाभ भी हैं तो नुकसान भी। क्योंकि इससे विभिन्न प्राकृतिक आपदाएँ - जैसे चक्रवात, तेज तूफान, अत्यधिक बारिश, सूखा इत्यादि आ जाती हैं।

पर्यावरण प्रबन्धन (Environmental Management)

पर्यावरण प्रबन्धन का तात्पर्य पर्यावरण के प्रबन्धन से नहीं है, बल्कि आधुनिक मानव समाज के पर्यावरण के साथ संपर्क तथा उस पर पड़ने वाले प्रभाव के प्रबन्धन से है। प्रबंधकों को प्रभावित करने वाले तीन प्रमुख मुद्दे हैं - राजनीति (नेटवर्किंग), कार्यक्रम (परियोजनायें) और संसाधन (धन, सुविधाएँ आदि)। पर्यावरण प्रबन्धन की आवश्यकता को कई दृष्टिकोणों से देखा जा सकता है।

जलवायु परिवर्तन (Climate Change)

जलवायु परिवर्तन औसत मौसमी दशाओं के पैटर्न में ऐतिहासिक रूप से बदलाव आने को कहते हैं। सामान्यतः इन बदलावों का अध्ययन पृथ्वी के इतिहास को दीर्घ अवधियों में बाँट कर किया जाता है। जलवायु की दशाओं में यह बदलाव प्राकृतिक भी हो सकता है और मानव के क्रियाकलापों का परिणाम भी। ग्रीनहाउस प्रभाव और वैश्विक तापन को मनुष्य की क्रियाओं का परिणाम माना जा रहा है, जो औद्योगिक क्रांति के बाद मनुष्य द्वारा उद्योगों से निःसृत कार्बन डाई आक्साइड आदि गैसों के वायुमण्डल में अधिक मात्रा में बढ़ जाने का परिणाम है। जलवायु परिवर्तन के खतरों के बारे में वैज्ञानिक लगातार आगाह करते आ रहे हैं।

मुख्य रूप से, सूर्य से प्राप्त ऊर्जा तथा उसके ह्रास के बीच का संतुलन ही हमारी पृथ्वी की जलवायु का निर्धारण और तापमान संतुलन निर्धारित करती हैं। यह ऊर्जा हवाओं, समुद्री धाराओं, और अन्य तंत्र द्वारा विश्व भर में वितरित हो जाती हैं तथा अलग-अलग क्षेत्रों की जलवायु को प्रभावित करती है।

कारक जो जलवायु में परिवर्तन के जिम्मेदार होते हैं जिनमे सौर विकिरण में बदलाव, पृथ्वी की कक्षा में बदलाव, महाद्वीपों की परावर्तकता में बदलाव, वातावरण, महासागरों, पर्वत निर्माण और महाद्वीपीय बहाव तथा ग्रीनहाउस गैस की सांद्रता में परिवर्तन आदि शामिल हैं। जलवायु परिवर्तन के अंदरुनी तथा बाहरी कारक हो सकते हैं। अंदरुनी कारकों में जलवायु प्रणाली के भीतर ही प्राकृतिक प्रक्रियाओं में हो रहे परिवर्तन शामिल हैं (जैसे की उष्मिक परिसंचरण), वही बाहरी कारकों में कुछ प्राकृतिक (जैसे- सौर उत्पादन में परिवर्तन, पृथ्वी की कक्षा, ज्वालामुखी विस्फोट) या मानवजनित (जैसे- ग्रीन हाउस गैसों और धूल के उत्सर्जन में वृद्धि) शामिल हो सकते हैं। कुछ परिवर्तन कारकों का जलवायु पर बहुत जल्द ही प्रभाव पड़ता हैं जबकि कुछ कारक प्रभावित करने में वर्षों लगा देते हैं।

पर्यावरण संरक्षण और जलवायु परिर्वतन हमारे देश की विविधता के कारण महत्वपूर्ण है। आधुनिक युग में अत्यधिक आर्थिक विकास की गति ने पर्यावरण को

नुकसान पहुँचाने का काम किया है। आर्थिक विकास सदैव पर्यावरण की कीमत पर होता है। अगर ऐसा है तो क्या हमें आर्थिक विकास से समझौता कर लेना चाहिए? या फिर बिना पर्यावरणीय ह्रास के भी आर्थिक विकास संभव है? क्या दोनों साथ-साथ चल सकते है? इन प्रश्नों का उत्तर है - सतत् विकास एवं पर्यावरण।

यदि हम प्रकृति का उपभोग उपहार में मिली वस्तु की तरह न कर, यह सोचकर करें कि हमने इसे भविष्य की पीढ़ी से उधार लिया है और इसे ब्याज सहित वापस लौटाना है तो यही पर्यावरणीय संधारणीयता है। प्रकृति स्वयं को सदैव संतुलित करती रहती है, कहा गया है–

भूकम्प करे भू स्पन्दन, सूखा सिखाए जल प्रबन्धन,

बाढ़ है सभ्यता का स्पन्दन, चक्रवात है ताप-दाब प्रबन्धन।

न है इसमें कोई व्यर्थ, सबका है अपना अर्थ,

बस मनुष्य रहे तदर्थ, न होगा कभी कोई अनर्थ।

दूसरी और हम देखें तो आज वैश्वीकृत होते युग में आर्थिक विकास अति महत्वपूर्ण होता जा रहा है। हमें विकासशील से विकसित बनने, विश्व स्तर पर अपनी महत्ता व प्रतिस्पर्धा बनाए रखने हेतु, सभी को गुणवत्तायुक्त जीवन प्रदान करने हेतु आर्थिक विकास अति महत्वपूर्ण होता जा रहा है। इसके लिए बड़े स्तर पर सड़क, पुल, बाँध, इमारतें, कंक्रीट के मैदान, उद्योग, कल-कारखानें आदि अवसंरचनाओं का निर्माण तो करना ही होगा।

यद्यपि इन निर्माण कार्यों से भू-क्षरण, वन कटाव, वायु प्रदूषण, जल उपभोग आदि को भी बल मिलता है जो कंही-न-कंही कालांतर में स्वयं मानव हेतु आपदा की सुगम्यता का कारक बन जाता है। कहा जाता है भूकम्प नहीं भवन लोगों को मारता है।

वस्तुतः सतत् विकास एवं पर्यावरणीय संधारणीयता का पहलू, आर्थिक विकास से अलग नहीं है, अपितु परस्पर अन्तर्सम्बन्धित है। उदाहरणतः यदि हम तेजी से वन कटाव करतें हैं तो सूखा जैसी समस्या उत्पन्न होगी जिससे बेरोजगारी, हिंसा को बढ़ावा मिलेगा जो आर्थिक विकास को हतोत्साहित करेंगे।

आज नदियों का मार्ग बाधित करने, किनारों पर घर बनाने, बड़े-बड़े बाँध बनाने के कारण हमारे देश का 40 मिलियन हैक्टेयर क्षेत्रफल बाढ़ से ग्रसित है, और विश्व बैंक के आंकड़ों के अनुसार इस तरह की आपदाएँ देश के आर्थिक विकास को 10 वर्ष पीछे ले जाती है। बड़ी-बड़ी फैक्ट्रियों से तेजी से किया जा रहा प्रदूषण स्वास्थ्य पर बोझ डालता है। मनुष्य की कार्यक्षमता प्रभावित होती है, जिससे वह अस्वस्थ शरीर के साथ अर्थव्यवस्था में योगदान करने के बजाय बोझ बन जाता है।

इसका एक अन्य उदाहरण तेजी से होते शहरीकरण के परिप्रेक्ष्य में देखा जा सकता है, जिससे मलीन बस्तियाँ, बाढ़ व महामारी जैसी समस्याएँ सामने आती हैं। इसलिए कहा गया है–

यदि भविष्य होगा तो वह हरित होगा

यदि हरित नहीं हुआ तो वह भविष्य ही नहीं होगा।

अतः हमें ऐसा मध्यम मार्ग निकालना होगा जिससे पर्यावरणीय संधारणीयता के साथ-साथ आर्थिक विकास कर सके।

आर्थिक विकास | सतत विकास | पर्यावरणीय संधारणीयता

उपरोक्त उद्देश्यों की पूर्ति हेतु हमें अपने जनतंत्र, वायुतंत्र, मृदातंत्र, अन्तरिक्ष तंत्र सभी को ध्यान में रखना होगा। यदि हम वायुतंत्र की बात करें तो जब हम सड़क, राजमार्ग निर्माण करें तो आवश्यक रूप से किनारों पर पेड़ लगाएँ, जिससे एक और अर्थव्यवस्था को गति मिलेगी, दूसरी और प्रदूषण, सड़क दुर्घटना जैसी समस्याएँ कम होगी, साथ ही वर्षण, जल सम्भरण को बल मिलेगा, जैव विविधता सुरक्षा, खाद्य सुरक्षा व रोजगार सुरक्षा प्राप्त की जा सकेगी।

वाहनों में इलेक्ट्रिकल व्हीकल, सार्वजनिक परिवहन को बल प्रदान करें, साथ ही भारत सरकार की पंक्तियाँ 'लोगों को चलाओ, वाहनों को नहीं', इस प्ररिप्रेक्ष्य में प्रासंगिक प्रतीत होती हैं। हरित उद्योगों का विकास किया जाए। हरित प्रौद्योगिकी के इस्तेमाल हेतु टैक्स इन्सन्टिव्स दिया जाए, साथ ही उद्योग उत्पाद को ग्रीन रेटिंग व टैग प्रदान किया जाए जिससे जनता भी पर्यावरणीय मित्र उत्पादों को वरीयता दे।

जलतंत्र सुरक्षा हेतु शहरीकरण प्रक्रिया में पदस्थलों को पारगम्य बनाया जा सकता है, जिससे वर्षा का जल भूमि में जाए, रेन हार्वेस्टिंग जैसी प्रक्रिया घरों में अनिवार्य की जा सकती है, साथ ही निर्धारित क्षेत्रफल में जल संग्रह क्षेत्र का निर्माण किया जाना चाहिए। उद्योगों में प्रयुक्त जल को पुनर्चक्रित किया जाना चाहिए अर्थात् रीसाइकिल, रीयूज प्रणाली का अनुकरण किया जाए। बाँध निर्माण रन ऑन रीवर हो, जिससे जलतंत्र पर अतिरिक्त दबाव न पड़े। वर्तमान में अपनाई जा रही आधुनिक तकनीकी, तंत्रों जैसे पश्चिमी शौचालय, आरओ सिस्टम आदि को जल मितव्ययी बनाना होगा, जिससे जल का तार्किक उपभोग हो न कि स्वार्थपूर्ण।

महात्मा गांधी जी ने कहा है –"प्रकृति व्यक्ति की आवश्यकताओं की तो पूर्ति कर सकती है, पर लालच की नहीं।"

आज हम कृषि क्षेत्र में तेजी से विकास कर रहे हैं, इस क्षेत्र में अन्धाधुन्ध 78 प्रतिशत जल का प्रयोग किया जाता है, जिससे भूजल ह्रास, मृदा अपरदन होता है। अत: माइक्रो इरीगेशन, फर्टीगेशन, कृषि की पद्धति आदि अपनाने की आवश्यकता है।

मृदा तंत्र को संधारणीय बनाने के साथ-साथ आर्थिक विकास पर बल देना होगा। ई-प्रौद्योगिकी, डिजिटल इण्डिया, स्मार्ट सिटी जैसे महत्वाकांक्षी लक्ष्यों की पूर्ति में बड़े स्तर पर ई-कचरा भी उत्पन्न हो रहा है। आँकड़ों के अनुसार प्रतिवर्ष हम 165 एफिल टॉवर के बराबर कचरा उत्पन्न कर रहे हैं। अत: इस परिप्रेक्ष्य में बनी नीति 2016 को तारतम्यता से लागू किया जाना चाहिए, साथ ही यहाँ 3आर प्रणाली - रीड्यूस, रीयूज, एवं रीसाइकिल अपनानी होगी।

तेजी से हो रहे अंतरिक्ष क्षेत्र में विकास से आर्थिक क्षेत्र को बल मिल रहा है, साथ ही कैसलर सिंड्रोम अर्थात् अन्तरिक्ष कचरा की समस्या का भी निदान आवश्यक है, इस संदर्भ में भारत द्वारा बनाया गया पुनर्प्रयोजित यान आरएलवीटीडी, जापान निर्मित टैथर सराहनीय प्रयास हैं।

समुद्री क्षेत्र में तेजी से बढ़ते खनन, मत्स्य, अवसंरचनात्मक विकास के साथ-साथ मैंग्रोव वनीकरण, मीना कुमारी समिति की सिफारिशों को लागू किया जाना आदि प्रयास अपेक्षित हैं।

वस्तुत: आर्थिक विकास व पर्यावरणीय संधारणीयता परस्पर पूरक हैं, एक के बिना दूसरा नहीं चल सकता। यहाँ बस आवश्यकता इतनी है कि हम आर्थिक विकास नहीं अपितु हरित आर्थिक विकास पर ध्यान दें, हरित सकल घरेलू उत्पाद पर ध्यान दें। इस परिप्रेक्ष्य में न केवल सरकारी अपितु प्रशासनिक व निजी व जन सामान्य सहभागिता सभी स्तरों पर प्रयास किया जाना अपेक्षित है। अर्थात् 4 पी प्रणाली-पब्लिक पीपल्स प्राइवेट पार्टनरशिप की आवश्यकता है।

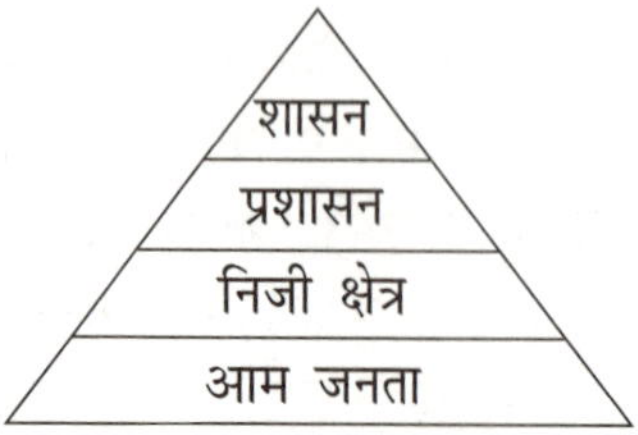

इस संदर्भ में स्वीडन, भूटान जैसे देशों का उदाहरण प्रेरणास्पद है, जहाँ जीरो-कार्बन के तर्ज पर विकास किया जाता है। इस परिप्रेक्ष्य में भारत सरकार भी सौर ऊर्जा, पवन ऊर्जा, उज्जवला योजना, हरित सिटी, पेरिस कन्वेन्शन समर्थन, 33 प्रतिशत वनीकरण लक्ष्य, सल्फर-VI मानकों का अनुकरण आदि तरीकों से प्रयासरत है। अर्थात् आर्थिक

विकास की दिशा हरित आर्थिक विकास की ओर कर हम सतत, संधारणीय, दीर्घजीवी खुशहाल भविष्य की प्रगति कर सकते हैं।

सतत विकास (Sustainable Development)

सतत विकास या संधारणीय विकास अथवा टिकाऊ विकास ऐसा विकास है जो पर्यावरण को ध्यान में रखकर किया जाता है। इसके अन्तर्गत विकास और पर्यावरण संरक्षण दोनों के बीच समन्वय स्थापित रहता है।

पर्यावरण एवं विकास पर विश्व आयोग (WCED) की रिपोर्ट के अनुसार धारणीय अथवा स्थाई या टिकाऊ विकास वह विकास है जिसके अन्तर्गत भावी पीढ़ियों के लिए आवश्यकताओं की पूर्ति करने की क्षमताओं से समझौता किए बिना वर्तमान पीढ़ी की आवश्यकताओं की पूर्ति की जाती है। अतः पर्यावरण सुरक्षा के बिना विकास को सतत् नहीं बनाया जा सकता अर्थात् भावी पीढ़ी की आवश्यकताओं को ध्यान में रखते हुए प्राकृतिक संसाधनों का वर्तमान समय में इस प्रकार प्रयोग करना जिससे आर्थिक विकास एवं पर्यावरण सुरक्षा के बीच एक वांछित संतुलन स्थापित हो सके।

सतत विकास लक्ष्य (Sustainable Development Goals)

ऐसा विकास जो वर्तमान पीढ़ी की आवश्यकताओं की पूर्ति इस प्रकार से करता है कि भावी पीढ़ी को अपनी आवश्यकताएँ पूरी करने के लिए किसी प्रकार का समझौता न करना पड़े, इसे सतत् विकास या धारणीय विकास (Sustainable development) कहा जाता है। इस सतत् विकास को हासिल करने के लिए वर्ष 2015 में संयुक्त राष्ट्र में महत्वाकांक्षी 'सतत विकास लक्ष्य' (SDG) प्रस्तुत किए गए। इनमें 17 उद्देश्य (Goals) एवं 169 लक्ष्य (Targets) निर्धारित किए गए हैं जो वर्ष 2016-2030 तक के लिए लक्षित है।

भारत के समक्ष सतत् विकास से जुड़ी चुनौतियाँ

हमारी नीति निर्धारण प्रक्रिया की एक बड़ी कमी यह रही है कि सतत् विकास से संबंधित परिणामों के आंकलन के लिए प्रासंगिक संकेतों को ठीक प्रकार से परिभाषित नहीं किया गया है।

- **वित्त मुहैया कराना :** केंद्र सरकार द्वारा सामाजिक क्षेत्र में खर्च में कटौती किए जाने के बाद अब राज्यों पर इसे पूरा करने की जिम्मेदारी आ गई है और राज्यों के पास वित्त की अपर्याप्तता के कारण इन लक्ष्यों को पूरा करना एक चुनौती पूर्ण कार्य होगा।

- **निगरानी और जिम्मेदारी :** इन लक्ष्यों को पूरा करने की दिशा में प्रगति की निगरानी का जिम्मा नीति आयोग पर है लेकिन इस संबंध में उचित संरचनात्मक तंत्र का अब तक विकास नहीं हो पाया है।
- **प्रगति मापन :** आँकड़ों एवं सूचना की अपर्याप्त उपलब्धता, प्रशासनिक लचरता एवं राजनीतिक इच्छा शक्ति की कमी के कारण इन लक्ष्यों में प्रगति का मापन उचित रूप से नहीं हो पा रहा है।

सतत विकास लक्ष्यों को हासिल करने की दिशा में किये जा रहे प्रयास

भारत सरकार ने सतत् विकास लक्ष्यों के कार्यान्वयन पर निगरानी रखने तथा इनके समन्वय की जिम्मेदारी नीति आयोग को सौंपी है जिसने सभी लक्ष्यों का अध्ययन कर उन्हें सबंधित मंत्रालयों में बाँट दिया और उनकी जवाबदेहिता सुनिश्चित कर दी। सांख्यिकी और कार्यक्रम कार्यान्वयन मंत्रालय (MSPI) को संबंधित राष्ट्रीय संकेतक तैयार करने का कार्य सौंपा गया।

भारतीय संसद द्वारा 'अध्यक्षीय शोध पहल' (Speaker's Research Initiative) नामक एक मंच स्थापित किया गया है जो सतत् विकास लक्ष्यों से संबंधित मुद्दों पर सांसदों द्वारा इस क्षेत्र के विशेषज्ञों के साथ परामर्श को सुविधाजनक बनाता है। संयुक्त राष्ट्र विकास कार्यक्रम से संबंधित सभी कार्यक्रम सतत् विकास लक्ष्यों को ध्यान में रखकर ही बनाए जाते हैं।

संघीय ढाँचे में सतत् विकास लक्ष्यों की संपूर्ण सफलता के लिए राज्यों की भूमिका भी महत्वपूर्ण है अत: सभी राज्यों से कहा गया है कि वे सतत् विकास लक्ष्यों पर अपने दृष्टि-पत्र तैयार करें।

यद्यपि सतत् विकास लक्ष्यों को पाने की दिशा में भारत की रफ्तार काफी धीमी है किंतु इरादे मजबूत हैं और भारत इस दिशा में सकारात्मक प्रयास कर रहा है। फिर भी संपूर्ण विकास के हेतु लोगों की आकांक्षाएँ पूरी करने के लिए पर्यावरण को संरक्षित रखते हुए राष्ट्रीय, राज्यीय और स्थानीय तीनों स्तरों पर प्रयास किए जाने की आवश्यकता है।

भारत में विज्ञान एवं प्रौद्योगिकी (Science and Technology in India)

भारतीय विज्ञान की परंपरा विश्व की प्राचीनतम वैज्ञानिक परंपराओं में से एक है। भारत में विज्ञान का उद्भव ईसा से 3000 वर्ष पूर्व हुआ है। हड़प्पा तथा मोहनजोदड़ो की खुदाई से प्राप्त सिंधु घाटी के प्रमाणों से वहाँ के लोगों की वैज्ञानिक दृष्टि तथा

वैज्ञानिक उपकरणों के प्रयोगों का पता चलता है। प्राचीन काल में चिकित्सा विज्ञान के क्षेत्र में चरक और सुश्रुत, खगोल विज्ञान व गणित के क्षेत्र में आर्यभट्ट, ब्रह्मगुप्त और आर्यभट्ट द्वितीय और रसायन विज्ञान में नागार्जुन की खोजों का बहुत महत्वपूर्ण योगदान है। इनकी खोजों का प्रयोग आज भी किसी-न-किसी रूप में हो रहा है।

आज विज्ञान का स्वरूप काफी विकसित हो चुका है। पूरी दुनिया में तेजी से वैज्ञानिक खोजें हो रही हैं। इन आधुनिक वैज्ञानिक खोजों की दौड़ में भारत के जगदीश चन्द्र बोस, प्रफुल्ल चन्द्र राय, सी वी रमण, सत्येन्द्रनाथ बोस, मेघनाद साहा, प्रशान्त चन्द्र महालनोबिस, श्रीनिवास रामानुजन, हरगोविन्द खुराना आदि का वनस्पति, भौतिकी, गणित, रसायन, यांत्रिकी, चिकित्सा विज्ञान, खगोल विज्ञान आदि क्षेत्रों में महत्वपूर्ण योगदान है।

आधुनिक भारतीय विज्ञान की परम्परा का विकास

भारत में आधुनिक वैज्ञानिक परंपरा का विकास मुख्य रूप से ईस्ट इंडिया कंपनी की स्थापना के बाद से शुरू हुआ। यहाँ एक बात मुख्य रूप से ध्यान देने की है। वह यह कि आधुनिक वैज्ञानिक परंपरा प्राचीन वैज्ञानिक परंपरा से बहुत भिन्न नहीं है। बल्कि उसी को आगे बढ़ाने वाली एक कड़ी के रूप में विकसित हुई है। दोनों परंपराओं के विकास में एक मूलभूत अंतर है, वह है यांत्रिकी का विकास। प्राचीन भारतीय परंपरा ने विज्ञान के विभिन्न क्षेत्रों में तो काफी तेजी से विकास कर लिया था, किंतु यांत्रिकी यानी मशीनी स्तर पर कोई महत्वपूर्ण उपलब्धि हासिल नहीं की।

आधुनिक वैज्ञानिक परंपरा यहीं से प्राचीन वैज्ञानिक परंपरा से खुद को अलग कर लेती है। पूरे आधुनिक परिदृश्य को देखें तो आधुनिक वैज्ञानिक परंपरा की सबसे बड़ी उपलब्धि रही है, यांत्रिकी का विकास। अब तक जो भी प्राचीन वैज्ञानिक उपलब्धियाँ थीं उन्हीं को आधार बनाते हुए यांत्रिकी का विकास किया गया और यह परंपरा पूरी दुनिया में प्रचलित हो गई। फिर यांत्रिकी के विकास से विज्ञान में नए अनुसंधानों के अनेक रास्ते खुले, जैसे - कंप्यूटर के विकास से रसायन, भौतिक, जीव विज्ञान आदि हर क्षेत्र में नए-नए प्रयोगों में आसानी हो गई। आधुनिक वैज्ञानिक परंपरा के एक-साथ पूरी दूनिया में प्रसार के पीछे मुख्य कारण था - दुनिया के ज्यादातर देशों में अंग्रेजों का राज। इसी प्रकार जिस भी यांत्रिक अथवा वैज्ञानिक परंपरा का विकास हुआ वह थोड़े से अंतर पर अथवा एक-साथ पूरी दुनिया में प्रचलित हो गई। अतः आधुनिक वैज्ञानिक परंपरा ने देश और काल की सीमाएँ भी तोड़ी। इसी तरह अलग-अलग देशों के वैज्ञानिकों ने तो अपने स्तर पर वैज्ञानिक उपलब्धियाँ हासिल की ही, दूसरे वैज्ञानिकों की खोजों से प्रेरणा लेकर कई नई खोजें भी कीं और साथ ही दूसरों की खोजों को भी आगे बढ़ाया।

आधुनिक भारतीय वैज्ञानिक और उनकी उपलब्धियाँ

आधुनिक युग में भारत में विज्ञान के विभिन्न क्षेत्रों में नए-नए प्रयोग लगातार होते रहे, किन्तु कुछ भारतीय वैज्ञानिकों की उपलब्धियों के कारण पूरी दुनिया में भारत का नाम रोशन हुआ। प्रमुख वैज्ञानिकों में जगदीश चंद्र बोस, सी.वी. रमण, होमी जहाँगीर भाभा, शांतिस्वरूप भटनागर, एम. एन. साहा, प्रफुल्लचंद्र राय, हरगोविंद खुराना आदि नाम उल्लेखनीय हैं। जगदीश चंद्र बोस ने उचित साधनों और उपकरणों के अभाव में भी अपना कार्य जारी रखा। उन्होंने लघु रेडियो तरंगों का निर्माण किया। विद्युत चुंबकीय तरंगों के प्रयोग उन्होंने मारकोनी से पहले ही पूरे कर लिए थे। पौधों में जीवन के लक्षणों की खोज उनकी महत्वपूर्ण उपलब्धि है।

सी.वी. रमण एक प्रतिभावान वैज्ञानिक थे। उन्होंने प्रकाश किरणों की गुणधर्मिता तथा आकाश और समुद्र के रंगों की व्याख्या पर विशेष शोध किया। अपने शोध के लिए उन्हें 1930 में नोबेल पुरस्कार भी मिला। एस. रामानुजम असाधारण प्रतिभावान गणितज्ञ थे। गणितीय सिद्धान्तों के क्षेत्र में उनके अनुसन्धान के कारण उन्हें बहुत यश और ख्याति मिली। इसी विद्वत-शृंखला में एक प्रसिद्ध वनस्पति और भूगर्भ शास्त्री बीरबल साहनी भी थे।

बीसवीं शताब्दी के पूर्वाद्ध का शिखर छूने वाले वैज्ञानिकों में एम. एन. साहा, सत्येन्द्र बोस, और प्रफुल्लचंद्र राय के नाम उल्लेखनीय हैं।

स्वतंत्रता प्राप्ति के बाद की भारतीय वैज्ञानिक उपलब्धियाँ

आजादी के बाद जहाँ भारत ने समाज के हर क्षेत्र में तेजी से विकास किया वहीं विज्ञान के क्षेत्र में भी अनेक उपलब्धियाँ हासिल कीं। स्वतंत्र भारत की प्रथम सरकार में विज्ञान और प्राकृतिक संसाधनों का एक पृथक मंत्रालय बनाया गया। यह मंत्रालय प्रधानमंत्री पंडित जवाहरलाल नेहरू ने अपने अधीन रखा था। नेहरू जी भारत के बहुमुखी विकास के लिए प्रतिबद्ध थे। उन्होंने वैज्ञानिक अनुसंधान के लिए सब तरह के साधन और सुविधाएँ जुटाई।

उपलब्ध क्षमता और प्रोत्साहन के कारण 59 वर्षों में ही भारत ने विश्व की वैज्ञानिक और प्रौद्योगिकी की महानतम शक्तियों में तीसरा स्थान प्राप्त कर लिया। परिणामस्वरूप भारत कच्चे माल के निर्यात से अब विश्व की सर्वाधिक मजबूत औद्योगिक अर्थव्यवस्थाओं में से एक बन गया है।

भारत ने विज्ञान के अन्य विभिन्न क्षेत्रों में अभूतपूर्व प्रगति की है। खगोल विज्ञान में प्राचीन अध्ययनों के आधार पर ही भारत के वैज्ञानिक अंतरिक्ष अनुसंधान कार्यों में लगे हैं। आज भारत के अंतरिक्ष वैज्ञानिक अपने बलबूते पर उपग्रह बनाकर और अपने

ही शक्तिशाली रॉकेटों से उन्हें अंतरिक्ष में स्थापित करने में समर्थ हैं। पूर्णत: स्वदेश में निर्मित ध्रुवीय प्रक्षेपण यान पी.एस.एल.वी. 2 ने 26 मई 1999 को 11 बजकर 52 मिनट पर श्रीहरिकोटा से एक सफल उड़ान भरी और एक भारतीय उपग्रह तथा दो विदेशी उपग्रहों को अंतरिक्ष में निर्धारित कक्षा में स्थापित कर दिया। अंतरिक्ष कार्यक्रमों में भारत काफी आगे पहुँच चुका है। इसके साथ ही भारत के दूर संवेदी नेटवर्क में 634 ग्रह शामिल हो गए हैं।

हमारा यह दूर संवेदी नेटवर्क संसार का सबसे बड़ा दूरसंवेदी नेटवर्क है। अंतरिक्ष कार्यक्रमों का विकास संचार माध्यमों तथा रक्षा मामलों की सफलताओं में काफी सहायक सिद्ध हुआ है। आज भारत विभिन्न दूरियों तक मार करने वाले प्रक्षेपास्त्र बनाने में समर्थ है। प्रतिरक्षा के क्षेत्र में अनेक उल्लेखनीय सफलताएँ मिली हैं।

भारत ने परमाणु ऊर्जा के क्षेत्र में भी आश्चर्यजनक प्रगति की है। परमाणु ऊर्जा का मुख्यत: उपयोग कृषि और चिकित्सा जैसे शांतिपूर्ण कार्यों के लिए किया जा रहा है। परमाणु और अंतरिक्ष से जुड़ा विषय इलैक्ट्रॉनिकी है। भारत ने सूचना प्रौद्योगिकी के क्षेत्र में आश्चर्यजनक प्रगति की है। परम 10000 सुपर कंप्यूटर बनाकर हम इस क्षेत्र में अग्रणी देशों की पंक्ति में आ गए हैं। हम अब सूचना प्रौद्योगिकी से संबंधित उपकरणों का निर्यात विकसित देशों को भी कर रहे हैं। भारत के सूचना प्रौद्योगिकी में प्रशिक्षित इंजीनियरों की अमेरिका, ब्रिटेन, जर्मनी और जापान जैसे विकसित देशों में भारी माँग है।

वैज्ञानिक अनुसंधानों के बलबूते पर भारत ने जलयान निर्माण, रेलवे उपकरण, मोटर उद्योग, कपड़ा उद्योग आदि में आशातीत सफलता प्राप्त की है। आज हम भारत की उद्योगशालाओं में बनी अनेक वस्तुओं का निर्यात करते हैं।

❑❑❑

8 लोक प्रबन्धन में सामाजिक एवं आर्थिक सर्वेक्षण (Social and Economic Survey in Public Management)

सामाजिक एवं आर्थिक सर्वेक्षण किसी भी समाज में लोक प्रबन्धन एवं लोक प्रशासन के तहत उनके लिए महत्वपूर्ण होते हैं। सामाजिक एवं आर्थिक सर्वेक्षण के माध्यम से ग्रामीण क्षेत्रों, शहरी क्षेत्रों एवं महानगरों में जनता और उनसे जुड़ी हुई क्रियाओं तथा उनकी सामाजिक आर्थिक गतिविधियों की स्थिति का अवलोकन एवं अध्ययन किया जा सकता है।

सामाजिक सर्वेक्षण (Social Survey)

सामाजिक सर्वेक्षण एक वैज्ञानिक अध्ययन है, एक प्रक्रिया है जिसके द्वारा किसी निश्चित भौगोलिक क्षेत्र में घटित होने वाली घटनाओं के विषय में विश्वसनीय तथ्यों का विस्तृत संकलन किया जाता है। इसकी सहायता से किसी भी पक्ष, विषय या समस्या का खोजपूर्ण निरीक्षण किया जाता है तथा उससे संबंधित विश्वसनीय विस्तृत तथ्यों का संकलन करके वास्तविक एवं प्रयोग से निष्कर्ष निकाले जाते हैं। इन निष्कर्षों के आधार पर रचनात्मक योजनाओं का निर्माण करके समाज सुधार और समाज कल्याण की दिशा में महत्वपूर्ण कार्य किए जाते हैं।

सामाजिक एवं आर्थिक सर्वेक्षण के प्रकार (Types of Socio – Economic Survey)

1. **सामान्य या विस्तृत सर्वेक्षण** – इसका क्षेत्र विस्तृत तथा जनसंख्या विशाल होती है। इसमें संपूर्ण समुदाय का अध्ययन किया जाता है। ये इकाइयाँ बहुत दूर-दूर तक फैली हुई होती है।
2. **जनगणना सर्वेक्षण** – देश की जनसंख्या से सम्बंधित आँकड़ों की गणना करना जैसे - 2011 की भारत की जनगणना या 2021 की जनगणना।

3. **निदर्शन सर्वेक्षण** – जब सर्वेक्षण का क्षेत्र विस्तृत होता है तो इस विशाल भाग से प्रतिनिधि इकाईयों का चुनाव करना और उनका सर्वेक्षण करना निदर्शन सर्वेक्षण कहलाता है।

4. **विशिष्ट या सीमित सर्वेक्षण** – इसके अन्तर्गत किन्हीं विशिष्ट समस्याओं को लेकर किन्हीं विशिष्ट क्षेत्रों में सर्वेक्षण किया जाता है। इस तरह इसमें समस्या तथा क्षेत्र दोनों ही सीमित होने चाहिए।

5. **नियमित सर्वेक्षण** – ऐसे सर्वेक्षण जो निरन्तर चलते रहते हैं जैसे रिजर्व बैंक का सर्वेक्षण आदि। नियमित सर्वेक्षण के अन्तर्गत आते है।

6. **सार्वजनिक सर्वेक्षण** – इसके अन्तर्गत वे सूचनाएँ प्राप्त करनी होती है, जिनको किसी तरह गुप्त नहीं रखना हैं। ये सूचनाएँ सबके लिए होती है।

7. **कार्यवाहक सर्वेक्षण** – कुछ परिस्थितियाँ ऐसी आती है, जब किसी समस्या को लेकर शीघ्र ही तथ्यों की आवश्यकता पड़ जाती है। इसे कार्यवाहक सर्वेक्षण कहते है।

8. **गुप्त सर्वेक्षण** – ऐसे सर्वेक्षण जिनको गुप्त रखा जाता है। इस तरह के सर्वेक्षण में कार्यकर्ता बड़े ही कुशल एवं अनुभवी होते है।

9. **ग्रामीण सर्वेक्षण** – ग्रामीण जीवन, समस्याओं और घटनाओं से सम्बंधित सर्वेक्षणों को ग्रामीण सर्वेक्षण कहा जाता है।

10. **नगरीय सर्वेक्षण** – वे सर्वेक्षण जो नगरीय जीवन की घटनाओं और समस्याओं से सम्बंधित होते है, नगरीय सर्वेक्षण कहलाते है।

11. **विशेष सर्वेक्षण** – इसके अन्तर्गत कार्य विशेष के अनुसंधान के लिए सर्वेक्षण होता है। साथ ही उद्देश्यों की पूर्ति होते ही वह विभाग खत्म हो जाता है।

12. **गैर-सरकारी सर्वेक्षण** – अनेक सामाजिक सर्वेक्षण व्यक्तिगत और गैर सरकारी संस्थाओं द्वारा किए जाते हैं। इन सर्वेक्षणों को गैर-सरकारी कहा जाता है।

13. **अर्द्ध-सरकारी सर्वेक्षण**- कुछ सर्वेक्षण अर्द्ध-सरकारी होते हैं, जैसे की नगरपालिका।

14. **सरकारी सर्वेक्षण** – अनेक सर्वेक्षण सरकार अपने स्वतन्त्र विभागों के माध्यम से करवाती है, जैसे अशिक्षा, बेरोजगारी, कृषि, आदि से सम्बंधित सर्वेक्षण।

15. **मौलिक सर्वेक्षण** – जब कोई क्षेत्र एवं कोई जानकारी बिल्कुल नई होती है, तो उस पर किया गया सर्वेक्षण मौलिक कहलाता है। इसके अन्तर्गत सारा कार्य सर्वेक्षणकर्ता को मूल या नवीन ढंग से शुरू करना होता है।

सामाजिक सर्वेक्षण के उद्देश्य (Aims of Social Survey)

ज्ञान की प्रत्येक शाखा का कोई न कोई अपना महत्व या उद्देश्य जरूर होता है। सामाजिक सर्वेक्षण शोध की एक विधि है। इस विधि का भी एक निश्चित उद्देश्य है। सामाजिक जीवन के विविध पहलू है। इन विविध पहलुओं में से कुछ ऐसे है, जिनका अध्ययन सामाजिक सर्वेक्षण के द्वारा ही सम्भव है।

सामाजिक सर्वेक्षण के उद्देश्य इस प्रकार हैं-

1. **सामाजिक समस्याओं का अध्ययन** – जीवन में अनेक समस्याएँ ऐसी होती है, जिनके बारे में स्वयं हमें जानकारी नहीं रहती है। कुछ समस्याओं के मूल कारणों का ज्ञान भी हमें नहीं रहता है और इसलिए ये जीवन के लिए अभिशाप बन जाती हैं। सामाजिक सर्वेक्षण सामाजिक जीवन से सम्बंधित सामाजिक समस्याओं का अध्ययन करता है।

2. **श्रमिकों की दशा का अध्ययन** – सामाजिक सर्वेक्षण द्वारा श्रमिक वर्ग का अध्ययन किया जाता है। आधुनिक युग में कल्याणकारी सिद्धांतों को विशेष महत्व दिया जाता है और सभी वर्गों के कल्याण के प्रयास किए जाते हैं, श्रमिकों के कल्याण के लिए भी अनेक प्रकार की योजनाओं का निर्माण किया जाता है। ये योजनाएँ तब तक सफल नहीं हो सकती है, जब तक श्रमिक वर्ग के जीवन और समस्याओं की वास्तविक जानकारी न हो। सामाजिक सर्वेक्षण द्वारा श्रमिकों का वास्तविक ज्ञान प्राप्त किया जाता है।

3. **सामाजिक सिद्धांतों का सत्यापन** – सामाजिक तत्वों के परिवर्तन के कारण सामाजिक घटनाओं के संबंध में जिन नियमों और सिद्धांतों का निर्माण किया जाता है, वे गतिशील हो जाते हैं, परिवर्तित हो जाते हैं। इसलिए प्राचीन नियमों की परीक्षा करने की आवश्यकता का अनुभव किया जाता है, चूंकि सामाजिक सर्वेक्षण अनुसंधान की एक प्रणाली है अतः इसके माध्यम से सामाजिक नियमों के सत्यापन की जाँच की जाती हैं।

4. **सामाजिक तथ्यों का संकलन** – सामाजिक सर्वेक्षण का मौलिक उद्देश्य यह है कि इसके माध्यम से सामाजिक जीवन से सम्बंधित तथ्यों का संकलन किया जाता है। सामाजिक जीवन के विविध पहलू होते हैं। इस पद्धति के द्वारा समाज की संरचना और क्रियाओं का अध्ययन किया जाता है। साथ ही सामाजिक जीवन से सम्बंधित सूचनाएँ एकत्रित की जाती है।

5. **सूचना प्रदान करना** – मोजर कहते है कि अधिकांश सर्वेक्षणों का उद्देश्य किसी व्यक्ति को सूचना प्रदान करना होता है। वह व्यक्ति सरकारी विभाग का

हो सकता है, जो यह जानना चाहता हो कि भोजन पर कितना व्यय करते हैं, अथवा व्यापार से सम्बंधित हो सकता है, जो यह जानना चाहता हो कि लोग कौन-सी प्रक्षालक सामग्री का प्रयोग कर रहे हैं, या फिर वह कोई अनुसंधान संस्थान हो सकता है, जो वृद्धावस्था की पेंशन पाने वालों की खरीद क्षमता की स्थिति का पता लगाना चाहता हो।

आर्थिक सर्वेक्षण (Economic Survey)

आर्थिक सर्वेक्षण देश की अर्थव्यवस्था और उसके स्वास्थ्य का संक्षिप्त लेखा-जोखा होता है। बजट प्रस्तुत करते समय संसद में आर्थिक सर्वे पेश किया जाता है। इसके जरिए आम बजट में देश के संसाधनों का बेहतर उपयोग और आवंटन निर्धारित किया जाता है।

इस सर्वे में कृषि और औद्योगिक उत्पादन, इंफ्रास्ट्रक्चर, रोजगार, पैसे का प्रवाह, कीमतों, आयात, निर्यात, विदेशी मुद्रा भंडार और अन्य संबंधित आर्थिक आंकड़ों का विश्लेषण किया जाता है। इन सभी का असर देश की अर्थव्यवस्था पर पड़ता है और आम बजट में इनकी ओर गौर करने की जरूरत होती है।

आर्थिक सर्वेक्षण मुख्य आर्थिक सलाहकार द्वारा प्रस्तुत किया जाता है। इसे आम बजट से ठीक एक दिन पहले पेश किया जाता है। आम बजट सिर्फ सरकार के आय और व्यय का ब्यौरा नहीं होता। देश की आजादी के बाद से ही सरकारों ने अपने लिए पंचवर्षीय लक्ष्य रखे। इसके चलते, बजट देश की बड़ी आर्थिक नीति बन गया है। यह देश की अर्थव्यवस्था को दिशा दिखाता है और इसी से तय होता है कि देश की अर्थव्यवस्था कहाँ जाने वाली है। इस नीति के जरिए ही सरकार तय करती है कि उसे कहाँ से पैसा जुटाना है और कहाँ खर्च करना है। इससे ही सरकार की नीतियों को अमलीजामा पहनाया जाता है। मसलन, बजट में ही सरकार तय करती है कि पूँजी निर्माण, इंफ्रास्ट्रक्चर, सरकार के प्रत्यक्ष खर्च, लोन, सब्सिडी आदि पर कितनी धनराशि खर्च की जाएगी। इसके अलावा बजट में ही सरकार अपने लिए सम्पत्तियों के निर्माण की रूपरेखा तय करती है।

राजस्व खर्च और पूँजीगत खर्च

सरकार के दैनिक और सामान्य काम-काज की लागत को रेवेन्यू खर्च कहा जाता है। इसमें सामान्य सेवाएं, कर्ज पर ब्याज, सब्सिडी आदि शामिल हैं। दूसरे शब्दों में कहें, तो जिस खर्च से सरकार के लिए किसी भी एसेट का निर्माण नहीं होता, उसे रेवेन्यू खर्च कहा जाता है। इसमें राज्य सरकारों या अन्य इकाइयों को दिया जाने वाला पैसा

भी शामिल हैं। हालांकि, राज्य सरकारें इसे एसेट निर्माण के लिए इस्तेमाल कर सकती हैं। दूसरी तरफ, एसेट निर्माण करने वाले खर्च को पूँजीगत खर्च कहा जाता है। इसमें भूमि अधिग्रहण, बिल्डिंग का निर्माण व अन्य अचल संपत्ति शामिल हैं।

राजस्व आय और पूँजीगत आय

रेवेन्यू आय से न तो सरकार की देनदारी बढ़ती है और न ही एसेट कम होते हैं। यह पैसा सरकार टैक्स, चालान, डिविडेंड, सेस, ब्याज की आय के रूप में प्राप्त करती है। हालांकि, इनमें से कुछ के लिए सरकार अपनी सेवाएँ मुहैया करवाती है। दूसरी तरफ, पूँजीगत आय में भारतीय रिजर्व बैंक से सरकार या सरकारी इकाइयों द्वारा लिए गए कर्ज, ट्रेजरी बिल्स की बिक्री या केंद्र अथवा राज्य सरकार को विदेशी इकाइयों से मिलने वाला कर्ज शामिल है।

सामाजिक-आर्थिक सर्वेक्षण का एक व्यावहारिक उदाहरण (Empirical Examples of Socio – Economic Survey)

सर्वेक्षण का विषय- सौंकर ग्राम का सामाजिक-आर्थिक सर्वेक्षण।

1. **सर्वेक्षण में प्रयोग होने वाले उपकरण**
   (i) अवलोकन
   (ii) प्रश्नावली
   (iii) साक्षात्कार
2. **सर्वेक्षण का उद्देश्य**
   (i) सौंकर ग्राम के निवासियों के जीवन स्तर के विषय में जानकारी एकत्र करना।
   (ii) उनके व्यवसाय, घरेलू सामान और शिक्षा के स्तर की जानकारी प्राप्त करना।
3. **सर्वेक्षण का क्षेत्र** – सर्वेक्षण के क्षेत्र का निर्धारण क्षेत्रीय शिक्षा संस्थान द्वारा किया गया। टीम ने अपना सर्वेक्षण कार्य गांव सौंकर में सम्पन्न किया।
4. **सर्वेक्षण कार्यक्रम** – सर्वेक्षण के क्षेत्र का चुनाव करने के पश्चात् सर्वेक्षण कार्यक्रम का संचालन आवश्यक था। इस हेतु हमने प्रश्नावली उपकरण का चुनाव मुख्यत: किया। प्रश्नावली का निर्माण इस तरह किया गया कि हमारे सर्वेक्षण का उद्देश्य पूरा हो सके। हमने गांव के 25 घरों का सर्वेक्षण किया। हमारे समूह में 10 लोग थे, इन्हें भी दो-दो में बांट दिया गया और सर्वे कार्य किया गया।

सौंकर ग्राम से एकत्र जानकारियाँ

सामान्य जानकारी - सामान्य जानकारी के अन्तर्गत हमने उत्तरदाताओं के नाम, पता, पारिवारिक विवरण, जन्म, स्थान, व्यापार-व्यवसाय, शिक्षा, धर्म, जाति आदि विषयों पर आधारित प्रश्नों को पूछ कर जानकारी एकत्र की।

सामाजिक सर्वेक्षण

1. **सौंकर गांव में शिक्षा** – हमारे द्वारा किए गए सर्वेक्षण से यह ज्ञात हुआ कि सौंकर में एक विद्यालय है जो कि कक्षा आठवीं तक ही है। गांव के समस्त विद्यार्थी वहीं शिक्षा प्राप्त करते हैं। उच्च शिक्षा के लिए उन्हें अन्यत्र जाना होता है। लड़कियों का शिक्षा स्तर लड़कों की अपेक्षा कम था।
2. **धर्म** – जिन घरों का हमने सर्वेक्षण किया वे सभी हिन्दू धर्म को मानने वाले थे। हालांकि गांव में अन्य धर्मों के लोग भी थे। गांव का मुख्य मंदिर हनुमान मंदिर है। एक अन्य मंदिर गालाखेड़ा की नदी के किनारे है।
3. **जाति** – सौंकर ग्राम में जाति प्रथा विद्यमान थी। ग्राम के मुहल्ले उनकी जाति के आधार पर विभाजित थे। मुख्य जातियाँ थीं - राजपूत, कश्यप, काछी, पटेल, जाटव, माली, अहिरवार, धोबी, कुम्हार, वैष्णव।
4. **रीति-रिवाज एवं त्योहार** – गांव में सभी त्योहार जैसे - दीपावली, होली, रक्षाबंधन, मकर संक्रांति, दशहरा मनाये जाते हैं। राष्ट्रीय त्योहार की उन्हें अल्प जानकारी थी।
5. **वेशभूषा** – गांव की स्त्रियां साड़ी पहनती है एवं पर्दा प्रथा का प्रचलन है। पुरुषों में युवा पीढ़ी पैंट शर्ट एवं वृद्ध कुरता-धोती पहनते हैं।
6. **खान-पान** - गांव में रोटी दाल खाने का प्रचलन अधिक है। हरी सब्जियों के प्रति जागरूकता कम है।

आर्थिक सर्वेक्षण

1. **व्यवसाय** – गांव का मुख्य व्यवसाय कृषि है। जिसमें गांव के उच्च वर्ग के पास स्वयं की कृषि भूमि उपलब्ध है। गांव के अन्य वर्ग के कुछ लोग इनके खेतों में मजदूरी का कार्य करते हैं तथा कुछ विदिशा जिले में प्रतिदिन खुली मजदूरी करने जाते हैं।
2. **यातायात (परिवहन) के साधन** – यातायात के साधन का अभाव था। लोगों के पास साइकिलें थी। केवल दो-तीन घरों में ही मोटर-बाईक थी।
3. **बाजार** – गांव के आसपास कोई बाजार नहीं था। अपनी दैनिक जरूरतों के लिए उन्हें विदिश जाना पड़ता था।

गांव की अन्य जानकारियाँ

घरों का स्वरूप

गांव के ज्यादातर मकान कच्ची मिट्टी के थे। जमीन पर गोबर की लिपाई थी और चूने, मिट्टी से दीवारों को रंगा गया था। घर की छत खप्पर तथा कवेलू से बनी थी। गांव में कुछ पक्के मकान थे। गांव के लगभग अस्सी प्रतिशत मकान कच्ची मिट्टी के थे तथा बीस प्रतिशत मकान ऐसे हैं जो पक्के है।

ईंधन

सर्वे के आधार पर ज्ञात हुआ कि घरों में खाना पकाने के लिए मिट्टी के चूल्हे का इस्तेमाल होता है। कुछ घरों में गैस का प्रयोग भी किया जाता है। चूल्हों के लिए लकड़ी का ईंधन के रूप में प्रयोग किया जाता है। साथ ही गोबर के कण्डे भी ईंधन के रूप में इस्तेमाल किए जाते हैं।

कृषि

सौंकर ग्राम के अधिकांश व्यक्ति कृषि पर निर्भर हैं। वहाँ ज्यादातर गेंहू, तुअर दाल, मसूर, सोयाबीन एवं चने की खेती की जाती है।

मवेशी

मवेशी के रूप में भैंस, गाय एवं बकरियाँ थीं। सभी घरों में मवेशी नहीं थे। कुछ घरों में एक भी मवेशी नहीं थे।

घरेलू सामान लाना

सर्वेक्षण के आधार पर ज्ञात हुआ कि गांव में किनारे की दो दुकाने थीं एवं एक सरकारी राशन की दुकान थी। ये अधिकांश अपना सामान यहीं से खरीदते थे।

पीने का पानी

पीने के पानी की व्यवस्था के लिए गांव में दो हैण्ड पंप हैं। गांव के बीच में एक कुआं है। कुछ लोग नदी से पीने का पानी लेकर आते हैं। एक हैण्ड पंप में पानी का स्तर बहुत नीचा था। कुएं के पास गंदगी थी।

निष्कर्ष

पूरे गांव के सर्वेक्षण के पश्चात् यह ज्ञात हुआ कि ग्राम के लोग सामान्य जीवन यापन कर रहे हैं लेकिन अनेक समस्याओं से ग्रस्त हैं जैसे–

- गांव में सफाई की व्यवस्था।
- स्कूल की समस्या।
- प्राथमिक अस्पताल नहीं है।
- कुटीर उद्योग नहीं है।
- लड़कियों की शिक्षा की समस्या।

सुझाव – गांव में अस्पताल, स्कूल, पानी, बिजली, अन्न गोदाम इत्यादि की माकूल व्यवस्था होनी चाहिए।

❑❑❑

9 लोक प्रबन्धन एवं जन मुद्दे – सुशासन एवं ई–शासन
Public Management and Public Issues – Good Governance and E-Governance

सुशासन एवं ई–शासन (Good Governance and E-Governance)

सुशासन (Good Governance)

सुशासन से तात्पर्य किसी सामाजिक-राजनैतिक इकाई (जैसे प्रशासन, नगर निगम, राज्य सरकार आदि) को इस प्रकार चलाना कि वह वांछित परिणाम दे। सुशासन के अन्तर्गत बहुत-सी चीजें आतीं हैं जिनमें अच्छा बजट, सही प्रबन्धन, कानून का शासन, सदाचार शामिल हैं। इसके विपरीत पारदर्शिता की कमी या सम्पूर्ण अभाव, जंगल राज, लोगों की कम भागीदारी, भ्रष्टाचार का बोलबाला आदि कुशासन के लक्षण हैं।

'शासन' शब्द में 'सु' उपसर्ग लग जाने से 'सुशासन' शब्द का जन्म होता है। 'सु' उपसर्ग का अर्थ शुभ, अच्छा, मंगलकारी आदि भावों को व्यक्त करने वाला होता है। राजनीतिक और सामाजिक जीवन की भाषा में सुशासन की तरह लगने वाले कुछ और बहुप्रचलित शब्द हैं जैसे– प्रशासन, स्वशासन, अनुशासन आदि। इन सभी शब्दों का संबंध शासन से है। 'शासन' आदिमयुग की कबीलाई संस्कृति से लेकर आज तक की आधुनिक मानव सभ्यता के विकासक्रम में अलग-अलग विशिष्ट रूपों में प्रणाली के तौर पर विकसित और स्थापित होता आया है। इस विकासक्रम में परंपराओं से अर्जित ज्ञान और लोककल्याण की भावनाओं की अवधाराणा प्रबल प्रेरक की भूमिका में रही है। इस अर्थ में शासन की सभी प्रणालियाँ कृत्रिम हैं। इस प्रकार हम कह सकते है कि सुशासन व्यक्ति को भ्रष्टाचार एवं लालफीताशाही से मुक्त कर प्रशासन को स्मार्ट SMART - S (Simple) साधारण, M (moral) नैतिक, A (Accountable) उत्तरदायी, R (Responsible) जिम्मेदारी योग्य, T (Transparent) पारदर्शी बनाता है।

सुशासन के प्रमुख तत्व

संयुक्त राष्ट्र संघ के अनुसार सुशासन की निम्नलिखित आठ विशेषताएँ होती हैं–

- विधि का शासन (rule of law)
- समानता एवं समावेशन (equity and inclusiveness)
- भागीदारी (participation)
- जवाबदेही (responsivene)
- बहुमत/मतैक्य (consensus oriented)
- प्रभावशीलता एवं दक्षता (effectiveness and efficiency)
- पारदर्शिता (transparency)
- उत्तरदायित्व (accountability)

सुशासन दिवस (Good Governance Day)

भारत के पूर्व प्रधानमंत्री अटल बिहारी वाजपेयी की जयंती पर 25 दिसंबर को भारत में 'सुशासन दिवस' मनाया जाता है। जनता के प्रति सरकार की जवाबदेही को बढ़ाने हेतु एवं लोगों में इसे लेकर जागरूकता फैलाने के लिए वर्ष 2014 में सुशासन दिवस की शुरुआत की गई थी। सुशासन दिवस के सिद्धांत को ध्यान में रखते हुए भारत सरकार ने निर्णय लिया है कि सुशासन दिवस सरकार के लिए अवकाश का दिन न होकर कार्य दिवस है।

इस प्रकार सुशासन का आशय है किसी सामाजिक-राजनैतिक इकाई को इस प्रकार चलाना कि वह सकारात्मक परिणाम दे।

योजना आयोग तथा विश्व बैंक द्वारा सुशासन की निम्नलिखित विशेषताएँ बताई गई हैं–

- स्वतंत्र तथा निष्पक्ष चुनाव
- सरकारी संस्थाओं की जवाबदेहिता तथा पारदर्शिता
- सत्ता का विकेंद्रीकरण तथा प्रशासन में जनता की भागीदारी
- सामाजिक-आर्थिक सेवाओं की समयबद्ध उपलब्धता
- मितव्ययिता व कार्यकुशलता
- प्रशासन में नैतिकता
- वंचित वर्गों का संवर्धन

- पर्यावरण की दृष्टि से धारणीय विकास पर बल

सुशासन को सुनिश्चित करने के लिए शुचिता, दक्षता और प्रभावी शासन व्यवस्था आदि सामाजिक और आर्थिक विकास के लिए आवश्यक तत्व होते हैं। शासन में ईमानदारी कुछ आधारों पर तय की जा सकती है जैसे–

- प्रभावी कानून व नियमों का निर्माण उनको प्रभावी ढंग से लागू किया जाना।
- नैतिकता के संदर्भ में सबसे बड़ा नैतिक मूल्य यह है कि कानून का ईमानदारी से पालन किया जाए। दूसरे शब्दों में कानून, नियम तथा संहिता वे घेरे हैं, जिसमें प्रशासनिक नैतिकता को बाँधकर देखा गया है।
- सभी कानून व्याख्या चाहते हैं और व्याख्या करने वाला प्रशासक भी एक इंसान है। ऐसे में प्रशासक के नैतिक मूल्य ही निर्धारित करते हैं कि वह व्याख्या कैसी करता है।
- प्रशासन में शुचिता, स्वच्छता, कर्तव्य परायणता आदि गुणों को मजबूत करने तथा सुशासन के स्तर को निरंतर जनोन्मुख बनाने के लिए आवश्यक है कि प्रशासन में उच्चस्तरीय शुचिता का समावेश हो जिससे सुशासन के लक्ष्यों को प्राप्त किया जा सके।

ई–शासन (E-Governance)

सरकारी सेवाएँ प्रदान करने के लिए सूचना तथा संचार प्रौद्योगिकी का उपयोग करना इलेक्ट्रॉनिक शासन (Electronic governance/E-governance) कहलाता है।

ई–शासन का महत्व

- ई–शासन से कम समय में काम हो जाता है क्योंकि उसमें कार्य मशीन (कम्प्यूटर) द्वारा होता है। इसके अलावा काम कहीं से, कभी भी कराया जा सकता है।
- ई–शासन से कार्य या सेवा की दक्षता बढ़ जाती है।
- ई–शासन से सेवा की गुणवत्ता में सुधार होता है। उदाहरण के लिए सब्सिडी का सीधे हितग्राही के बैंक खाते में जाने से यह सुनिश्चित होता है कि किसको लाभ मिल रहा है।
- ई–शासन से भ्रष्टाचार कम होता है, खुलापन आता है, पारदर्शिता आती है और इस प्रकार सरकार में विश्वास बढ़ता है। बिचौलिये या दलाल बीच में नहीं आते।
- ई–शासन से सुधार (रिफॉर्म) को बढ़ावा मिलता है।

- ई-शासन से पारदर्शिता बढ़ जाती है। सारी सूचना सामने होती है। उदाहरण के लिए टिकट बुक करने वाला लिपिक बर्थ उपलब्ध रहते यह नहीं कह सकता कि बर्थ उपलब्ध नहीं है। स्कूल-कॉलेजों में ऑनलाइन प्रवेश हो तो सभी विद्यार्थियों को हर समय पता रहता है कि उन्हें किस जगह प्रवेश मिल सकता है।
- ई-शासन से कार्य की लागत में कमी आती है। सरकारों का अधिकांश खर्च कागजों (स्टेशनरी) पर होता था। इसके अलावा सामान्य जनता को अपने घर से किसी सरकारी कार्यालय में आने-जाने में बहुत सा समय और पैसा खर्च करना पड़ता था।
- ई-शासन में सारे आंकड़े सदा उपलब्ध होते हैं। अतः कभी भी उन आंकड़ों का विश्लेषण किया जा सकता है और उसके आधार पर सही निर्णय लिया जा सकता है और सही नीतियाँ बनायी जा सकतीं हैं।
- ई-शासन से व्यवसाय और नए अवसरों का सृजन होता है।
- ई-शासन के द्वारा एक सर्वनिष्ठ (कॉमन) डेटाबेस बन जाता है जिसका उपयोग विविध उद्देश्यों के लिए किया जा सकता है।
- सरकारी कर्मचारियों ने कुल कितना काम किया, इसका पता सीधे चल जाता है। इससे कर्मचारियों को कार्य-वितरण अधिक अच्छे ढंग से किया जा सकता है ताकि कोई कर्मचारी बहुत कम काम न करे और कोई बहुत अधिक काम न करे।

भारत में ई-शासन के विभिन्न आयाम

भारत में ई-शासन सुशासन (अच्छे शासन) का पर्याय बनता जा रहा है। केंद्र सरकार और राज्य सरकारों के विभिन्न विभाग नागरिकों, व्यापारियों और सरकारी संगठनों को ही नहीं बल्कि समाज के हर वर्ग को सूचना और प्रौद्योगिकी की सहायता से विभिन्न सेवाएँ प्रदान कर रहे है। भारत में ई-शासन का प्रादुर्भाव सरकारी विभागों के तेजी से कंप्यूटरीकरण से शुरू हुआ। अब यह उस बिन्दु तक पहुँच चुका है जिससे शासन के सूक्ष्मतर बिंदुओं जैसे नागरिक केंद्रता, सेवा अभिमुखीकरण और पारदर्शिता को बढ़ावा मिल रहा है। ध्यातव्य है कि किसी भी सरकार अथवा शासकीय व्यवस्था की कार्यप्रणाली का मूल्यांकन इस आधार पर किया जाता है कि वह अपने कार्यों में पारदर्शिता, आम जन के लिहाज से सुगमता और जनता से संवाद स्थापित करने की दिशा में किस ढंग से प्रयास कर रही है।

इसी क्रम में 2006 में शुरू की गई राष्ट्रीय ई-शासन योजना (एनईजीपी) के तहत पूरे देश में साझा सेवा केंद्र (सीएससी) स्थापित किए गए हैं। ये साझा सेवा केंद्र आम आदमी को सीधे तौर पर उनके घर के द्वार तक सरकारी सेवाएँ उपलब्ध कराने का

प्रयास कर रहे हैं। देशभर में 1 लाख से अधिक (सीएससी वेबसाइट) साझा सेवा केंद्र अलग-अलग ब्रांड नाम से अपनी सेवाएँ दे रहे हैं।

यह एक ऐसा सिस्टम है जिससे सरकारी काम-काज में पारदर्शिता के साथ-साथ सभी सेवाएँ जनसामान्य तक तत्काल पहुँचाई जा रही हैं। बहुत से लोगों को ऑफिसों के चक्कर लगाने से डर लगता था, वे भी अब बडे आराम से इस सेवा का लाभ उठा रहे हैं। साथ ही जनहित गारंटी अधिनियम ने ई-शासन में तेजी ला दी है। दफ्तरों में कर्मचारियों को समय-सीमा में बाँध दिया गया है, जनहित के कामों के लिए समय सीमा निर्धारित कर दी गई है।

आज आयकर भरना, बिजली, पानी, फोन, बीमा आदि के लिए भुगतान करना, नौकरी के लिए फॉर्म भरना, आनलाइन परीक्षा देना, रिजल्ट देखना, आय प्रमाणपत्र, जाति प्रमाणपत्र, निवास प्रमाणपत्र बनवाना जैसे काम इंटरनेट के द्वारा बड़ी ही सरलता से कर सकते हैं। यहाँ तक कि अब सभी सरकारी न्यायालयों को भी ऑनलाइन कर दिया गया है, जिससे मुकदमों की तारीख के लिए भी कोर्ट नहीं जाना होगा। अब संपत्ति की रजिस्ट्री और मकान का नक्शा पास कराने के काम भी घर बैठे होने लगें हैं।

नीचे कुछ सेवाओं की सूची दी गयी है जो अब ऑनलाइन उपलब्ध हैं, अर्थात् जिनके लिए किसी कार्यालय में नहीं जाना पड़ता बल्कि अपने घर या कहीं से भी इन्टरनेट से जुड़कर काम को आगे बढ़ाया जा सकता है–

- ऑनलाइन नागरिक सेवा पोर्टल (आय-जाति-निवास आदि प्रमाण पत्र)
- ऑनलाइन आधार कार्ड
- ऑनलाइन राशन कार्ड
- ऑनलाइन पैन कार्ड
- ऑनलाइन पासपोर्ट
- ऑनलाइन मतदाता कार्ड
- ऑनलाइन प्रमाण पत्रों का सत्यापन
- ऑनलाइन जमाबंदी, खतौनी
- ऑनलाइन न्यायालय
- ऑनलाइन रेल टिकट बुकिंग
- ऑनलाइन बस टिकट बुकिंग
- ऑनलाइन दैनिक बाजार भाव

- ऑनलाइन मनरेगा आवेदन
- ऑनलाइन आयकर रिटर्न फाइलिंग
- ऑनलाइन मतदाता सूची
- ऑनलाइन स्पीड पोस्ट स्थिति की विधियाँ
- ऑनलाइन बुक्स एन.सी.ई.आर.टी कक्षा 1 से 12वीं तक की पुस्तकें
- ऑनलाइन शिकायत
- ऑनलाइन अपॉइंटमेंट
- ऑनलाइन डिजिटल लॉकर
- ऑनलाइन एफआईआर

महत्वपूर्ण सरकारी योजनाएँ एवं कार्यक्रम (Important Govt Schemes and Programs)

देश के सर्वांगीण एवं सतत् विकास के लिए विभिन्न प्रकार की विकास योजनाएँ एवं कार्यक्रम संचालित किए जा रहे हैं। ऐसे कार्यक्रम जो विशेष रुप से समाज के सभी वर्गों के लिए ग्रामीण एवं शहरी क्षेत्रों में समावेशी विकास के लिए जन उपयोगी हैं, उन्हें "फ्लैगशिप योजना कहा जाता है।

इस प्रकार भारत सरकार की "फ्लैगशिप योजनाएँ" वे योजनाएँ हैं जो स्वास्थ्य, शिक्षा, पर्यावरण, सिंचाई, रोजगार, शहरी और ग्रामीण विकास और अन्य क्षेत्रों में या फिर सबसे महत्वपूर्ण क्षेत्रों के राष्ट्रीय मुद्दों को संबोधित करती हैं। हालांकि ये योजनाएँ अत्यंत महत्वपूर्ण हैं, इसलिए इन योजनाओं में व्यय किया गया धन अन्य योजनाओं की अपेक्षा थोड़ा अधिक होता है। इन महत्वपूर्ण योजनाओं से जुड़े "फ्लैगशिप" शब्द को मूल शब्द "फ्लैगशिप" से लिया गया है जिसका अर्थ है संगठन को सबसे महत्वपूर्ण बनाना और उसे प्राथमिकता देना। भारत सरकार की प्रमुख योजनाओं की केंद्रीय मंत्रिमंडल या योजना आयोग की विकास मूल्यांकन सलाहकार समिति (डीईएसी) द्वारा घोषणा की जाती है। डीईएसी द्वारा इन प्रमुख योजनाओं में समय-समय पर संशोधन या बदलाव किया जा सकता है।

सरकार की कुछ महत्वपूर्ण फ्लैगशिप योजनाएँ

स्वच्छ भारत अभियान (SBM)

प्रधानमंत्री नरेंद्र मोदी द्वारा 2 अक्टूबर, 2014 को आधिकारिक तौर पर शुरू किया गया स्वच्छ भारत अभियान, एक ऐसी योजना है जो मूल रूप से पेयजल, स्वच्छता

मंत्रालय, आवास और शहरी मामलों के मंत्रालय के तहत संचालित होती है। इस योजना को विभिन्न क्षेत्रों में सार्वभौमिक स्वच्छता के उद्देश्य से भारत सरकार द्वारा चलाया जा रहा है। स्वच्छ भारत अभियान भारत सरकार द्वारा चलाया जा रहा सबसे महत्वपूर्ण स्वच्छता अभियान है। इस मिशन का एकमात्र उद्देश्य अक्टूबर 2019 तक राष्ट्रपिता महात्मा गांधी की 150 वीं जयंती पर, क्लीन एंड ग्रीन इंडिया बनाकर, उनको श्रद्धांजलि अर्पित करना है।

डिजिटल इंडिया (Digital India)

डिजिटल इंडिया एक ऐसा कार्यक्रम है जो मूल रूप से भारत को डिजिटल रूप से सशक्त देश में बदलने के लिए चलाया गया है। 1 जुलाई, 2015 को शुरू किया गया, यह भारत सरकार का एक "फ्लैगशिप कार्यक्रम" है जिसमें तीन घटक हैं–

1. सुरक्षित और स्थिर डिजिटल बुनियादी ढाँचे का विकास
2. सरकारी सेवाओं को डिजिटल रूप से वितरित करना
3. सार्वभौमिक डिजिटल साक्षरता।

इस योजना के माध्यम से, भारतीय नागरिकों के लिए डिजिटल साक्षरता और डिजिटल संसाधनों की उपलब्धता पर जोर दिया जा रहा है। यह कार्यक्रम भारत के सभी राज्यों और केंद्र शासित प्रदेशों को लाभान्वित करता है और यह इलेक्ट्रॉनिक्स और सूचना प्रौद्योगिकी विभाग (डीईआईटीवाई) द्वारा परिकल्पित किया गया है।

महात्मा गांधी राष्ट्रीय ग्रामीण रोजगार गारंटी अधिनियम (मनरेगा)

मनरेगा एक भारतीय रोजगार के अधिकार का कानून है जिसे 25 अगस्त, 2005 को लागू किया गया था। इस योजना को महात्मा गांधी राष्ट्रीय ग्रामीण रोजगार गारंटी अधिनियम के रूप में भी जाना जाता है। इस अधिनियम का उद्देश्य वित्तीय वर्ष में प्रत्येक घर को कम-से-कम 100 दिनों की गारंटीकृत मजदूरी रोजगार प्रदान करना है, बशर्ते कि घर का कोई भी वयस्क सदस्य मजदूरी करने के लिए तैयार हो। इस योजना का पूरा कार्यान्वयन राज्य सरकारों के सहयोग से भारत सरकार के ग्रामीण विकास मंत्रालय द्वारा किया जाता है।

जवाहर लाल नेहरू राष्ट्रीय शहरी नवीकरण योजना (जेएनएनयूआरएम)

जवाहर लाल नेहरू राष्ट्रीय शहरी नवीकरण योजना एक शहरी-आधुनिकीकरण योजना है जिसे 3 दिसंबर, 2005 को शहरी विकास मंत्रालय के तहत भारत सरकार द्वारा शुरू

किया गया था। इस योजना का उद्देश्य शहरों की मूलभूत सुविधाओं और जीवन शैली की गुणवत्ता में सुधार करना है। 2015 में, इस योजना को, कायाकल्प और शहरी परिवर्तन के लिए, अटल मिशन द्वारा शुरू किया गया था। इस योजना के अनुसार, 2022 तक सभी लोगों के पास आवास की व्यवस्था होगी। पानी की आपूर्ति, सीवरेज और अन्य मूलभूत सुविधाओं को भी इस योजना से जोड़ा जा सकता है। भारत में सामाजिक सुरक्षा के लिए अटल पेंशन योजना (एपीवाई) भी संचालित है।

प्रधानमंत्री सुरक्षा बीमा योजना

प्रधानमंत्री सुरक्षा बीमा योजना भारत सरकार द्वारा चलाई जा रही एक दुर्घटना बीमा योजना है। इस योजना की शुरुआत प्रधानमंत्री नरेंद्र मोदी द्वारा मई 2015 में कोलकाता में की गयी थी। इस योजना का उद्देश्य 18 से 70 वर्ष की आयु वर्ग के गरीब और वंचित लोगों के लिए किफायती बीमा कवर प्रदान करना है। इस योजना का लाभ प्राप्त करने के लिए उम्मीदवार का बैंक में खाता होना अनिवार्य है। प्रधानमंत्री सुरक्षा बीमा योजना से जुड़ने पर 12 रुपये प्रति वर्ष की राशि प्रीमियम के तौर पर धारक को देनी होगी। इस योजना को जीएसटी मुक्त किया गया है और धन राशि स्वचालित रूप से खाते में पहुँच जाती है।

प्रधानमंत्री रोजगार सृजन कार्यक्रम (पीएमईजीपी)

यह योजना एक महत्वपूर्ण रोजगारपरक योजना है, जो युवाओं को आत्मनिर्भर बनाने का काम करेगी।

प्रधानमंत्री जन धन योजना

प्रधानमंत्री जन धन योजना सरकार की तरफ से चलाई जा रही एक कल्याणकारी योजना है जो वित्तीय सेवा, वित्त मंत्रालय विभाग द्वारा संचालित है। इस योजना के तहत, उद्घाटन के दिन लगभग 1.5 करोड़ बैंक खाते खोले गए थे। गिनीज बुक ऑफ वर्ल्ड रिकॉर्ड्स द्वारा इसकी उपलब्धि को भी मान्यता मिली। अगस्त 2014 में शुरू की गई इस योजना का उद्देश्य बैंक खातों, प्रेषण, क्रेडिट, बीमा और पेंशन सहित वित्तीय सेवाओं तक किफायती पहुँच बनाना है। इसमें बीसी योजना और वित्तीय साक्षरता के माध्यम से ग्रामीण क्षेत्रों में भी लोग सहायता प्राप्त कर सकते हैं।

बेटी बचाओ – बेटी पढ़ाओ

बेटी बचाओ - बेटी पढ़ाओ भारत सरकार द्वारा चलाया गया एक कार्यक्रम है जिसका उद्देश्य कन्या भ्रूण हत्या को रोकने और इसके प्रति जागरूकता फैलाना है। इस योजना

का उद्देश्य लड़कियों के लिए कल्याणकारी सेवाओं की कार्य कुशलता में सुधार करना है। इस योजना के अन्य उद्देश्यों में लिंग जाँच पर रोक, लड़की के होने पर जश्न मनाना और लड़की की शिक्षा को सक्षम करते हुए, उसमें उसकी भागीदारी सुनिश्चित करना शामिल है।

सुकन्या समृद्धि योजना

भारत में एक बालिका के लिए नई योजना प्रारंभ की गई है। लिंगानुपात को संतुलित करने के उद्देश्य से यह योजना बालिका जन्म को प्रोत्साहित करती है। इस योजना के सफल क्रियान्वयन के परिणामस्वरूप भारत के ग्रामीण क्षेत्रों में बालिकाओं की स्थिति में सुधार होगा।

प्रधानमंत्री कौशल विकास योजना

प्रधानमंत्री कौशल विकास योजना (पीएमकेवीवाई) उद्यमिता मंत्रालय (एमएसडीई) की ओर से चलाई जा रही प्रमुख योजना है। इस कौशल विकास योजना का उद्देश्य बड़ी संख्या में भारतीय युवाओं को उद्योग-प्रासंगिक कौशल प्रशिक्षण देकर उन्हें सक्षम बनाना है जो उन्हें बेहतर आजीविका प्राप्त कराने में मदद करेगा। पूर्व शिक्षा का अनुभव या कौशल वाले व्यक्तियों का आंकलन प्राथमिक शिक्षा (आरपीएल) की पहचान के तहत प्रमाणित किया जाएगा। इस योजना के तहत, प्रशिक्षण और मूल्यांकन शुल्क पूरी तरह से सरकार द्वारा भुगतान किया जाता है।

भारतक्यूआर कोड (Bharat QR)

भारतीय रिजर्व बैंक के उप-गवर्नर आर. गांधी ने 21 फरवरी, 2017 को एक मानकीकृत क्विक रिस्पॉन्स कोड आरंभ किया जिसका विकास एनपीसीआई, मास्टरकार्ड एवं वीजा द्वारा किया गया है। भारतक्यूआर आरंभ कर नगद रहित कारोबार की दिशा में भारत एक और कदम बढ़ा चुका है।

यह विश्व का प्रथम इंटरॉपरेब्ल पेमेंट एक्सप्टेंस सॉल्यूशन है। भीम ऐप के पश्चात् डिजिटल ट्रांजेक्शन की दिशा में केंद्र सरकार का यह दूसरा महत्वपूर्ण प्रयास है। भारतक्यूआर इंटर-ऑपरेब्ल पेमेंट एक्सप्टेंस सॉल्यूशन है। भले ही मर्चेंट या कस्टमर अलग-अलग हो, इसके बावजूद भारतक्यूआर एक-दूसरे को भुगतान में सहायक हो सकता है। इसका मतलब है कि मर्चेंट को अलग-अलग पेमेंट प्लेटफॉर्म के लिए अलग-अलग क्यूआर कोड की बजाय एक ही क्यूआर कोड डिस्पले करना होगा। इसका विकास संयुक्त रूप से नेशनल पेमेंट्स कॉर्पोरेशन ऑफ इंडिया (एलपीसीआई), मास्टरकार्ड एवं वीजा द्वारा किया गया है।

भारतक्यूआर को इंटर-ऑपरब्ल बनाने के लिए वीजा, मास्टरकार्ड, रूपे एवं अमेरिका एक्सप्रेस एक मंच पर आया है। यह एंड्रॉयड एवं आईओएस प्लेटफॉर्म पर कार्य करता है, विंडो पर नहीं। वर्तमान में देश के 15 बैंकों ने इसे अपनाया है। इसका उपयोग करने के लिए आपके पास स्मार्टफोन होना जरूरी है, साथ ही इस कोर्ड के संगत बैंक का ऐप भी डाउनलोड करना जरूरी है। क्विक रिस्पॉन्स कोड या क्यूआर कोड द्विविमीय मशीन रिडेब्ल यूनिक पैटर्न है जो विशेषीकृत टास्क पर सूचनाओं को संजोये रखता है। इसका एक आम उदाहरण है समाचारपत्रों या बिलबोर्ड के विज्ञापनों का क्यूआर कोड। जब स्मार्टफोन से उसे स्कैन किया जाता है तब यह आपको विज्ञापन करने वाले की वेबसाइट पर ले जाते हैं।

खुदरा भुगतान के मामले में, क्यूआर कोड, इलेक्ट्रॉनिक ट्रांजेक्शन के समय प्वाइंट ऑफ सेल (पीओएस या कार्ड स्वाइप) की आवश्यकता को समाप्त कर देता है। यदि मर्चेंट एवं ग्राहक समान पेमेंट एप्लिकेशन (जैसे कि पेटीएम या बैंक ऐप) का प्रयोग करते हैं तब ग्राहक, मर्चेंट का क्यूआर कोड स्कैन कर पेमेंट कर सकता है। सरल भाषा में कहा जाए तो क्यूआर कोड में सूचना छिपी होती है जिसे क्यूआर कोड स्कैनर से डिकोड किया जा सकता है।

भीम-आधार एप (Bhim)

प्रधानमंत्री श्री नरेंन्द्र मोदी ने बाबा साहेब भीम राव अंबेडकर की 126वीं जयंती पर नागपुर में 14 अप्रैल, 2017 को आधार आधारित मनी ट्रांसफर एप 'भीम-आधार एप लॉन्च किया। यह कम नकद आधारित अर्थव्यवस्था की दिशा में एक और क्रांतिकारी कदम है। देश की 99 प्रतिशत आबादी आधार से जुड़ चुकी है ऐसे में डिजिटल लेनदेन की दिशा में यह एक बड़ा अवसर साबित होगा।

- इसका विकास नेशनल पेमेंट कॉर्पोरेशन ऑफ इंडिया ने किया है और यह यूनिफायड पेमेंट इंटरफेस पर आधारित है।
- यह एप रिटेलर्स एवं मर्चेंट्स के लिए है (कॉर्पोरेट मर्चेंट्स के लिए नहीं) जो नागरिकों को बिना स्मार्टफोन या डेबिट कार्ड/क्रेडिट कार्ड के भी खरीदारी की सुविधा प्रदान करता है।
- इस एप में किसी ग्राहक के बायोमेट्रिक विवरण का प्रमाणन उसके आधार लिंक्ड फिंगरप्रिंट स्कैनर के द्वारा किया जाता है। इसका मतलब यह है कि आपको मर्चेंट्स या रिटेलर्स के यहाँ खरीदारी के लिए पिन जैसे बैंकिंग विवरणों को याद रखने या बताने की जरूरत नहीं पड़ेगी जिससे आपकी नकदरहित खरीददारी बाधा रहित व आसान हो जाएगी।

- भीम आधार नेशनल पेमेंट काउंसिल ऑफ इंडिया के पहले से मौजूद उत्पाद-आधार आधारित भुगतान प्रणाली पर कार्य करता है। इससे देश भर के 40 करोड़ बैंक खाताधारी अपने आप जुड़ जाएंगे क्योंकि बैंक खातों को आधार से लिंक कराना अनिवार्य कर दिया गया है।
- वर्तमान में देश के 30 बैंक इस भुगतान प्रणाली से जुड़े है, भविष्य में और अधिक बैंको के जुड़ने की संभावना है।
- देश का कोई भी नागरिक जिसकी पहुँच स्मार्टफोन, इंटरनेट, डेबिट या क्रेडिट कार्ड तक नहीं है वे भीम-आधार एप के माध्यम से डिजिटली लेनदेन कर सकता है।

ज्ञातव्य है कि 8 नवंबर, 2016 को 500 व 1000 रुपये के नोट की वैधानिक टेंडर समाप्त हो जाने के पश्चात् डिजिटल लेनदेन को बढ़ावा देने के लिए भारत सरकार द्वारा कई उपाय किए गये। इनमें शामिल हैं 26 दिसंबर, 2016 को भीम एप लॉन्च करना व मार्च 2017 में आधार-पे (एंड्रॉयड आधारित स्मार्ट फोन एप)।

फास्टैग्स (Fastags)

- केंद्रीय सड़क परिवहन मंत्रालय ने 27 फरवरी, 2017 को कार्गो के निर्बाध आवाजाही सुनिश्चित करने के लिए सरकारी विभागों द्वारा करार पर लिए गए सभी ट्रकों के लिए फास्टैग्स अनिवार्य कर दिया है।
- फास्टैग्स इलेक्ट्रॉनिक टॉल संग्रह प्रणाली है जो केंद्रीय सड़क परिवहन मंत्रालय द्वारा पायलट प्रोजेक्ट के रूप में 2014 में अहमदाबाद-मुंबई के बीच लागू की गई।
- यह रेडियों फ्रीक्वेंसी आइडेंटीफिकेशन टेक्नोलॉजी पर आधारित है।

समेकित बाल विकास योजना (ICDS)

समेकित बाल विकास योजना की शुरूआत 2 अक्टूबर, 1975 को 33 सामुदायिक विकास केन्द्रों में की गयी थी। यह कार्यक्रम बच्चों के विकास हेतु विश्व में सबसे बड़ा कार्यक्रम है। यह भारत के बच्चों के प्रति समर्पण को दर्शाता है। इसके तहत एक ओर बच्चों को स्कूल पूर्व शिक्षा दी जाती है तो दूसरी ओर कुपोषण की समस्या, पढ़ने की अल्पक्षमता मृत्यु, अस्वस्थता आदि से निपटने पर भी ध्यान दिया जा रहा है।

- समेकित बाल विकास सेवा (आईसीडीएस) स्कीम भारत सरकार के प्रमुख कार्यक्रमों में से एक है और यह प्रारंभिक बाल्यावस्था, देखभाल तथा विकास के लिए चलाए जाने वाले विश्व के सबसे बड़े और अद्वितीय कार्यक्रमों में से एक

है। यह स्कीम देश के बच्चों एवं धात्री माताओं के लिए एक और स्कूल-पूर्व अनौपचारिक शिक्षा प्रदान करने की चुनौती की जवाबी कार्रवाई है तथा वहीं दूसरी ओर कुपोषण, रूग्णता दर, कम अधिगम क्षमता व मृत्यु-दर के दुष्चक्र को तोड़ने के लिए देश की प्रतिबद्धता का प्रमुख प्रतीक है।

- इस स्कीम के अंतर्गत लाभार्थी 0-6 वर्ष के बच्चे तथा गर्भवती व धात्री माताएँ है।

योजना के उद्देश्य इस प्रकार हैं-

1. 0-6 वर्ष तक की आयु वर्ग के बच्चों की पोषाहारीय स्थिति एवं स्वास्थ्य स्तर में सुधार लाना।
2. बच्चे के समुचित मनोवैज्ञानिक, शारीरिक तथा सामाजिक विकास की आधारशिला रखना।
3. मृत्यु-दर, रूग्णता दर, कुपोषण तथा बीच में पढ़ाई छोड़ने वाले बच्चों की दर में कमी लाना।
4. बाल विकास को बढ़ावा देने के लिए विभिन्न विभागों के बीच नीतियों तथा कार्यान्वयन में प्रभावी समन्वयन स्थापित करना।
5. समुचित पोषण और स्वास्थ्य शिक्षा (15-45 वर्ष) के माध्यम से सामान्य स्वास्थ्य तथा पोषाहारीय जरूरतों की देखभाल करने के लिए माताओं की क्षमता का विकास करना।

वर्ष 2016-17 से आईसीडीएस स्कीम के लिए केंद्र और राज्यों के बीच लागत भागीदारी अनुपात को निम्नानुसार संशोधित किया गया है-

- पूरक पोषण- 50:50 (पूर्वोत्तर तथा तीन हिमालयन राज्यों के लिए 90:10)
- आईसीईएस (सामान्य)-60:40 (पूर्वोत्तर राज्यों तथा तीन हिमालयन राज्यों के लिए 90:10)

संघ राज्य क्षेत्रों के लिए केंद्र सरकार द्वारा आईसीडीएस स्कीम का 100 प्रतिशत वित्त पोषण किया जाता है।

संशोधित पोषण तथा आहार मानकों के अंतर्गत जो कि फरवरी, 2009 से लागू किए गए है, राज्य सरकारों/संघ राज्य क्षेत्र प्रशासनों को वर्ष में लाभार्थियों को 300 दिन तक पूरक आहार उपलब्ध कराने के निर्देश दिए गए है जिसका अर्थ यह होगा कि आंगनबाड़ी केंद्रो में आने वाले 3-6 वर्ष की आयु वर्ग के बच्चों को एक बार से अधिक का भोजन देना पड़ेगा।

खेलो इंडिया स्कीम (Khelo India)

पूर्व की योजनाओं राजीव गांधी खेल अभियान, शहरी खेल अवसंरचना स्कीम तथा स्पोर्ट्स टेलेंट सर्च स्कीम का विलय करके 22 अप्रैल, 2016 को खेलो इंडिया स्कीम आरंभ की गई थी।

सितंबर 2017 में प्रधानमंत्री श्री नरेन्द्र मोदी की अध्यक्षता में हुई बैठक में केंद्रीय मंत्रिमंडल ने वर्ष 2017-18 से 2019-20 की अवधि के लिए 1,756 करोड़ रुपये के खेलो इंडिया कार्यक्रम के पुनरूद्धार को मंजूरी प्रदान की। इस कार्यक्रम को व्यक्तिगत विकास, सामुदायिक विकास, आर्थिक विकास और राष्ट्रीय विकास के रूप में खेलों को मुख्य धारा से जोड़े जाने के फलस्वरूप भारतीय खेलों के इतिहास में यह एक उल्लेखनीय उपलब्धि है।

इस कार्यक्रम की कुछ मुख्य बातों में निम्नलिखित शामिल है–

1. अभूतपूर्व भारतीय खेल छात्रवृति योजना जिसमें चयनित खेल विधाओं में प्रत्येक वर्ष 1,000 सर्वाधिक प्रतिभावान युवा खिलाड़ियों को सम्मिलित किया जाएगा।
2. इस योजना के अंतर्गत चयनित प्रत्येक खिलाड़ी को लगातार 8 वर्षो के लिए 5.00 लाख रुपये राशि की वार्षिक छात्रवृति दी जाएगी।
3. अब तक का यह पहला अवसर है, जिसमें दीर्घकालिक खिलाड़ी विकास का मार्ग प्रशस्त हुआ है, जो प्रतिभावान युवाओं को प्रतिस्पर्धी खेलों में उत्कृष्ट प्रदर्शन के लिए उपलब्ध होगा और जिससे अत्यधिक प्रतिस्पर्धी खिलाड़ियों की श्रृंखला का निर्माण होगा जो विश्व स्तर पर जीत हासिल करने के लिए मुकाबला कर सकेंगे।
4. इस कार्यक्रम में देशभर में 20 विश्वविद्यालयों को खेलो में उत्कृष्टता के हब के रूप में विकसित करने का लक्ष्य है, जिससे प्रतिभाशाली खिलाड़ी शिक्षा के साथ-साथ प्रतिस्पर्धी खेलों में अपनी दोहरी भूमिका निभाने में समर्थ हो सकें।
5. इस कार्यक्रम का एक लक्ष्य यह भी है कि स्वस्थ जीवनशैली के साथ गतिशील जनसंख्या का निर्माण किया जा सके।
6. इस कार्यक्रम से व्यापक राष्ट्रीय शारीरिक फिटनेस अभियान के अंतर्गत 10-18 आयुवर्ग के करीब 200 मिलियन बच्चों को लाभ मिलेगा, जिससे इस आयु वर्ग के सभी बच्चों को शारीरिक फिटनेस का आभास होगा, अपितु इससे उनकी फिटनेस से संबंधित क्रियाकलापों को भी सहारा मिलेगा।
7. इस कार्यक्रम का उद्देश्य अशांत एवं सुविधाओं से वंचित क्षेत्रों में रह रहे युवावर्ग को अनुत्पादक एवं विध्वंसकारी गतिविधियों से हटाकर खेल-कूद

के क्रियाकलापों से जोड़ कर उन्हें राष्ट्र निर्माण की प्रक्रिया में मुख्य धारा से जोड़ना है।

8. इस कार्यक्रम में स्कूल और कॉलेज दोनों ही स्तर पर प्रतिस्पर्धा के मानकों का स्तर बढ़ाना और खेल-कूद प्रतियोगिताओं तक बच्चों की अधिकतम पहुँच कायम करना है।
9. इस कार्यक्रम में सभी के लिए खेल के साथ-साथ उत्कृष्टता के लिए खेल की भावना पर जोर दिया गया है।

मेक इन इंडिया

देश में ही विनिर्माण गतिविधियों को बढ़ावा देकर रोजगार सृजन जैसे बहुद्देश्यीय लक्ष्यों को लेकर प्रधानमंत्री श्री नरेंद्र मोदी ने 25 सितंबर 2014 को मेक इन इंडिया कार्यक्रम की शुरूआत की।

मेक इन इंडिया अभियान के पीछे मुख्य उद्देश्य देश की अर्थव्यवस्था के 25 क्षेत्रकों में रोजगार सृजन व कौशल संवर्द्धन है।

इसके अलावा ग्लोबल डिजाइन व विनिर्माण हब के रूप में परिवर्तन करना भी इसका लक्ष्य है। भारत में ना केवल विनिर्माण बल्कि अन्य क्षेत्रों में उद्यमशीलता को बढ़ावा देने के लिए शुरू किया गया मेक इन इंडिया कार्यक्रम चार स्तंभो पर आधारित है–

- **नई कार्यविधिः** मेक इन इंडिया का मानना है कि उद्यमशीलता को बढ़ावा देने के लिए एक सबसे महत्वपूर्ण बात कारोबार करने की सुविधा है। कारोबारी माहौल को आसान बनाने के लिए कई पहल पहले ही शुरू की जा चुकी हैं। इसका उद्देश्य पूरे कारोबारी चक्र के दौरान उद्योग को लाइसेंस मुक्त और गैर-विनियमित करना है।
- **नया बुनियादी ढाँचाः** उद्योगों के विकास के लिए आधुनिक और सुविधाजनक बुनियादी ढाँचे की उपलब्धता बेहद महत्वपूर्ण जरूरत है। सरकार आधुनिक हाई-स्पीड कम्युनिकेशन और इंटग्रेटेड लॉजिस्टिक अरेंजमेंट्स के साथ ही उत्कृष्ट तकनीक पर आधारित इंफ्रास्ट्रक्चर उपलब्ध कराने के लिए इंडस्ट्रियल कॉरिडोर्स और स्मार्ट सिटीज बनाने का इरादा रखती है। इंडस्ट्रियल कल्स्टर्स में बुनियादी ढाँचे को बेहतर बनाकर मौजूदा इंफ्रास्ट्रक्चर को मजबूती दी जाएगी।
- **नए क्षेत्रः** मेक इन इंडिया ने विनिर्माण, बुनियादी ढाँचे और सेवा गतिविधियों में 25 क्षेत्रों की पहचान की है और इस बारे में इंटरेक्टिव वेब पोर्टल और पेशवर ढंग से तैयार किए गए ब्रोशर्स के माध्यम से विस्तृत सूचनाएँ साझा की गई है।

- **नई सोचः** उद्योग सरकार को एक नियामक के रूप में देखने के आदी रहे हैं। मेक इन इंडिया का मकसद उद्योगों के साथ सरकार के संवाद में आमूलचूल परिवर्तन लाकर इस सोच को बदलना है। सरकार देश के आर्थिक विकास में उद्योगों के साथ साझेदार बनेगी। सरकार का नजरिया एक फैसिलिटेटर (सुविधादाता) का होगा न कि एक विनियामक का।
- वर्ष 2020 तक भारत की जीडीपी में विनिर्माण क्षेत्रक का योगदान 25 प्रतिशत करना।
- मेक इन इंडिया का लोगो शेर है जो कि अशोक चक्र से प्रेरित है और सभी क्षेत्रों में भारत की सफलता का प्रतिनिधित्व करने के लिए इसकी डिजाइन की गई है।

प्रधानमंत्री मुद्रा बैंक योजना (MUDRA)

- प्रधानमंत्री श्री नरेंन्द्र मोदी ने 8 अप्रैल, 2015 को नई दिल्ली में प्रधानमंत्री मुद्रा बैंक योजना का शुभारंभ किया।
- जिनके पास धन नहीं है वैसे छोटे उद्यमियों को धन उपलब्ध कराना इस मुद्रा योजना का मुख्य लक्ष्य है। इस योजना के तहत गैर–कॉर्पोरेट, गैर–कृषि क्षेत्र के सूक्ष्म व छोटे उद्यमियों को अधिकतम 10 लाख रुपये तक का ऋण उपलब्ध कराया जाता है।
- उद्यम और वित्त पोषण के लिए एवं उद्यमी की आकांक्षा के अनुरूप क्रमिक विकास के अगले चरण को प्राप्त करने के लिए एक संदर्भ बिंदु मुहैया कराने के रूप में योजनाओं का नाम शिशु, किशोर और तरूण रखे गए है–
- **शिशु योजना** – इसके अंतर्गत 50000 रुपए तक ऋण दिया जाता है।
- **किशोर योजना** – इसके अंतर्गत 50000 से ऊपर तथा 5 लाख रुपए तक का ऋण शामिल है।
- **तरूण योजना** – इसके अंतर्गत 5 लाख से ऊपर तथा 10 लाख रुपए तक का ऋण शामिल है।
- प्रधानमंत्री मुद्रा योजना, सभी सूक्ष्म वित्त संस्थानों, जो विनिर्माण, व्यापार एवं सेवा गतिविधियों से जुड़े सूक्ष्म एवं लघु व्यवसाय इकाइयों को ऋण देने के व्यवसाय में हैं– के जरिए विकास एवं पुनर्वित्त के लिए जवाबदेह होगा। मुद्रा बैंक लघु एवं सूक्ष्म व्यवसाय उपक्रमों के स्थानीय वित्तदाताओं को वित्त मुहैया कराने के लिए राज्य और क्षेत्रीय स्तर के समन्वयकों के साथ साझेदारी भी करेगा। इसके अतिरिक्त इसका उद्देश्य केवल ऋण के दृष्टिकोण से आगे बढ़कर देशभर में फैले इन उपक्रमों के लिए ऋण जमा समाधान प्रस्तुत करना भी है।

- मुद्रा बैंक के लिए परिकल्पित भूमिकाओं में सूक्ष्म उपक्रम वित्त पोषण व्यवसायों के लिए नीति दिशा निर्देश निर्धारित करना, एमएफआई का पंजीकरण करना, एमएफआई इकाइयों का प्रमाणन एवं मूल्यांकन करना, कर्जधारिता से मुक्ति पाने के लिए जिम्मेदार वित्तपोषण प्रचलनों का निर्धारण करना, सूक्ष्म उपक्रमों को ऋण देने वाले स्थानीय वित्तदाताओं को प्रभावित करने के लिए एक मानक नियम पत्रों के समूह का विकास, सभी के लिए सही प्रौद्योगिकी समाधानों को बढ़ावा देना, क्षेत्र में विकास एवं प्रवर्तन गतिविधियों का समर्थन, प्रधानमंत्री मुद्रा योजना के तहत सूक्ष्म व्यवसायों को स्थानीय ऋण आपूर्ति की एक अच्छी संरचना का सृजन आदि शामिल हैं।
- मुद्रा बैंक द्वारा उठाए जाने के उपरोक्त कदमों का लक्ष्य युवाओं, शिक्षितों, कुशल श्रमिकों और महिला उद्यमियों समेत सभी उद्यमियों को मुख्य धारा में शामिल करना है।
- केंद्र सरकार के मुताबिक योजना के तहत वर्ष 2015-16 में 1.22 लाख करोड़ रुपये के बजटीय लक्ष्य की तुलना में 1.37 लाख करोड़ रुपये वितरित किए गए जो कि 12 प्रतिशत अधिक है। इसी प्रकार वर्ष 2016-17 में 1.80 लाख करोड़ रुपये के बजटीय लक्ष्य की तुलना में 1.81 लाख करोड़ रुपये के ऋण प्रदान किए गये।

माईगॉव (MyGOV)

माईगॉव मंच एक अद्वितीय प्रारंभिक पहल है जिसे 26 जुलाई, 2014 को शुरू किया गया था। यह नागरिकों तथा विदेशी नागरिकों को विभिन्न गतिविधियों में भाग लेने के लिए जैसे चर्चा करो, कार्य करो, पोल, टॉक, ब्लॉग, आदि के लिए प्रोत्साहित करता है। विभिन्न श्रेणी के लोग विस्तृत श्रृखंला के साथ अपने विचार और दृष्टिकोण को साझा कर सकते है।

माईगॉव का लोकप्रिय क्रिएटिव कॉर्नर सरकार के लिए एक रचनात्मक रीढ़ की हड्डी साबित हुआ है। इस प्रक्रिया में डिजाइन लागत और रचनात्मक सामग्री डिजाइन करने के लिए समय कम लगता है। इन कार्यो के कुछ उदाहरणों में स्वच्छ भारत, प्रधानमंत्री जन धन योजना, नई शिक्षा नीति, स्मार्ट सिटी परियोजना, डिजिटल इंडिया, राष्ट्रीय डिजिटल साक्षरता मिशन आदि शामिल हैं।

निर्भया कोष (NF)

वित्त वर्ष 2013-14 के आम बजट में महिलाओं की सुरक्षा कोष के लिए 1000 करोड़ रुपये के निर्भया कोष का प्रस्ताव किया गया था। यह कोष 2013 में अस्तित्व में आया।

2015-16 के आम बजट में सरकार ने महिलाओं की सुरक्षा के लिए निर्भया कोष में 1000 करोड़ रुपये की अतिरिक्त राशि देने की घोषणा की थी। केंद्र सरकार ने वित्त मंत्रालय की मंजूरी के साथ निर्भया कोष के इस्तेमाल के लिए 1 अप्रैल, 2015 को दिशानिर्देश जारी किए। यह दिशानिर्देश इस प्रकार है-

महिला और बाल विकास मंत्रालय केन्द्रीय प्राधिकार है जिसके पास विभिन्न मंत्रालय/विभाग देश में महिलाओं की सुरक्षा और रक्षा को मजबूत करने के उद्देश्य से निर्भया कोष से आर्थिक मदद लेने के प्रस्तावों/योजनाओं के साथ जा सकते हैं।

महिला और बाल विकास मंत्रालय निर्भया कोष से आर्थिक सहायता प्राप्त करने के उद्देश्य से उपयुक्तता और योग्यता का फैसला करने के लिए इन योजनाओं का मूल्यांकन करेगा।

मंत्रालय उपयुक्त प्रस्तावों को संबद्ध माँगों के आवश्यक बजटीय आवंटन के लिए आर्थिक मामलों के विभाग को भेज सकता है। विभाग वित्तीय और अन्य पहलुओं के बारे में प्रस्तावों का मूल्यांकन करेगा ताकि देश में महिलाओं की सुरक्षा को मजबूत करने के लिए योजनाओं/सरकार के प्रयासों के दोहराव से बचा जा सके।

बजट डिवीजन वित्त मंत्री की मंजूरी के साथ कोष से योजनाओं की फंडिंग को मंजूरी देगा और कोष में किसी प्रकार के संचयन और उससे निकासी के लिए केन्द्रीय मंत्रालय होगा।

राष्ट्रीय राजमार्ग विकास परियोजना (NHDP)

राष्ट्रीय राजमार्ग विकास परियोजना भारत सरकार की वृहद एवं महत्वाकांक्षी परियोजना है जिसके अंतर्गत राष्ट्र की आवश्यकतानुसार राष्ट्रीय राजमार्गो को विश्वस्तरीय बनाया जाएगा जो कि उपयोगकर्त्ता के लिए समय एवं मूल्य प्रभावी हो। यह परियोजना आर्थिक उन्नति के साथ लोगों के जीवन को गुणात्मक रूप से उन्नत करेगी। भारतीय राष्ट्रीय राजमार्ग प्राधिकरण को राष्ट्रीय राजमार्ग विकास परियोजनाओं के क्रियान्वयन के लिए अधिकृत किया गया है। इसका गठन संसद के अधिनियम भारतीय राष्ट्रीय राजमार्ग प्राधिकरण अधिनियम 1988 के द्वारा किया गया है। यह राष्ट्रीय राजमार्गो के विकास, अनुरक्षण और प्रबन्धन और इनसे जुड़े अथवा अनुषंगिक मामलों को देखने के लिए उत्तरदायी है। प्राधिकरण ने फरवरी, 1995 से कार्य करना प्रारंभ किया है। राष्ट्रीय राजमार्ग विकास परियोजना, भारत की अब तक की सबसे बडी राजमार्ग परियोजना है। NHDP को सात चरणों में तथा 2005-2015 तक पूरा करने की परिकल्पना सरकार द्वारा बनायी गयी है। यद्यपि राष्ट्रीय राजमार्ग देश के कुल सड़क मार्गो का मात्र 1.8

प्रतिशत है तथापि यह यातायात का 40 प्रतिशत वहन करता है। राष्ट्रीय राजमार्ग विकास परियोजना के दो महत्वपूर्ण घटक है–

- स्वर्णिम चतुर्भुज योजना
- उत्तर-दक्षिण और पूर्व-पश्चिम कॉरिडोर योजना
- देश के 13 प्रमुख बंदरगाहों को जोड़ने वाले 380 कि.मी. लंबे राष्ट्रीय राजमार्ग को चार लेन वाला बनाए जाने का प्रस्ताव

स्वर्णिम चतुर्भुज योजना के अंतर्गत आने वाले मार्ग की लंबाई 5,846 कि.मी. है तथा इसमें देश के चार मेट्रोपॉलिटिन शहरों-दिल्ली, कोलकाता, चेन्नई तथा मुंबई को आपस में जोड़े जाने की योजना है। उत्तर-दक्षिण तथा पूर्व-पश्चिम कॉरिडोर की कुल लंबाई 7,300 कि.मी. है। इसके अंतर्गत कश्मीर से कन्याकुमारी तक के मार्ग की लंबाई 4000 किमी. तथा सिलचर से पोरबंदर तक 3300 किमी. का मार्ग निर्माण का कार्य प्रगति पर है।

राष्ट्रीय कौशल विकास निगम (NSDC)

राष्ट्रीय कौशल विकास निगम (एनएसडीसी) कौशल विकास के लिए ऋण अथवा इक्विटी के रूप में वित्तीय सहायता प्रदान करता है और वित्तीय व्यावहारिकता बढ़ाने के लिए निजी क्षेत्र के चुनिंदा कार्यक्रमों को कर में छूट आदि के द्वारा वित्तीय प्रोत्साहन देता है। एनएसडीसी की निम्नलिखित स्तंभों के आधार पर स्थापना की गई है–

1. **सृजन** – बड़े वोकेशनल प्रशिक्षण संस्थानों की स्थापना,
2. **निधि** – पेटेंट पूँजी प्रदान कर जोखिम को कम करना,
3. **प्रोत्साहन** – सहायता प्रणाली का सृजन व सततता।

एनएसडीसी इन तरीकों से वित्तीय सहायता प्रदान करता है–

- ऋण
- इक्विटी
- अनुदान

एनएसडीसी व्यावसायिक प्रशिक्षण के लिए वित्तीय सहायता मांगने वाले चुनिंदा प्रस्तावों की जाँच पड़ताल के लिए चरणबद्ध एवं विस्तृत प्रक्रिया अपनाएगा। छह मानकों पर विस्तृत मूल्यांकन किया जाएगा–

1. कौशल विशेष की माँग के बारे में नियोक्ता के विचार
2. एनएसडीसी के अभियान के अनुकूल होना

3. पूरी योजना एवं परिचालन मॉडल की शक्ति
4. सहभागिता बढ़ाने की क्षमता
5. वित्तीय आवश्यकताओं की पूर्ति की क्षमता
6. प्रबन्धन क्षमता मजबूत करने की क्षमता

राष्ट्रीय सुपरकंप्यूटिंग मिशन (NSM)

एचपीसी या उच्च निष्पादन कंप्यूटिंग अत्याधुनिक विज्ञान एवं प्रौद्योगिकी अनुसंधान के लिए 4 प्रतिमान के रूप में उभरा है। इसी के आलोक में 12 वीं पंचवर्षीय योजना (2012-17) में सुपरकंप्यूटिंग में क्षमता और क्षमता निर्माण पर विशेष जोर दिया गया है। इस उद्देश्य के अनुसरण में, सरकार द्वारा 2015 में 'राष्ट्रीय सुपरकंप्यूटिंग मिशन क्षमता निर्माण और क्षमता आरंभ किया गया है, जिससे 7 वर्ष से डीईआईटीवाई और डीएसटी द्वारा संयुक्त रूप से चलाया और कार्यान्वित किया जा रहा है।

मिशन के मुख्य उद्देश्य इस प्रकार है–

- विशाल चुनौतियों और समस्याओं को सुलझाने के लिए विभिन्न क्षेत्रों में अत्याधुनिक अनुसंधान सक्षम करने के लिए राष्ट्रीय क्षमता बढ़ाने हेतु अत्याधुनिक एचपीसी सुविधाओं और बुनियादी ढाँचे का निर्माण।
- विज्ञान और इंजीनियरिंग के प्रमुख क्षेत्रों के लिए एचपीसी अनुप्रयोगों का विकास।
- एक्सा-स्केल कम्प्यूटिंग रेडिनेस की अगली उत्पति को अग्रसर करने हेतु एचपीसी में अनुसंधान व विकास का संवर्धन।

राष्ट्रीय महिला सशक्तीकरण मिशन (NWEM)

अप्रैल 2011 में (वित्त वर्ष 2011-12) केंद्रीय प्रायोजित योजना के रूप में राष्ट्रीय महिला सशक्तीकरण मिशन आरंभ किया गया।

महिला सशक्तीकरण के विभिन्न प्रयासों के बीच विभिन्न मंत्रालयों के बीच समन्वयन के लिए यह मिशन आरंभ किया गया।

राष्ट्रीय मिशन के मुख्य कार्य निम्नलिखित है–

1. महिलाओं का आर्थिक सशक्तीकरण
2. महिलाओं पर केन्द्रित सरकारी स्कीमों का संकेन्द्रण
3. सुनिश्चित करना कि महिलाओं के खिलाफ हिंसा प्रगामी रूप से समाप्त हो जाए
4. महिलाओं के स्वास्थ्य और शिक्षा पर विशेष बल सहित सामाजिक सशक्तीकरण सुनिश्चित करना

5. भागीदार मंत्रालयों, संस्थानों तथा संगठनों के कार्यक्रमों, नीतियों, संस्थागत व्यवस्थाओं और प्रक्रियाओं को जेंडर की दृष्टि से मुख्य धारा में लाने का निरीक्षण
6. जागरूकता लाना और विभिन्न स्कीमों तथा कार्यक्रमों के तहत लाभों की माँग को आगे बढ़ाने के लिए समर्थन गतिविधि तथा इनको पूरा करने के लिए पंचायतों को जिला, तहसील और ग्राम स्तर पर संरचना का सृजन करना, यदि आवश्यक हो।

प्रधानमंत्री उज्ज्वला योजना (PMUY)

प्रधानमंत्री की अध्यक्षता वाली आर्थिक मामलों पर मंत्रिमंडलीय समिति (सीसीईए) ने 10 मार्च, 2016 को बीपीएल परिवारों की महिलाओं को निशुल्क एलपीजी कनेक्शन प्रदान करने वाली प्रधानमंत्री उज्ज्वला योजना को अपनी अनुमति दी।

- प्रधानमंत्री ने 1 मई, 2016 को उत्तर प्रदेश के बलिया में इस योजना की शुरूआत की।
- योजना के अंतर्गत बीपीएल परिवार की महिलाओं को 5 करोड़ एलपीजी कनेक्शन प्रदान करना है। इसके लिए 8000 करोड़ रुपये का प्रावधान किया गया है और प्रत्येक बीपीएल परिवार को एलपीजी कनेक्शन के लिए 1600 रुपये की वित्तीय सहायता प्रदान की जाएगी। योग्य बीपीएल परिवारों की पहचान राज्य और संघ शासित प्रदेशों के साथ विचार-विमर्श द्वारा की जाएगी। योजना का कार्यान्वयन वित्तीय वर्ष 2016-17, 2017-18, और 2018-19 में किया जाएगा।
- पेट्रोलियम और प्राकृतिक गैस मंत्रालय निर्धनतम परिवारों की करोड़ों महिलाओं को लाभ पहुँचाने वाली योजना का कार्यान्वयन कर रहा है। बीपीएल परिवारों को मुफ्त एलपीजी कनेक्शन प्रदान करने से देश में खाना पकाने की गैस की पहुँच सभी लागों तक संभव होगी। इससे महिलाओं का सशक्तिकरण होगा और उनके स्वास्थ्य की रक्षा होगी। इससे खाना बनाने में लगने वाले समय और कठिन परिश्रम को कम करने में भी सहायता मिलेगी। योजना से खाना पकाने की गैस के वितरण में कार्यरत ग्रामीण युवाओं को रोजगार भी प्राप्त होगा।

राष्ट्रीय पोषण मिशन (NNM)

राष्ट्रीय पोषण मिशन केंद्रीय महिला एवं बाल विकास मंत्रालय की योजना है। इसे जनवरी 2014 में आरंभ किया गया था। इस मिशन के वित्तीयन के लिए विश्व बैंक भी इसमें शामिल हुआ है। इस मिशन का 50 प्रतिशत वित्तीयन या वित्तपोषण विश्व बैंक

द्वारा किया जा रहा है जबकि शेष सरकार कर रही है। बिल एंड मेलिंडा फाउंडेशन ने इस मिशन के लिए सॉफ्टवेयर सहायता प्रदान की है।

इस मिशन के दो घटक है– .

1. कुपोषण के खिलाफ सूचना, शिक्षा एवं संचार।
2. बहु–क्षेत्रीय पोषण कार्यक्रम।

इस मिशन के मुख्य उद्देश्य निम्नलिखित है–

1. गर्भवती महिलाओं, दुग्धपान कराने वाली माताओं में पोषण के प्रति जागरूकता फैलाना तथा स्वस्थ दुग्धपान अभिक्रिया को बढ़ावा देना।
2. मातृ एवं शिशु अल्पपोषण के सर्वाधिक शिकार 200 जिलों में सुधार व 3 वर्ष से कम उम्र के बच्चों में अल्पपोषण की मौजूदगी को कम करना।
3. युवा बच्चों, वयस्क लड़का एवं लड़कियों में एनीमिया के प्रसार को कम करना।
4. इस योजना के क्रियान्वयन हेतु केंद्र एवं राज्य स्तर पर बेहतर समन्वयन की व्यवस्था की गई है तथा कैबिनेट सचिव की अध्यक्षता में राष्ट्रीय स्तर पर एक अंतर–मंत्रालय कोऑर्डिनेशन कमेटी का गठन किया गया है। राज्य स्तर पर मुख्यमंत्री की अध्यक्षता में राज्य पोषण परिषद् का गठन किया गया है। जिला एवं ग्राम स्तर पर भी इस प्रकार की कमेटी के गठन की व्यवस्था की गई है।
5. राज्य स्तर पर पोषण मिशन आरंभ करने वाला पहला राज्य महाराष्ट्र है जिसने इसे वर्ष 2006 में आरंभ किया था।

राष्ट्रीय स्वच्छ गंगा मिशन (NMCG)

राष्ट्रीय स्वच्छ गंगा मिशन अक्टूबर 2016 में स्थापित राष्ट्रीय गंगा परिषद् का क्रियान्वयक विंग है। इसकी स्थापना गंगा नदी (जीर्णोद्धार, संरक्षण एवं प्रबन्धन) प्राधिकरण आदेश 2016 के तहत की गई। इस आदेश के द्वारा राष्ट्रीय गंगा नदी बेसिन प्राधिकरण को भंग कर दिया गया और उसकी जगह स्वच्छ गंगा मिशन अस्तित्व में आया।

- इस मिशन को सोसायटी पंजीकरण एक्ट 1860 के तहत 12 अगस्त, 2011 को पंजीकृत किया गया।
- राष्ट्रीय गंगा परिषद् के अध्यक्ष भारत के प्रधानमंत्री होते है।

राष्ट्रीय सामाजिक सहायता कार्यक्रम (NSAP)

राष्ट्रीय सामाजिक सहायता कार्यक्रम के तहत निम्नलिखित पांच स्कीमों को शामिल किया जाता है–

- **इंदिरा गांधी राष्ट्रीय वृद्धावस्था पेंशन योजना** – इस स्कीम के तहत गरीबी रेखा से नीचे जीवन यापन करने वाले 60 से 80 वर्ष के लोगों को प्रतिमाह 300 रुपये की पेंशन प्रदान की जाती है। 80 वर्ष से अधिक उम्र के लोगों को 500 रुपये की राशि प्रदान की जाती है।
- **इंदिरा गांधी राष्ट्रीय विधवा पेंशन योजना** – इसके तहत 40 से 59 वर्ष की विधवाओं को प्रतिमाह 300 रू. की सहायता प्रदान की जाती है। 80 वर्ष से अधिक उम्र की विधवाओं को 500 रुपये की मासिक पेंशन दी जाती है।
- **इंदिरा गांधी राष्ट्रीय विकलांग पेंशन योजना** – इस योजना के तहत 18 से 59 वर्ष की आयु में गरीबी रेखा के नीचे के विकलांग नागरिकों को प्रतिमाह 300 रुपये की पेंशन प्रदान की जाती है। 80 वर्ष से अधिक उम्र के विकलांग गरीबों को 500 रुपये की राशि प्रदान की जाती है।
- **राष्ट्रीय परिवार लाभ योजना** – इस योजना के तहत गरीबी रेखा के नीचे जीवन यापन करने वाले परिवार के मुखिया (मुख्य आय अर्जक) की मृत्यु की दशा में 20000 रुपये की राशि प्रदान की जाती है। योजना का लाभ उठाने के लिए मुख्य अर्जक की उम्र 18 से 59 वर्ष के बीच होनी चाहिए।
- **अन्नपूर्णा योजना** – इस योजना के तहत गरीबी रेखा से नीचे जीवन यापन करने वाले उन वृद्धों को खाद्य सुरक्षा प्रदान की जाती है जो इंदिरा गांधी राष्ट्रीय विधवा पेंशन योजना के पात्र होने के बावजूद इसका लाभ नहीं उठा पा रहे है। उन्हें प्रतिमाह 10 किग्रा. अनाज (गेहूं या चावल) नि:शुल्क प्रदान किया जाता है।

मृदा स्वास्थ्य कार्ड स्कीम (SHCS)

प्रधानमंत्री श्री नरेन्द्र मोदी ने 19 फरवरी, 2015 को राजस्थान के सूरतगढ़ में 'मृदा स्वास्थ्य कार्ड' स्कीम का शुभांरभ किया। इस अवसर पर उन्होनें 'स्वस्थ धरा, खेत हरा' का नारा दिया। स्कीम प्रारंभ होने के तीन वर्षो के भीतर 14 करोड़ मृदा स्वास्थ्य कार्ड जारी किए जाएंगे। जुलाई 2015 तक 34 मृदा स्वास्थ्य कार्ड जारी किए जा चुके थे। यह केंद्रीय कृषि मंत्रालय की योजना है।

- इस कार्ड में किसी खेत विशेष के लिए फसल वार किन पोषक तत्वों व उवर्रकों की जरूरत होगी, उसका ब्योरा होगा। इससे किसानों को उपयुक्त निवेश के माध्यम से बेहतर उत्पादकता प्राप्त हो सकेगी।
- किसानों को मृदा सेहत कार्ड जारी करने हेतु तथा मृदा परीक्षण प्रयोगशालाएं स्थापित करने हेतु केंद्र सरकार राज्य सरकारों को सहायता मुहैया कराती है।

- मृदा सेहत कार्ड में मृदा सेहत के संकेतकों और उससे जुड़ी शब्दावली का उल्लेख भी रहता है।
- सॉयल हेल्थ कार्ड स्कीम के पहले 2 वर्षीय चक्र (2015-17) में अभी तक 2.53 करोड़ लक्षित नमून एकत्र किए जा चुके है एवं 93 प्रतिशत नमूने परीक्षण किए जा चुके है।
- राज्य सरकारों द्वारा लगभग 14 करोड़ सॉयल हेल्थ कार्ड बनाए जा रहे हैं जिसमें 31 मई तक 8 करोड़ किसानों को कार्ड वितरित किए जा चुके है। अगले तीन माह में शेष सभी किसानों को सॉयल हेल्थ कार्ड उपलब्ध करा दिए जाएंगे।

सर्वशिक्षा अभियान

सर्वशिक्षा अभियान की शुरूआत 2001 में की गई थी। यह केंद्र प्रायोजित योजना है जिसे राज्य सरकारों के सहयोग से संचालित किया जा रहा है। बुनियादी शिक्षा के सार्वभौमीकरण की यह भारत की प्रमुख योजना है।

- इस योजना का प्रमुख उद्देश्य 6-14 वर्ष की आयु तक सभी बच्चों को आठवीं कक्षा तक सन्तोषजनक गुणवत्तापूर्ण निःशुल्क शिक्षा प्रदान करना।
- इसके व्यापक उद्देश्यों में शामिल है। सार्वभौमिक पहुँच एवं बच्चों को स्कूल से जोड़े रखना, शिक्षा में लैंगिक एवं सामाजिक अंतराल को कम करना तथा बच्चों के सीखने के स्तर में सुधार।
- उल्लेखनीय है कि सभी को शिक्षा उपलब्ध कराने की दिशा में यूनेस्को ने 2015 तक सीमा निर्धारित की थी, परन्तु भारत में इसे 2010 ही रखा गया था।
- इस समय यह अभियान सभी राज्यों तथा केंद्र शासित प्रदेशों में लागू है। सर्व शिक्षा अभियान के हस्तक्षेप के कारण विद्यालय छोड़ने वाले बच्चों की संख्या में अत्यधिक कमी आई है।

केंद्र तथा राज्य सरकार की भागीदारी में चल रहे सर्व शिक्षा अभियान के निम्नलिखित प्रमुख उद्देश्य थे–

- सभी बच्चों को स्कूल या ऐसी समकक्ष संस्थाओं में नामांकन सुनिश्चित करना।
- सभी बच्चों को अपर प्राइमरी स्कूल तक बनाए रखना।
- नामांकन, स्कूल में बनाए रखने तथा पढ़ाई में लैंगिक तथा सभी सामाजिक अन्तराल में कमी करना। प्राइमरी तथा अपर प्राइमरी स्कूली शिक्षा की उपलब्धि के स्तर को ऊपर उठाना।

- इस योजना के अंतर्गत 6 से 11 वर्ष तक की आयु के सभी बच्चों को 5 वर्ष की तथा 11 से 14 वर्ष तक के बच्चो को 8 वर्ष की उच्च प्राथमिक शिक्षा प्रदान करना।
- यह कार्यक्रम पूरे देश में लागू किया गया है और इसमें बालिकाओं, अनुसूचित जाति, जनजाति के छात्रों तथा कठिन परिस्थितियों में रह रहे छात्रों की शैक्षिक आवश्यकताओं पर विशेष ध्यान दिया जा रहा है।
- इस कार्यक्रम के अन्तर्गत जिन आबादी वाले क्षेत्रों में अभी तक स्कूल नहीं बनाए गए है, वहाँ नए स्कूल खोलना और अतिरिक्त कक्षाओं हेतु नए कमरे, शौचालय, पेयजल, रखरखाव तथा स्कूल सुधार अनुदान के माध्यम से नए स्कूल खोलना और उसमें सुधार लाना शामिल है।

प्रशिक्षण एवं रोजगार कार्यक्रम हेतु सहायता (STEP)

महिला एवं बाल विकास मंत्रालय वर्ष 1986-87 से केंद्रीय क्षेत्र स्कीम के रूप में महिलाओं के लिए प्रशिक्षण एवं रोजगार कार्यक्रम हेतु सहायता स्टेप का संचालन कर रहा है।

- स्टेप स्कीम का उद्देश्य ऐसे कौशल प्रदान करना है जो महिलाओं को नियोजनीयता देते हैं और ऐसी क्षमता और कौशल प्रदान करना है जो महिलाओं को स्व-नियोजित/उद्यमी बनने में सक्षम बनाता है।
- स्कीम देश में ऐसी महिलाओं को, जिनकी आयु 16 वर्ष से अधिक है, लाभान्वित करने के लिए अभिप्रेत है।
- स्टेप स्कीम के अंतर्गत सहायता, नियोजनीयता एवं उद्यमशीलता से संबंधित कौशल प्रदान करने के लिए किसी भी क्षेत्र में कृषि, बागवानी, खाद्य प्रसंस्करण, हथकरघा, कशीदाकारी, जरी आदि जैसे परंपरागत शिल्प, हस्तशिल्प, रत्न एवं आभूषण, यात्रा एवं पर्यटन, आतिथ्य में उपलब्ध है।
- चूंकि यह एक माँग प्रेरित कार्यक्रम है, इस स्कीम के अंतर्गत प्रस्ताव पात्र संगठनों द्वारा प्रस्तुत किए जाते है और मंत्रालय यथोचित समीक्षा के बाद, प्रस्तावों को अनुमोदित/निरस्त करता है।
- स्टेप स्कीम के अन्तर्गत राशि कार्यान्वयनकर्ता संगठनों को निर्मुक्त की जाती है।
- वर्ष 2015-16 के दौरान 15,000 लाभार्थियों के लक्ष्य की तुलना में 15,133 लाभार्थी शामिल किए गए।

उड़ान योजना (UDAAN)

तकनीकी शिक्षा में छात्रों की कुल भर्ती की तुलना में लड़कियों के आईआईटी में शामिल होने की संख्या काफी कम है। इन प्रमुख तकनीकी शिक्षण संस्थाओं की प्रवेश परीक्षा मात्र 10 से 12 प्रतिशत लड़कियां ही उत्तीर्ण कर पाने में सफल होती हैं। इसके सबसे बड़े कारणों में से एक है कि लड़कियों के माता पिता उन्हें प्रवेश परीक्षा की तैयारियों के लिए दूरस्थ स्थानों पर भेजना नहीं चाहते और साथ ही नजदीकी इलाकों में गुणवत्तापूर्ण अध्ययन के अवसरों की कमी है। छात्राओं के लिए शैक्षणिक अवसरों को प्रोत्साहित करने के मकसद से सीबीएसई ने उड़ान कार्यक्रम शुरू किया है। इसे उन योग्य छात्राओं के लिए एक बड़ा मंच मुहैया कराने के लिए तैयार किया गया है जो इंजीनियरिंग में उच्च शिक्षा पाना चाहती है और इसका मकसद कक्षा ग्यारहवीं और बारहवीं के दौरान छात्राओं को आईआईटी/जेईई की तैयारी में मदद करना है। इस परियोजना का लक्ष्य इंजीनियरिंग कालेजों में लड़कियों के कम दाखिले की समस्या से निपटना है। अत: इसे शिक्षा के तीन आयामों-पाठ्यक्रम डिजाइन, विनिमय और मूल्याकंन की समस्या से निपटकर स्कूली शिक्षा और इंजीनियरिंग प्रवेश के बीच गुणवत्ता के अंतर के लक्ष्य को प्राप्त करने के लिए पहले कदम के तौर पर परिकल्पित किया गया है।

इसका लक्ष्य उच्च माध्यमिक स्तर पर विज्ञान एवं गणित की शिक्षा को विस्तार देना एवं उसमें सुधार करना है। इस परियोजना का मकसद एक ऐसा मंच मुहैया कराना है जो छात्राओं को सशक्त बनाए और उन्हें शिक्षण के बेहतर मौके प्रदान करें। परिणामस्वरूप वे तकनीकी शिक्षण संस्थाओं की प्रवेश परीक्षाओं में पूरे विश्वास के साथ अपनी दावेदारी पेश करेंगी और अंतत: देश के तकनीकी विकास में एक महत्वपूर्ण भागीदारी बनेंगी।

मानव संसाधन विकास मंत्रालय की शिक्षा विकास हेतु विभिन्न अभिनव पहलें

- **ई-पाठशाला** – राष्ट्रीय शैक्षणिक अनुसंधान एवं प्रक्षिशण परिषद् (NCERT) द्वारा कक्षा 1 से 12 तक की प्रकाशित सभी पुस्तकें ऑनलाइन नि:शुल्क उपलब्ध कराए जाने सम्बन्धी योजना।
- **शाला दर्पण** – सभी केन्द्रीय विद्यालय छात्र-छात्राओं के अभिभवकों को विद्यार्थियों की उपस्थिति एव पठन-पाठन की स्थिति के बारे में SMS सचेतता प्रदान किए जाने की योजना।

- **सारांश** – केन्द्रीय माध्यमिक शिक्षा परिषद् के विद्यालयों में विद्यार्थियों की उपलब्धियों के मूल्यांकन हेतु न्यूनतम मानदण्डों का निर्धारण।
- **शाला सिद्धि** – पठन-पाठन उपलब्धियों पर केन्द्रित विद्यालय मूल्यांकन प्रणाली का शुभारम्भ।
- **उड़ान** – बालिकाओं को तकनीकी संस्थानों में पढ़ाने के लिए भेजने के लिए परामर्शदात्री और छात्रवृति कार्यक्रम।
- **ईशान उदय-ईशान विकास** – पूर्वोत्तर क्षेत्र के पूर्व स्नातक छात्र-छात्राओं हेतु 10000 रुपये तक की छात्रवृत्तियाँ तथा उनके लिए शैक्षणिक भ्रमण।
- **राष्ट्रीय आविष्कार अभियान** – गणित एवं विज्ञान की पढ़ाई में सुधार लाने पर केन्द्रित विशिष्ट हस्तक्षेप पहल।
- **पढ़े भारत-बढ़े भारत** – विद्यार्थियों में पढ़ने एवं लिखने में सुधार लाने पर केन्द्रित विशिष्ट हस्तक्षेप पहल।
- **भारतवाणी** – भारतीय भाषाओं को समर्पित पोर्टल।
- **इम्प्रिन्ट** (IMPRINT) – Impacting Research Innovation and Technology कार्यक्रम के तहत देश के सभी भारतीय प्रौद्योगिकी संस्थानों एवं भारतीय विज्ञान संस्थान की एक संयुक्त पहल जो आने वाले दिनों में भारत द्वारा सामना की जा सकने वाली प्रमुख विज्ञान एवं इंजीनियरिंग चुनौतियों का मुकाबला करेगी। ताकि देश को समावेशी विकास तथा आत्मनिर्भर बनाने के लिए सशक्त बनाया जा सके। यह पहल (1) नवीन इंजीनियरिंग शिक्षा नीति विकसित करने (2) इंजीनियरिंग चुनौतियों का सामना करने का एक रोडमैप सृजित करने पर केन्द्रित है।
- **ज्ञान** (GIAN) – Global Initiative of Academic Network (अकादमिक नेटवर्क की वैश्विक पहल) के माध्यम से उच्च कोटि के प्राध्यापकों को भारत में पढ़ाने के लिए लाने का प्रयास करना।
- **समवाय** (SAMVAY) – Skill Assessment Matrix for Vocational Advancement of Youth (युवाओं के व्यावसायिक उच्चीकरण हेतु कौशल मूल्यांकन मैट्रिक्स) के तहत औपचारिक शिक्षा तथा व्यावसायिक प्रशिक्षण प्राप्त कराने के लिए क्रेडिट फ्रेमवर्क।

❑❑❑

10 भारत में सिविल सेवाएं एवं प्रशासनिक सुधार (Civil Services and Adminstrative Reforms in India)

स्वतंत्र भारत में सिविल सेवा (Civil Services in Independent India)

सन 1947 में लोकसेवाओं का जो स्वरूप हमें ब्रिटिश शासन से उत्तराधिकार स्वरूप प्राप्त हुआ, वह शासन की स्वस्थ और प्रशंसनीय व्यवस्थाओं में से एक था, यद्यपि इसकी संरचना में प्रधान दृष्टिकोण इसे एक कल्याणकारी राज्य की जटिल और अनिवार्य आवश्यकताओं के अनुरूप बनाना नहीं, वरन् विधि और व्यवस्था (लॉ एण्ड आर्डर) की रक्षा मात्र था। राजनीतिक स्वतंत्रता तथा उसके परिणामस्वरूप राज्य के कार्यों में होने वाले परिवर्तन का प्रभाव स्पष्ट रूप से भारतीय लोकसेवाओं पर पड़ा। परंतु सामान्य रूप में नागरिक सेवाएँ हमारे संविधान द्वारा निर्धारित व्यवस्थाओं के अंतर्गत, स्वतंत्र होने के पूर्व के विधि-विधानों एवं उद्देश्यों के अनुसार ही चल रही हैं।

अक्टूबर, 1946 के आयोजित सम्मेलन के निश्चयानुसार आई.सी.एस. और आई.पी.एस. के स्थान पर प्रशासकीय सेवा (आई.ए.एस.) और भारतीय पुलिस सेवा (आई.पी.एस.) की स्थापना की गई। इसी प्रकार सन 1948 में हुए निश्चयों के अनुसार साम्राज्य सचिवालय सेवा (इंपीरियल सैक्रेटरिएट सर्विस) के स्थान पर केंद्रीय सचिवालय सेवा की स्थापना की गई। केंद्रीय सचिवालय के पुनः संगठन से संबद्ध अन्यान्य विषयों, जैसे – केंद्रीय कर्मचारियों के वेतन भत्ते, उनकी सेवा की स्थितियों आदि के संबंध में भी सन 1946 से 1950 तक अनेक आयोगों और समितियों द्वारा विचार किया गया और इस प्रकार सरकार को अनेक विवरण प्राप्त हुए जैसे 1945-46 में केंद्रीय प्रशासन के पुनः संगठन से संबंधित टाटेनहम रिपोर्ट (Tottenham Report), 1947 में केंद्रीय वेतन आयोग के विवरण तथा 1949 में सरकार की संरचना के संबंध में गोपाल स्वामी आयंगार रिपोर्ट।

सन 1950 से लोकसेवाओं से संबद्ध अन्यान्य विषयों जैसे - नई सेवाओं की स्थापना, राज्यों के विलय के बाद सेवाओं की एकता तथा उनका पुनः संगठन, उनकी रचना, प्रक्रिया आदि पर तदर्थ समितियों, भारत सरकार के तत्संबंधी विभागों, योजना आयोग, लोक सभा की प्राक्कलन समितियों, प्रो. एपुलबी और अशोक चंडा जैसे विदेशी और भारतीय समीक्षकों, नई दिल्ली स्थित भारतीय लोक सेवा संस्थान (इंडियन इंस्टीट्यूट ऑफ पब्लिक एडमिनिस्ट्रेशन) तथा मसूरी स्थित राष्ट्रीय प्रशासकीय अकादमी (नेशनल एकेडमी ऑफ एडमिनिस्ट्रेशन) आदि द्वारा विचार विमर्श और सर्वेक्षण किया गया।

1947 से 1950 की अवधि में इन सेवाओं की स्थापना तथा तत्संबंधी अन्य निश्चयों के साथ ही साथ संविधान सभा ने स्वतंत्र भारत के लिए एक संविधान का निर्माण कर लिया और विभिन्न रियासतों के विलय के बाद देश में राजनीतिक एकता स्थापित हो गई। संविधान का स्वरूप, जिसके अधीन ये लोकसेवाएँ थीं, इन राजनीतिक परिवर्तनों को ध्यान में रखकर स्थिर किया गया था। संविधान का आदर्श यह था कि राज्य एक शक्तिसंपन्न प्रजातांत्रिक संगठन हो और वह धर्मनिरपेक्ष तथा कल्याणकारी राज्य हो, इस आशय के विचार संविधान की प्रस्तावना तथा मूलाधिकार और राज्य की नीति के निदेशक तत्वों वाले अध्याय में विस्तृत रूप से सन्निहित किए गए हैं। इस आदर्श की सिद्धि के लिए सरकार के कार्यों में आमूल परिवर्तन की अपेक्षा थी, क्योंकि राज्य को अब समाज सुधार की दिशा में सक्रिय कार्य करना था तथा समाजवाद की बुनियाद पर राजनीतिक प्रजातंत्र और विधि व्यवस्था के अनुकूल द्रुतगति से आर्थिक विकास की ओर अग्रसर होना था।

संविधान में ब्रिटिश संयुक्त राज्य के आदर्श पर प्रशासनिक कार्यों की संसदीय समीक्षा की भी व्यवस्था की गई। राजनीतिक कार्यपालिका (या मंत्रिमंडल) को संसद अथवा विधानसभा के प्रति उत्तरदायी बनाया गया। संसद या विधान सभा प्रश्न पूछ सकती थी, प्रस्ताव तथा निश्चय पारित कर सकती थी, सरकार की नीतियों पर बहस कर सकती थी और सार्वजनिक आय व्यय या प्राक्कलन समिति, सरकारी निश्चय, याचिका, गौण विधि व्यवस्था और सार्वजनिक कार्य संबंधी विभिन्न समितियों के माध्यम से सरकार के क्रिया कलापों का सर्वेक्षण कर सकती थी।

संपूर्ण देश में एक स्वतंत्र न्यायपालिका की स्थापना की गई जिसके हाथ में इतनी शक्ति दी गई कि वह संविधान के प्रतिकूल विधियों को तथा प्रशासन के ऐसे आदेशों को रद्द कर सकती थी जो असंवैनिक हों, अवैध हों या दुर्भावना से प्रेरित होकर जारी किए गए हों।

सरंचना या गठन की दृष्टि से भारत एक संघ राज्य के रूप में स्थापित हुआ। अतएव यहाँ दो प्रकार की सेवाएँ प्रचलित हुई - प्रथम, प्रत्येक संघटक राज्य में तथा दूसरी सेवाएँ केंद्रीय कार्यों के संपादनार्थ। अखिल भारतीय सेवा के रूप में भारतीय

प्रशासनिक सेवा (I.A.S) और भारतीय पुलिस सेवा (I.P.S) की स्थापना की गई। भारतीय सिविल सेवाओं (I.C.S) का भारतीय प्रशासकीय सेवाओं में विलय कर दिया गया यद्यपि उनकी सेवा, स्थितियों तथा अधिकारों की सुरक्षा की गई। संविधान ने अपेक्षाकृत अधिक संख्या में अखिल भारतीय सेवाओं की स्थापना की व्यवस्था की ही थी, 1955 के राज्य पुनः गठन आयोग ने भी इसकी सिफारिश की। दिसंबर 1962 में एक संसदीय निश्चयानुसार भारतीय अभियंता (इंजीनियर) सेवा, भारतीय वन सेवा तथा भारतीय चिकित्सा और स्वास्थ्य सेवा की भी स्थापना की सिफारिश की गई।

यद्यपि राज्यों का ढाँचा संघात्मक बनाया गया था, तथापि सार्वजनिक सेवारत कर्मचारियों की मनमानी पदच्युति, स्थानांतरण, पदों के न्यूनीकरण आदि से बचाव के लिए सारे देश में एक जैसी व्यवस्था संविधान द्वारा की गई। समस्त देश में सार्वजनिक सेवाओं और पदों पर भर्ती और नियुक्ति लोकसेवा आयोगों के माध्यम से करने की व्यवस्था की गई। सेवा की स्थितियों, उन्नति, स्थानांतरण, अनुशासनिक कार्यवाही तथा सेवाकाल में हुई क्षति अथवा विवाद आदि की अवस्था में इन कर्मचारियों के अधिकारों से संबंधित नियमादि बनाने के संबंध में भी इन आयोगों की राय लेना आवश्यक माना गया।

संविधान द्वारा यह भी उपबंधित किया गया कि लोकसेवाओं में स्थान पाने का अवसर और स्वतंत्रता सबको समान रूप से सुलभ हो। यह विषय इतना महत्वपूर्ण समझा गया कि संविधान के मूलाधिकार संबंधी अध्याय में समाविष्ट किया गया। लोकसेवाओं में केवल अनुसूचित और पिछड़ी जातियों या जनजातियों के लिए स्थान सुरक्षित रखने की व्यवस्था की गई। यह भी निश्चय किया गया कि संसद अथवा संबंधित राज्य का विधानमंडल सेवाओं या पदों की स्थापना करेगा और इनमें नियुक्ति तथा सेवा की स्थिति आदि से संबंधित नियमों का निर्माण करेगा। जब तक ऐसा न हो सके तब तक कार्यपालिका को यह अधिकार दिया गया कि वह इन विषयों से संबंद्ध निश्चय स्वतः कर ले और नियम बना ले जिनका प्रभाव विधि या कानून के समान ही माना जाए। 1947 से पूर्व प्रचलित नियम जारी रखे गए।

यहाँ आर्थिक ढाँचे पर भी विचार करना अपेक्षित है। आय के साधन जुटाना, केंद्र या राज्य की समेकित निधि (Consolidated fund) में सार्वजनिक कोष का न्यास, सार्वजनिक कोष का व्यय आदि विषयों के संबंध में निश्चय करने के लिए विधानमंडल की स्वीकृति आवश्यक मानी गई। कंट्रोलर या आडिटर जनरल द्वारा निर्धारित प्रपत्र के अनुसार इनका लेखा या हिसाब रखना आवश्यक बनाया गया। आडिटर जनरल का यह भी काम था कि वह अखिल भारतीय स्तर पर इनकी जाँच करके अपना विवरण राष्ट्रपति या राज्यपाल के सम्मुख प्रस्तुत करे। विधान मंडल के प्रत्येक सदन के समक्ष यह विवरण उपस्थित करना अनिवार्य माना गया और ऐसी व्यवस्था की गई कि सदन

की वित्त समिति द्वारा इनकी समीक्षा की जाए। इस प्रकार यह प्रक्रिया ऐसी बनाई गई कि वित्त विभागों के अतिरिक्त संसद और कंट्रोलर तथा आडिटर जनरल यह निश्चय कर सकें कि राजस्व की प्राप्ति कम खर्च में योग्यतापूर्वक की जा रही है और उसका उपयोग भी समुचित रूप से हो रहा है।

1950 के बाद विकसित लोकसेवाओं की संरचना पर विचार करने से स्पष्ट है कि भारत में तीन प्रकार की सेवाएँ प्रचलित हैं - केंद्रीय सेवाएँ, राज्यसेवाएँ और अखिल भारतीय सेवाएँ जो दोनों क्षेत्रों में कार्य करती हैं। जैसा कि ऊपर बतलाया गया है, अखिल भारतीय सेवाएँ, भारतीय नागरिक सेवा (आई.सी.एस.) तथा भारतीय पुलिस सेवा (आई.पी.एस.) की उत्तराधिकारिणी ही हैं। शासन का संघीय रूप स्थापित हो जाने पर भी ये कायम रखी गई हैं जिससे देश की एकता को बल मिले, सुनियोजित प्रशासकीय विकास संभव हो सके, राज्यों में उच्च-योग्यता-युक्त प्रतिभासंपन्न पदाधिकारी नियुक्त हो सकें, राजकीय प्रशासन में पारंगत इन पदाधिकारियों के सहयोग से केंद्रीय सरकार केंद्रीय स्तर पर अखिल भारतीय नीतियों का निर्धारण करने में सक्षम हो सके। केंद्र तथा राज्य दोनों में सार्वजनिक कर्मचारी नियमित सेवाओं के रूप में संघटित किए जा सकते हैं या तात्कालिक और अस्थायी पदों पर काम कर सकते हैं। लोक सेवा अथवा लोकसेवकों के पद तकनीकी हो सकते हैं या गैर-तकनीकी।

ये सभी सेवाएँ स्थूल रूप में उच्च, अधीनस्थ और निम्न श्रेणियों में यानी प्रथम द्वितीय, तृतीय और चतुर्थ श्रेणियों में वर्गीकृत की जा सकती हैं।

भारतीय प्रशासकीय सेवाओं के कार्यों में जो परिवर्तन हुए वह भी उल्लेखनीय हैं। जहाँ इसकी पूर्ववर्तिनी भारतीय नागरिक सेवा का प्रधान उद्देश्य केंद्रीय और प्रांतीय सचिवालय अथवा जिला प्रशासन के माध्यम से राज्य की नियमित व्यवस्था करना था, वहीं भारतीय प्रशासनिक सेवाओं के जिम्मे तरह-तरह के कार्य रहते हैं।

जिले तथा राज्य की नियमित व्यवस्था अब भी सिविल सेवकों का एक प्रधान कार्य है परन्तु भारतीय प्रशासनिक सेवा के अधिकारी अन्यान्य कार्यों में प्रवृत्त होते हैं, जैसे - आर्थिक विकास, पंचायती राज, भूमि-सुधार संबंधी व्यवस्था तथा सरकार के विभिन्न विभागों, प्राविधानिक संघों अथवा सरकारी संस्थानों द्वारा संचालित औद्योगिक एवं अन्य प्रकार के रचनात्मक कार्य। विकासगति की तीव्रता के कारण इन सेवाओं के कार्यभार निरंतर बढ़ता जा रहा है।

सन 1950 के बाद से लोकसेवा के प्रवेशार्थियों तथा इनमें नियुक्त पदाधिकारियों के प्रशिक्षणार्थ अनेक प्रशिक्षण संस्थाएँ स्थापित हुईं। सन 1959 में आई.ए.एस. ट्रेंनिग स्कूल का पुनर्गठन 'नेशनल एकेडमी ऑफ एडमिनिस्ट्रेशन'' (LBSNAA) के रूप में हुआ। यह एक ऐसी आधिकारिक संस्था थी जो अखिल भारतीय सेवाओं में प्रत्यक्षत: नियुक्त प्रवेशार्थियों को प्रशिक्षित करती थी। केंद्रीय अप्राविधिक सेवाओं में नियुक्त

होने वाले लोगों को भी यही प्रशिक्षित करती थी। इस राष्ट्रीय अकादमी का विकास आवश्यकता अनुरूप हुआ। अपने प्रशिक्षण के कार्यक्रम में इसने एक विकासमान देश की अपेक्षाओं को ध्यानस्थ रखा है। इसी प्रवृत्ति से यह उपर्युक्त रचनाविधान से युक्त हो कार्य करती है।

प्रशिक्षण की अवधि में संविधान, लोकसेवा के सिद्धांत, विधि या कानून, भारतीय संस्कृति और सभ्यता, भाषाविज्ञान तथा अन्यान्य संबद्ध विषयों का अध्ययन अनिवार्य होता है। साथ ही प्रशिक्षार्थी को इन सेवाओं के इतिहास और परंपराओं से परिचित कराते हुए उसे इनके योग्य बनाया जाता है। उसे इस प्रकार की शिक्षा दी जाती है कि उसमें स्वस्थ चिंतन तथा अच्छी आदतों को अपनाने की प्रवृत्ति विकसित हो।

प्रशिक्षार्थी को सदैव परामर्श दिया जाता है कि वह संबद्ध विषय तथा अन्य समस्याओं पर संतुलित दृष्टिकोण से विचार करे और मित्रों के साथ सहयोगपूर्वक कार्य करने की प्रवृत्ति अपने में विकसित करे। इस अवधि में उसमें यह प्रवृत्ति भी विकसित की जाती है कि वह दूसरी सेवाओं का महत्व मनोयोगपूर्वक समझे। प्रशिक्षार्थी को रचनात्मक अनुभव और अध्ययन के लिए बाहर ले जाया जाता है। इस प्रकार अब तक वर्तमान वेतन तथा सम्मानदृष्टि की असमानता के बावजूद भी उनमें सहयोग तथा समस्त लोकसेवाओं में मनोयोगपूर्ण रुचि लेने की प्रवृत्ति विकसित की जाती है। यह अकादमी मध्यम स्तर के प्रशासकों की आवश्यकता पर भी ध्यान रखती है, तथा तदर्थ व्यावसायिक महत्व के विषयों के गहन अध्ययन के लिए प्रबोधन पाठ्यक्रमों का आयोजन करती है।

हैदराबाद स्थित 'एडमिनिस्ट्रेटिव स्टॉफ कॉलेज'' व इंडियन इंस्टीट्यूट ऑफ कम्यूनिटी डेवलपमेंट, नई दिल्ली स्थित इंडियन इंस्टीट्यूट ऑफ पब्लिक एडमिनिस्ट्रेशन तथा विभिन्न राज्यों और सार्वजनिक प्रतिष्ठानों द्वारा संचालित अनेक प्रशिक्षण संस्थान, औद्योगिक व्यवस्था, सामुदायिक विकास तथा प्रशासन से संबद्ध अन्यान्य विषयों का प्रशिक्षण करते हैं तथा इन विषयों में गहन अनुसंधान करने के लिए प्रबोधन पाठ्यक्रम आयोजित करते हैं। इन संस्थानों में किया गया अधिकांश कार्य उच्चस्तर का होता है।

शासन प्रणाली (Governance System)

भारतीय सिविल सेवा के प्रमुख के रूप में सर्वोच्च रैंकिंग सिविल सेवक गणतंत्र भारत के मंत्रिमंडल सचिवालय का प्रमुख होता है जो कि कैबिनेट सचिव भी होता है। वह भारत गणराज्य की सिविल सेवा बोर्ड का पदेन और अध्यक्ष होता है। भारतीय प्रशासनिक सेवा का अध्यक्ष और भारतीय सरकार के कार्य नियमों के तहत सभी नागरिक सेवाओं का अध्यक्ष होता है।

पद धारकों को यह सुनिश्चित करना होता है कि सिविल सेवा कौशल और क्षमता के साथ अधिग्रहित है और उसमें रोजमर्रा की चुनौतियों का सामना करने की क्षमता है और सिविल सेवक एक निष्पक्ष और सभ्य वातावरण में काम करने कि लिए जवाबदेह है।

सिविल सेवा एक निश्चित पैटर्न के अनुसार होती है। अखिल भारतीय सिविल सेवा और केन्द्रीय सिविल सेवा (दोनों ग्रेड ए और बी) के लिए आवेदन करने वाले अभ्यर्थी विश्वविद्यालय के स्नातक होते हैं जिनकी भर्ती लिखित और मौखिक परीक्षाओं की एक कठिन प्रणाली के माध्यम से की जाती हैं। भारतीय सिविल सेवा के संभावित उम्मीदवारों (सभी तीन सेवाओं) और केन्द्रीय सिविल सेवा (दोनों ग्रेड ए और बी) की नियुक्ति संघ लोक सेवा आयोग (UPSC) द्वारा की जाती है।

अखिल भारतीय सिविल सेवा

- भारतीय प्रशासनिक सेवा
- भारतीय पुलिस सेवा
- भारतीय वन सेवा

केंद्रीय सेवाएँ केंद्रीय सरकार के प्रशासन के साथ संबंधित हैं। यह विदेशी मामलों, आयकर, सीमा शुल्क, रेलवे और डाक, आदि जैसे विषयों के साथ संबंधित हैं। इन सेवाओं के अधिकारी भी सिविल सेवा परीक्षा द्वारा भर्ती किए जाते हैं।

ग्रुप 'ए'

- भारतीय विदेश सेवा, ग्रुप 'ए'
- केंद्रीय सचिवालय सेवा ग्रुप 'ए' (ग्रेड चयन और ग्रेड I अधिकारियों)
- भारतीय वानस्पतिक सर्वेक्षण, ग्रुप 'ए'
- केंद्रीय इंजीनियरिंग सेवा (सिविल) ग्रुप 'ए'
- केंद्रीय इंजीनियरिंग (इलेक्ट्रिकल और मैकेनिकल) ग्रुप 'ए' सेवा
- केन्द्रीय स्वास्थ्य सेवा, ग्रुप 'ए'
- केंद्रीय राजस्व रासायनिक सेवा, ग्रुप 'ए'
- सामान्य केंद्रीय सेवा, ग्रुप 'ए'
- भारतीय भूवैज्ञानिक सर्वेक्षण, ग्रुप 'ए'
- भारतीय लेखा परीक्षा और लेखा सेवा, ग्रुप 'ए'

- भारतीय सिविल लेखा सेवा
- भारतीय रक्षा लेखा सेवा
- भारतीय मौसम सेवा, ग्रुप 'ए'
- भारतीय डाक सेवा, ग्रुप 'ए'
- भारतीय डाक और टेलीग्राफ यातायात सेवा, ग्रुप 'क'
- भारतीय राजस्व सेवा, ग्रुप 'ए' (सीमा शुल्क शाखा, केन्द्रीय उत्पाद शुल्क शाखा और आयकर शाखा)
- व्यापारिक समुद्री प्रशिक्षण पोत सेवा, ग्रुप 'ए'
- खान सुरक्षा महानिदेशालय, ग्रुप 'ए'
- विदेशी संचार सेवा, ग्रुप 'ए'
- सर्वे ऑफ इंडिया, ग्रुप 'ए'
- भारतीय दूरसंचार सेवा, ग्रुप 'ए'
- भारत का जूलॉजिकल सर्वे, ग्रुप 'ए'
- भारतीय सिविल सेवा फ्रंटियर, ग्रुप 'ए' (ग्रेड-I और ग्रेड II अधिकारी)
- रेलवे निरीक्षणालय सेवा, ग्रुप 'ए'
- भारतीय विदेश सेवा, शाखा (बी) (पूर्व) - (सामान्य संवर्ग, ग्रेड I और सामान्य संवर्ग, ग्रेड II)
- दिल्ली तथा अंडमान और निकोबार द्वीप सिविल सेवा, ग्रेड I
- दिल्ली और अंडमान और निकोबार द्वीप पुलिस सेवा, ग्रेड II
- केन्द्रीय सूचना सेवा (चयन ग्रेड, वरिष्ठ प्रशासनिक ग्रेड, जूनियर प्रशासनिक ग्रेड, ग्रेड I और ग्रेड II)
- भारतीय सांख्यिकी सेवा
- भारतीय आर्थिक सेवा
- केन्द्रीय जल अभियांत्रिकी सेवा, ग्रुप 'ए'
- सेंट्रल पावर इंजीनियरिंग सर्विस, ग्रुप 'ए'
- कंपनी लॉ बोर्ड सेवा
- केंद्रीय इंजीनियरिंग सेवा (सड़क), ग्रुप 'ए'
- भारतीय डाक और टेलीग्राफ लेखा और वित्त सेवा, ग्रुप 'ए'

- भारतीय प्रसारण (इंजीनियर्स) सेवा
- भारतीय व्यापार सेवा, ग्रुप 'ए'
- सशस्त्र बलों के मुख्यालय सिविल सेवा (ग्रुप 'ए')
- केंद्रीय सचिवालय राजभाषा सेवा (ग्रुप 'ए')

ग्रुप 'बी'

- केंद्रीय सचिवालय सेवा, ग्रुप 'बी' (धारा और सहायक ग्रेड अधिकारी)
- केंद्रीय सचिवालय राजभाषा सेवा, ग्रुप 'बी'
- केंद्रीय सचिवालय आशुलिपिक सेवा, (ग्रेड I, ग्रेड II और चयन ग्रेड अधिकारी)
- केन्द्रीय स्वास्थ्य सेवा, ग्रुप 'बी'
- भारतीय मौसम सेवा, ग्रुप 'बी'
- डाक अधीक्षक सेवा, ग्रुप 'बी'
- पोस्टमास्टर सेवा, ग्रुप 'बी'
- टेलीकम्युनिकेशन इंजीनियरिंग सेवा, ग्रुप 'बी'
- भारतीय डाक और टेलीग्राफ लेखा और वित्त सेवा, ग्रुप 'बी' दूरसंचार विंग
- भारतीय डाक एवं टेलीग्राफ लेखा एवं वित्त सेवा, डाक विंग, ग्रुप 'बी'
- केन्द्रीय उत्पाद शुल्क सेवा, ग्रुप 'बी'
- मूल्यांक सीमा शुल्क सेवा, ग्रुप 'बी' (प्रधान मूल्यांक और मुख्य मूल्यांक)
- सीमा शुल्क निवारक सेवा, ग्रुप 'बी' - (मुख्य निरीक्षक)
- रक्षा सचिवालय सेवा

राज्य सिविल सेवा

राज्य सिविल सेवा परीक्षाओं और भर्ती का आयोजन भारत के राज्यों के लोक सेवा आयोगों द्वारा की जाती है। राज्य सिविल सेवा भूमि, राजस्व, कृषि, वन, शिक्षा आदि जैसे विषयों के साथ जुड़ी है। राज्य नागरिक सेवाओं के अधिकारियों की भर्ती विभिन्न राज्यों द्वारा राज्य लोक सेवा आयोगों के माध्यम से की जाती है। राज्य सिविल सेवा (एससीएस) परीक्षा के माध्यम से चयनित किए गए छात्रों की निम्नलिखित सेवाओं की श्रेणी है -

- राज्य सिविल सेवा, क्लास - I (पी.सी.एस) प्रावेन्सियल सिविल सर्विस
- राज्य पुलिस सेवा, क्लास - I (पी.पी.एस) प्रावेन्सियल पुलिस सर्विस

- ब्लॉक डेवलपमेंट अधिकारी
- राजस्व (प्रशासनिक) सेवा
- तहसीलदार/तालुकदार/सहायक कलेक्टर
- उत्पाद शुल्क और कराधान अधिकारी
- जिला रोजगार अधिकारी
- जिलाकोषागार अधिकारी
- जिला कल्याण अधिकारी
- सहायक रजिस्ट्रार सहकारी सोसायटी
- जिला खाद्य एवं आपूर्ति अधिकारी/नियंत्रक.
- किसी भी अन्य क्लास - I /क्लास - II सेवा नियमों के अनुसार संबंधित राज्य द्वारा अधिसूचित।

सिविल सेवा दिवस (Civil Service Day)

सिविल सेवा दिवस 21 अप्रैल को मनाया जाता है। इस दिवस का उद्देश्य नागरिकों के लिए अपने आप को एक बार पुनः समर्पित और फिर से वचनबद्ध करना है। इसे सभी सिविल सेवकों द्वारा मनाया जाता है। यह दिन सिविल सेवकों को बदलते समय के चुनौतियों के साथ भविष्य के बारे में आत्मनिरीक्षण और सोचने का अवसर प्रदान करता है।

सिविल सेवा दिवस 21 अप्रैल को स्वतंत्र भारत के प्रथम गृह मंत्री लौह पुरूष सरदार वल्लभ भाई पटेल ने भारतीय प्रशासनिक सेवा और सिविल सेवा के अन्य प्रशिक्षु अधिकारियों के बैच को दिल्ली स्थित मैटकॉफ हाऊस में सम्बोधित किया था। उन्होंने भारत की सिविल सेवाओं को स्टील फ्रेम (Steel Frame) की संज्ञा दी। इसीलिए इस दिन का विशेष महत्व है।

इस अवसर पर, केन्द्रीय और राज्य सरकारों के सभी अधिकारियों को भारत के प्रधानमंत्री द्वारा सार्वजनिक प्रशासन में उत्कृष्ठता के लिए सम्मानित किया जाता है। लोक प्रशासन में उत्कृष्ठता के लिए प्रधानमंत्री पुरस्कार तीन श्रेणियों में प्रस्तुत किया जाता है। पुरस्कारों की इस योजना का 2006 में गठन किया गया, व्यक्तिगत रूप से या ग्रुप के रूप में या संगठन के रूप में सभी अधिकारी इसके पात्र हैं।

भारत में सिविल सेवाओं का विकास (Development of Civil Services in India)

लॉर्ड कार्नवालिस (गवर्नर-जनरल, 1786-93) पहला गवर्नर-जनरल था, जिसने भारत में सिविल सेवाओं को प्रारंभ किया तथा उन्हें संगठित किया। उसने भ्रष्टाचार को रोकने के लिए निम्न कदम उठाये-

- वेतन में वृद्धि।
- निजी व्यापार पर पूर्ण प्रतिबंध।
- अधिकारियों द्वारा रिश्वत एवं उपहार इत्यादि लेने पर पूर्ण प्रतिबंध।
- वरिष्ठता के आधार पर तरक्की दिए जाने को प्रोत्साहन।

वर्ष 1800 में, वेलेजली (गवर्नर-जनरल, 1798-1805) ने प्रशासन के नये अधिकारियों को प्रशिक्षण देने हेतु फोर्ट विलियम कॉलेज की स्थापना की। वर्ष 1806 में कोर्ट ऑफ डायरेक्टर्स ने वेलेजली के इस कॉलेज की मान्यता रद्द कर दी तथा इसके स्थान पर इंग्लैण्ड के हैलीबरी (Haileybury) में नव-नियुक्त अधिकारियों के प्रशिक्षण हेतु ईस्ट इंडिया कॉलेज की स्थापना की गयी। यहाँ भारत में नियुक्ति से पूर्व इन नवनियुक्त प्रशासनिक सेवकों को दो वर्ष का प्रशिक्षण लेना पड़ता था।

1853 का चार्टर एक्ट

इस एक्ट के द्वारा नियुक्तियों के मामले में डायरेक्टरों का संरक्षण समाप्त हो गया तथा सभी नियुक्तियाँ एक प्रतियोगी परीक्षा के द्वारा की जाने लगीं जिसमें किसी भी प्रकार का कोई भेदभाव नहीं रखा गया। कंपनी के उच्च पदों में नियुक्ति के लिए प्रारंभ से ही भारतीयों के लिए द्वार पूर्णतया बंद थे। कार्नवालिस का विचार था कि 'हिन्दुस्तान का प्रत्येक नागरिक भ्रष्ट है।'' 1793 के चार्टर एक्ट द्वारा 500 पाउंड वार्षिक आय वाले सभी पद, कंपनी के अनुबद्ध अधिकारियों के लिए आरक्षित कर दिए गए थे। कंपनी के प्रशासनिक पदों से भारतीयों को पृथक रखने के निम्न कारण थे-

- अंग्रेजों का यह विश्वास कि ब्रिटिश हितों को पूरा करने के लिए अंग्रेजों को ही प्रशासन का दायित्व संभालना चाहिए। अंग्रेजों की यह धारणा थी, कि भारतीय, ब्रिटिश हितों के प्रति अयोग्य, अविश्वसनीय एवं असंवेदनशील हैं।
- यह धारणा कि जब इन पदों के लिए यूरोपीय ही पर्याप्त संख्या में उपलब्ध हैं तथा उनके बीच ही इन पदों को प्राप्त करने हेतु कड़ी प्रतिस्पर्धा है, तब ये पद भारतीयों को क्यों दिए जायें।

- यद्यपि 1833 के चार्टर एक्ट द्वारा कंपनी के पदों हेतु भारतीयों के लिए भी प्रवेश के द्वार खोल दिए गए किंतु वास्तव में कभी भी इस प्रावधान का पालन नहीं किया गया। 1857 के पश्चात्, 1858 में साम्राज्ञी विक्टोरिया की घोषणा में यह आश्वासन दिया गया कि सरकार सिविल सेवाओं में नियुक्ति के लिए रंग के आधार पर किसी प्रकार का भेदभाव नहीं करेगी तथा सभी भारतीय स्वतंत्रतापूर्वक अपनी योग्यतानुसार प्रशासनिक पदों को प्राप्त करने में सक्षम होगे। किंतु इस घोषणा के पश्चात् भी सभी उच्च प्रशासनिक पद केवल अंग्रेजों के लिए ही सुरक्षित रहे। भारतीयों को फुसलाने एवं समानता के सिद्धांत का दिखावा करने के लिए डिप्टी मैजिस्ट्रेट तथा डिप्टी कलेक्टर के पद सृजित कर दिए गये, जिससे भारतीयों को लगा कि वे इन पदों को प्राप्त कर सकते हैं किंतु स्थिति ज्यों की त्यों बनी रही।

भारतीय सिविल सेवा अधिनियम, 1861
(Indian Civil Services Act 1861)

इस अधिनियम द्वारा कुछ पद अनुबद्ध सिविल सेवकों के लिए आरक्षित कर दिए गए किंतु यह व्यवस्था की गयी कि प्रशासनिक सेवाओं में भर्ती के लिए अंग्रेजी माध्यम से एक प्रवेश परीक्षा इंग्लैण्ड में आयोजित की जायेगी, जिसमें ग्रीक एवं लैटिन इत्यादि भाषाओं के विषय होगे। प्रारंभ में इस परीक्षा के लिए आयु 23 वर्ष थी। तदुपरांत यह 23 वर्ष से, 22 वर्ष (1860 में), फिर 21 वर्ष (1866 में) और अंत में घटाकर 19 वर्ष (1878) में कर दी गयी। **1863 में, सत्येंद्र नाथ टैगोर ने इंडियन सिविल सर्विस में सफलता पाने वाले प्रथम भारतीय होने का गौरव प्राप्त किया।** 1878-79 में, लॉर्ड लिटन ने वैधानिक सिविल सेवा (Statutory Civil Service) की योजना प्रस्तुत की।

इस योजना के अनुसार, प्रशासन के 1/6 अनुबद्ध पद उच्च कुल के भारतीयों से भरे जाने थे। इन पदों के लिए प्रांतीय सरकारें सिफारिश करेंगी तथा वायसराय एवं भारत-सचिव की अनुमति के पश्चात् उम्मीदवारों की नियुक्ति कर दी जायेगी लेकिन यह वैधानिक सिविल सेवा असफल हो गयी तथा 8 वर्ष पश्चात् इसे समाप्त कर दिया गया।

भारतीय राष्ट्रीय कांग्रेस की माँग

1885 में अपनी स्थापना के पश्चात् कांग्रेस ने माँग की कि - इन सेवाओं में प्रवेश के लिए आयु में वृद्धि की जाए तथा इन परीक्षाओं का आयोजन क्रमशः ब्रिटेन एवं भारत दोनों स्थानों में किया जाये।

सिविल सेवाओं पर विभिन्न समितियाँ और सुधार (Various Committies and Reforms on Civil Services)

लोक सेवाओं पर एचिसन कमेटी

इस कमेटी का गठन डफरिन ने 1886 में किया। इस समिति ने निम्न सिफारिशें की-

- इन सेवाओं में अनुबद्ध (Covenanted) एवं अ-अनुबद्ध (Uncovenanted) शब्दों को समाप्त किया जाये।
- सिविल सेवाओं को तीन भागों में वर्गीकृत किया जाये।
- सिविल सेवा : इसके लिए प्रवेश परीक्षायें इंग्लैण्ड में आयोजित की जायें।
- प्रांतीय सिविल सेवा : इसके लिए प्रवेश परीक्षायें भारत में आयोजित की जाये।
- अधीनस्थ सिविल सेवा : इसके लिए भी प्रवेश परीक्षायें भारत में आयोजित की जाये।
- सिविल सेवाओं में आयु सीमा को बढ़ाकर 23 वर्ष कर दिया जाये।

1893 में, इंग्लैण्ड के हाउस आफ कामन्स में यह प्रस्ताव पारित किया गया की इन सेवाओं के लिए प्रवेश परीक्षाओं का आयोजन अब क्रमशः इंग्लैंड एवं भारत दोनों स्थानों में किया जायेगा। किंतु इस प्रस्ताव को कभी कार्यान्वित नहीं किया गया। भारत सचिव किम्बरले ने कहा कि 'सिविल सेवाओं में पर्याप्त संख्या में यूरोपीयों का होना आवश्यक है। यह एक ऐसा मुद्दा है, जिसे त्यागा नहीं जा सकता'।

मांटफोर्ड सुधार, 1919

इस नीति की घोषणा की गयी कि - 'यदि भारत में उत्तरदायी सरकार की स्थापना होती है तो लोक सेवाओं में ज्यादा से ज्यादा भारतीय नियुक्त हो सकेंगे, जो भारतीयों के हित में होगा'। इसने भी सिविल सेवा की प्रवेश परीक्षा का आयोजन क्रमशः इंग्लैण्ड एवं भारत में कराने की सिफारिश की। इसने प्रशासनिक सेवा के एक-तिहाई पदों को केवल भारतीयों से भरे जाने की सिफारिश की तथा इसे प्रतिवर्ष 1.5 प्रतिशत की दर से बढ़ाने का सुझाव दिया।

ली आयोग, 1924

इस आयोग ने निम्न सिफारिशें कीं-

- भारत सचिव को ही भारतीय सिविल सेवा, सिंचाई विभाग के इंजीनियरों, तथा भारतीय वन सेवा इत्यादि में नियुक्तियों की प्रक्रिया जारी रखनी चाहिए।
- स्थानांतरित क्षेत्रों यथा - शिक्षा एवं लोक स्वास्थ्य सेवाओं में नियुक्तियों का दायित्व प्रांतीय सरकारों को दे दिया जाये।

- इंडियन सिविल सर्विसेज में भारतीयों एवं यूरोपियों की भागीदारी 50/50 के अनुपात में हो तथा भारतीयों को 15 वर्ष में यह अनुपात प्राप्त करने की व्यवस्था की जाये।
- अतिशीघ्र एक लोक सेवा आयोग का गठन किया जाए (1919 के भारत सरकार अधिनियम में भी इसकी सिफारिश की गयी थी)।

भारत सरकार अधिनियम, 1935

इस अधिनियम में सिफारिश की गयी कि केंद्रीय स्तर पर एक संघीय लोक सेवा आयोग तथा प्रांतों में प्रांतीय लोक सेवा आयोगों की स्थापना की जाये। लेकिन अभी भी सरकार, प्रशासन में भारतीयों की भागीदारी के पक्ष में नहीं थी।

प्रशासनिक सुधार आयोग (ARC – Administrative Reforms Commission)

प्रशासनिक सुधार आयोग दरअसल एक समिति है जो भारत के लोक प्रशासन को और अधिक कारगर बनाने के लिए सुझाव देने हेतु भारत सरकार द्वारा नियुक्त की गयी है। प्रथम प्रशासनिक सुधार आयोग 5 जनवरी, 1966 को नियुक्त किया गया था। दूसरा प्रशासनिक सुधार आयोग 31 अगस्त, 2005 को बनाया गया था। इसके अध्यक्ष वीरप्पा मोइली थे।

आज का राज्य प्रशासनिक राज्य है। आज प्रशासन मानव जीवन के हरेक पहलू से संबंध रखता है। नागरिक प्रशासन को एक ऐसे नैतिक एजेंट के रूप में देखता है जो उसकी आवश्यकताओं की पूर्ति करने के लिए है एवं उसकी आकांक्षाओं और लक्ष्यों तक पहुँचने में उसकी सहायता करता है। किंतु लोगों की आवश्यकताएँ तो निरंतर बदलती रहती है और प्रशासन अचल बना हुआ नहीं रह सकता है। इसे आवश्यक रूप से परिवेश के अनुसार बदलना ही है। प्रशासन में या तो स्वत: परिवर्तन हो सकता है या फिर कृत्रिम रूप से परिवर्तन लाया जा सकता है। कृत्रिम रूप से लाए गए परिवर्तनों को प्राय: "प्रशासनिक सुधार" कहते हैं।

हैराल्ड ई. कैडेन के अनुसार – प्रशासनिक सुधार प्रतिरोध के विरूद्ध प्रशासनिक परिवर्तन का कृत्रिम अभिप्रेरण है।

आर्नी एफ. लीमन्स के अनुसार – प्रशासनिक सुधार यथार्थता और वांछनीयता के बीच के अंतर को बांटने के प्रयास में सरकारी तंत्र में किया गया अभिप्रेरित परिवर्तन है।

उपर्युक्त परिभाषाओं के आधार पर हम प्रशासनिक सुधार के निम्नलिखित अंतर-संबद्ध गुणों की पहचान कर सकते हैं–

(1) **नैतिक प्रयोजन** – प्रशासनिक सुधार का इस अर्थ में एक नैतिक प्रयोजन है कि इसका लक्ष्य अधिक पूर्णता और परिशुद्धता प्राप्त करने के लिए प्रशासनिक संस्थाओं की हैसियत में वृद्धि करता है।

(2) **सातत्य** – हम प्रशासन में दो मूल प्रकार के परिवर्तनों की पहचान कर सकते हैं। नियत परिवर्तन एवं प्रासंगिक परिवर्तन। नियत परिवर्तन का अभिप्राय संवृद्धि परिवर्तन है। संगठन में प्रासंगिक परिवर्तन सतत् होते हैं। उनके क्षेत्र बहुत व्यापक एवं विविध होते हैं और उनके लिए शासन में काफी उलट-फेर की जाती है। प्रशासनिक सुधार का यही प्रासंगिक चरित्र होता है क्योंकि यह एक सतत् क्रिया है।

(3) **प्रशासनिक सुधार कृत्रिम होता है** – प्रशासनिक सुधार स्वत: परिवर्तित नहीं होता है। यह एक ऐसा परिवर्तन है जो प्रशासन की प्रभावनीयता बढ़ाने के लिए किसी बाह्य स्रोत से जान-बूझकर अभिप्रेरित कराया गया हो। जैसा कि कैडेन कहते हैं, यह विभिन्न दशाओं के प्रति स्व-समंजनकारी संगठनात्मक अनुक्रिया नहीं है, बल्कि कृत्रिम रूप से अभिप्रेरित परिवर्तन है जो स्वाभाविक प्रशासनिक प्रक्रिया के दोषपूर्ण कार्य-संचालन को ठीक करने के लिए आवश्यक है।

(4) **परिवर्तन का प्रतिरोध** – परिवर्तन का प्रतिरोध एक सार्वत्रिक तथ्य है भले ही मानव शरीर हो अथवा लोक प्रशासन व्यवस्था। जब कभी कोई भी सुधार किया जाता है तब इसके विरूद्ध प्रतिरोध होता ही है। प्रशासनिक सुधार तो लगभग हमेशा ही प्रतिरोध का सामना करता है।

प्रशासनिक सुधार की आवश्यकता

कैडेन के अनुसार निम्नलिखित कारणों से प्रशासनिक सुधार आवश्यक है–

(1) मनुष्य चाहे जितनी भी उन्नति कर ले, कोई भी मानव संस्था पूर्ण नहीं होती है। वस्तुत: मानव संस्थाओं में बहुत सारे दोष होते हैं। ऐसे कई दोष होते हैं कि उन्हें दूर करना अनिवार्य होता है। प्रशासनिक सुधार वस्तुत: इस सिद्धांत पर आधारित होता है कि सभी प्रशासनिक तंत्रों में चाहे उनका प्रदर्शन जितना भी अच्छा रहे, सुधार की गुंजाइश बनी रहती है।

(2) प्रशासनिक सुधार के पीछे दूसरा सिद्धांत यह है कि बड़े संगठन, विशेषकर बड़े सरकारी संगठन आत्मसंतुष्ट और रूढ़िवादी हो जाते हैं। सभी संगठन ऐसे प्रशासनिक तंत्रों को पसंद करते हैं जो अच्छी तरह चल रहे हों न कि ऐसे जोखिम भरे अभिनव परिवर्तनों को पसंद करते हैं जिनकी विश्वसनीयता स्थापित नहीं हो पाई है।

इसी रूढ़िवादी प्रवृत्ति के कारण संगठन परिवेश में हुए परिवर्तनों की ओर से आँखें फेर लेते हैं। संगठन स्पष्ट चेतावनी संकेतों की तब तक उपेक्षा करते हैं जब तक कि समस्या निदान के परे न चली जाए। इसी रूढ़िवादी प्रवृत्ति के कारण प्रशासनिक सुधार आवश्यक हो जाता है।

(3) जैसा कि पहले उल्लेख किया जा चुका है, अधिकांश सरकारी संगठनों में रूढ़िवादी प्रवृत्ति (Stereo type Attitude) होती है और वे अभिनव परिवर्तनों के प्रति उदासीन बने रहते हैं। यदि कोई कार्य करने का बेहतर तरीका भी खोज लिया गया हो तो भी इसे आजमाने के प्रति अनिच्छा या अरूचि रहती है। संगठन किसी अभिनव परिवर्तन को तभी अपनाते हैं जब किसी राज्य संगठन द्वारा उसे परख और आजमा लिया गया हो। जब तक संदेह की यह छाया हट न जाए तब तक संगठन पुरानी और घिसी-पिटी पद्धतियों और प्रथाओं को ही जारी रखते हैं, भले इससे उन्हें नुकसान हो रहा हो। अभिनव परिवर्तन के प्रति इस प्रतिरोध के कारण ही प्रशासनिक सुधार आवश्यक हो जाता है।

उर्पयुक्त तीनों सिद्धांत शायद ही कभी गलत होते हों और लोक प्रशासन के अध्ययन एवं व्यवहार में प्रशासनिक सुधारों का स्थान बन गया है। इस आवश्यकता को महसूस किए जाने के कारण प्रशासनिक सुधारों का निरंतर संस्थानीकरण हो रहा है। प्रत्येक लोक प्रशासन को अपना सुधारक स्वयं होने के लिए प्रशिक्षित और प्रोत्साहित किया जा रहा है। प्रत्येक सरकारी संगठन में अद्युनातन प्रौद्योगिकी का ज्ञान रखने, अभिनव परिवर्तन को बढ़ावा देने एवं व्यावसायिक रूप से अनुमोदित सिफारिशों को अपनाने की अपेक्षा की जाती है। संक्षेप में, प्रशासनिक सुधारों की सुकल्पना का आगमन हो चुका है।

सुधारों के प्रकार

अपने विस्तार और गहराई के विचार से प्रशासनिक सुधार भिन्न-भिन्न प्रकार के हो सकते हैं। सुधारों को वर्गीकृत करने का एक तरीका उसकी विषय वस्तु पर ध्यान देना है। सामान्यत: निम्नलिखित प्रकार के प्रशासनिक सुधारों की पहचान की जा सकती है।

(1) संरचनात्मक सुधार

(2) प्रक्रियात्मक सुधार

(3) व्यवहारपरक सुधार

संरचनात्मक सुधार (Structural Reforms)

प्रत्येक प्रशासनिक संगठन का सर्वाधिक महत्वपूर्ण अवयव संरचना है, अर्थात् एक ऐसी युक्ति जो संगठन में कार्य-विभाजन, प्रत्यायोजन एवं विकेंद्रीकरण की व्यवस्था करती

है। संरचनात्मक सुधारों का आशय ऐसे सुधार प्रस्तावों से है जो संरचना की प्रभावनीयता और कुशलता बढ़ाने के उद्देश्य से इसमें परिवर्तन लाना चाहते हैं।

प्रक्रियात्मक सुधार (Procedural Reforms)

किसी भी संगठन में समय बीतने के साथ प्रक्रियाएँ संस्थानीकृत हो जाती है जैसे वित्तीय नियम, कार्मिक नीतियाँ, नत्थीकरण पद्धतियाँ आदि। संगठन पुरानी प्रक्रियाओं से चिपके रहना चाहते हैं। प्रक्रियात्मक सुधार लालफीताशाही को दूर करने के प्रयास में प्रक्रियाओं में परिवर्तन लाना चाहते हैं। उदाहरण के लिए - भारत में स्टाफ निरीक्षण इकाई सुधार लाने पर ध्यान केंद्रित करती है।

व्यवहारपरक सुधार (Applied Reform)

सभी बड़े संगठन एक अधिकारी तंत्र संरचना (Beaurocratic Structure) विकसित करना चाहते हैं। किसी भी अधिकारी तंत्र में इसका अवैयक्तिक चरित्र और व्यक्तियों में पर्याप्त महत्व का अभाव रहता ही है। व्यक्तियों के अमानवीयकरण के कारण अधिकारी तंत्र के सदस्यों में अभिप्रेरणा का अभाव उत्पन्न होता है जो लोगों को उनके द्वारा दी जा रही सेवाओं की गुणवत्ता पर प्रत्यक्ष प्रभाव डालता है। व्यवहारपरक सुधार व्यक्ति की महत्ता और गरिमा को पुनः स्थापित करना चाहते हैं ताकि एकता का वातावरण बने एवं समूहगत सद्भाव पनप सके। इस प्रकार ये सुधार कार्मिकों के अभिप्रेरणा स्तरों पर प्रत्यक्ष प्रभाव डालते हैं।

ऊपर वर्णित भिन्न-भिन्न प्रकार के सुधारों पर अलग-अलग या संयुक्त रूप से विचार किया जा सकता है। यह कहना आवश्यक नहीं है कि यदि किसी को सुधारों से पूरा-पूरा लाभ उठाना हो तो सभी सुधारों पर एक साथ ही विचार किया जाना चाहिए।

प्रथम प्रशासनिक सुधार आयोग, 1966
(First ARC – Administrative Reforms Commission)

देश में स्थापित प्रशासनिक प्रणाली की जाँच तथा आवश्यकतानुसार प्रशासन में सुधार एवं पुनर्गठन के संबंध में सिफारिशें करने के लिए एक उच्चाधिकारयुक्त प्रशासनिक सुधार आयोग की स्थापना 5 जनवरी, 1966 को की गयी। प्रशासनिक सुधार आयोग के प्रथम सभापति श्री मोरारजी देसाई थे। इसके अन्य चार सदस्य थे - सर्वश्री के. हनुमन्तैया, हरिश्चन्द्र माथुर, जी.एस. पाठक तथा एच. बी. कामथ। श्री बी. शंकर इसके सदस्य सचिव थे। अंतिम को छोड़कर सभी संसद सदस्य थे। श्री जी.एस. पाठक जब 24 जनवरी, 1966 को केन्द्र सरकार के कानून मंत्री बने तो उनके स्थान पर राज्य सभा के सदस्य श्री देवव्रत मुखर्जी को 27 अप्रैल, 1966 को आयोग का सदस्य बनाया गया। श्री बी. शंकर 12 मार्च, 1966 को पूर्णरूपेण सदस्य बन गये। श्री वी.

वी. चारी को आयोग का सचिव पद दिया गया। 17 मार्च, 1967 को के. हनुमन्तैया को सभापति बनाया गया क्योंकि श्री मोरारजी देसाई ने उप-प्रधानमंत्री पर ग्रहण करने के कारण त्यागपत्र दे दिया था। 12 जून, 1968 को श्री हरिशचन्द्र माथुर की मृत्यु हो गयी। उनके स्थान पर 16 सितम्बर, 1968 को राज्यसभा के सदस्य श्री टी.एन. सिंह को नियुक्त किया गया।

प्रशासनिक सुधार आयोग के कार्य

लोक सेवाओं में कार्यकुशलता और ईमानदारी के उच्चस्तर को प्राप्त करने के लिए आयोग को निम्नलिखित क्षेत्रों पर सुझाव देने के लिए कहा गया था-

(1) भारत का सरकारी तंत्र एवं उसकी कार्य करने की प्रणालियाँ

(2) सभी स्तरों पर नियोजन की व्यवस्था

(3) केन्द्र-राज्य संबंध

(4) वित्तीय प्रशासन

(5) कार्मिक प्रशासन

(6) आर्थिक प्रशासन

(7) राज्य-स्तरों का प्रशासन

(8) जिला प्रशासन

(9) कृषि प्रशासन

(10) नागरिकों के कष्टों व शिकायतों को दूर करने की समस्याएँ।

उपर्युक्त कामों की सूची के अतिरिक्त प्रत्येक शीर्षक के अन्तर्गत 41 मसले और निश्चित किए गये। रेलवे, प्रतिरक्षा एवं विदेश मंत्रालय तथा सुरक्षा एवं गुप्तचर कार्यों के प्रशासन को आयोग की चाँच से अलग रखा गया क्योंकि इनके जाँच का कार्य अलग हो रहा था।

प्रथम प्रशासनिक सुधार आयोग की रिपोर्ट की सिफारिशें

प्रथम प्रशासनिक सुधार आयोग की रिपोर्ट की सिफारिशों का सारांश निम्नलिखित है-

(1) विभिन्न मंत्रालयों में संगठन तथा प्रणाली को पुनः सक्रिय किया जाये। इन इकाइयों के माध्यम से कर्मचारी वर्ग को प्रबन्धन की आधुनिक विधियों का प्रशिक्षण दिया जाये।

(2) केन्द्रीय सुधार अभिकरण में ठोस एवं दृश्य सुधारों का एक विशिष्ट कोष्ठ स्थापित किया जाये।

(3) केन्द्रीय सुधार अभिकरण को कार्य करने, भर्ती करने तथा अपने संगठनात्मक ढाँचे के तरीकों में अनुसंधान प्रमुख होना चाहिए।

(4) उप-प्रधानमंत्री के अधीन प्रशासनिक सुधारों के विभाग को रखा जाये।

(5) प्रशासनिक सुधारों एवं प्रगतियों के अध्ययन का कार्य स्वायत्तता प्राप्त व्यावसायिक संस्थाओं के हाथ में सौंपा जाना लाभप्रद हो सकता है, जैसे- लोकप्रशासन का भारतीय अनुसंधान, व्यावहारिक मानव-शक्ति अनुसंधान संस्थान, प्रशासनिक स्टाफ कॉलेज, हैदराबाद, इसी प्रकार कलकत्ता एवं अहमदाबाद के प्रबंध संस्थान तथा कुछ चुने हुए विश्वविद्यालय।

(6) प्रशासनिक सुधारों की एक परिषद स्थापित की जाए जो प्रशासनिक सुधार अभिकरण के कार्यक्रमों को बनाने, योजनाओं के निर्माण, लोक प्रबंधों की समस्याओं पर अनुसंधान करने में सहायता दे। परिषद में आठ सदस्य हों। इनमें कुछ संसद सदस्य, कुछ अनुभवी प्रशासक तथा लोक प्रशासन में रूचि रखने वाले विद्वान हो।

(7) प्रशासनिक अधिकारियों द्वारा स्वेच्छा या स्व-विवेक के दुरूपयोग को देखने के लिए, लोक सेवाओं में सत्यनिष्ठा, सिविल सेवा की क्षमता, नागरिकों पर किए गए अन्याय को देखने एवं जाँच करने के लिए लोकपाल तथा लोकायुक्त को नियुक्त करने की सिफारिश आयोग ने की।

(8) आयोग ने वर्तमान कार्मिक वर्ग की वर्तमान व्यवस्था की कमियों की ओर ध्यान आकृष्ट किया और भारतीय प्रशासन सेवा के ढाँचे में पुनर्गठन के लिए समुचित सुझाव दिये। आयोग का सुझाव था कि भारतीय प्रशासन सेवा के लिए कार्यात्मक क्षेत्र का निर्धारण कर दिया जाना चाहिए। इस क्षेत्र में भू-राजस्व प्रशासन, मजिस्ट्रेट सम्बन्धी कार्य तथा नियामकीय कार्य सम्मिलित किए जाना चाहिए, किन्तु ये कार्य राज्यों के केवल उन क्षेत्रों तक ही सीमित रहना चाहिए जिनकी देखभाल अन्य कार्यात्मक सेवाओं के अधिकारियों द्वारा नहीं की जाती है।

द्वितीय प्रशासनिक सुधार आयोग
(Second ARC – Administrative Reforms Commission)

31 अगस्त, 2005 को सरकार ने कर्नाटक के पूर्व मुख्यमंत्री वीरप्पा मोइली की अध्यक्षता में 'द्वितीय प्रशासनिक सुधार आयोग' का गठन किया। आयोग के अध्यक्ष ने जब वर्ष 2009 में पद त्यागा, तब तक यह अपनी सिफारिशों की 15 रिपोर्ट्स दे चुका था। इस पाँच सदस्यीय आयोग का प्रमुख कार्य मंत्रालयों एवं विभागों का पुनर्गठन करने

तथा उनकी भूमिका को वैश्वीकरण के अनुरूप बनाने के लिए सिफारिशें देना था। इस आयोग को सरकार के सभी स्तरों पर देश के लिए एक सक्रिय, प्रतिक्रियाशील, जवाबदेह, सतत् प्रशासन के लिए सुझाव देने की जिम्मेदारी भी दी गई थी। इसके अलावा आयोग ने निम्नलिखित पर भी अपने सुझाव दिये–

- भारत सरकार का संगठनात्मक ढाँचा
- शासन में नैतिकता
- कार्मिक प्रशासन की पुर्नसंरचना
- वित्तीय प्रबन्धन प्रणालियों का सुदृढ़ीकरण
- राज्य स्तर पर प्रभावी प्रशासन सुनिश्चित करने के उपाय
- प्रभावी जिला प्रशासन सुनिश्चित करने के उपाय
- स्थानीय स्व-शासन और पंचायती राज संस्थान
- सामाजिक पूँजी, विश्वास और भागीदारपूर्ण सरकारी सेवा प्रदायगी
- नागरिक केंद्रित प्रशासन
- ई-प्रशासन को प्रोत्साहित करना
- संघीय राजतंत्र के मुद्दे
- संकट प्रब्रन्धन या आपदा प्रबन्धन
- सार्वजनिक व्यवस्था

नौकरशाही में सुधार के लिए द्वितीय प्रशासनिक आयोग की सबसे महत्वपूर्ण सिफारिश में कहा गया था कि 14 वर्षों की सेवा के बाद की जाने वाली समीक्षा मुख्यत: लोक सेवकों को उनके मजबूत और कमजोर पहलुओं से अवगत कराने के उद्देश्य से होनी चाहिए। वहीं, 20 वर्षों की सेवा के बाद की जाने समीक्षा का उद्देश्य यह तय करना होना चाहिए कि सरकारी कर्मचारी/लोक सेवक आगे सेवा में रहने योग्य है अथवा नहीं। संविधान की उद्देशिका और नीति निदेशक तत्व सरकार और प्रशासन तंत्र के मार्गदर्शी हैं। ये सुस्थापित विधि नहीं, बल्कि सरकार और प्रशासन के कामकाज का आईना हैं। प्रशासन तंत्र इन सूत्रों से नहीं जुड़ता और कोई भी लोकतंत्र स्पष्ट, कुशल एवं निष्पक्ष प्रशासन के अभाव में सफल नियोजन नहीं कर सकता।

द्वितीय प्रशासनिक आयोग की रिपोर्ट में यह उल्लेख किया गया है कि सरकार के दृष्टिकोण में आवंटन आधारित विकास कार्यक्रमों से पात्रता आधारित विकास

कार्यक्रमों की ओर अंतरण हुआ है। सभी क्षेत्रों में विकास पर जोर दिया जा रहा है और केंद्रीय बजट बढ़ा है। इस सबके कारण संस्थागत प्रशासनिक और वित्तीय प्रबन्धन का सुदृढ़ीकरण जरूरी है। विकास के सभी कार्यक्रमों के क्रियान्वयन के लिए प्रशासनिक प्रबन्धन पर जोर दिया गया है, लेकिन परेशानी यह है कि सभी कार्यक्रमों को अंतिम परिणति तक पहुँचाने वाले प्रशासन तंत्र की प्रथम वरीयता परिणाम देना नहीं, अपितु अपनी नौकरी बचाना है। आज के भारत की चुनौतियाँ सर्वथा नई हैं और इनके बरक्स प्रशासन के सामने भी चुनौतियों का नया स्वरूप आया है। लेकिन प्रशासनिक सुधारों के अभाव में इच्छित लक्ष्य प्राप्त करना बहुत कठिन हो गया है।

❑❑❑

11 प्रशासन में लोक प्रबन्धन (Public Management in Administration)

कानून व्यवस्था प्रबन्धन (Law and Order Management)

भारत के संविधान की सातवीं अनुसूची के तहत 'पुलिस' और 'लोक व्यवस्था' राज्य के विषय हैं और इसलिए अपराध रोकने, पता लगाने, दर्ज करने और जाँच-पड़ताल करने तथा अपराधियों के विरुद्ध अभियोजन चलाने की मुख्य जिम्मेदारी, राज्य सरकारों की है। तथापि, केन्द्र सरकार, राज्य पुलिस बलों की आधुनिकीकरण योजना के तहत अस्त्र-शस्त्र, संचार, उपस्कर, मोबिलिटी, प्रशिक्षण और अन्य अवसंरचना के संदर्भ में उन्हें वित्तीय सहायता प्रदान करके उनके प्रयासों में सहायता करती है। इसके अलावा, अपराध तथा कानून और व्यवस्था से संबंधित घटनाओं को रोकने के लिए केन्द्रीय सुरक्षा और आसूचना एजेंसियों द्वारा राज्य कानून प्रवर्तन एजेंसियों के साथ नियमित रूप से आसूचना जानकारी का आदान-प्रदान किया जाता है।

राष्ट्रीय अपराध रिकॉर्ड ब्यूरो (एन सी आर बी), जो गृह मंत्रालय के तहत एक नोडल एजेंसी है, अपराधों को बेहतर ढंग से रोकने और नियंत्रित करने की उचित रणनीतियाँ तैयार करने में, राज्यों की सहायता करने के उद्देश्य से अपराध संबंधी आंकड़े एकत्र करने, संकलित करने और विश्लेषण करने का कार्य करता है। इसके अलावा, ब्यूरो ने एक परियोजना, यथा 'अपराध अपराधी सूचना प्रणाली (सी सी आई एस)' के तहत पूरे देश में प्रत्येक जिला अपराध रिकॉर्ड ब्यूरो (डी सी आर बी) और राज्य अपराध रिकॉर्ड ब्यूरो (एस सी आर बी) में कंप्यूटरीकृत प्रणाली स्थापित की है। यह प्रणाली, अपराध रोकने और पता लगाने तथा सेवा प्रदाता तंत्रों में सुधार करने में कानून प्रवर्तन एजेंसियों की सहायता करने के उद्देश्य से अपराधों, अपराधियों और अपराध से जुड़ी/संलिप्त संपत्ति का राष्ट्र स्तरीय डाटाबेस रखती है। संगठित अपराध के खतरे से प्रभावी ढंग से निपटने के उद्देश्य से एक और प्रणाली, यथा संगठित अपराध सूचना प्रणाली (ओ सी आई एस), एन सी आर बी के दिशा-निर्देश में स्थापित की जा रही है।

राजस्व संग्रहण (Revenue Collection)

केन्द्रीय राजस्व विभाग के कार्य एवं संरचना

केंद्रीय राजस्व विभाग निम्नलिखित कार्यों के लिए मुख्य रूप से जिम्मेदार है–

- प्रत्यक्ष करों के लेवी और संग्रहण से संबंधित सभी मामले।
- अप्रत्यक्ष करों के लेवी और संग्रहण से संबंधित सभी मामले।
- आर्थिक अपराधों और आर्थिक कानूनों के प्रवर्तन की जाँच।
- स्वापक औषधि और मन प्रभावी पदार्थ के दुरूपयोग और अवैध व्यापार की रोकथाम एवं मुकाबला।
- फेमा के प्रवर्तन और सीओएफईपीओएसए (कोफेपोसा) के तहत हिरासत में लेने की सिफारिश।
- तस्कर और विदेशी मुद्रा छलसाधक (संपत्ति समपहरण) अधिनियम, 1976 और स्वापक औषधि और मनः प्रभावी पदार्थ अधिनियम, 1985 के तहत संपत्ति की जब्ती से संबंधित कार्य।
- अंतर-राज्यीय व्यापार या वाणिज्य के दौरान बिक्री पर करों की लेवी।
- भारतीय स्टाम्प अधिनियम, 1899 के तहत स्टांप शुल्क के भुगतान के समेकन/कमी/छूट से संबंधित मामले।

एकीकृत वित्त एकक – राजस्व विभाग और केन्द्रीय प्रत्यक्ष कर बोर्ड और केन्द्रीय उत्पाद शुल्क एवं सीमा शुल्क बोर्ड के क्षेत्रीय कार्यालयों से संबंधित सभी वित्तीय मामलों में सलाह देना। व्यय और वित्तीय प्रस्तावों से संबंधित कार्य। राजस्व विभाग, प्रत्यक्ष करों और अप्रत्यक्ष करों से संबंधित अनुदान के लिए व्यय बजट तैयार करना।

केंद्रीय उत्पाद एवं सीमा शुल्क बोर्ड – अप्रत्यक्ष करों के उद्ग्रहण एवं संग्रहण से संबंधित सभी मामले।

केन्द्रीय प्रत्यक्ष कर बोर्ड – प्रत्यक्ष करों के उद्ग्रहण एवं संग्रहण से संबंधित सभी मामले।

सक्षम प्राधिकारी – तस्कर और विदेशी मुद्रा छलसाधक (संपत्ति समपहरण) अधिनियम, 1976 और सक्षम प्राधिकारी व समपहृत संपत्ति अपील अधिकरण से संबंधित मुद्दों का प्रशासन।

समपहृत संपत्ति अपील अधिकरण – तस्कर और विदेशी मुद्रा छलसाधक (संपत्ति समपहरण) अधिनियम, 1976 और स्वापक औषधि और मन: प्रभावी पदार्थ अधिनियम, 1985 के तहत संपत्ति की जब्ती से संबंधित कार्य।

सीमा शुल्क, उत्पाद शुल्क, सेवा कर अपील अधिकरण – कार्यकारी आयुक्तों और आयुक्तों (अपील) के आदेश के खिलाफ अपील की सुनवाई।

सामाजिक और आर्थिक कल्याण की अभिवृद्धि के लिए राष्ट्रीय समिति – आयकर अधिनियम, 1961 की धारा 35 क, ग के तहत अधिसूचना जारी करने के लिए केन्द्र सरकार को सामाजिक और आर्थिक कल्याण की परियोजनाओं की सिफारिश।

अग्रिम विनिर्णय प्राधिकरण – अनिवासियों द्वारा दिए गए आवेदन पत्र में, आवदेक द्वारा किए गए संव्यवहार या प्रस्तावित संव्यवहारों से संबंधित कानून या तथ्य के संबंध में प्रश्नों के संदर्भ में अग्रिम विनिर्णय देना।

सीमा शुल्क और केन्द्रीय उत्पाद शुल्क समझौता आयोग – सीमा शुल्क अधिनियम और केन्द्रीय उत्पाद शुल्क अधिनियम के तहत निर्धारित रीतियों द्वारा दायर आवेदनों का निपटान।

निपटान आयोग (आईटी/डब्ल्यूटी) – आयकर अधिनियम, 1961 और धन कर अधिनियम, 1957 के तहत निर्धारित रीतियों द्वारा दायर आवेदनों का निपटान।

केंद्रीय आर्थिक आसूचना ब्यूरो – आर्थिक अपराधों और आर्थिक कानूनों के प्रवर्तन की जाँच से संबंधित विभिन्न एजेंसियों द्वारा खुफिया जानकारी जुटाने की गतिविधियों, खोजी प्रयासों और प्रवर्तन कार्रवाई का समन्वय करना और उन्हें मजबूत बनाना।

प्रवर्तन निदेशालय – विदेशी मुद्रा विनियमन अधिनियम के प्रावधान लागू करने की जिम्मेदारी। विदेशी मुद्रा संरक्षण और तस्करी निवारण अधिनियम, 1974 के तहत हिरासत में लेने हेतु मामलों की सिफारिश करता है। विदेशी मुद्रा प्रबन्धन अधिनियम, 1999 के तहत प्रवर्तन निदेशालय को मुख्य रूप से जाँच और न्यायनिर्णयन एजेंसी के रूप में कार्य सौंपा गया है।

वित्त आसूचना एकक – धन शोधन और संबंधित अपराधों से निपटने के लिए एक प्रभावी राष्ट्रीय, क्षेत्रीय और वैश्विक नेटवर्क के माध्यम से आर्थिक आसूचना का संग्रहण और जानकारी साझा करने के लिए समन्वय करना।

राजस्व की अवधारणा (Concept of Revenue)

राजस्व (Revenue)

आय, खासकर जब एक संगठन और एक पर्याप्त प्रकृति की हो। राजस्व एक अवधि में किसी कंपनी द्वारा मान्यता प्राप्त वस्तुओं और सेवाओं की सभी बिक्री का मूल्य है। राजस्व (बिक्री, टर्नओवर या आय के रूप में भी माना जाता है) एक कंपनी के

आय विवरण की शुरुआत बनाता है और अक्सर इसे व्यवसाय की ''टॉप लाइन'' माना जाता है। किसी कंपनी के राजस्व से उसके लाभ या शुद्ध आय पर आने वाले खर्च में कटौती की जाती है।

राजस्व का अर्थ

राजस्व परिभाषित एक कंपनी के संचालन द्वारा लाई गई कुल धनराशि है, जिसे एक निर्धारित समय में मापा जाता है। राजस्व खाता एक अस्थायी इक्विटी खाता है जो कंपनी में कुल इक्विटी को बढ़ाता है। इसका मतलब यह है कि राजस्व खाते में एक क्रेडिट बैलेंस है और प्रत्येक लेखा चक्र के अंत में एक स्थायी या बैलेंस शीट खाते में बंद है। इससे समझ में आता है क्योंकि राजस्व खाते को वर्तमान अवधि में अर्जित आय को रिकॉर्ड करना है। इसमें कंपनी के इतिहास में सभी आय का संचयी संतुलन शामिल नहीं है।

इस प्रकार, सभी पूर्व की अवधि की आय को खाते से हटा दिया जाना चाहिए, इसलिए शेष केवल वर्तमान वर्ष की कमाई को दर्शाता है। एक निगम में, राजस्व बरकरार कमाई के लिए बंद है, जबकि एक साझेदारी से भागीदारों के पूँजी खातों में राजस्व बंद हो जाता है। दोनों मामलों में राजस्व खाता बैलेंस शीट पर स्थायी इक्विटी खाते में बंद है।

राजस्व की परिभाषा

राजस्व, जिसे बिक्री भी कहा जाता है, एक उत्पाद या सेवा की बिक्री से संबंधित इक्विटी में वृद्धि है जिसने आय अर्जित की है। दूसरे शब्दों में, राजस्व कंपनी द्वारा अपनी व्यावसायिक गतिविधियों से अर्जित आय है। उत्पाद की बिक्री, परामर्श शुल्क और अन्य सेवाओं, किराए और यहाँ तक कि कमीशन आधारित शुल्क सहित कई अलग-अलग प्रकार के राजस्व हैं। किसी भी प्रकार की आय जो व्यवसाय संचालन से अर्जित की जाती है, राजस्व माना जाता है।

भूमि प्रशासन एवं भू-प्रबन्धन (Law Administration and Land Settlement)

ऐतिहासिक परिप्रेक्ष्य

ईस्ट इंडिया कंपनी के आगमन से पूर्व भारत में जो परंपरागत भू-राजस्व व्यवस्था थी उसमें भूमि पर किसानों का अधिकार था तथा फसल का एक भाग सरकार को दे दिया जाता था। 1765 में इलाहाबाद की संधि से कंपनी को बंगाल, बिहार और उड़ीसा की दीवानी प्राप्त हो गई। तब भी कंपनी ने पुरानी भू-राजस्व व्यवस्था को ही जारी रखा

लेकिन भू-राजस्व की दरें बढ़ा दी। यह स्वाभाविक भी था क्योंकि कंपनी के खर्चे बढ़ रहे थे और भू-राजस्व ही ऐसा माध्यम था जिससे कंपनी को अधिकाधिक धन प्राप्त हो सकता था। यद्यपि क्लाइव और उसके उत्तराधिकारी ने प्रारंभ में भू-राजस्व पद्धति में कोई बड़ा बदलाव नहीं किया, किंतु कुछ वर्षों पश्चात् कंपनी ने अपने खर्चों की पूर्ति एवं अधिकाधिक लाभ कमाने के उद्देश्य से भारत की कृषि व्यवस्था में हस्तक्षेप करना प्रारंभ कर दिया तथा करों के निर्धारण और वसूली के लिए नई प्रकार की भू-राजस्व प्रणालियाँ कायम की।

अंग्रेजों ने भारत में मुख्य रूप से निम्नलिखित भू-धृति पद्धतियाँ अपनायी–

1. इजारेदारी प्रथा
2. स्थायी बंदोबस्त
3. रैयतवाड़ी
4. महालवाड़ी पद्धति

भू-धृति पद्धतियों का संक्षिप्त परिचय इस प्रकार है–

1. **इजारेदारी प्रथा** – इस प्रणाली को 1772 में वॉरेन हेस्टिंग्स ने लागू कराया। इस प्रथा की दो विशेषताएँ थीं - इसमें पंचवर्षीय ठेके की व्यवस्था थी तथा सबसे अधिक बोली लगाने वाले को भूमि ठेके पर दी जाती थी। इस व्यवस्था से कंपनी को लाभ तो हुआ परंतु उनकी वसूली में अस्थिरता आई। 1777 में पंचवर्षीय ठेके की जगह ठेके की अवधि एक वर्ष कर दी गई। इस व्यवस्था का मुख्य दोष यह था कि प्रति वर्ष नए-नए व्यक्ति ठेका लेकर किसानों से अधिक-से-अधिक लगान वसूलते थे।

2. **स्थायी बंदोबस्त** – इसे 'जमींदारी व्यवस्था' या 'इस्तमरारी व्यवस्था' के नाम से भी जाना जाता है। इसे 1793 में लॉर्ड कार्नवालिस ने बंगाल, बिहार, उड़ीसा, यू.पी. के बनारस प्रखंड तथा उत्तरी कर्नाटक में लागू किया। इस व्यवस्था के अंतर्गत ब्रिटिश भारत के कुल क्षेत्रफल का लगभग 19 प्रतिशत भाग सम्मिलित था। इस व्यवस्था के अंतर्गत जमींदारों को भूमि का स्थायी मालिक बना दिया गया। भूमि पर उनका अधिकार पैतृक एवं हस्तांतरणीय था। जब तक वो एक निश्चित लगान सरकार को देते रहें तब तक उनको भूमि से पृथक् नहीं किया जा सकता था। परंतु किसानों को मात्र रैयतों का नीचा दर्जा दिया गया तथा उनसे भूमि संबंधी अधिकारों को छीन लिया गया। जमींदारों को किसानों से वसूल किए गए भू-राजस्व की कुल रकम का 10/11 भाग कंपनी को देना था तथा 1/11 भाग स्वयं रखना था। इस व्यवस्था से कंपनी की आय में उल्लेखनीय वृद्धि हुई।

3. **रैयतवाड़ी व्यवस्था** – मद्रास के तत्कालीन गवर्नर टॉमस मुनरो द्वारा 1820 में प्रारंभ की गई इस व्यवस्था को मद्रास, बंबई और असम के कुछ भागों में लागू किया गया। इस व्यवस्था में सरकार ने रैयतों अर्थात् किसानों से सीधा संपर्क किया। अब रैयतों को भूमि के मालिकाना हक तथा कब्जादारी अधिकार दे दिए गए तथा वे व्यक्तिगत रूप से स्वयं सरकार को लगान अदा करने के लिए उत्तरदायी थे। सरकार द्वारा इस व्यवस्था को लागू करने का उद्देश्य आय में वृद्धि करने के साथ-साथ बिचौलियों (जमींदारों) के वर्ग को समाप्त करना भी था।
4. **महालवाड़ी पद्धति** – इसे लॉर्ड हेस्टिंग्स ने मध्य प्रांत, आगरा एवं पंजाब में लागू कराया। इस व्यवस्था के अंतर्गत कुल क्षेत्रफल की 30% भूमि आई। इस व्यवस्था में भू-राजस्व का बंदोबस्त एक पूरे गाँव या महाल में जमींदारों या उन प्रधानों के साथ किया गया, जो सामूहिक रूप से पूरे गाँव या महाल का प्रमुख होने का दावा करते थे। इस व्यवस्था में लगान का निर्धारण महाल या संपूर्ण गाँव के उत्पादन के आधार पर होता था। मुखिया या महाल प्रमुख को यह अधिकार था कि वह लगान न अदा करने वाले किसान को उसकी भूमि से बेदखल कर दें।

इस प्रकार कंपनी ने भारत में भू-राजस्व उगाही के लिए विभिन्न कृषि व्यवस्थाओं को अपनाया। इन सभी व्यवस्थाओं के पीछे कंपनी का मूल उद्देश्य अधिकतम भू-राजस्व वसूलना था, न कि किसानों की भलाई के लिए कार्य करना। इसी कारण धीरे-धीरे भारतीय कृषि-व्यवस्था चौपट हो गई और भारतीय किसान बर्बाद।

जल संरक्षण एवं प्रबन्धन (Water Conservation and Management)

यह सच ही कहा गया है कि जल ही जीवन है। जल प्रकृति के सबसे महत्वपूर्ण संसाधनों में से एक है। कहने को तो पृथ्वी चारों ओर से पानी से ही घिरी है लेकिन मात्र 2.5 प्रतिशत पानी ही प्राकृतिक स्रोतों- नदी, तालाब, कुओं और बावड़ियों से मिलता है, जबकि आधा प्रतिशत भूजल भंडारण है। सर्वाधिक चिंतित करने वाली बात यह है कि भारत जल संकट वाले देशों की कतार में आगे खड़ा है। दुनिया के विभिन्न हिस्सों में रह रहे करोड़ों लोग जबरदस्त जल संकट का सामना कर रहे हैं और दूषित जल का उपयोग करने को अभिशप्त हैं। ऐसे में बेहतर जल प्रबन्धन से ही जल संकट से बचाव और संरक्षण किया जा सकता है।

भारत में प्रभावी जल प्रबन्धन – एक महती आवश्यकता

भारत में भी वही तमाम समस्याएँ हैं जिनमें पानी की बचत कम, बर्बादी ज्यादा है। यह भी सच्चाई है कि बढ़ती आबादी का दबाव, प्रकृति से छेड़छाड़ और कुप्रबन्धन

भी जल संकट का एक महत्वपूर्ण कारण है। पिछले कुछ सालों से अनियमित मानसून और वर्षा ने भी जल संकट और बढ़ा दिया है। इस संकट ने जल संरक्षण के लिए कई राज्यों की सरकारों को परंपरागत तरीकों को अपनाने के लिए मजबूर कर दिया है।

भारत में तीस प्रतिशत से अधिक आबादी शहरों में रहती है। आवास और शहरी विकास मंत्रालय के आँकड़े बताते हैं कि देश के लगभग दो सौ शहरों में जल और बेकार पड़े पानी के उचित प्रबन्धन की ओर तत्काल ध्यान देने की जरूरत है। जल संसाधन मंत्रालय का मानना है कि वर्तमान में जल प्रबन्धन की चुनौतियाँ लगातार बढ़ती जा रही हैं। सीमित जल संसाधन को कृषि, नगर निकायों और पर्यावरणीय उपयोग के लिए मांग, गुणवत्तापूर्ण जल और आपूर्ति के बीच समन्वय की जरूरत है।

जल प्रबन्धन को बेहतर बनाने में राष्ट्रीय जल नीतियों की अत्यंत ही महत्वपूर्ण भूमिका रही है। यद्यपि अभी भी बहुत कुछ किया जाना बाकि है और हम उन बिन्दुओं पर भी चर्चा करेंगे, लेकिन पहले एक नजर दौड़ातें हैं जल-नीतियों के माध्यम से अब तक हुई प्रगति पर।

जल नीतियों का महत्व

दिनों-दिन गंभीर होते जल संकट को देखते हुए पिछले 70 सालों में तीन राष्ट्रीय जल नीतियाँ बनाई गईं। पहली नीति 1987 में बनी, जबकि 2002 में दूसरी और 2012 में तीसरी जल नीति बनी।

राष्ट्रीय जल नीति में ''जल को एक प्राकृतिक संसाधन'' मानते हुए इसे जीवन, जीविका, खाद्य सुरक्षा और निरंतर विकास का आधार माना गया है। नीति में जल के उपयोग और आवंटन में समानता तथा सामाजिक न्याय के नियमों को अपनाए जाने की बात कही गई है। जल नीति में इस बात पर बल दिया गया है कि खाद्य सुरक्षा, जैविक तथा समान और स्थायी विकास के लिए राज्य सरकारों को सार्वजनिक धरोहर के सिद्धांत के अनुसार सामुदायिक संसाधन के रूप में जल का प्रबन्धन करना चाहिए।

भविष्य का रोड मैप

विदित हो कि इजराइल के मुकाबले भारत में जल की उपलब्धता पर्याप्त है। लेकिन वहाँ का जल प्रबन्धन हमसे कहीं ज्यादा बेहतर है। इजराइल में खेती, उद्योग, सिंचाई आदि कार्यों में रिसाइकिल्ड जल का उपयोग अधिक होता है और यही कारण है कि इजराइल के लोगों को पानी संबंधी दिक्कतों का सामना नहीं करना पड़ता है। हम इजराइल से काफी कुछ सीख सकते हैं।

आज जल संकट का स्वरूप तेजी से बदल रहा है, ऐसे में एक नई जल नीति बनाई जानी चाहिए। इसमें हर जरूरत के लिए पर्याप्त जल की उपलब्धता और जल को प्रदूषित करने वाले को कड़ी सजा का प्रावधान होना चाहिए।

जल ही जीवन है अर्थात् जल जीवन की मूलभूत आवश्यकता है। जल के महत्व पर प्रकाश डालते हुए संयुक्त राष्ट्र संघ ने वैश्विक जल रिपोर्ट 2006 में कहा था कि 'हमारी धरती पर हर किसी के लिए पर्याप्त पानी है लेकिन फिर भी जल संकट बरकरार है। इसका कारण कुप्रबन्धन, भ्रष्टाचार, उचित संस्थानों की कमी, नौकरशाही की जड़ता और मानव क्षमता एवं भौतिक बुनियादी ढाँचे में निवेश की कमी है'।

शहरी प्रशासन एवं प्रबन्धन (Urban Administration and Management)

नगरीय या शहरी प्रबन्धन एवं नियोजन एक ऐसी सम्मिलित प्रक्रिया है जिसके तहत स्थानीय स्तर पर नियोजन सीधे हस्तक्षेप द्वारा शहर के विकास से संबंधित विभिन्न पहलुओं को नियंत्रित किया जाता है। इसकी सहायता से निवासियों की मोबिलिटी, गुणवत्तापूर्ण जीवन एवं धारणीयता जैसे उद्देश्यों को पूरा किया जाता है। शहरी नियोजन आज के इस बढ़ते शहरीकरण का एक महत्वपूर्ण पहलू हो गया है। हम जानते हैं कि इस समय भारत भी तीव्र नगरीकरण की प्रक्रिया से गुजर रहा है।

यू.एन. अर्बनाइजेशन प्रोस्पेक्टस, 2018 रिपोर्ट के अनुसार भारत की जनसंख्या का करीब 34 फीसदी हिस्सा शहरी क्षेत्रों में निवास करता है। इसमें 2011 की जनगणना की तुलना में 3 फीसदी की वृद्धि दर्ज की गयी है।

मेगासाइज अर्बन क्लस्टर की संख्या कई वर्षों से स्थिर बनी हुई है जबकि स्मॉलर अर्बन क्लस्टर की संख्या तेजी से बढ़ रही है। आपको बताते चलें कि मेगासाइज अर्बन क्लस्टर उन्हें कहा जाता है जिनकी जनसंख्या 50 लाख से ऊपर होती है। नगरीकरण में हो रही इस वृद्धि के कारण शहरों की मांग–आपूर्ति अंतर में भी बढ़ोतरी हो रही है। यह अंतर आवास के अलावा जल, स्वच्छता एवं सफाई, परिवहन और संचार सेवाओं में भी दिखायी देता है।

गाँवों और शहरों के बीच सुविधाओं को लेकर जो अंतर देखने में आता है उसके कारण गाँवों से शहरों की ओर प्रवसन होता है। ऐसे में जहाँ एक तरफ सवाल है कि क्या ये शहरी क्षेत्र नए निवासियों को आत्मसात करने के लिए पूरी तरह से तैयार हैं? तो वहीं दूसरी तरफ हम यह भी देखते हैं कि भारत प्राकृतिक आपदाओं से प्रभावित क्षेत्रों वाला देश है।

भारत के ग्रामीण तथा शहरी दोनों ही इलाके इन आपदाओं के प्रति सुभेद्यता रखते हैं। लेकिन भारतीय शहर ज्यादा जनसंख्या घनत्व के कारण इन आपदाओं के प्रति अधिक सुभेद्यता रखते हैं। हर आपदा तेजी से हो रहे शहरीकरण की प्रक्रिया में हुई गलतियों को उजागर कर देती है। इन समस्याओं को देखते हुए देश के शहरों के लिए एक ठोस शहरी नियोजन की आवश्यकता है जिसमें वैज्ञानिक और तार्किक दृष्टिकोण पर आधारित मास्टर प्लान की व्यवस्था की गयी हो।

खराब शहरी नियोजन के दुष्प्रभाव

जनसंख्या का बढ़ता दबाव शहरों के विकासात्मक कार्यों पर भी दबाव डालता है। मानवीय जरूरतों को पूरा करने के लिए किए गए कार्य बुनियादी पारिस्थितिकीय तंत्र पर नकारात्मक प्रभाव डालते हैं जिनकी क्षतिपूर्ति करना एक समय-सीमा के बाद संभव नहीं हो पाता है। साथ ही शहरी नियोजन में व्याप्त कमियाँ इन आपदाओं को और गंभीर बना देती हैं।

शहरी नियोजन, मास्टर प्लान या डेवलपमेंट प्लान पर आधारित होते हैं। ये प्लान भूमि उपयोग पर भी आधारित होते हैं यानी विभिन्न मानवीय गतिविधियों के आधार पर भूमि को कई वर्गों मसलन रेसिडेंशियल, कमर्शियल, ट्रांसपोर्टेशन, पब्लिक और गवर्मेंट ऑफिस इत्यादि में बाँटा जाता है। इन योजनाओं को संबंधित राज्य विधायिका से मंजूरी प्राप्त होती है जिन्हें लगभग 20-25 वर्षों की अवधि में पूरा करना होता है, लेकिन ये मास्टर प्लान फंड की कमी के कारण ठीक ढंग से लागू नहीं हो पाते। देश की वर्तमान शहरी नियोजन व्यवस्था के साथ महत्वपूर्ण चिंता यह है कि यह भूमि उपयोग के पुराने तरीकों पर आधारित है। हमें इससे आगे बढ़ते हुए ऐसी योजना और प्रक्रिया अपनानी होगी जो लोगों की जरूरतों के मुताबिक हो।

शहरी नियोजन और स्थानीय शासन के बीच आपसी तालमेल का न होना भी हमारी नियोजन प्रक्रिया की एक बेसिक कमी है। हालाँकि 74वें संवैधानिक संशोधन में शहरी और स्थानीय सरकारों को सशक्त बनाने की बात कही गयी थी ताकि वे सेल्फ-गवर्मेंट संस्थान के रूप में कार्य कर सकें। लेकिन, शहरी नियोजन के संबंध में उनकी प्रभावशीलता अभी भी सीमित है। 1985 में केंद्र सरकार मॉडल क्षेत्रीय और शहर नियोजन एवं विकास कानून लेकर आई थी पर ज्यादातर राज्य अपने नियोजन कानूनों में इसके प्रावधानों को शामिल करने में नाकाम रहे हैं।

दूसरी ओर, भारत में मोटराइजेशन यानी मोटर-वाहनों की संख्या अपनी विस्फोटक स्थिति में है। सड़क परिवहन, ग्रीन हाउस गैसों में बढ़ोतरी का बड़ा कारण बना है। दरअसल, शहरी आवागमन द्वारा पार्टिकुलेट मैटर और नाइट्रोजन ऑक्साइड जैसे टॉक्सिक उत्सर्जन में वृद्धि हुई है। ऐसे में शहरी नियोजन का कुप्रबन्धन एवं प्रदूषण की मुख्य वजहों में से एक बनता जा रहा है।

डब्लू.एच.ओ. और यूएन-हैबिटेट के एक अध्ययन से पता चला है कि शहरों की इमारतों और घरों के बल्बों, एयरकंडीशनर, रेफ्रीजेटर और वाटर कूलर इत्यादि के इस्तेमाल से शहरी इलाकों के तापमान में 2-3 डिग्री सेल्सियस की वृद्धि हो जाती है। स्वास्थ्य संबंधी मुद्दों पर गौर करें तो स्लम पुनर्वास प्राधिकरण द्वारा बनाई गई बसावटें और बहुत छोटे घर जहाँ दिन की रोशनी और हवा का संचार सुचारू रूप से नहीं होता, वहाँ टी.बी. जैसी बीमारियों का फैलाव देखने को मिलता है। यह तथ्य साबित

करता है कि टी.बी. जैसी बीमारियों की वृद्धि एवं कमी में हाउसिंग की डिजाइनिंग महत्वपूर्ण भूमिका निभाती है।

प्रदूषण के कारकों के अलावा भवनों में आग लगना एवं विभिन्न शहरी अवसंरचनाओं और बिल्डिंग्स का गिरना भी शहरी नियोजन के कुप्रबन्धन को दर्शाता है। बढ़ती जनसंख्या की आधारभूत जरूरतों को पूरा करने के क्रम में भवन निर्माण संबंधी विभिन्न मानकों और नीतियों का अनुपालन सही तरीके से नहीं हो रहा है। आमतौर पर भवनों के डिजाइन में अग्नि सुरक्षा संबंधी प्रावधान ही नदारद रहते हैं। फायर डिपार्टमेंट के पास भी आग के खतरों का आकलन करने के लिए तकनीकी ज्ञान का अभाव होता है। संबंधित विभाग शायद ही अग्निशमन अनुभव के आधार पर नो-ऑब्जेक्शन सर्टिफिकेट जारी करते हैं।

शहरी प्रबन्धन कार्यक्रम, 2016

नीति आयोग ने 27 अप्रैल 2016 को राज्यों और शहरी स्थानीय निकायों की क्षमता सृजन के लिए शहरी प्रबन्धन कार्यक्रम की शुरूआत की है। नीति आयोग के अनुसार, इस कार्यक्रम की रूपरेखा नीति आयोग एवं सिंगापुर सहयोग उद्यम (एससीई) के बीच हस्ताक्षरित सहमति पत्र के प्लेटफॉर्म के तहत नीति आयोग, टेमासेक फाउंडेशन और सिंगापुर सहयोग उद्यम (एससीई) द्वारा तैयार की गई, ताकि शहरी समस्याओं के कारगर समाधान ढूंढ़ने के लिए राज्य सरकारों एवं शहरी स्थानीय निकायों (यूएलबी) की क्षमता सृजन हेतु शहरी क्षेत्र में सिंगापुर को हासिल विशेषज्ञता से लाभ उठाया जा सके।

शहरी प्रबन्धन का अर्थशास्त्र

शहरीकरण भारत को उच्च आर्थिक विकास दर अर्जित करने का एक अवसर प्रदान करता है क्योंकि शहर संकुलन की अर्थव्यवस्थाएँ मुहैया कराते हैं। भारत में शहरीकरण स्तर, (जो 2011 की जनगणना में लगभग 31 प्रतिशत था) के बढ़ने और 2030 तक 40 प्रतिशत तक पहुँचने का अनुमान है। प्रतिशत के लिहाज से शहरीकरण स्तर मामूली प्रतीत हो सकता है लेकिन समग्र संख्या के लिहाज से यह बहुत बड़ी है। भारत में शहरी जनसंख्या अमेरीका या ब्राजील की पूरी आबादी से अधिक है। शहरी अर्थव्यवस्था ने भी उल्लेखनीय वृद्धि दर्ज की है और यह सकल घरेलू उत्पाद (जीडीपी) में लगभग 60 प्रतिशत का योगदान दे रही है।

विदित हो कि तेजी से बढ़ता शहरीकरण देश में नागरिकों के लिए पानी, स्वच्छता एवं शहरी क्षेत्रों में गतिशीलता जैसी मूलभूत सेवा के प्रावधान पर दबाव बढ़ा रहा है। ढाँचागत सुविधाओं की कमी लागत में वृद्धि कर रही है तथा इससे शहरों में उत्पादकता में कमी हो रही है। शहरों की बढ़ती संख्या के साथ शहरी केंद्रों में प्रशासन भी विशेष

रूप से एक बड़ी चुनौती के रूप में उभर रहा है। इसके अतिरिक्त प्राकृतिक संसाधनों, शहरों की संवहनीयता पर बढ़ता दबाव भी एक बड़ी चिंता के रूप में उभर रहा है। शहरी अपशिष्ट के परिशोधन एवं वैज्ञानिक निपटान में कमी का परिणाम एक ऐसी स्थिति के रूप में सामने आ रहा है जहाँ भारतीय नगर जिस स्तर पर इन संसाधनों का उपयोग कर रहे हैं, उसकी तुलना में कहीं अधिक तेजी से जल निकायों को प्रदूषित कर रहे हैं और मिट्टी तथा पर्यावरण को खराब कर रहे हैं। इसलिए भारतीय नगरों की पर्यावरण संवहनीयता कुशल शहरीकरण को दिशा-निर्देश देने के लिए बेहद महत्वपूर्ण बनती जा रही हैं।

आपदा प्रबन्धन (Disaster Management)

प्रकृति पृथ्वी पर मानव जीवन की जननी है। हमारा पर्यावरण जल, जंगल, जमीन, आकाश, हवा, अग्नि, पृथ्वी इत्यादि तत्वों से मिलकर बना है। प्रकृति की कई अभिव्यक्तियाँ हैं– सौम्य और शत्रुतापूर्ण। कभी-कभी, यह सुखदायक होती है, कभी-कभी यह क्रूर होती है। जब भी यह अपने बुरे स्वभाव में बदल जाती है, तो यह तबाही ला सकती है जिसे आपदा के रूप में जाना जाता है।

परिभाषा

एक ऐसी भयावह स्थिति जिसमें जीवन और पारिस्थितिकी तंत्र का सामान्य पैटर्न गड़बड़ा जाता है और जीवन या पर्यावरण को बचाने और संरक्षित करने के लिए असाधारण आपातकालीन हस्तक्षेप की आवश्यकता होती है, इसे आपदा कहा जा सकता है। प्राकृतिक आपदाएं प्रकृति की अभिव्यक्ति हैं और ये कभी भी कहीं भी हो सकती हैं।

आपदाओं का वर्गीकरण

आपदाओं को इस प्रकार वर्गीकृत किया जा सकता है–

- **प्राकृतिक आपदाएँ** – प्राकृतिक प्रक्रिया या घटना है जो जीवन, चोट या अन्य स्वास्थ्य प्रभावों, संपत्ति की क्षति, आजीविका और सेवाओं की हानि, सामाजिक और आर्थिक व्यवधान, या पर्यावरणीय क्षति का कारण हो सकती है। भूकंप, भूस्खलन, ज्वालामुखी विस्फोट, तूफान, बाढ़, बर्फीला तूफान, सुनामी और चक्रवात जैसी विभिन्न आपदाएँ प्राकृतिक आपदाएँ हैं।
- **मानवीय आपदाएँ** – मानव द्वारा उकसाने वाली आपदाएँ तकनीकी खतरों का परिणाम हैं। उदाहरणों में आग, परिवहन दुर्घटनाएं, तेल रिसाव और परमाणु

विस्फोट/विकिरण शामिल हैं। युद्ध और आतंकवादी हमले भी इस श्रेणी में डाले जा सकते हैं।

भारत में आपदाएं

कोई भी देश ऐसा नहीं है जो आपदाओं से पूरी तरह मुक्त हो और ऐसा ही भारत है। भारत, अपने भौगोलिक स्थानों और भूवैज्ञानिक संरचनाओं के कारण, एक अत्यधिक आपदा प्रवण देश है। भारत ने बाढ़, भूकंप, चक्रवात, सुनामी, सूखा, भूस्खलन से लेकर कई आपदाओं का सामना किया है। भारत में हाल ही में आई कुछ आपदाओं में उत्तराखंड में बाढ़, चेन्नई में चक्रवात 'वर्दह', उत्तर भारत में आवर्ती भूकंप, गुजरात में चमा भूकंप, 1999 में उड़ीसा में सुपर चक्रवात, 2001 में गुजरात में आए भूकंप, 2004 में आई सुनामी तथा 2005 में गुजरात में आई बाढ़ शामिल है। इसके अलावा, भारत को 1984 में भोपाल में गैस त्रासदी के रूप में प्रौद्योगिकी से संबंधित त्रासदी झेलनी पड़ी थी। भारत को गुजरात में प्लेग की समस्या का भी सामना करना पड़ा।

प्रभाव

आपदाओं का प्रत्यक्ष या अप्रत्यक्ष प्रभाव हमेशा घातक, विनाशकारी और हानिकारक रहा है। वे मनुष्यों के साथ-साथ पशुधन के भी जीवन को नुकसान पहुँचाती हैं। आपदा प्रबन्धन, आपदाओं के प्रभाव को कम करने के लिए संसाधनों और जिम्मेदारियों का प्रबन्धन है।

भारत में आपदा प्रबन्धन

आपदा प्रबंधन अधिनियम 2005 लागू होने के बाद आपदा-प्रबंधन के माकूल उपाय किए गए हैं। भारत में, राष्ट्रीय आपदा प्रबन्धन प्राधिकरण (NDMA), राष्ट्रीय दूरस्थ संवेदी केंद्र (NRSC), भारतीय चिकित्सा अनुसंधान परिषद (ICMR), केंद्रीय जल आयोग जैसे आपदाओं के प्रभावों को कम करने के लिए बहुत सारे फोरम, फंड और संगठन काम कर रहे हैं। कभी-कभी, केंद्र और राज्य सरकार के बीच तालमेल की कमी के साथ-साथ सही संसाधनों का अभाव संबंधित फोरम, संगठन आपदा को उपर्युक्त पुर्नवास प्रदान करने में असमर्थ होते हैं।

आपदा की स्थिति को कुशलता से संभालने के लिए, हमें नवीनतम तकनीकों से अच्छी तरह लैस होना चाहिए। आपदा प्रबन्धन आपदा को कम नहीं कर सकता, लेकिन मनुष्यों, पौधों और जानवरों की पीड़ा को कम करने के लिए इसके प्रभाव को कम कर सकता है।

सदियों से प्राकृतिक आपदायें मनुष्य के अस्तित्व के लिए चुनौती रही है। जंगलो में आग, बाढ़, हिमस्खलन, भूस्खलन, भूकम्प, ज्वालामुखी, सुनामी, चक्रवाती तूफान, बादल फटने जैसी प्राकृतिक आपदायें बार बार मनुष्य को चेतावनी देती है। वर्तमान में हम प्राकृतिक संसाधनों का अंधाधुंध इस्तेमाल कर रहे हैं जिससे संतुलन बिगड़ रहा है।

ये हमारी मनमानी का ही नतीजा है। इन आपदाओं को 'ईश्वर का प्रकोप या गुस्सा'' भी कहा जाता है। आज मनुष्य अपने निजी स्वार्थ के लिए वनों, जंगलो, मैदानों, पहाड़ो, खनिज पदार्थो का अंधाधुंध दोहन कर रहा है। उसी के परिणाम स्वरुप प्राकृतिक आपदायें आने लगी है। हमे सावधानीपूर्वक प्राकृतिक संसाधनों का इस्तेमाल करना चाहिए। ऐसी आपदाओं के कारण भारी मात्रा में जाल-माल की हानि होती है। 1999 में ओड़िसा में महाचक्रवात आया जिसमें 10 हजार से अधिक लोग मारे गये। 2001 का गुजरात भूकंप कोई नहीं भूल सकता है। इसमें 20 हजार से अधिक लोग मारे गये। यह भूकम्प 26 जनवरी 2001 में आया था। इसमें अहमदाबाद, राजकोट, सूरत, गांधीनगर, कच्छ, जामनगर जैसे जिले पूरी तरह नष्ट हो गये। 2004 में हिन्द महासागर में सुनामी आ गयी। अंडमान निकोबार द्वीप समूह, श्रीलंका, इंडोनेशिया, दक्षिण भारत इससे प्रभावित हुआ। इसमें 2 लाख से अधिक लोगों की जान चली गयी। 2014 में जम्मू कश्मीर में भीषण बाढ़ आई जिसमें 500 से अधिक लोग मारे गये।

इस तरह की आपदायें कुछ समय के लिए आती है पर बड़ी मात्रा में नुकसान करती है। सभी मकानों, परिसरों, शहरो को नष्ट कर देती है और बड़ी मात्रा में जान-माल का नुकसान होता है। हर कोई इनके सामने बौना साबित होता है। जल, जंगल, जमीन, जीवजन्तु एवं जलवायु को बचाने के लिए हमें पेड़, पानी, पर्यावरण, प्रकृति एवं पृथ्वी का संरक्षण करना होगा।

प्रमुख प्राकृतिक आपदायें (Major Natural Disasters)

प्रमुख प्राकृतिक आपदायें इस प्रकार है–

- जंगलों में आग
- आंधी
- बाढ़, मूसलाधार बारिश
- बिजली गिरना
- सूखा (अकाल)
- महामारी
- हिमस्खलन, भूस्खलन
- भूकम्प
- ज्वालामुखी
- सुनामी
- चक्रवाती तूफान
- बादल फटना (क्लाउड बर्स्ट)
- ओलावृष्टि
- हीट वेव

प्राकृतिक आपदाओं से नुकसान
(Disadvantage of Natural Disasters)

प्राकृतिक आपदा अपने साथ बहुत सारा विनाश लेकर आती है। इससे धन-जन का भारी नुकसान होता है। मकान, घर, इमारतें, पुल, सड़कें टूट जाती है। करोड़ो रुपये का नुकसान हो जाता है। रेल, सड़क, हवाईमार्ग बाधित हो जाता है। वन्य जीव नष्ट हो जाते है, वातावरण प्रदूषित हो जाता है। वन नष्ट हो जाते है, परिस्तिथिकी तंत्र को नुकसान पहुँचता है। जिस शहर, देश में भूकंप, बाढ़, सुनामी, तूफान, भूस्खलन जैसी आपदा आती है वहाँ पर सब कुछ नष्ट हो जाता है।

लाखों लोग बेघर हो जाते हैं। फोन सम्पर्क टूट जाता है। जलवायु परिवर्तित हो जाती है। लाखों लोग अचानक से काल के गाल में समा जाते हैं। प्राकृतिक आपदा हमेशा अपने पीछे भयंकर विनाश छोड़ जाती है। शहर को दोबारा बनाने में फिर से संघर्ष करना पड़ता है। करोड़ो रुपये फिर से खर्च करने पड़ते है। बाढ़, मूसलाधार बारिश, ओलावृष्टि जैसी आपदा सभी फसलों को नष्ट कर देती है जिससे देश में अनाज की कमी हो जाती है। लोग भुखमरी का शिकार हो जाते हैं। सूखा, महामारी जैसी प्राकृतिक आपदा आने से पूरे प्रदेश में बीमारी फैल जाती है जिससे हजारों लोग मौत का शिकार बन जाते हैं।

1992-93 में इथियोपिया में भयंकर सूखा पड़ा जिसमें 30 लाख से अधिक लोगों की मृत्यु हो गयी। आज भी हर साल हमारे देश में राजस्थान, गुजरात, आंध्र प्रदेश, उड़ीसा, मध्य प्रदेश में सूखा पड़ता रहता है।

प्राकृतिक आपदा प्रबन्धन या आपदाओं से बचने के उपाय
(Ways and Types to Disaster Management)

प्राकृतिक आपदाओं से बचने के निम्न उपाय है-

बाढ़ में आपदा प्रबन्धन

बाढ़ से बचने के लिए किसी ऊँची सुरक्षित जगह पर चले जाना चाहिए जहाँ पानी न हो। साथ में खाने-पीने का जरूरी सामान, दवाइयां, टोर्च, पीने का पानी, रस्सी, चाकू, फोन जैसा जरूरी सामान ले लें। बाढ़ में घर की बिजली का मेंन स्विच बंद कर दें। घर की कीमती वस्तुएं, कीमती कागजात को ऊपर वाली मंजिल में रख दें। बाढ़ के बहते पानी में न चले। इससे आप बह सकते हैं। गिरे हुए बिजली के तार से दूर रहे। आपको करेंट लग सकता है।

भूकंप में आपदा प्रबन्धन

भूकंप आने पर इमारत, बिल्डिंग, मकान, ऑफिस से फौरन बाहर खुले में आ जायें। किसी भी इमारत के पास न खड़े हों। किसी मेज के नीचे छिप जायें। भूकंप के समय लिफ्ट का प्रयोग न करें। सीढ़ियों से नीचे उतरें। जब तक भूकम्प के झटके लगते रहे बाहर खुले स्थान में बैठे रहे। अगर कार में है तो किसी खुली जगह पर कार पार्क कर दें। कार से बाहर निकल आयें।

सूखे में आपदा प्रबन्धन

सूखे की समस्या से निपटने के लिए वर्षा के जल का संरक्षण टैंको और प्राकृतिक जलाशयों में करना चाहिए। सागर जल अलवणीकरण किया जाना चाहिए जिससे समुद्र के जल को सिंचाई के लिए इस्तेमाल किया जा सके। अशुद्ध जल को पुनः शुद्ध करना चाहिए। अपशिष्ट जल का प्रयोग घर की सफाई, सब्जियाँ धोने, बगीचे को पानी देने, कार, वाहन सफाई में कर सकते है।

बादलों की सीडिंग करके अधिक वर्षा प्राप्त की जा सकती है। सूखे की समस्या से बचने के लिए अधिक से अधिक पेड़ लगाने चाहिए। जिन क्षेत्रों में सूखे की समस्या रहती है वहाँ लोगों को सीमित मात्रा में पानी इस्तेमाल करना चाहिए। ऐसे क्षेत्रों में अधिक पानी का दोहन करने वाली फैक्ट्री, उद्योगों को बंद करना चाहिए।

सुनामी में आपदा प्रबन्धन

सुनामी से बचाव के लिए एक जीवन रक्षा किट बना लें। इसमें खाना, पानी, फोन, दवाइयां, प्राथमिक उपचार किट रखे। सुनामी आने से पहले अपने स्थान से बाहर निकलने की ड्रिल एक दो बार कर लें। आपके पास एक अच्छा रास्ता होना चाहिए जिससे आप फौरन उस स्थान से सुरक्षित स्थान पर जा सकें।

आपके पास शहर का एक नक्शा होना चाहिए क्योंकि सुनामी आने पर हजारों की संख्या में लोग शहर से बाहर जाने लगते है। सरकारी चेतावनी, मौसम विभाग की चेतावनी को आप ध्यानपूर्वक सुनते रहे। ज्यादातर सुनामी भूकंप के बाद आती है। यदि पशु अजीब व्यवहार करे, पक्षी स्थान छोड़कर जाने लगे तो ये सुनामी का संकेत हो सकता है। सुनामी आने से पहले समुद्र का पानी कई मीटर पीछे चला जाता है, इस बात पर भी ध्यान देना बहुत आवश्यक है।

तेज बारिश या बिजली गिरने पर आपदा प्रबन्धन

मूसलाधार बारिश होने पर बिजली गिरना आम बात है। हर साल सैकड़ों लोग बिजली गिरने से मर जाते है। जब भी मौसम खराब हो, आसमान में बिजली चमक रही हो तो कभी भी किसी पेड़ के नीचे न खड़े हो और कम-से-कम 5-6 मीटर दूर रहें। बिजली के खम्बों से दूर रहे।

धातु की वस्तुओं से दूरी बनाए रखें। बिजली के उपकरणों से दूर रहे। मोबाइल फोन का इस्तेमाल न करें। पहाड़ी की चोटी पर खड़े न हो। पानी में न नहाये। ऐसा करके आप बिजली से बच सकते हैं। बिजली गिरते समय अगर आपके आस पास कोई छुपने की जगह ना हो तो किसी गड्ढे जैसी जगह पर घुस कर छुप जाएँ या सर को नीचे करके, घुटनों को मोड़कर पंजों के सहारे नीचे बैठ जाएँ, और अपने दोनों पैर की एड़ियों को जोड़ें और कानों को ऊंगलियों से बंद कर दें।

चक्रवाती तूफान में आपदा प्रबन्धन

आंधी, तूफान, चक्रवातीय तूफान आने पर घर में ही रहना चाहिए। घर से बाहर नहीं निकलना चाहिए। सभी खिड़की दरवाजे बंद कर लेना चाहिए। पक्के मकान में ही रहना चाहिए। आंधी-तूफान आने पर बिजली चली जाती है। इसलिए अपने पास बैटरी, टॉर्च, ईंधन, फोन, लालटेन, माचिस, खाना, पीने का पानी पहले से रखे। प्राथमिक उपचार किट भी अपने पास रखे। स्थानीय रेडियो का प्रसारण सुनते रहे।

जंगल में आग लगने पर आपदा प्रबन्धन

जंगल में आग लगने पर वन विभाग के कर्मचारियों को तुरंत सूचित करना चाहिए। जंगल की आग बुझाना अत्यंत कठिन काम है। इसे अधिक स्टाफ और आधुनिक उपकरणों की सहायता से बुझाया जा सकता है। हेलीकाप्टर के जरिए पानी का छिड़काव करके जंगल की आग बुझाई जा सकती है। जंगल में आग लगने पर फौरन पुलिस को फोन करना चाहिए। हानिकारक धुएँ से बचने के लिए अपने मुंह पर कपड़ा बाँध लेना चाहिए। किसी सुरक्षित स्थान पर चले जाना चाहिए। जंगल के किनारे स्थित घर को खाली कर देना चाहिए। फायर फाइटर को फोन करना चाहिए।

हिमस्खलन होने पर आपदा प्रबन्धन

हिमस्खलन से बचने के लिए कुछ उपाय है। लोहे के तारों का जाल बनाकर पहाड़ों पर सड़कों की सुरक्षा की जा सकती है। सॉफ्टवेयर द्वारा पहाड़ी जगहों में ऐसे स्थानों का पता लगा सकते हैं जहाँ हिमस्खलन आ सकता है। पहाड़ों पर अधिक से अधिक पेड़ लगाकर, ढलानों को काटकर चबूतरा बनाकर, मजबूत दीवार बनाकर हिमस्खलन को रोका जा सकता है।

भूस्खलन होने पर आपदा प्रबन्धन

भूस्खलन होने पर फौरन उस स्थान से निकल जाना चाहिए। अपने साथ में एक सेफ्टी किट रखनी चाहिए जिसमें जरूरी सामान, फर्स्ट एड बॉक्स, पीने का पानी हो। रेडियो, टीवी पर मौसम की जानकारी लेते रहे। अगर आपका घर भूस्खलन के क्षेत्र में है तो ज्यादा से ज्यादा पेड़ चारो तरफ लगाइयें। पेड़ पहाड़ों को बाँधे रखते हैं। अपने घर के

आस-पास की जगह की नियमित जाँच करते रहिये। जिस स्थान पर ऊपर से चट्टान गिरने का खतरा हो वहाँ से दूर रहे। हेलिकॉप्टर या बचाव दल का फोन नम्बर हमेशा अपने पास रखे।

ज्वालामुखी फटने पर आपदा प्रबन्धन

ज्वालामुखी फटने पर फौरन घर का कीमती सामान अपने साथ लेकर सुरक्षित स्थान पर चले जायें। अपने पालतु पशुओं को भी साथ ले जायें। मौसम विभाग, स्थानीय रेडियो प्रसारण को सुनते रहे जिससे आपको नई जानकारी मिलती रहे। स्थानीय मार्गो का एक नक्शा अपने पास रखे। साथ में एक जीवन रक्षा किट भी साथ रखे जिसमें दवाइयाँ, टॉर्च, पीने का पानी, अन्य सामान हो। अपने मित्रों और परिवार के साथ में रहे। अकेले न रहे।

महामारी फैलने पर आपदा प्रबन्धन

महामारी/संक्रामक रोग बरसात के मौसम में अधिक होते हैं। रोगाणु- विषाणु पानी के माध्यम से सबसे जल्दी फैलते हैं इसलिए साफ पानी पीना चाहिए। दस्त, पेचिस, हैजा, मियादी बुखार, पीलिया, पोलियो जैसे रोग अशुद्ध पानी के सेवन से फैलते हैं।

इनसे बचने के लिए ताजी कटी सब्जियों, फलों का सेवन करना चाहिए। भोजन करने से पहले हाथों को अच्छी तरह से धोइये। नियमित रूप से नाखून काटे, दाढ़ी और बाल कटवाएं। रोज साबुन से मलकर नहायें। किसी भी तरह की प्राकृतिक आपदा आने पर शांत रहे। अफवाहों पर ध्यान न दें। सरकारी आदेशो का पालन करें। अकेले न रहे। अपने परिवार के साथ ही रहे। अपने पास पुलिस, अस्पताल, अग्निशमन सेवा, एम्बुलेंस, बचाव दल का फोन नम्बर जरुर रखें। अपने पास एक आपातकालीन किट जरुर रखे। इसमें माचिस,टोर्च, रस्सी, चाकू, पानी, टेप, बैटरी से चलने वाला रेडियो रखे। अपने परिचयपत्र, कागजात, जरूरी कागज अपने पास रखे।

सूखा, बाढ़, चक्रवाती तूफान, भूकम्प, भूस्खलन, वनों में लगने वाली आग, ओलावृष्टि, टिड्ढी दल और ज्वालामुखी फटने जैसी विभिन्न प्राकृतिक आपदाओं का पूर्वानुमान नहीं लगाया जा सकता है, न ही इन्हें रोका जा सकता है, लेकिन इनके प्रभाव को एक सीमा तक जरूर कम किया जा सकता है, जिससे कि जान-माल का कम-से-कम नुकसान हो। यह कार्य तभी किया जा सकता है, जब सक्षम रूप से आपदा प्रबन्धन का सहयोग मिले। प्रत्येक वर्ष प्राकृतिक आपदाओं से अनेक लोगों की मृत्यु हो जाती है, इससे सर्वाधिक जाने चली जाती है।

आपदा प्रबन्धन के दो महत्वपूर्ण आंतरिक पहलू हैं। वह हैं पूर्ववर्ती और उत्तरवर्ती आपदा प्रबन्धन। पूर्ववर्ती आपदा प्रबन्धन को जोखिम प्रबन्धन के रूप में जाना जाता

है। आपदा के खतरे जोखिम एवं शीघ्र चपेट में आने वाली स्थितियों के मेल से उत्पन्न होते हैं। यह कारक समय और भौगोलिक दोनों पहलुओं से बदलते रहते हैं। जोखिम प्रबन्धन के तीन घटक होते हैं। इसमें खतरे की पहचान, खतरा कम करना और उत्तरवर्ती आपदा प्रबन्धन शामिल है।

आपदा प्रबन्धन का पहला चरण है खतरों की पहचान। इस अवस्था पर प्रकृति की जानकारी तथा किसी विशिष्ट अवस्थल की विशेषताओं से संबंधित खतरे की सीमा को जानना शामिल है। साथ ही इसमें जोखिम के आंकलन से प्राप्त विशिष्ट भौतिक खतरों की प्रकृति की सूचना भी समाविष्ट है।

इसके अतिरिक्त बढ़ती आबादी के प्रभाव क्षेत्र एवं ऐसे खतरों से जुड़े माहौल से संबंधित सूचना और डाटा भी आपदा प्रबन्धन का अंग है। इसमें ऐसे निर्णय लिए जा सकते हैं कि निरंतर चलने वाली परियोजनाएँ कैसे तैयार की जानी हैं और कहाँ पर धन का निवेश किया जाना उचित होगा, जिससे दुर्गम्य आपदाओं का सामना किया जा सके। इस प्रकार जोखिम प्रबन्धन तथा आपदा के लिए नियुक्त विशेषज्ञ मिलकर जोखिम भरे क्षेत्रों के अनुमान से संबंधित कार्य करते हैं। ये विशेषज्ञ आपदा के पूर्वानुमान के आंकलन का प्रयास करते हैं और आवश्यक एहतियात बरतते हैं।

जनशक्ति, वित्त और अन्य आधारभूत समर्थन आपदा प्रबन्धन की उप-शाखा का ही हिस्सा हैं। आपदा के बाद की स्थिति आपदा प्रबन्धन का महत्वपूर्ण आधार है। जब आपदा के कारण सब कुछ अस्त-व्यस्त हो जाता है तब लोगों को स्वयं ही उजड़े जीवन को पुनः बसाना होता है तथा अपने दिन-प्रतिदिन के कार्य पुनः शुरू करने पड़ते हैं।

जिला योजना समिति (District Planning Committee)

शासन के विकेंद्रीकरण के तहत पंचायतों एवं स्थानीय निकायों के सर्वांगीण विकास हेतु जिला योजना समितियों का गठन किया गया है। पंचायतों तथा नगर पालिकाओं द्वारा तैयार की गई योजनाओं को समेकित करने और सम्पूर्ण जिले के लिए विकास योजना का प्रारूप तैयार करने हेतु सरकार प्रत्येक जिले में एक जिला योजना समिति का गठन करेगी। जिला योजना समिति में निम्नलिखित सम्मिलित होंगें–

जिला परिषद के अध्यक्ष जिला मुख्यालय पर अधिकारिता रखने वाली नगरपालिका के महापौर या अध्यक्ष सरकार द्वारा यथा विनिर्दिष्ट समिति के सदस्यों की कुल संख्या के कम-से-कम 4/5 भाग सदस्य, जो जिला परिषद के निर्वाचित सदस्यों, जिले की नगर पंचायत और नगर निगम तथा नगरपालिका पार्षद के निर्वाचित पार्षदों के बीच से उनके द्वारा विहित रीति से ग्रामीण क्षेत्रों और जिले के शहरी क्षेत्रों के बीच आबादी के अनुपात में राज्य निर्वाचन आयोग के निर्देशन, नियंत्रण एवं पर्यवेक्षण में निर्वाचित होंगे।

परन्तु यह कि निर्वाचित सदस्यों में से व्यवहारिक रूप से यथासम्भव पचास प्रतिशत महिलायें होंगी। परन्तु यदि अनुसूचित जातियों या पिछड़े वर्ग की कोटियों में से कोई निर्वाचित सदस्य नहीं हो तो सरकार, जिले की पंचायतों तथा नगरपालिकाओं के सदस्यों में से अनुसूचित जातियों, अनुसूचित जन जातियों या पिछड़े वर्ग की कोटियों के सदस्यों को इतनी संख्या में मनोनीत कर सकती है, जितना वह उचित समझे। लोक सभा के सभी सदस्यगण जो उस जिले के सम्पूर्ण या किसी हिस्से का प्रतिनिधित्व करते हो, राज्य सभा के सभी सदस्यगण जो उस जिले में निर्वाचक के रूप में निबंधित हो।

राज्य विधान सभा के सभी सदस्य जिनका क्षेत्र उस जिले के अन्तर्गत पड़ता हो, राज्य विधान परिषद के सदस्य गण जो उस जिले में निर्वाचक के रूप में निबंधित हो तथा जिला दंडाधिकारी और अध्यक्ष जिला सहकारी बैंक, भूमि विकास बैंक, समिति के स्थायी आमंत्रित सदस्य होगें। मुख्य कार्यपालक पदाधिकारी समिति का सचिव होगा। जिला परिषद का अध्यक्ष जिला योजना समिति का सभापति होगा। जिला योजना समिति जिला में पंचायतों तथा नगर पालिकाओं द्वारा तैयार की गई योजनाओं का समेकन करेगी और पूरे जिले के लिए विकास योजना प्रारूप बनाएगी।

प्रत्येक जिला योजना समिति विकास योजना प्रारूप तैयार करते समय निम्नलिखित बातों का ध्यान रखेंगी –

- जिले में जिला परिषद, पंचायत समितियों, ग्राम पंचायतों, नगर पंचायतों, नगर परिषदों तथा नगर निगमों के परस्पर सामान्य हित के मामलों के साथ-साथ स्थानीय योजना, जल एवं अन्य भौतिक और प्राकृतिक साधन स्रोत में हिस्सेदारी, आधारभूत सरंचना का समेकित विकास एवं पर्यावरण संरक्षण।
- उपलब्ध संसाधनों का विस्तार एवं प्रकार चाहे वह वित्तीय हो या अन्यथा
- सरकार द्वारा यथा निर्दिष्ट संस्थाओं एवं संगठनों से परामर्श।
- प्रत्येक जिला योजना समिति का अध्यक्ष ऐसी समिति द्वारा अनुशंसित विकास योजना को अग्रसारित करेगा।

मीडिया प्रबन्धन (Media Management)

मीडिया अथवा जनसंचार माध्यम किसी भी समाज या देश की वास्तविक स्थिति के प्रतिबिंब होते हैं। देश के सामाजिक, राजनीतिक, आर्थिक और सांस्कृतिक फलक पर क्या कुछ घटित हो रहा है, इससे आम जन-मीडिया के द्वारा ही परिचित होते हैं। जनसंचार माध्यमों के विभिन्न रूपों ने आज दुनिया के लगभग हर होने तक अपनी पहुँच बना रखी है। मीडिया की शक्ति का आकलन उसकी व्यापक पहुँच के मद्देनजर किया जा सकता है। लेकिन इतनी शक्तियों और लगभग स्वतंत्र होने की वजह से मीडिया की देश और समाज के प्रति महत्वपूर्ण जिम्मेदारी भी है, इसीलिए लोकतंत्र में

व्यवस्थापिका, कार्यपालिका और न्यायपालिका के बाद मीडिया को लोकतंत्र का चौथा स्तम्भ माना जाता है। सामान्यतया लोकतंत्र की तीन विशेषताएँ होती हैं – जनता का प्रतिनिधित्व, जनता के हितों का संरक्षण तथा जनता के प्रति उत्तरदायित्व।

व्यवस्थापिका जनता का प्रतिनिधित्व करती है। किंतु जनता के जागरूक न रहने पर ऐसे व्यक्तियों का चुनाव कर सकती है, जो ऊपर से जनता के हितों की बात करते हों किंतु वास्तव में अपने लाभ के लिए चुनाव लड़ रहे हों। जनता आतंकित होकर भी किसी बाहुबली या अपराधी का चुनाव करने को विवश हो सकती है। जनता को अपने हितों को समझना भी जरूरी है। जटिल आर्थिक और सामाजिक संरचना में जनता को संकीर्ण जातिगत या क्षेत्रीय हितों के विरूद्ध राष्ट्रीय अथवा सम्पूर्ण समाज के विशाल हितों के बीच अंतर करना होता है और उसका कोई भी गलत निर्णय जटिल समस्याएँ खड़ी कर देता है। इस प्रकार स्वस्थ लोकमत का निर्माण आवश्यक हो जाता है। लोकमत के निर्माण में मीडिया की भूमिका सर्वाधिक सशक्त और महत्वपूर्ण होती है।

मीडिया से तात्पर्य जनसंचार के विभिन्न माध्यमों – समाचार पत्रों, पत्रिकाओं, रेडियो, टेलीविजन तथा चलचित्रों से है। समाचार-पत्र विविध घटनाओं, समस्याओं एवं विचारों के संबंध में जनता को सूचना प्रदान करने का कार्य करते हैं और साधारणतया समाचार-पत्रों में प्रकाशित सामाजिक, आर्थिक, राजनीतिक और अंतर्राष्ट्रीय सूचनाओं के आधार पर ही जन-साधारण सार्वजनिक क्षेत्र से संबंधित विभिन्न पहलुओं पर अपने विचार का निर्माण करता है। इसके अतिरिक्त, प्रत्येक समाचार पत्र के संपादकीय अंश द्वारा पाठकों के विचारों को प्रत्यक्ष रूप से प्रभावित करने का कार्य किया जाता है। समाचार-पत्र जनता की बात को शासन तक और शासन संबंधी तथ्यों को जनता तक पहुँचाने का काम करते हैं। शिक्षा के प्रसार के साथ ही सार्वजनिक क्षेत्र की गतिविधियों पर जनता नजर रखना चाहती है और समाचार-पत्र इसके लिए भरपूर सूचना सामग्री जनता तक पहुँचाते हैं। साप्ताहिक, पाक्षिक और मासिक पत्रिकाओं में राजनीतिक जीवन और सामाजिक-आर्थिक विषयों का विस्तृत विवेचन होता है जिसे पढ़कर जनता लोकतांत्रिक प्रक्रिया में अधिकाधिक भागदारी प्राप्त करती है।

जहाँ तक समाचार पत्रों का सवाल है, तो इन्होंने शुरू से ही मानव के दृष्टिकोण एवं विचारों को प्रभावित किया है। दुनिया के तमाम देशों में हुई सामाजिक एवं राजनीतिक क्रांतियों के अलावा भारत के स्वाधीनता संघर्ष में समाचार-पत्रों ने अभूतपूर्व भूमिका निभाई। पुनर्जागरण के अग्रदूत और भारतीय पत्रकारिता के जनक, राजाराम मोहनराय सहित अन्य सुधारकों ने भी अपने सुधार कार्यक्रमों को विस्तार देने तथा जन-जन तक पहुँचाने के लिए समाचार-पत्रों को माध्यम बनाया। इसके अलावा लोकमान्य बात गंगाधार तिलक ने 'मराठा' एवं 'केसरी', सुरेन्द्रनाथ बनर्जी ने 'बंगाली', भारतेंदु हरिश्चन्द्र' ने 'संवाद कौमुदी', लाला लाजपत राय ने 'न्यू इंडिया', अरविंद घोष

ने 'वंदे मातरम' तथा महात्मा गांधी ने 'यंग इंडिया' एवं 'हरिजन' के माध्यम से तथा अन्य महान नेताओं ने विभिन्न भाषाई समाचार-पत्रों के माध्यम से ब्रिटिश शासन की शोषणकारी नीतियों एवं कार्यों को उजागर किया तथा उन्हें जन-सामान्य तक पहुँचाया। इन समाचार-पत्रों से ब्रिटिश शासन की शोषणकारी प्रवृत्ति का पर्दाफाश न सिर्फ भारत में बल्कि पूरी दुनिया में होता था। समाचार-पत्रों की इस बहुआयामी भूमिका के कारण ही ब्रिटिश शासन द्वारा प्रेस पर कठोर प्रतिबंध आरोपित किए गए तथा कई समाचार-पत्रों एवं उनके संचालकों को अराजक घोषित कर दिया। लेकिन प्रेस द्वारा पैदा की गई जन-जागरूकता ने स्वतंत्रता प्राप्ति के लक्ष्य को प्राप्त करने में अमूल्य योगदान दिया।

आजादी के बाद यह जरूरी था कि सरकारी नीतियों एवं विकास कार्यक्रम को आम आदमी तक पहुँचाया जाए और समाचार-पत्रों ने इस कार्य को बखूबी अंजाम दिया। वहीं सरकारी प्रयासों के फलस्वरूप साक्षरता के तथा आधुनिकीकरण की प्रक्रिया के साथ-साथ समाचार-पत्रों की संख्या और उनके प्रसार में भी तेजी से विस्तार हुआ है आज तो हम संचार क्रांति के युग में जी रहे हैं, जहाँ न सिर्फ संचार के अनेक माध्यम हैं, बल्कि सबसे पहले सूचना प्रसारित करने की होड़ मची है।

सूचना और विचारों के प्रचार-प्रसार के लिए रेडियो और टेलीविजन का महत्व बढ़ता जा रहा है। रेडियो का विशेष महत्व यह है कि निरक्षर व्यक्ति भी बिना किसी प्रकार की सहायता के सूचनाएँ प्राप्त कर सकता है। ग्रामीण अंचलों में जहाँ समाचार-पत्र आसानी से नहीं पहुँचतें वहाँ रेडियो से ही अधिकांश जानकारियाँ मिल जाती हैं। समाचार-पत्र चौबीस घण्टे में एक बार ही छपते हैं और इन्हें लोगों के घरों तक पहुँचाने के लिए हाकरों की मदद लेनी पड़ती है। किंतु रेडियो और दूरदर्शन से पल-पल का समाचार जनता तक पहुँचता है। केबल के माध्यम से टेलीविजन के पर्दे पर कई समाचार चैनलों द्वारा प्रसारित समाचार या घटनाक्रम को सजीव चित्रण के रूप में देखा जा सकता है। इन समाचार माध्यमों के महत्व को देखते हुए यह प्रश्न उठना स्वाभाविक है कि जनता की उनसे क्या अपेक्षाएँ हैं?

अतः मीडिया का यह दायित्व बनता है कि वह समाचार-विश्लेषण में मर्यादा, संयम और निष्पक्षता पर विशेष ध्यान दे। अभिव्यक्ति की स्वतंत्रता को अभिव्यक्ति की प्रतिबद्धता का रूप नहीं प्रदान करना चाहिए। समाचार-पत्र लोगों को दिन प्रतिदिन की घटनाओं से अवगत कराते हैं। समाचार-पत्रों के माध्यम से ही विभिन्न राजनीतिक, सामाजिक व आर्थिक समूह एक-दूसरे के दृष्टिकोण, मान्यताओं एवं अपेक्षाओं से परिचित होते हैं। इस प्रकार समाज में एक शांतिपूर्ण सामंजस्य की प्रक्रिया आरम्भ हो जाती है, जिसमें आपसी विवादों एवं मतभेदों का निराकरण सहमतिपूर्ण ढंग से करना संभव होता है। समाचार-पत्र सामाजिक व नैतिक मूल्यों के क्षरण को रोकने में सहायक

होते हैं तथा प्राचीन परंपराओं एवं उदाहरणों के माध्यम से नैतिकता में जनमानस की आस्था को सुस्थिर रखने का प्रयास करते हैं। समाचार-पत्रों द्वारा सांस्कृतिक गतिविधियों को सक्रिय रखने में भी गतिशील भूमिका निभायी जाती है।

समाचार-पत्रों का सबसे महत्वपूर्ण कार्य जनमत का निर्माण करना है। समाचार-पत्रों को भारतीय लोकतंत्र का चौथा स्तम्भ माना जाता है। समाचार-पत्र सरकार, सरकारी नीतियों व कार्यक्रमों तथा महत्वपूर्ण फैसलों के विषय में जनमत का निर्माण करते हैं। जनमत का प्रतिनिधित्व करने के कारण समाचार-पत्रों की आवाज को सुनना तथा उस पर जरूरी निर्णय लेना लोकतांत्रिक सरकार के लिए लगभग बाध्यकारी होता है। समाचार-पत्रों के विश्लेषण एवं लेखों से चुनावी परिणामों पर भी गहरा प्रभाव पड़ता है। बड़ी संख्या में मतदाता समाचार-पत्रों की खबरों को आधार बनाकर अपना मतनिर्णय करते हैं। इस प्रकार समाचार-पत्र किसी पार्टी या व्यक्ति के पक्ष में चुनावी लहर को जन्म देने वाले मुख्य अभिप्रेरक होते हैं।

आधुनिक युग में सोशल मीडिया प्लेटफॉर्म संचार का सर्वाधिक सशक्त माध्यम बन चुका है। सूचना एवं संचार के इस ओवरलैपिंग माहौल में साइबर सुरक्षा की नितांत आवश्यकता महसूस की जा रही है। इस प्रकार मीडिया प्रबन्धन आधुनिक लोकतंत्र में सुशासन और विकास के लिए महत्वपूर्ण है।

पर्यावरण एवं वन संरक्षण (Environmental and Forest Conservation)

भू क्षेत्र जहाँ वृक्षों का घनत्व सामान्य से अधिक है उसे वन (जंगल) कहते हैं। विभिन्न मापदंडों पर आधारित जंगल की कई परिभाषाएँ हैं। वनों ने पृथ्वी के लगभग 9.5 प्रतिशत भाग को घेर रखा है जो कुल भूमिक्षेत्र का लगभग 30 प्रतिशत भाग है। एक समय कभी वन कुल भूमिक्षेत्र के 50 प्रतिशत भाग में फैल हुए थे। वन, जीव जन्तुओं के लिए आवास स्थल हैं और पृथ्वी के जल-चक्र को नियंत्रित और प्रभावित करते हैं और मृदासंरक्षण का आधार हैं।

इसी कारण वन पृथ्वी के जैवमण्डल का अहम हिस्सा हैं। वन धरती के सबसे प्रमुख स्थलीय परितंत्र भी हैं। वन, धरती के जीव-मडंल के कुल सकल प्राथमिक उत्पाद के 75 प्रतिशत भाग लिए हैं। धरती की 80 वनस्पतियाँ वनों में पाई जाती हैं। अलग अलग ऊंचाइयों पर स्थित वन विभिन्न परितंत्रों का निर्माण करते हैं - जैसे ध्रुवों के निकट बोरील वन, भूमध्य रेखा के निकट उष्ण कटिबन्धीय वन और मध्यम ऊंचाइयों पर शीतोष्ण वन। किसी क्षेत्र की ऊंचाई और वहाँ मौजूद नमी उस क्षेत्र में पाए जाने वाले वृक्षों पर प्रभाव डालती है। मानव और वन एक दूसरे पर सकारात्मक और नकारात्मक दोनों ही प्रभाव डालते हैं। वन जहाँ मनुष्य को अनेक प्राकृतिक संसाधन उपलब्ध कराते हैं वहीं वे आमदनी का एक स्रोत भी हैं।

सतत वन प्रबन्धन (Sustainable Forest Management)

सतत वन प्रबन्धन टिकाऊ विकास के सिद्धांतों के अनुसार नियमित एवं व्यवस्थित रूप से वनों का प्रबन्धन है। वनों और वन भूमि का संचालन और उपयोग एक तरह से, और एक दर पर, जो जैव विविधता, उत्पादकता, पुनर्जनन क्षमता, जीवन शक्ति और भविष्य में, भविष्य में प्रासंगिक पारिस्थितिक, आर्थिक और सामाजिक कार्यों को पूरा करने की उनकी क्षमता को बनाए रखता है।

संयुक्त वन प्रबन्धन (Joint Forest Management)

वन विभागों और स्थानीय समुदायों के मध्य प्राकृतिक वन प्रबन्धन हेतु भागीदारी है। इस अवधारणा को भारत सरकार ने वर्ष 1988 की राष्ट्रीय वन नीति के माध्यम से प्रस्तुत किया था। JFM के अंतर्गत, ग्रामीण समुदायों को निकटवर्ती वनों के सरंक्षण और प्रबन्धन का कार्य सौंपा जाता है। समुदायों से वन सुरक्षा समितियों, ग्रामीण वन समितियों, ग्रामीण वन संरक्षण और विकास समितियों आदि को संगठित करने की अपेक्षा की जाती है। इन निकायों में से प्रत्येक की एक कार्यकारिणी समिति होती है जो अपने दैनिक मामलों का प्रबन्धन करती हैं। वनों में अपनी सेवाएँ देने के बदले समुदायों को गौण गैर-काष्ठ वनोत्पादों के उपभोग का लाभ प्राप्त होता है। परिणामस्वरूप वनों को संधारणीय रूप से संरक्षित किया जा सकता है। उदाहरण–

- हिमालयी राज्यों में गद्दी और गुज्जर जनजातियों द्वारा मवेशियों की नियंत्रित चराई से जंगली घास की व्यापक वृद्धि की रोकथाम होती है, इस प्रकार यह जैव विविधता के संरक्षण में योगदान देता है।
- राजस्थान का बिश्नोई समुदाय पारिस्थितिक सरंक्षण में महत्वपूर्ण भूमिका निभाता है।
- गिर राष्ट्रीय उद्यान के आस-पास निवास करने वाले मालधारी घुमन्तु जनजाति समुदाय के संयुक्त संरक्षण प्रयासों ने शेरों की आबादी बढ़ाने में योगदान दिया है।

वनवासियों और सीमांत वन-समुदायों की आजीविका सुधार में संयुक्त वन प्रबन्धन की सम्भावित भूमिका इस प्रकार है–

- वन समितियां, ग्रामीणों के साथ मिलकर समन्वित रूप से कार्य करने हेतु गठित की गयी हैं। यह कृषि और वन उत्पादन में वृद्धि और उनके उत्पादों के प्रसंस्करण में सक्रिय भूमिका निभाती हैं।
- रोजगार के अवसर, जैसे-गांवों में संधारणीय पर्यटन का सृजन किया जाता है ताकि ग्रामीणों को वृक्षों की अवैध कटाई और वनों के अतिक्रमण से रोका जा सके।
- अन्य मूलभूत सुविधाएँ उपलब्ध कराने का प्रयास किया जाता है ताकि वनों पर दबाव कम हो।

- वन अधिकार अधिनियम 2006 के साथ पंचायत (अनुसूचित क्षेत्रों में विस्तार) अधिनियम (पेसा), 1996 वनवासियों के अधिकारों को सुनिश्चित कराने में महत्वपूर्ण भूमिका निभाता है।
- संयुक्त वन प्रबन्धन समिति (JFMC) में एक विशिष्ट महिला उप-समिति लैंगिक संतुलन सुनिश्चित करती है। (JFMC) सीमांत वन क्षेत्रों में राष्ट्रीय ग्रामीण रोजगार गारंटी कार्यक्रम के कार्यान्वयन के साथ-साथ पशुपालन, मुर्गीपालन, डेयरी विकास और लघु वानिकी उद्यम प्रबन्धन का प्रशिक्षण प्रदान करता है।
- गैर-काष्ठ वन उत्पाद (NWFP) भी JFM के लिए महत्वपूर्ण हैं। NWFP, वन पर आश्रित समुदायों की जीवन शैली का अभिन्न अंग हैं। वे उनकी आधारभूत आवश्यकताओं को पूर्ण करते हैं और मंदी की अवधि में उन्हें लाभप्रद रोज़गार प्रदान करते हैं और कृषि व मजदूरी द्वारा उन्हें पूरक आय उपलब्ध कराते हैं। JFM के माध्यम से एकत्र किए गए औषधीय पौधों की ग्रामीण स्वास्थ्य में महत्वपूर्ण भूमिका है। इस प्रकार, संयुक्त वन प्रबन्धन का महत्व न केवल वनोपयोग और पारिस्थितिकी प्रबन्धन को इष्टतम बनाने में अपितु वन वासियों को विकास की मुख्यधारा में लाने के लिए एक समावेशी दृष्टिकोण अपनाने में भी निहित है।

भारत में निर्वाचन प्रबन्धन (Election Management in India)

भारत में निर्वाचन प्रक्रिया को नियंत्रित एवं नियमित करने वाली संस्था है - निर्वाचन आयोग। भारत निर्वाचन आयोग, जिसे चुनाव आयोग के नाम से भी जाना जाता है, एक स्वायत्त संवैधानिक निकाय है जो भारत में संघ और राज्य चुनाव प्रक्रियाओं का संचालन करता है। यह देश में लोकसभा, राज्यसभा, राज्य विधानसभाओं, राष्ट्रपति और उपराष्ट्रपति के चुनाव का संचालन करता है।

पृष्ठभूमि

भारतीय संविधान का भाग 15 चुनावों से संबंधित है जिसमें चुनावों के संचालन के लिए एक आयोग की स्थापना करने की बात कही गई है। चुनाव आयोग की स्थापना 25 जनवरी, 1950 को संविधान के अनुसार की गई थी। संविधान के अनुच्छेद 324 से 329 तक चुनाव आयोग और सदस्यों की शक्तियों, कार्य, कार्यकाल, पात्रता आदि से संबंधित हैं।

संविधान में चुनावों से संबंधित अनुच्छेद

324 - चुनाव आयोग में चुनावों के लिए निहित दायित्व: अधीक्षण, निर्देशन और नियंत्रण।

325 - धर्म, जाति या लिंग के आधार पर किसी भी व्यक्ति विशेष को मतदाता सूची में शामिल न करने और इनके आधार पर मतदान के लिए अयोग्य नहीं ठहराने का प्रावधान

326 - लोकसभा एवं प्रत्येक राज्य की विधानसभा के लिए निर्वाचन वयस्क मताधिकार के आधार पर होगा।

327 - विधायिका द्वारा चुनाव के संबंध में संसद में कानून बनाने की शक्ति।

328 - किसी राज्य के विधानमंडल को इसके चुनाव के लिए कानून बनाने की शक्ति।

329 - चुनावी मामलों में अदालतों द्वारा हस्तक्षेप करने पर रोक।

निर्वाचन आयोग की संरचना

निर्वाचन आयोग में मूलत: केवल एक चुनाव आयुक्त का प्रावधान था, लेकिन राष्ट्रपति की एक अधिसूचना के जरिए 16 अक्तूबर, 1989 को इसे तीन सदस्यीय बना दिया गया।

इसके बाद कुछ समय के लिए इसे एक सदस्यीय आयोग बना दिया गया और 1 अक्तूबर, 1993 को इसका तीन सदस्यीय आयोग वाला स्वरूप फिर से बहाल कर दिया गया। तब से निर्वाचन आयोग में एक मुख्य चुनाव आयुक्त और दो चुनाव आयुक्त होते हैं। निर्वाचन आयोग का सचिवालय नई दिल्ली में स्थित है।

मुख्य निर्वाचन अधिकारी वरिष्ठ भारतीय प्रशासनिक सेवा (IAS) रैंक के अधिकारी होते हैं, जिसकी नियुक्ति राष्ट्रपति द्वारा की जाती है तथा चुनाव आयुक्तों की नियुक्ति भी राष्ट्रपति ही करता है। इनका कार्यकाल 6 वर्ष या 65 वर्ष की आयु (दोनों में से जो भी पहले हो) तक होता है। इन्हें भारत के सर्वोच्च न्यायालय के न्यायाधीशों के समकक्ष दर्जा प्राप्त होता है और समान वेतन एवं भत्ते मिलते हैं। मुख्य चुनाव आयुक्त को संसद द्वारा सर्वोच्च न्यायालय के न्यायाधीश को हटाने की प्रक्रिया के समान ही पद से हटाया जा सकता है।

उपरोक्त पदों से किसी को हटाने के लिए संविधान में 'महाभियोग' शब्द का उपयोग नहीं किया गया है। महाभियोग शब्द का प्रयोग केवल राष्ट्रपति को हटाने के

लिए किया जाता है जिसके लिए संसद के दोनों सदनों में उपस्थित सदस्यों की कुल संख्या के दो-तिहाई सदस्यों के विशेष बहुमत की आवश्यकता होती है और यह प्रक्रिया किसी अन्य मामले में नहीं अपनाई जाती।

निर्वाचन आयोग के कार्य

- चुनाव आयोग भारत में लोकसभा, राज्यसभा, राज्य विधानसभाओं, राष्ट्रपति और उपराष्ट्रपति के चुनाव की संपूर्ण प्रक्रिया का अधीक्षण, निर्देशन और नियंत्रण करता है।
- इसका सबसे महत्वपूर्ण कार्य आम चुनाव या उप-चुनाव कराने के लिए समय-समय पर चुनाव कार्यक्रम तय करना है।
- यह निर्वाचक नामावली (Voter List) तैयार करता है तथा मतदाता पहचान पत्र (EPIC) जारी करता है।
- यह मतदान एवं मतगणना केंद्रों के लिए स्थान, मतदाताओं के लिए मतदान केंद्र तय करना, मतदान एवं मतगणना केंद्रों में सभी प्रकार की आवश्यक व्यवस्थाएँ और अन्य संबद्ध कार्यों का प्रबन्धन करता है।
- यह राजनीतिक दलों को मान्यता प्रदान करता है उनसे संबंधित विवादों को निपटाने के साथ ही उन्हें चुनाव चिह्न आवंटित करता है।
- निर्वाचन के बाद अयोग्य ठहराए जाने के मामले में आयोग के पास संसद और राज्य विधानसभाओं के सदस्यों की बैठक हेतु सलाहकार क्षेत्राधिकार भी है।
- यह राजनीतिक दलों और उम्मीदवारों के लिए चुनाव में 'आदर्श आचार संहिता' जारी करता है, ताकि कोई अनुचित कार्य न करे या सत्ता में मौजूद लोगों द्वारा शक्तियों का दुरुपयोग न किया जाए।
- यह सभी राजनीतिक दलों के लिए प्रति उम्मीदवार चुनाव अभियान खर्च की सीमा निर्धारित करता है और उसकी निगरानी भी करता है।

भारत निर्वाचन आयोग का महत्व

- यह वर्ष 1952 से राष्ट्रीय और राज्य स्तर के चुनावों का सफलतापूर्वक संचालन कर रहा है।
- मतदान में लोगों की अधिक भागीदारी सुनिश्चित करने के लिए सक्रिय भूमिका निभाता है।
- राजनीतिक दलों को अनुशासित करने का कार्य करता है।
- संविधान में निहित मूल्यों को मानता है अर्थात् चुनाव में समानता, निष्पक्षता, स्वतंत्रता स्थापित करता है।

- विश्वसनीयता, निष्पक्षता, पारदर्शिता, अखंडता, जवाबदेही, स्वायत्तता और कुशलता के उच्चतम स्तर के साथ चुनाव आयोजित/संचालित करता है।
- मतदाता-केंद्रित और मतदाता-अनुकूल वातावरण की चुनावी प्रक्रिया में सभी पात्र नागरिकों की भागीदारी सुनिश्चित करता है।
- चुनावी प्रक्रिया में राजनीतिक दलों और सभी हितधारकों के साथ संलग्न रहता है।
- हितधारकों, मतदाताओं, राजनीतिक दलों, चुनाव अधिकारियों, उम्मीदवारों के बीच चुनावी प्रक्रिया और चुनावी शासन के बारे में जागरूकता पैदा करता है तथा देश की चुनाव प्रणाली के प्रति लोगों का विश्वास बढ़ाने और उसे मजबूती प्रदान करने का कार्य करता है।

पर्यटन विकास (Tourism Development)

भारत की पर्यटन नीति

भारत के पर्यटन विकास में महत्वपूर्ण परिवर्तन छठी पंचवर्षीय योजना के अंतर्गत 8 नवंबर, 1982 को भारत के पर्यटन मंत्रालय द्वारा पर्यटन की प्रथम राष्ट्रीय नीति को संसद में प्रस्तुत करने के बाद आया। नीति के जो मुख्य उद्देश्य रखे गए हैं, उनमें आपसी भ्रमण के माध्यम से राष्ट्रीय एवं अंतर्राष्ट्रीय सद्भाव को बढ़ाना, पर्यटन के विकास के माध्यम से विश्व की विचारधारा, जीवन के तरीकों और विकास की तकनीकी का ज्ञान करना, पैतृक संपदा एवं संस्कृति को बनाए रखने, नष्ट होने से बचाने और समृद्ध बनाने के लिए प्रचार-प्रसार करना, पर्यटन के समुदाय के लिए आर्थिक एवं सामाजिक लाभ प्राप्त करना अर्थात् रोजगार के अवसरों में वृद्धि, आय का सृजन, राजस्व की प्राप्ति, विदेशी विनियम का अर्जन और मानव व्यवहार में सुधार करना तथा पर्यटन के विकास से राष्ट्रीय एवं अंतर्राष्ट्रीय एकीकरण की विचारधारा को युवक-युवतियों में विकसित करना एवं मेलों-खेलों आदि के द्वारा राष्ट्रीय चरित्र का निर्माण करना आदि सम्मिलित हैं। हाल ही में भारत सरकार पर्यटन को संविधान की समवर्ती सूची में सम्मिलित करना चाहती है ताकि केंद्र एवं राज्य सरकार दोनों की भागीदारी बन सके।

पर्यटन विकास के लिए आयाम

पर्यटन नीति से युवकों हेतु होस्टल और अन्य विकास पर बल दिया गया है, चयनात्मक यात्रा-भ्रमण-पद्धति को अपनाया गया है तथा पर्यटकों के लिए सुविधाओं की आधारभूत संरचनाओं में वृद्धि करने पर जोर दिया गया है। नीति के विपणन व्यूह रचना से यात्री सुविधा बढ़ाने पर बल दिया है, बौद्ध धर्म-स्थलों पर यात्री सुविधा बढ़ाने पर जोर दिया गया है। पर्यटन को एक अंतर-अनुशासन का विषय बनाया गया है ताकि विभिन्न स्तर की सरकारें विभिन्न स्तर के व्यापारियों के साथ समन्वित रूप से कार्य कर सकें।

सातवीं पंचवर्षीय योजना भारतीय पर्यटन उद्योग के विकास की दृष्टि से मील का पत्थर रही है। इस योजनावधि के दौरान पर्यटन को विदेशी मुद्रा अर्जित करने और रोजगार के अवसर उत्पन्न करने की भावी संभावनाओं के रूप में स्वीकारा गया तथा इसे उद्योग का दर्जा भी दिया गया। 11वीं पंचवर्षीय योजना में अब राजस्थान सहित अन्य राज्यों और केंद्र शासित प्रदेशों में भी इसे उद्योग घोषित कर दिया है तथा पर्यटन के कार्य-कलापों में निवेश के लिए निजी उद्यमियों को बहुत से प्रोत्साहन उपलब्ध कराए गए हैं। सन 1989 में 'पर्यटन वित्त निगम' की स्थापना की गई जो होटल, रेस्टोरेंट, मनोरंजन पार्क आदि पर्यटन सुविधाओं के लिए वित्त उपलब्ध कराता है। अंतर्राष्ट्रीय पर्यटन के विकास के लिए सहायता योजना के अंतर्गत भी अतिरिक्त सहायता प्रदान की गई है। वर्ष 1991 को 'भारतीय पर्यटन वर्ष' घोषित कर के पर्यटकों को आकृष्ट करने के लिए विभिन्न गतिविधियों पर जोर दिया गया।

आठवीं पंचवर्षीय योजना में पर्यटन सेवा हेतु निजीकरण को अपनाने पर विशेष बल दिया गया है। इस योजना में विदेशी पर्यटन के साथ-साथ देशी पर्यटन के विकास पर भी बल दिया गया। 'विशेष पर्यटन क्षेत्र' योजना के अंतर्गत पर्यटन की संभावनाओं वाले नए क्षेत्र स्थलों की तलाश कर विकास प्रारंभ किया गया। बिहार में भगवान बुद्ध से संबंधित स्थानों और महाराष्ट्र में अजंता एलोरा के विकास हेतु परियोजनाएँ विदेशी वित्तीय सहायता से आरंभ की गई है। 'आगरा सांस्कृतिक विकास परियोजना' भी चल रही है। फिर भी भारत की कुल राष्ट्रीय आय का 2 प्रतिशत पर्यटन से प्राप्त होता है जबकि हम पर्यटन विकास पर प्रतिवर्ष कुल सार्वजनिक व्यय का मात्र 0.2 प्रतिशत खर्च करते हैं। इस प्रकार निवेश की कमी भी पर्यटन के समुचित विकास में बाधक है।

पर्यटन विकास के लिए जरूरी कदम

वर्तमान में भारतीय पर्यटन उद्योग को विकसित करने के लिए एक ओर देश में फैले पर्यटन केंद्रों को तीव्र एवं सुविधाजनक परिवहन साधनों से जोड़ना आवश्यक है, वहीं दूसरी ओर देश के प्रमुख हवाई अड्डों को अंतर्राष्ट्रीय उड़ानों से जोड़ना जरूरी है। पर्यटन से जुड़े सभी संस्थानों में योग्य, अनुभवी एवं प्रशिक्षित अधिकारियों व कर्मचारियों की नियुक्ति की जानी चाहिए तथा विदेशी पर्यटकों के साथ धोखाधड़ी एवं दुर्व्यवहार करने वाले दोषी व्यक्तियों को कठोर सजा देनी चाहिए। विश्राम गृहों एवं सूचना केंद्रों पर ऐतिहासिक एवं सांस्कृतिक ज्ञान रखने वाले प्रशिक्षित गाइड नियुक्त करने चाहिए। देश में सुरक्षा एवं शांति का माहौल भी पर्यटन के लिए बहुत आवश्यक है।

भारत में पर्यटन देश की सांस्कृतिक पहचान एवं आर्थिक समृद्धि को बढ़ाने के लिए एक महत्वपूर्ण एवं विकासशील उद्योग है। साथ ही यह भारत की 'वसुधैव कुटुंबकम' संस्कृति का विश्व-संस्कृति के साथ आदान-प्रदान करने का भी कार्य है किंतु इसकी गति तीव्र करने के लिए सरकार के पर्यटन विभाग एवं पर्यटन निगम

के अलावा स्वैच्छिक संस्थाओं, निजी उद्यमियों एवं आम जनता के सहयोग की आवश्यकता है। यदि हम हमारे मेहमानों के प्रति भारतीय परंपरा के अनुसार 'अतिथि देवोभव' के भाव में शालीन-सुसंस्कृत व्यवहार करेंगे तो हमें अर्थ तो प्राप्त होगा ही साथ ही हम भारतीय इतिहास और सांस्कृतिक परंपरा को विश्वभर में पहुँचा कर गौरवान्वित भी होंगे।

ग्रामीण विकास (Rural Development)

ग्रामीण विकास का आशय

आर्थिक सुधार और बड़ा समाजिक बदलाव दोनों ही ग्रामीण विकास से सम्बन्धित हैं। ग्रामीण विकास कार्यक्रमों का भागीदारी, योजनाओं का विकेन्द्रीकरण, भूमि सुधारों को बेहतर तरीके से लागू करना और ऋण की आसान उपलब्धि करवाकर लोगों के जीवन को बेहतर बनाने का लक्ष्य होता है।

प्रारंभ में विकास के लिए मुख्य जोर कृषि, उद्योग, संचार, शिक्षा, स्वास्थ्य और संबंधित क्षेत्रों पर दिया गया था। बाद में यह समझने पर कि त्वरित विकास केवल तभी संभव है जब सरकारी प्रयासों के साथ-साथ पर्याप्त रूप से जमीनी स्तर पर लोगों की प्रत्यक्ष और अप्रत्यक्ष भागीदारी हो, सोच बदल गई।

ग्रामीण विकास विभाग द्वारा ग्रामीण क्षेत्रों में निम्नलिखित बड़े कार्यक्रम चलाये जा रहे हैं–

(i) रोजगार देने के लिए महात्मा गाँधी राष्ट्रीय रोजगार गारंटी अधिनियम (मनरेगा)

(ii) स्व रोजगार और कौशल विकास के लिए राष्ट्रीय ग्रामीण आजीविका मिशन (एनआरएलएम)

(iii) गरीबी रेखा से नीचे वाले परिवारों को आवास देने के लिए प्रधानमंत्री आवास योजना (पी.एम.ए.वाई)

(iv) अच्छी सड़कें बनाने के लिए प्रधानमंत्री ग्राम सड़क योजना (पीएमजीएसवाई)

(v) सामाजिक पेंशन के लिए राष्ट्रीय सामाजिक सहायता कार्यक्रम (एनएसएपी)

(vi) आदर्श ग्रामों के लिए सांसद आदर्श ग्राम योजना (एसएजीवाई)

(vii) ग्रामीण विकास केंद्रों के लिए श्यामा प्रसाद मुखर्जी रूर्बन मिशन

इसके अलावा मंत्रालय के पास ग्रामीण पदाधिकारियों की क्षमता के विकास, सूचना, शिक्षा और संचार और निगरानी व मूल्यांकन के लिए भी योजनायें हैं।

कृषि एवं खाद्य सुरक्षा (Agriculture and Food Security)

भारत में कृषि प्रबन्धन

भारत अब भी कृषि प्रधान देश है। यहाँ की लगभग दो-तिहाई आबादी कृषि पर आश्रित है। भारतीय अर्थव्यवस्था में भी कृषि का महत्वपूर्ण योगदान है। कृषि उत्पादों का पर्याप्त मात्रा में निर्यात भी होता है, जिससे विदेशी मुद्रा की प्राप्ति होती है। भारत के कुल निर्यात में 12 प्रतिशत योगदान कृषि एवं उससे बनी वस्तुओं का है। इतना ही नहीं कृषि के माध्यम से खाद्यान्न तो मिलता ही है, अनेक प्रमुख कृषि आधारित उद्योगों जैसे– सूती वस्त्र उद्योग, जूट उद्योग, चीनी उद्योग, चाय उद्योग, सिगरेट तथा तम्बाकू उद्योग आदि को कच्चा-माल भी उपलब्ध होता है।

भारत उष्ण एवं समशीतोष्ण दोनों कटिबंधों में स्थित होने के कारण जहाँ यह एक ओर चावल, गन्ना, मूँगफली, तिल, केला, नारियल, गर्म मसाले, रबर जैसी उष्ण कटिबंधीय फसलें उत्पन्न करता है, वहीं दूसरी ओर कपास, गेहूँ, चना, सरसों, सोयाबीन तथा तम्बाकू जैसी समशीतोष्ण फसलें भी । इस प्रकार कृषि यहाँ के जीवन का एक आधारभूत तत्व है।

फसलों के मौसम

भारत में फसलों के मौसम को मुख्यतः दो वर्गों में बाँटा जाता है–

(I) खरीफ या गर्मी, बरसाती मौसम, जिसमें फसल के विकास के लिए अधिक जल जरूरी होता है।

(II) रबी या ठंडे मौसम की फसल, जिसे पानी की कम जरूरत होती है। अतः इन मौसमों की समयावधि के कारण सामान्यतः साल में दो फसलों की ही कटाई हो पाती है। कुछ मामलों में साल में तीन फसलों की कटाई भी होती है।

खरीफ फसल

इन फसलों के लिए अधिक जल और लंबे गर्म मौसम की जरूरत होती है। इन्हें दक्षिणी- पश्चिमी मानसून के आगमन के समय (जून या प्रारंभिक जुलाई) बोया जाता है और मानसून की समाप्ति पर (सितंबर/अक्टूबर) काट लिया जाता है। मुख्य खरीफ फसलें हैं- चावल, ज्वार, मक्का, कपास, मूँगफली, जूट, तंबाकू, बाजरा, गन्ना, दाल, हरी-सब्जियाँ, मिर्च, भिंडी, कद्दू तथा चारे वाली घास आदि।

रबी फसल

ये फसलें जाड़े के मौसम में होती हैं। पहले इसके बीज के अंकुरण तथा उसके बाद कुछ समय तक शुष्क मौसम की आवश्यकता होती है। उसके बाद वृद्धि के लिए इन्हें

अपेक्षाकृत ठंडे मौसम की जरूरत होती है। इसलिए फसलों की बोवाई नवंबर में तथा कटाई अप्रैल-मई में होती है। मुख्य रबी फसलें हैं - गेहूँ, चना तथा तिलहन आदि।

जायद फसल

उपर्युक्त दो मुख्य फसलों के अतिरिक्त हाल में भारत में फसल का एक छोटा-सा मौसम शुरू किया गया है, जो मार्च से जून के बीच होता है। इन्हें जायद फसल कहा जाता है। इन्हें विशेषकर अच्छी सिंचाई सुविधा वाले प्रदेशों में लगाया जा रहा है, जहाँ फसलें जल्दी पक जाती हैं। मुख्य जायद फसलें हैं - उरद, मूँग, तरबूज, खीरा तथा कन्द वाली सब्जियाँ आदि।

भारतीय कृषि की समस्याएँ

भारत कृषि प्रधान देश है, परन्तु कृषि की दशा सन्तोषप्रद नहीं है। यहाँ की कृषि आज भी परम्परावादी है। भारतीय किसान कृषि को एक व्यवसाय के रूप में नहीं अपितु जीवनयापन की प्रणाली के रूप में लेते हैं। स्वाभाविक है कि इससे वांछनीय मात्रा में उत्पादन नहीं हो पाता। भारत का प्रति हेक्टेयर उत्पादन विश्व के अन्य विकसित देशों की तुलना में काफी कम है। इस कम उत्पादकता के लिए भारतीय कृषि की अनेक समस्याएँ जिम्मेदार हैं।

इन समस्याओं को हम तीन श्रेणियों में विभाजित कर सकते हैं–

(क) सामान्य समस्याएँ

(ख) संस्थागत समस्याएँ

(ग) तकनीकी समस्याएँ

समस्या का समाधान

कृषि की समस्याओं से निजात पाने के लिए जिससे उत्पादकता बढ़ायी जा सके निम्नलिखित कदम उठाने आवश्यक हैं–

- भूमि सुधार कार्यक्रमों का सही कार्यान्वयन।
- **भूमि तथा जल साधनों का समन्वित प्रबन्धन –** अर्थात् मृदा-अपरदन, जलरोध तथा लवणता की समस्या को कम करना। इसके लिए भूमि संरक्षण के उपाय ढूँढने आवश्यक हैं। साथ ही सामाजिक वानिकी को प्रोत्साहन देकर पुनः वृक्ष लगाने से वनों की कटाई से होने वाले नुकसान की भरपाई कर उत्पादकता बढ़ाई जा सकती है।
- उन्नत बीजों का प्रयोग।

- **कृषि अनुसंधान पर बल** – इसकी मदद से अधिक उत्पादकता वाले बीजों को विकसित किया जाए। साथ ही शुष्क क्षेत्र में कृषि के लिए ड्रिप सिंचाई जैसी अन्य वैकल्पिक प्रणाली को विकसित करने के प्रयास किए जाए।
- **उर्वरकों का सही प्रयोग** – कृषि वैज्ञानिकों ने अनुमान लगाया है कि भारतीय किसान आवश्यक खाद की मात्रा के केवल 1/10 भाग का ही प्रयोग करते हैं। विशेष तौर पर NPK का उचित अनुपात में प्रयोग कर उत्पादकता में कई गुणा वृद्धि की जा सकती है।
- **सिंचाई की समुचित व्यवस्था** – उन्नत किस्म के बीजों और उर्वरकों का प्रयोग तभी संभव है, जब सिंचाई की उपयुक्त व्यवस्था हो। सिंचाई के द्वारा बहुत से क्षेत्रों में दो या दो से अधिक फसलें उगाई जा सकती हैं, जिससे उत्पादकता बढ़ाई जा सकती है।
- **खेती में मशीनीकरण** – इसकी सहायता से कृषि उत्पादकता को बढ़ाया जा सकता है।
- **साख व विपणन की सुविधा का विकास करना** – साख एवं विपणन की सुविधा का विकास किसान के आर्थिक विकास के लिए आवश्यक है। सहकारी ऋण संस्थाओं को बड़े किसानों के चंगुल से मुक्त कराकर उसे ऐसे ढंग से विकसित किया जाए कि इसका लाभ छोटे एवं सीमांत किसानों को मिल सके।
- **कीटनाशक दवाइयों का प्रयोग** – यह पौधों के संरक्षण एवं विकास के लिए आवश्यक है।
- **कृषि को उद्योग का दर्जा प्रदान करना** – कृषक को प्रोत्साहित करने के उद्देश्य से मूलभूत सुविधा मुहैया कराने के साथ-साथ कृषि को उद्योग का दर्जा दिया जाना चाहिए।
- **सूचना-तंत्र को अधिक विकसित करना** – कृषक को कृषि के क्षेत्र में होने वाले अनुसंधान से अवगत कराने के लिए सूचना तंत्र को और अधिक सुदृढ़ बनाने एवं प्रचार-प्रसार पर अधिक बल देने की आवश्यकता है।

उपरोक्त उपायों पर समुचित ध्यान देकर भारत बढ़ती हुई जनसंख्या से उत्पन्न खाद्यान्न समस्या का बेहतर ढंग से सामना कर सकता है । इसके अलावा सरकार द्वारा लाई गई राष्ट्रीय कृषि बीमा योजना एवं 'नई कृषि नीति' की घोषणा उत्पादकता बढ़ाने में मील का पत्थर साबित होगी ।

भारत में खाद्य सुरक्षा प्रबन्धन

आज हमारे देश के अन्न भण्डारों में लगातार बढ़ती आबादी को पर्याप्त भोजन उपलब्ध कराने का सामर्थ्य है और किसी आकस्मिकता से निपटने के लिए यथेष्ट अनाज

सुरक्षित भण्डारों में भी मौजूद है। हरे-भरे खेतों में उपजे अनाज को देश के कोने-कोने तक पहुँचाने और आर्थिक रूप से कमजोर परिवारों को कम कीमत पर अनाज उपलब्ध कराने की एक मजबूत प्रणाली भी काम कर रही है। इसलिए तमाम चुनौतियों के बावजूद खाद्य सुरक्षा का भविष्य उज्जवल और सुरक्षित दिखाई देता है।

अकाल और भुखमरी को करारी शिकस्त देकर भारत ने खाद्य सुरक्षा हासिल की है। आर्थिक रूप से कमजोर परिवारों को कम कीमत पर अनाज उपलब्ध कराने के साथ-साथ सामाजिक कल्याण की अनेक योजनाओं के माध्यम से विशेष रूप से बच्चों और महिलाओं के लिए पर्याप्त आहार और पोषण की व्यवस्था की गई है। देश की लगभग 1.30 अरब आबादी के लिए खाद्य सुरक्षा सुनिश्चित करने में कृषि अनुसंधान एवं विकास ने महत्वपूर्ण योगदान दिया है, जिससे फसल, बागवानी और पशु-पक्षी उत्पादों के कुल उत्पादन और उत्पादकता में क्रांतिकारी वृद्धि हुई है। यह क्रम और प्रयास पहले से अधिक गहनता और तत्परता के साथ जारी हैं, इसलिए तमाम चुनौतियों के बावजूद खाद्य सुरक्षा का भविष्य उज्जवल और सुरक्षित दिखाई देता है। संयुक्त राष्ट्र के खाद्य एवं कृषि संगठन (एफएओ) के अनुसार खाद्य सुरक्षा का अर्थ है - 'सभी व्यक्तियों की सभी समय पर्याप्त, सुरक्षित और पोषक आहार तक भौतिक, सामाजिक और आर्थिक पहुँच हो और जो उनके सक्रिय तथा स्वस्थ जीवन के लिए उनकी आहार आवश्यकताओं तथा भोजन वरीयताओं को भी संतुष्ट करें।'' इस परिभाषा के अनुसार खाद्य सुरक्षा में स्वाभाविक रूप से पोषण सुरक्षा का भी समावेश है। भारत ने पोषण सुरक्षा के नजरिए से भी उल्लेखनीय उपलब्धियाँ हासिल की हैं, जिनका प्रभाव सामाजिक स्वास्थ्य के क्रमिक सुधार के रूप में दिखाई देता है।

अवसर और सम्भावनाएं

खाद्य सुरक्षा पर मंडराते खतरों को भाँपते हुए राष्ट्रीय-स्तर पर विशेष कार्य योजनाएँ बनाई गई हैं, जो खाद्य सुरक्षा को सतत् बनाने में सहायक होंगी। भारतीय कृषि अनुसंधान परिषद के नेतृत्व में देश में 'क्लाइमेट स्मार्ट एग्रीकल्चर' विकसित करने की ठोस पहल की गई है। इसके लिए राष्ट्रीय-स्तर की परियोजना लागू की गई है, जिसके अंतर्गत किसानों को जलवायु अनुकूल कृषि तकनीकें अपनाने के लिए जागरूक एवं सक्षम बनाया जा रहा है। उल्लेखनीय है कि कृषि अनुसंधान एवं विकास के माध्यम से प्रमुख फसलों की जलवायु अनुकूल किस्में विकसित की जा रही हैं, जिनमें प्राकृतिक आपदाओं जैसे सूखा, बाढ़, अत्यधिक गर्मी या सर्दी को सहने की क्षमता मौजूद होती है। इसी प्रकार जलवायु अनुकूल कृषि विधियों का विकास किया गया है। सिंचाई के पानी की कुशलता बढ़ाने के लिए टपक सिंचाई, फव्वारा सिंचाई जैसी सूक्ष्म और

कुशल तकनीकें विकसित की गई हैं, जिनका किसानों के खेतों तक प्रसार किया जा रहा है। इस कार्य में तेजी लाने के लिए 'पर ड्रॉप, मोर क्रॉप' जैसा राष्ट्रीय कार्यक्रम लागू किया जा रहा है।

भूमि की उर्वरता को सतत् बनाए रखने के लिए 'स्वस्थ धरा खेत हरा' जैसे कार्यक्रम शुरू किए गए हैं, जिसके अंतर्गत किसानों को बड़े पैमाने पर 'सॉयल हेल्थ कार्ड' जारी किए जा रहे हैं। फसलों की उत्पादकता बढ़ाने के लिए जीन परिवर्तन या जेनेटिक इंजीनियरी की बेहद क्षमतावान विद्या तकनीकी रूप से हमारे पास उपलब्ध है, जिसका उपयोग करके कृषि क्षेत्र में चमत्कारी बदलाव लाए जा सकते हैं। परन्तु इसके उपयोग के लिए सरकारी नीति और संस्तुति की आवश्यकता है, जो अभी न्यायालय के हस्तक्षेप के कारण लम्बित है। परन्तु यह बात तय है कि भविष्य में यह तकनीक खाद्य सुरक्षा को सतत् बनाए रखने में अहम भूमिका निभाने वाली है।

हाल के वर्षों में सतत् कृषि की अवधारणा भी विकसित हुई है, जिसके अंतर्गत प्राकृतिक संसाधनों के कुशल और सतत् उपयोग द्वारा कृषि प्रक्रियाएँ सम्पन्न की जाती हैं। उर्वरकों और कीटनाशकों के संदर्भ में नैनो-टेक्नोलॉजी का उपयोग नई सम्भावनाएँ उत्पन्न कर रहा है। इसी प्रकार यंत्रीकरण और कृषि में ऊर्जा के उपयोग के क्षेत्र में भी नवोन्मेषों द्वारा कृषि उत्पादन को अधिक कुशल और सक्षम बनाने की अनेक सम्भावनाएँ मौजूद हैं। साथ ही बदलते परिवेश के अनुसार नई नीतियों और योजनाओं की आवश्यकता भी होगी। उदाहरण के तौर पर फसल कटाई, प्रसंस्करण, भंडारण और वितरण के दौरान होने वाले नुकसान को कम करने के लिए हमें एक स्पष्ट और कारगर नीति बनानी होगी। इसी तरह भोजन की बर्बादी पर भी प्रभावी अंकुश लगाना जरूरी हो गया है। सरकार द्वारा लागू की जा रही समाज कल्याण योजनाओं को अधिक मजबूत और पारदर्शी बनाने की आवश्यकता है, ताकि समाज के आर्थिक रूप से कमजोर वर्ग को लगातार खाद्य सुरक्षा का लाभ मिलता रहे। खाद्य सुरक्षा के भविष्य को लेकर सरकार, योजनाकार और अन्य लगातार गहन विचार-विमर्श करते हुए नई पहल कर रहे हैं। इसलिए आशा के साथ विश्वास भी है कि भारत में खाद्य सुरक्षा निरंतर और सतत् बनी रहेगी।

राष्ट्रीय खाद्य सुरक्षा अधिनियम (NFSA), 2013

भारतीय संसद द्वारा पारित होने के उपरांत सरकार द्वारा 10 सितम्बर, 2013 को इसे अधिसूचित कर दिया गया। राष्ट्रीय खाद्य सुरक्षा अधिनियम का उद्देश्य लोगों को सस्ती दर पर पर्याप्त मात्रा में उत्तम खाद्यान्न उपलब्ध कराना है ताकि उन्हें खाद्य एवं पोषण सुरक्षा मिले और वे सम्मान के साथ जीवन जी सकें।

मुख्य प्रावधान

इस कानून के तहत लक्षित सार्वजनिक वितरण प्रणाली (टीपीडीएस) के अंतर्गत ग्रामीण क्षेत्रों में 75 प्रतिशत तक तथा शहरी क्षेत्रों की 50 प्रतिशत तक की आबादी को रियायती दरों पर खाद्यान्न उपलब्ध कराने का प्रावधान है। इस प्रकार देश की लगभग दो-तिहाई जनसंख्या को इसका लाभ मिलने का अनुमान है। पात्र परिवारों को प्रतिमाह पांच कि. ग्रा. चावल, गेहूं व मोटा अनाज क्रमशः 3, 2 व 1 रुपये प्रति कि. ग्रा. की रियायती दर पर मिल सकेगा।

अंत्योदय अन्न योजना (एएवाई) में शामिल परिवारों को प्रति परिवार 35 कि. ग्रा. अनाज का मिलना पूर्ववत जारी रहेगा। इसके लागू होने के 365 दिन के अवधि के लिए, लक्षित सार्वजनिक वितरण प्रणाली (टीपीडीएम) के अंतर्गत सब्सिडी युक्त खाद्यान्न प्राप्त करने हेतु, पात्र परिवारों का चयन किया जाएगा।

गर्भवती तथा स्तनपान कराने वाली महिलाओं को गर्भावस्था के दौरान तथा प्रसव के छः माह के उपरांत भोजन के अलावा कम-से-कम 6000 रुपये का मातृत्व लाभ भी मिलेगा।

14 वर्ष तक की आयु के बच्चे पौष्टिक आहार अथवा निर्धारित पौष्टिक मानदण्डानुसार घर राशन ले जा सकें। खाद्यान्न अथवा भोजन की आपूर्ति न हो पाने की स्थिति में, लाभार्थी को खाद्य सुरक्षा भत्ता दिया जाएगा।

इस अधिनियम के जिला एवं राज्यस्तर पर शिकायत निवारण तंत्र स्थापित करने का भी प्रावधान है। पारदर्शिता एवं उत्तरदायित्व सुनिश्चित करने के लिए भी आवश्यक प्रावधान किए गए हैं।

सामाजिक क्षेत्रः स्वास्थ्य, शिक्षा एवं समाज कल्याण

भारत में स्वास्थ्य प्रबन्धन

भारतीय संविधान सार्वजनिक स्वास्थ्य में सुधार को राज्य का प्राथमिक कर्तव्य मानता है। हालांकि, व्यावहारिकता में निजी स्वास्थ्य सेवा क्षेत्र भारत की स्वास्थ्य सेवाओं के बहुमत के लिए जिम्मेदार है, और अधिकांश स्वास्थ्य देखभाल के खर्चों का भुगतान बीमा के बजाय रोगियों और उनके परिवारों द्वारा किया जाता है। इस प्रकार सरकारी स्वास्थ्य नीति ने बड़े पैमाने पर अच्छी तरह से डिजाइन किए गए लेकिन सीमित सार्वजनिक स्वास्थ्य कार्यक्रमों के साथ निजी क्षेत्र के विस्तार को प्रोत्साहित किया है।

मध्यम और उच्च वर्ग के व्यक्ति सार्वजनिक स्वास्थ्य सेवा का उपयोग कम जीवन स्तर वाले लोगों की तुलना में कम करते हैं। इसके अतिरिक्त, महिलाओं और बुजुर्गों के सार्वजनिक सेवाओं का उपयोग करने की अधिक संभावना रहती है। सार्वजनिक

स्वास्थ्य देखभाल प्रणाली मूल रूप से सामाजिक आर्थिक स्थिति की परवाह किए बिना स्वास्थ्य सेवा के साधन प्रदान करने के लिए विकसित की गई थी।

अधिकांश सार्वजनिक स्वास्थ्य सेवा ग्रामीण क्षेत्रों में मुहैया कराई जाती है और खराब गुणवत्ता, ग्रामीण क्षेत्रों में सेवा प्रदाताओं की जाने की अनिच्छा से उत्पन्न होती है। नतीजतन, ग्रामीण और दूरदराज के क्षेत्रों में सार्वजनिक स्वास्थ्य प्रणाली अधिकांशतः अनुभवहीन और अप्रेरित प्रशिक्षु पर निर्भर रहती हैं जिन्हें सार्वजनिक स्वास्थ्य क्लीनिकों में समय बिताना अनिवार्य होता है। अन्य प्रमुख कारणों में सार्वजनिक सुविधा क्षेत्र की दूरी, लंबी प्रतीक्षा अवधि और संचालन के असुविधाजनक घंटे आदि हैं।

सभी को स्वास्थ्य (Health for All)

भारत में लगभग 14 लाख चिकित्सक है। फिर भी, भारत स्वास्थ्य से संबंधित अपने सहस्राब्दी विकास लक्ष्यों तक पहुँचने में विफल रहा है। पहुँच की परिभाषा एक विशिष्ट लागत और सुविधा पर एक निश्चित गुणवत्ता की सेवाएँ प्राप्त करने की क्षमता है। भारत की स्वास्थ्य सेवा प्रणाली में स्वास्थ्य सेवा तक पहुँच तीन कारकों से प्रभावित है - प्रावधान, उपयोग और लाभ। प्रावधान, या स्वास्थ्य सुविधाओं की आपूर्ति, उपयोग का संचालन कर सकती हैं, और अंत में अच्छे स्वास्थ्य की प्राप्ति। हालांकि, वर्तमान में इन कारकों के बीच एक बड़ा अंतर मौजूद है, जिससे स्वास्थ्य के लिए अपर्याप्त पहुँच के साथ एक धवस्त प्रणाली का निर्माण होता है।

सेवाओं, शक्ति और संसाधनों के विभेदक वितरण के कारण स्वास्थ्य देखभाल पहुँच में असमानताएँ पैदा हुई हैं। अस्पतालों में प्रवेश और लैंगिग, सामाजिक आर्थिक स्थिति, शिक्षा, धन और निवास स्थान (शहरी बनाम ग्रामीण) पर निर्भर करता है। इसके अलावा, वित्तपोषण में असमानताएँ और स्वास्थ्य सुविधाओं से दूरी, स्वास्थ्य सेवा तक पहुँच की प्रमुख बाधाएँ हैं। इसके अतिरिक्त, गरीब व्यक्तियों के उच्च घनत्व वाले क्षेत्रों में पर्याप्त बुनियादी ढाँचे की कमी है। जनजातियों और पूर्व-अछूतों की बड़ी संख्या जो अलग-थलग और बिखरी हुई जगहों पर रहती हैं, वहाँ अक्सर पेशेवरों की संख्या कम होती है। अंत में, स्वास्थ्य सेवाओं के लिए लंबे समय की प्रतीक्षा या ज्यादा गंभीर बीमारी न होने पर उपचार के लिए पर्याप्त समय नहीं दिया जाता है। सबसे ज्यादा जरूरत वाले लोगों को अक्सर स्वास्थ्य सेवा तक पहुँच नहीं होती है।

नैदानिक उपकरणों की अनुपलब्धता और ग्रामीण क्षेत्रों में अभ्यास करने के लिए योग्य और अनुभवी स्वास्थ्य पेशेवरों की बढ़ती अनिच्छा, कम-सुविधाओं से सुसज्जित और वित्तीय रूप से कम आकर्षक बड़ी चुनौतियाँ बन रही हैं। ग्रामीण क्षेत्रों में

प्रशासनिक चिकित्सकों की अत्यधिक माँग रहती है। क्योंकि वे सार्वजनिक स्वास्थ्य केन्द्र पर ज्यादा निर्भर होते है जो कि आर्थिक रूप से सस्ती और भौगोलिक रूप से सुलभ होती हैं। लेकिन कुछ ऐसी घटनाएँ भी हुई हैं जहाँ ग्रामीण इलाकों में डॉक्टरों पर हमला किए गए और यहाँ तक कि मारे भी गए। ब्रिटिश मेडिकल जर्नल ने कोलकाता से डॉ. गैड्रे की एक रिपोर्ट (2015) प्रकाशित की, जिसमें भारतीय स्वास्थ्य प्रणाली में कदाचार की सीमा को उजागर किया गया। उन्होंने 78 डॉक्टरों का साक्षात्कार लिया और पाया कि रेफरल के लिए किकबैक, तर्कहीन दवा निर्धारित करना और अनावश्यक हस्तक्षेप आम बात है।

शिक्षा एवं समाज कल्याण (Education and Social Welfare)

समाज कल्याण, समाज की विभिन्न समस्याओं को हल करने के लिए निर्धारित किया गया एक लक्ष्य है। सामाजिक जीवन का प्रत्येक पहलु इसके अन्तर्गत शामिल है। फलस्वरूप समाज कल्याण की कोई निश्चित परिभाषा नहीं है। यह एक लक्ष्य है जिसका सम्बन्ध वर्ग तथा व्यक्ति विशेष के कल्याण से नहीं है, बल्कि सम्पूर्ण समाज का कल्याण है।

इसके लक्ष्यों में सर्वसाधारण के रहन-सहन के स्तर में प्रगति, व्यक्ति की अनिवार्य आवश्यकताओं की पूर्ति, बीमारी की अवस्था में चिकित्सा एवं देखभाल, शिक्षा व मनोरंजन का प्रसार, समाज विरोधी वर्गों का सुधार, तथा विभिन्न वर्गों के बीच पारस्परिक सहयोग इत्यादि मुख्य हैं। समाज कल्याण के अन्तर्गत उन दुर्बल वर्गों के लिए आयोजित सेवाएँ आती है जो किसी सामाजिक, आर्थिक, शारीरिक, या मानसिक बाधा के कारण उपलब्ध सामाजिक सेवाओं का उपयोग करने में असमर्थ हो अथवा परम्परागत धारणाओं और विश्वासों के कारण उनको इन सेवाओं से वंचित रखा जाता है। समाज कल्याण के कार्यक्षेत्र में बालकों, महिलाओं, वृद्धों, अशक्तों, बधित व्यक्तियों, पिछड़ी हुई जातियों, आदिवासियों आदि के लिए सामाजिक सेवाओं और समाज कल्याण के उपायों की व्यवस्था आती हैं।

आज नए संदर्भ में शिक्षा और समाज के पारस्परिक संबंधों को देखने की आवश्यकता है। प्राचीन काल में जो समाज व्यवस्था थी वह आज नहीं है। विज्ञान युग के व्यापक प्रसार से दूर-दराज के देश नजदीक आ गए हैं। समाज व्यापक बनता जा रहा है और इसी व्यापक समाज की दृष्टि से शिक्षा का विचार करना चाहिए। शिक्षण अपने-आप में एक विस्तृत संसार है और उसे इस संसार का प्रतिबिंब भी कहा जा

सकता है। अपने उद्देश्यों की पूर्ति करते समय वह समाजाधीन रहता है और समाज के निर्माण स्थलों में शीघ्रता लाने की दृष्टि से शिक्षा समाज की सहायता करती है। समाज की व्यापक जरूरतों को ध्यान में रखते हुए शिक्षा को उसकी सहायता करनी पड़ती है। विज्ञान युग में नए भविष्य निर्माण के लिए शिक्षा को विविध दृष्टिकोणों से परिवर्तित करते हुए सावधानी से काम लेना चाहिए।

वर्तमान शिक्षा प्रणाली से मात्र सीमित कल्याण की कल्पना की जा सकती है। यथार्थ यह है कि नए वैज्ञानिक युग के संदर्भ में कृषि को लक्ष्य बनाकर शिक्षा में समूल परिवर्तन करते हुए उसे समाजाभिमुख बनाई जाए। विज्ञान युग समाजहित से विमुख हो रहा है। अतः शिक्षा को उत्तरजीविता, समता और स्वायत्तता की समस्याओं के समाधान में अपने को लगाना होगा, क्योंकि यहीं तीन आज के मानव की सबसे अधिक आवश्यक समस्याएँ हैं। इन लक्ष्यों की प्राप्ति के लिए शिक्षा की वर्तमान संरचना को बदलकर ऐसी वैकल्पिक समांतर रचना विकसित करनी होगी, जिसके साथ समान स्वीकृति, प्रतिफल ओर वैधता जुड़ी हो। विश्व समाज के उज्ज्वल भविष्य की कल्पना के लिए सर्व स्वीकृत, उचित और सबको फलदायी शिक्षा नीति की आवश्यकता भविष्यकालीन समाज की माँग रही है।

❑❑❑

12 लोक प्रबन्धन के नवीन आयाम (New Dimensions of Public Management)

साइबर सुरक्षा प्रबन्धन (Cyber Security Management)

आधुनिक वैश्वीकरण के युग में साइबर सुरक्षा सबसे महत्वपूर्ण विषय है। साइबर अपराधों के नियंत्रण हेतु हमारे कंप्यूटर, इंटरनेट, बैंक अकाउंट, डेबिट कार्ड, क्रेडिट कार्ड, ईमेल, सोशल मीडिया अकाउंट, वाणिज्य, व्यापार, बैंकिंग प्रणाली, ई-कॉमर्स एवं समाज को बचाने के लिए साइबर सुरक्षा महत्वपूर्ण रूप से आवश्यक है। साइबर अपराधों से सुरक्षा दिलाने वाले मैकेनिज्म और रणनीति को ही साइबर सुरक्षा कहा जाता है।

साइबर अपराध ऐसे गैर-कानूनी कार्य हैं जिनमें कंप्यूटर एवं इंटरनेट नेटवर्क का प्रयोग एक साधन अथवा लक्ष्य अथवा दोनों के रूप में किया जाता है। ऐसे अपराधों में हैकिंग, चाइल्ड पॉर्नोग्राफी, साइबर स्टॉकिंग, सॉफ्टवेयर पाइरेसी, क्रेडिट कार्ड फ्रॉड, फिशिंग आदि को शामिल किया जाता है।

साइबर अपराधों से निपटने की दिशा में भारत के प्रयास

- भारत में 'सूचना प्रौद्योगिकी अधिनियम, 2000' पारित किया गया जिसके प्रावधानों के साथ-साथ भारतीय दंड संहिता के प्रावधान सम्मिलित रूप से साइबर अपराधों से निपटने के लिए पर्याप्त हैं।
- सूचना प्रौद्योगिकी अधिनियम 2000 की धाराएँ 43, 43ए, 66, 66बी, 66सी, 66डी, 66ई, 66एफ, 67, 67ए, 67बी, 70, 72, 72ए और 74 हैकिंग और साइबर अपराधों से संबंधित हैं।
- सरकार ने साइबर सुरक्षा से संबंधित फ्रेमवर्क का अनुमोदन किया है और इसके लिए राष्ट्रीय सुरक्षा परिषद सचिवालय को नोडल एजेंसी बनाया गया है।
- राष्ट्रीय विशिष्ट अवसंरचना और विशिष्ट क्षेत्रों में साइबर सुरक्षा के लिए राष्ट्रीय प्रौद्योगिकी अनुसंधान संगठन को नोडल एजेंसी बनाया गया है।

- इसके अंतर्गत 2 वर्ष से लेकर उम्रकैद तथा दंड अथवा जुर्माने का भी प्रावधान है। सरकार द्वारा 'राष्ट्रीय साइबर सुरक्षा नीति, 2013' जारी की गई जिसके तहत सरकार ने अति-संवेदनशील सूचनाओं के संरक्षण के लिए 'राष्ट्रीय अतिसंवेदनशील सूचना अवसंरचना संरक्षण केंद्र (National Critical Information Infrastructure Protection Centre) का गठन किया।
- सरकार द्वारा 'कंप्यूटर इमरजेंसी रिस्पॉन्स टीम' की स्थापना की गई जो कंप्यूटर सुरक्षा के लिए राष्ट्रीय स्तर की मॉडल एजेंसी है।
- विभिन्न स्तरों पर सूचना सुरक्षा के क्षेत्र में मानव संसाधन विकसित करने के उद्देश्य से सरकार ने 'सूचना सुरक्षा शिक्षा और जागरूकता' परियोजना प्रारंभ की है।
- भारत सूचना साझा करने और साइबर सुरक्षा के संदर्भ में सर्वोत्तम कार्य प्रणाली अपनाने के लिए अमेरिका, ब्रिटेन और चीन जैसे देशों के साथ समन्वय कर रहा है।
- अंतर-एजेंसी समन्वय के लिए 'भारतीय साइबर अपराध समन्वय केंद्र' की स्थापना की गई है।
- देश में साइबर अपराधों से समन्वित और प्रभावी तरीके से निपटने के लिए 'साइबर स्वच्छता केंद्र' भी स्थापित किया गया है। यह इलेक्ट्रॉनिक्स एवं सूचना प्रौद्योगिकी मंत्रालय के तहत भारत सरकार की डिजिटल इंडिया मुहिम का एक हिस्सा है।

भारत इंटरनेट का तीसरा सबसे बड़ा उपयोगकर्ता है और हाल के वर्षों में साइबर अपराध कई गुना बढ़ गए हैं। साइबर सुरक्षा उपलब्ध कराने के लिए सरकार की ओर से कई कदम उठाए गए हैं। कैशलेस अर्थव्यवस्था को अपनाने की दिशा में बढ़ने के कारण भारत में साइबर सुरक्षा सुनिश्चित करना आवश्यक है। डिजिटल भारत कार्यक्रम की सफलता काफी हद तक साइबर सुरक्षा पर निर्भर करेगी अत: भारत को इस क्षेत्र में तीव्र गति से कार्य करना होगा।

राष्ट्रीय साइबर सुरक्षा रणनीति सम्मेलन

28 अगस्त, 2019 को नई दिल्ली में 'नई राष्ट्रीय साइबर सुरक्षा रणनीति की ओर' विषय पर 12वें भारतीय सुरक्षा सम्मेलन का आयोजन किया गया। सम्मेलन के दौरान महत्वपूर्ण राष्ट्रीय आधारभूत ढाँचों की सुरक्षा, उभरते साइबर खतरों, घटनाओं, चुनौतियों एवं प्रतिक्रिया जैसे कई विषयों पर चर्चा की गई।

साथ ही इस विषय पर भी ध्यान केंद्रित किया गया कि 'डिजिटल संस्कृति' एक पीढ़ी से दूसरी पीढ़ी में परिवर्तित हो रही है। हर प्रौद्योगिकी की अपनी उपयोगिता है, इसी तरह साइबर प्रौद्योगिकी में इन दिनों बड़ी तेजी आई है। लेकिन एक वरदान होने के साथ ही यह प्रौद्योगिकी एक बड़ा खतरा भी बन गई है।

भारत में साइबर सुरक्षा से सम्बंधित चुनौतियां

- **डाटा औपनिवेशीकरण** – भारत सूचनाओं का शुद्ध निर्यातक है, हालांकि अधिकांश डिजिटल सेवा प्रदाताओं के डाटा सर्वर भारत के बाहर स्थित हैं। इसके अतिरिक्त चुनावी परिणामों को प्रभावित करने, कट्टरवाद के प्रसार आदि के लिए डाटा का दुरुपयोग किया जा रहा है।
- **व्यापक डिजिटल निरक्षरता** – भारतीय नागरिकों को साइबर धोखाधड़ी, साइबर चोरी आदि के लिए संवेदनशील बनाती है।
- **निम्न गुणवत्ता के उपकरण** – भारत में, इंटरनेट तक पहुँचने के लिए उपयोग किए जाने वाले अधिकांश उपकरणों में अपर्याप्त सुरक्षात्मक अवसंरचना होती है, जो इन्हें हाल ही में खोजे गए 'सपोशी' जैसे मालवेयर के लिए अतिसंवेदनशील बनाती है। इसके अतिरिक्त, लाइसेंस रहित सॉफ्टवेयरों और अंडरपेड लाइसेंसों का व्यापक उपयोग भी इन्हें सुभेद्य बनाता है।
- **नई तकनीक की स्वीकृति का अभाव** – उदाहरण के लिए बढ़ते डिजिटल अपराध के साथ बैंकिंग आधारभूत संरचना सुदृढ़ नहीं हुई है। कुल क्रेडिट और डेबिट कार्ड में लगभग 75 प्रतिशत मैग्नेटिक स्ट्रिप पर आधारित होते हैं जिनका प्रतिरूपण करना आसान होता है।
- **एक समान मानकों का अभाव** – विभिन्न प्रकार के असमान मानकों वाले उपकरणों का प्रयोग किया जाता है जिससे एकसमान सुरक्षा प्रोटोकॉल प्रदान करने में समस्या उत्पन्न होती है। सेलफोन से लेकर विद्युत, रक्षा, बैंकिंग, संचार और अन्य महत्वपूर्ण अवसंरचनात्मक क्षेत्रों में प्रयुक्त उपकरणों जैसे अधिकांश इलेक्ट्रॉनिक उपकरणों के लिए आयात पर निर्भरता भारत को असुरक्षित स्थिति में डाल सकती है।
- **पर्याप्त अवसंरचना और प्रशिक्षित कर्मचारियों का अभाव** – वर्तमान में भारत में साइबर सुरक्षा से संबंधित बहुत सारे पद रिक्त हैं। साथ ही आवश्यक कौशल प्राप्त व्यक्तियों की माँग इनकी आपूर्ति से व्यापक रूप से अधिक है।
- **जागरूकता की कमी** – जागरूकता की कमी के कारण साइबर क्राइम के अधिकांश मामलों की रिपोर्ट नहीं की जाती है। साइबर सुरक्षा के लिए कार्य कर रही विभिन्न एजेंसियों के मध्य समन्वय का अभाव है। साइबर स्पेस में एक प्रमुख हित धारक होने के बावजूद, निजी क्षेत्र को साइबर सुरक्षा संबंधी समन्वय में सक्रिय रूप से शामिल नहीं किया जाता है।
- **अनामिता** – हैकर्स द्वारा उत्पन्न किए गए एडवांस्ड प्रिसीजन थ्रेट्स को विशेष रूप से किसी अभिकर्ता (राज्य या गैर-राज्य) के साथ जोड़ पाना कठिन होता है।

- **अंडर-रिपोर्टिंग** – किसी संगठन की प्रतिष्ठा और विश्वसनीयता की हानि के भय के कारण 90 प्रतिशत से अधिक साइबर अपराध सम्बन्धी घटनाएँ दर्ज नहीं करायी जाती हैं।
- **अन्य चुनौतियाँ** – इसके अंतर्गत किसी भी भौगोलिक बाधा की अनुपस्थिति, साइबर स्पेस में तेजी से विकसित होती प्रौद्योगिकी और समग्र परिवेश में सुभेद्य बिंदुओं की अधिक संख्या के कारण विश्वसनीय साइबर सुरक्षा अवसंरचना स्थापित करने में कठिनाई भी चुनौतियों में शामिल है।

सरकारी प्रयास

भारत में साइबर सुरक्षा की विभिन्न समस्याओं को चिन्हित किया गया है। अंतर्राष्ट्रीय दूरसंचार संघ द्वारा जारी द्वितीय ग्लोबल साइबर सिक्योरिटी इंडेक्स में भारत को 23वें स्थान पर रखा गया। यह इंडेक्स राष्ट्रों की साइबर सुरक्षा के प्रति प्रतिबद्धता का मापन करता है। भारत ने संस्थागत, विधायी और अंतर्राष्ट्रीय स्तर पर विभिन्न उपायों को अपनाया है।

संस्थागत उपाय

गृह मंत्रालय के प्रयास

- राष्ट्रीय साइबर समन्वय केंद्र (NCCC) जो देश में आने वाले इंटरनेट ट्रैफिक को स्कैन करता है और रियल टाइम कार्यवाही हेतु विभिन्न संगठनों के साथ-साथ विभिन्न सुरक्षा एजेंसियों को सचेत करने का कार्य करता है।
- साइबर खतरे, चाइल्ड पोर्नोग्राफी और ऑनलाइन स्टॉकिंग जैसे इंटरनेट अपराधों से निपटने के लिए एक नया साइबर और सूचना सुरक्षा प्रभाग बनाया गया है। इसके तहत, भारतीय साइबर अपराध समन्वय केंद्र और साइबर वॉरियर पुलिस फोर्स का गठन भी किया गया है।
- रक्षा मंत्रालय हेतु हाल ही में एक डिफेन्स साइबर एजेंसी का प्रस्ताव रखा गया है।

इलेक्ट्रॉनिक्स और सूचना प्रौद्योगिकी मंत्रालय में प्रयास

- इंडियन कंप्यूटर इमरजेंसी रिस्पांस टीम सक्रिय कार्यवाही और प्रभावी सहयोग के माध्यम से भारत में संचार और सूचना प्रौद्यौगिकी की सुरक्षा प्रदान करने का कार्य करती है। कंप्यूटर इमरजेंसी रिस्पांस टीम विशेष रूप से वित्तीय क्षेत्र के लिए प्रारंभ की गई है। कंप्यूटर इमरजेंसी रिस्पांस टीम द्वारा साइबर स्वच्छता केंद्र, बॉटनेट क्लीनिंग एवं मालवेयर विश्लेषण केंद्र का संचालन भी किया जाता है।

- सरकार ने सरकारी इकाइयों को साइबर हमलों से सुरक्षा प्रदान करने और हमलों की पूर्व चेतावनी जारी करने के लिए एक नए निकाय राष्ट्रीय सूचना केंद्र- कंप्यूटर आपातकालीन प्रतिक्रिया टीम का गठन किया है।
- भारत में साइबर सुरक्षा परिवेश के सुदृढ़ीकरण हेतु इलेक्ट्रॉनिक्स एवं सूचना प्रौद्योगिकी मंत्रालय द्वारा राष्ट्रीय ई-गवर्नेंस डिवीजन एवं उद्योग जगत के सहयोग से 'साइबर सुरक्षित भारत' पहल की शुरुआत की गयी है। भारत में यह अपनी तरह की पहली सार्वजनिक-निजी भागीदारी है। यह साइबर सुरक्षा में आईटी उद्योग की विशेषज्ञता का लाभ प्राप्त करेगी। इसका उद्देश्य जागरूकता सृजन और क्षमता निर्माण है।

वैधानिक उपाय के रूप में आई टी एक्ट, 2000

सूचना प्रौद्योगिकी अधिनियम, 2000 (2008 में संशोधित) को साइबर सुरक्षा के लिए डेटा पहुँच प्रदान करने, इलेक्ट्रॉनिक डेटा इंटरचेंज के माध्यम से किए गए लेन-देन के लिए कानूनी ढाँचा प्रदान करने आदि उद्देश्यों से अधिनियमित किया गया था। प्रमाणन प्राधिकरणों के कामकाज को लाइसेंस प्रदान करने और विनियमित करने के लिए इस अधिनियम के तहत प्रमाणन प्राधिकरणों हेतु एक नियंत्रक स्थापित किया गया है जो उपयोगकर्ताओं के इलेक्ट्रॉनिक प्रमाणीकरण के लिए डिजिटल हस्ताक्षर प्रमाण पत्र जारी करता है।

अंतर्राष्ट्रीय उपाय

साइबर-कूटनीति

भारत सरकार ने संयुक्त राज्य अमेरिका, यूरोपीय संघ और मलेशिया जैसे देशों के साथ साइबर सुरक्षा सहयोग हेतु विभिन्न कदम उठाए हैं। उदाहरण के लिए - यू.एस.इंडिया साइबर रिलेशनशिप फ्रेमवर्क।

- **ग्लोबल कॉन्फ्रेन्स ऑन साइबर स्पेस में भाग लेना** – यह एक प्रतिष्ठित वैश्विक कार्यक्रम है, जिसमें अंतर्राष्ट्रीय नेता, नीति निर्माता, उद्योग विशेषज्ञ, थिंक टैंक, साइबर विशेषज्ञ इत्यादि साइबर स्पेस का अधिकतम उपयोग करने के लिए मुद्दों और चुनौतियों पर विचार विमर्श करने के लिए एकत्रित होते हैं।
- **ग्लोबल सेंटर फॉर साइबर सिक्योरिटी** – इसे विश्व आर्थिक मंच द्वारा भविष्य की परिस्थितियों में साइबर सुरक्षा के लिए प्रयोगशाला और अर्ली वार्निंग थिंक टैंक के रूप में कार्य करने तथा एक सुरक्षित वैश्विक साइबर स्पेस के निर्माण में सहायता करने हेतु प्रारंभ किया गया था।
- **डाटा प्राइवेसी** – जस्टिस बीएन कृष्णा समिति रिपोर्ट

सरकार द्वारा किये गये अन्य उपाय

उद्योग संबंधी पहल

NASSCOM ने अपनी साइबर प्रयोगशालाओं में साइबर फोरेंसिक टूल्स और पद्धतियों के उपयोग में हाल के रुझानों पर ध्यान केंद्रित करने के साथ उन्नत प्रशिक्षण कार्यक्रम प्रारंभ करने की योजना बनाई है।

साइबर सुरक्षा अनुसंधान के लिए निधि

सरकार ने साइबर सुरक्षा के क्षेत्र में नवाचारों पर कार्य प्रारंभ करने के लिए 5 करोड़ रुपए के अनुदान की घोषणा की है। निजी क्षेत्र द्वारा की गई पहले हाल ही में, माइक्रोसॉफ्ट और फेसबुक के नेतृत्व में शीर्ष 34 वैश्विक प्रौद्योगिकी और प्रतिभूति फर्मों ने साइबर अपराधियों और राष्ट्र-राज्यों द्वारा दुर्भावनापूर्ण हमलों से लोगों की रक्षा के लिए "साइबर सिक्योरिटी टेक एकॉर्ड" (Cybersecurity Tech Accord) पर हस्ताक्षर किए हैं। इन्होंने चार क्षेत्रों में प्रतिबद्धताएँ अभिव्यक्त की हैं– मजबूत रक्षा, साइबर अपराधों में सरकारों द्वारा सहयोग नहीं किया जाना, क्षमता निर्माण और सामूहिक कार्यवाही।

- **साइबर प्रतिरोध** (Cyber deterrence) – यह दो प्रकार का होता है- रक्षात्मक और आक्रामक। भारत को विभिन्न देशों द्वारा अपनाए गए आक्रामक साइबर सिद्धांत (Offensive cyber doctrine) का उचित आकलन करने की आवश्यकता है। ये 'साइबरवेपन्स' नामक सॉफ्टवेयर के बिट्स बनाकर आक्रामक क्षमताओं का संग्रहण कर रहे हैं ताकि विरोधी नेटवर्क को अत्यधिक नुकसान पहुँचाया जा सके।
- **बेहतर विनियमन और मानदंडों को अपनाना** – वर्तमान में, साइबर स्पेस संबंधी व्यवहारिक रूप से स्वीकार्य कोई भी मानदंड नहीं हैं। अतः, राज्य के साथ-साथ विभिन्न कंपनियां भी अपनी क्षमताओं का विकास कर रही हैं। इससे सम्पूर्ण साइबर स्पेस को अस्थिर करने की क्षमता रखने वाले आक्रामक साइबर उपकरणों और पद्धतियों का अनियंत्रित प्रसार हो रहा है।
- **समन्वय सुनिश्चित करना** – विभिन्न संस्थानों के मध्य आवश्यक समन्वय स्थापित करने और साइबर प्रतिरोध सहित समन्वित दृष्टिकोण विकसित करने हेतु राष्ट्रीय साइबर सुरक्षा कोऑर्डिनेटर को सुदृढ़ बनाया जा सकता है।
- **सिंगापुर की तरह साइबर इंश्योरेंस फ्रेमवर्क की स्थापना** – साइबर इंश्योरेंस साइबर सुरक्षा कंपनियों और एथिकल हैकर्स को अवसर प्रदान कर रहा है। वर्तमान

में इंश्योरेंस दावों की 80 प्रतिशत जाँच सिंगापुर को आउटसोर्स की जा रही है क्योंकि कंपनियां लाखों में भुगतान करते समय समीक्षा करने के लिए सर्वोत्तम प्रतिभा की अपेक्षा करती हैं।

- **व्यवसायों द्वारा साइबर सुरक्षा में निवेश को बढ़ावा देना** – वर्तमान में सुरक्षा बजट का केवल एक छोटा हिस्सा कंपनियों द्वारा IT सुरक्षा के लिए उपयोग किया जा रहा है। हालांकि, साइबर घटनाओं से सम्बंधित आर्थिक और प्रतिष्ठा सम्बन्धी जोखिमों को ध्यान में रखते हुए IT सुरक्षा में निवेश में वृद्धि की जानी चाहिए तथा इसके माध्यम से साइबर सुरक्षा योजना को अपनाया जाना चाहिए, साइबर–इंश्योरेंस की खरीद की जानी चाहिए और साथ–साथ डेटा सुरक्षा अधिकारी की नियुक्ति की जानी चाहिए।
- **आईटी अधिनियम, 2008 में संशोधन** – अपराधों के विरुद्ध प्रतिरोधक के रूप में जुर्माना निर्धारित करने के लिए नियमों को साइबर परिदृश्य में होने वाले परिवर्तनों के अनुरूप बनाया जाना चाहिए। उदाहरण के लिए भारतीय आईटी अधिनियम में वित्तीय धोखाधड़ी अभी भी एक जमानती अपराध है।
- **कौशल विकास** – भारत में 2025 तक साइबर सुरक्षा क्षेत्र में लगभग दस लाख रोजगारों के अवसर के सृजन का अनुमान है। इन अवसरों का अन्य देशों के पेशेवरों से संरक्षण और भारतीयों को इनका लाभ प्राप्त करने में सक्षम बनाने हेतु, भारत को आवश्यक कौशल विकास हेतु उचित परिवेश स्थापित करना होगा। आईटी पेशेवरों की एक रिपॉजिटरी के रूप में एक राष्ट्रीय साइबर रजिस्ट्री के विचार को भी लागू किया जा सकता है।
- **भारत में साइबर इंश्योरेंस** – उद्योग के अनुमानों के अनुसार अभी तक भारत में 300–400 साइबर पॉलिसियां ही बेची गई हैं। भारत में साइबर इंश्योरेंस की औसत लागत लगभग 7.5 मिलियन डॉलर है। हालांकि, विकसित देशों की तुलना में यह अभी भी 20–25 प्रतिशत कम है। इस क्षेत्र के द्वारा सामना की जाने वाली चुनौतियों में शामिल हैं - विश्वसनीयता संबंधी मुद्दे, प्रतिभा की कमी, प्रौद्योगिकी को वृहद पैमाने पर स्वीकार करने की आवश्यकता।
- **साइबर सुरक्षा नीति का अपडेशन** – भारत को साइबर सुरक्षा पर एक अद्यतन नीति की आवश्यकता है, क्योंकि राष्ट्रीय साइबर सुरक्षा नीति 2013 द्वारा साइबर सुरक्षा के व्यापक सिद्धांतों को तो रेखांकित किया गया है परन्तु इसके परिचालन हेतु आवश्यक रूपरेखा को स्पष्ट नहीं किया गया है।

सुझाव एवं उपाय

- **सुरक्षा लेखा-परीक्षा** (Cyber Security Audit) – सभी सरकारी वेबसाइटों, एप्लिकेशन को जारी और प्रकाशित करने से पूर्व, उनके लिए अंतर्राष्ट्रीय मानकों के अनुरूप सुरक्षा लेखा परीक्षा का प्रावधान किया जा सकता है।
- **राज्य स्तर पर साइबर सुरक्षा फ्रेमवर्क की स्थापना** – उदाहरण स्वरुप कम्प्यूटर आपातकालीन प्रतिक्रिया टीम के साथ मिलकर कार्य करने के लिए राज्य कम्प्यूटर आपातकालीन प्रतिक्रिया टीम की स्थापना की जानी चाहिए।
- **सुदृढ़ अंतर्राष्ट्रीय सहयोग** – राष्ट्रों के मध्य बेहतर सहयोग होना चाहिए और संयुक्त राष्ट्र के सभी सदस्य देशों द्वारा युद्ध की स्थिति में भी इंटरनेट की मूल संरचना पर हमला नहीं करने के लिए एक वैश्विक समझौते की पुष्टि की जानी चाहिए। हाल ही में गृह मंत्रालय ने साइबर अपराध में वृद्धि के कारण बुडापेस्ट कन्वेंशन ऑन साइबर क्राइम पर हस्ताक्षर करने की घोषणा की।

राष्ट्रीय साइबर सुरक्षा नीति 2013

- सभी साइबर सुरक्षा मामलों को समन्वित करने के लिए, एक राष्ट्रीय नोडल एजेंसी के साथ खतरों के विभिन्न स्तरों से निपटने के लिए विभिन्न निकायों की स्थापना करना।
- एक राष्ट्रीय महत्वपूर्ण सूचना मूल संरचना संरक्षण केंद्र का सृजन।
- आगामी पांच वर्षों में साइबर सुरक्षा के क्षेत्र में क्षमता निर्माण, कौशल विकास और प्रशिक्षण के माध्यम से लगभग 5 लाख कुशल पेशेवरों का एक कार्यबल सृजित करना।
- मानक सुरक्षा प्रथाओं और प्रक्रियाओं को अपनाने के लिए व्यवसायों को वित्तीय लाभ प्रदान करना।
- देश में उपयोग में आने वाले उपकरणों की सुरक्षा की नियमित जाँच करने के लिए परीक्षण प्रयोगशालाएं स्थापित करना।
- देश में एक सुरक्षित साइबर पारिस्थतिकी तंत्र सृजित करना तथा तकनीकी एवं प्रचालन सहयोग के माध्यम से प्रभावी सार्वजनिक-निजी भागीदारी और सहयोगात्मक सहभागिता विकसित करना।
- अनुसंधान के माध्यम से स्वदेशी सुरक्षा प्रौद्योगिकियों का विकास करना।

साइबर क्राइम एवं आई टी एक्ट (Cyber Crime and IT Act)

भारत में भी साइबर क्राइम मामलों में तेजी से इजाफा हो रहा है। सरकार ऐसे मामलों को लेकर बहुत गंभीर है। भारत में साइबर क्राइम के मामलों में सूचना तकनीक कानून 2000 और सूचना तकनीक (संशोधन) कानून 2008 लागू होते हैं। मगर इसी श्रेणी के कई मामलों में भारतीय दंड संहिता (आईपीसी), कॉपीराइट कानून 1957, कंपनी कानून, सरकारी गोपनीयता कानून और यहाँ तक कि आतंकवाद निरोधक कानून के तहत भी कार्रवाई की जा सकती है।

आईटी कानून, 2000

साइबर क्राइम के कुछ मामलों में आईटी विभाग की तरफ से जारी किए गए आईटी नियम 2011 के तहत भी कार्रवाई की जाती है. इस कानून में निर्दोष लोगों को साजिशों से बचाने के इतंजाम भी हैं। लेकिन कंप्यूटर, इंटरनेट और दूरसंचार इस्तेमाल करने वालों को हमेशा सतर्क रहना चाहिए कि उनसे जाने-अनजाने में कोई साइबर क्राइम तो नहीं हो रहा है।

हैकिंगः धाराएं और सजा

किसी कंप्यूटर, डिवाइस, इन्फोरमेशन सिस्टम या नेटवर्क में अनधिकृत रूप से घुसपैठ करना और डेटा से छेड़छाड़ करना हैकिंग कहलाता है यह हैकिंग उस सिस्टम की फिजिकल एक्सेस और रिमोट एक्सेस के जरिए भी हो सकती है। जरूरी नहीं कि ऐसी हैकिंग के दौरान उस सिस्टम को नुकसान पहुँचा ही हो। अगर कोई नुकसान नहीं भी हुआ है, तो भी घुसपैठ करना साइबर क्राइम के तहत आता है, जिसके लिए सजा का प्रावधान है। आईटी (संशोधन) एक्ट 2008 की धारा 43 (ए), धारा 66 - आईपीसी की धारा 379 और 406 के तहत अपराध साबित होने पर तीन साल तक की जेल या पांच लाख रुपये तक जुर्माना हो सकता है।

तथ्य या जानकारी या डेटा चोरी करना

किसी व्यक्ति, संस्थान या संगठन आदि के किसी सिस्टम से निजी या गोपनीय डेटा या सूचनाओं की चोरी करना भी साइबर क्राइम है। अगर किसी संस्थान या संगठन के अंदरूनी डेटा तक आपकी पहुँच है, लेकिन आप अपनी उस जायज पहुँच का इस्तेमाल संगठन की इजाजत के बिना, उसके नाजायज दुरुपयोग की मंशा से करते हैं, तो वह भी इसी अपराध के दायरे में आएगा। कॉल सेंटरस् या लोगों की जानकारी रखने वाले संगठनों में इस तरह की चोरी के मामले सामने आते रहे हैं। ऐसे मामलों

में आईटी (संशोधन) कानून 2008 की धारा 43 (बी), धारा 66 (ई), 67 (सी), आईपीसी की धारा 379, 405, 420 और कॉपीराइट कानून के तहत दोष साबित होने पर अपराध की गंभीरता के हिसाब से तीन साल तक की जेल या दो लाख रुपये तक जुर्माना हो सकता है।

वायरस, स्पाईवेयर फैलाना

अक्सर कम्प्यूटर में आए वायरस और स्पाईवेयर को हटाने पर लोग ध्यान नहीं देते हैं। उनके सिस्टम से होते हुए ये वायरस दूसरों तक पहुँच जाते हैं। हैकिंग, डाउनलोड, कंपनियों के अंदरूनी नेटवर्क, वाई-फाई कनेक्शनों और असुरक्षित फ्लैश ड्राइव, सीडी के जरिए भी वायरस फैल जाते हैं। वायरस बनाने वाले अपराधियों की पूरी एक इंडस्ट्री है, जिनके खिलाफ वक्त बेवक्त कड़ी कार्रवाई होती रही है। लेकिन आम लोग भी कानून के दायरे में आ सकते हैं। अगर उनकी लापरवाही से किसी के सिस्टम में कोई खतरनाक वायरस पहुँच जाए और बड़ा नुकसान कर दे। इस तरह के केस में आईटी (संशोधन) एक्ट 2008 की धारा 43 (सी), धारा 66, आईपीसी की धारा 268 और देश की सुरक्षा को खतरा पहुँचाने के लिए फैलाए गए वायरस पर साइबर आतंकवाद से जुड़ी धारा 66 (एफ) भी लगाई जाती है। दोष सिद्ध होने पर साइबर-वॉर और साइबर आतंकवाद से जुड़े मामलों में उम्र कैद का प्रावधान है। जबकि अन्य मामलों में तीन साल तक की जेल या जुर्माना हो सकता है।

पहचान की चोरी

किसी दूसरे शख्स की पहचान से जुड़े डेटा, गुप्त सूचनाओं वगैरह का इस्तेमाल करना भी साइबर अपराध है। यदि कोई इंसान दूसरों के क्रेडिट कार्ड नंबर, पासपोर्ट नंबर, आधार नंबर, डिजिटल आईडी कार्ड, ई-कॉमर्स ट्रांजैक्शन पासवर्ड, इलेक्ट्रॉनिक सिग्नेचर वगैरह का इस्तेमाल करके शॉपिंग या धन की निकासी करता है तो वह इस अपराध में शामिल हो जाता है। जब आप किसी दूसरे शख्स के नाम पर या उसकी पहचान का आभास देते हुए कोई जुर्म करते हैं, या उसका नाजायज फायदा उठाते हैं, तो यह जुर्म आइडेंटिटी थेफ्ट के दायरे में आता है। ऐसा करने वाले पर आईटी (संशोधन) एक्ट 2008 की धारा 43, 66 (सी), आईपीसी की धारा 419 लगाए जाने का प्रावधान है। जिसमें दोष साबित होने पर तीन साल तक की जेल या एक लाख रुपये तक जुर्माना हो सकता है।

ई-मेल स्पूफिंग और फ्रॉड

अक्सर आपके इनबॉक्स या स्पैम बॉक्स में कई तरह के ईनाम देने वाले या बिजनेस पार्टनर बनाने वाले या फिर लॉटरी निकलने वाले मेल आते हैं। ये सभी मेल किसी

दूसरे शख्स के ई-मेल या फर्जी ई-मेल आईडी के जरिए किए जाते हैं। किसी दूसरे के ई-मेल पते का इस्तेमाल करते हुए गलत मकसद से दूसरों को ई-मेल भेजना इसी अपराध की श्रेणी में आता है। हैकिंग, फिशिंग, स्पैम और वायरस, स्पाईवेयर फैलाने के लिए इस तरह के फर्जी ईमेल का इस्तेमाल अधिक होता है। ऐसा काम करने वाले अपराधियों का मकसद ई-मेल पाने वाले को धोखा देकर उसकी गोपनीय जानकारी हासिल करना होता है। ऐसी जानकारियों में बैंक खाता नंबर, क्रेडिट कार्ड नंबर, ई-कॉमर्स साइट का पासवर्ड वगैरह आ सकते हैं। इस तरह के मामलों में आईटी कानून 2000 की धारा 77 बी, आईटी (संशोधन) कानून 2008 की धारा 66 डी, आईपीसी की धारा 417, 419, 420 और 465 लगाए जाने का प्रावधान है। दोष साबित होने पर तीन साल तक की जेल या जुर्माना हो सकता है।

पोर्नोग्राफी

इंटरनेट के माध्यम से अश्लीलता का व्यापार भी खूब फलफूल रहा है। ऐसे में पोर्नोग्राफी एक बड़ा कारोबार बन गई है। जिसके दायरे में ऐसे फोटो, विडियो, टेक्स्ट, ऑडियो और सामग्री आती है, जो यौन, यौन कृत्यों और नग्नता पर आधारित हो। ऐसी सामग्री को इलेक्ट्रॉनिक ढंग से प्रकाशित करने, किसी को भेजने या किसी और के जरिए प्रकाशित करवाने या भिजवाने पर पोर्नोग्राफी निरोधक कानून लागू होता है। दूसरों के नग्न या अश्लील वीडियो तैयार करने वाले या ऐसा एमएमएस बनाने वाले या इलेक्ट्रॉनिक माध्यमों से इन्हे दूसरों तक पहुँचाने वाले और किसी को उसकी मर्जी के खिलाफ अश्लील संदेश भेजने वाले लोग इसी कानून के दायरे में आते हैं। पोर्नोग्राफी प्रकाशित करना और इलेक्ट्रॉनिक जरियों से दूसरों तक पहुँचाना अवैध है, लेकिन उसे देखना, पढ़ना या सुनना अवैध नहीं माना जाता। जबकि चाइल्ड पोर्नोग्राफी देखना भी अवैध माना जाता है। इसके तहत आने वाले मामलों में आईटी (संशोधन) कानून 2008 की धारा 67 (ए), आईपीसी की धारा 292, 293, 294, 500, 506 और 509 के तहत सजा का प्रावधान है। जुर्म की गंभीरता के लिहाज से पहली गलती पर पांच साल तक की जेल या दस लाख रुपये तक जुर्माना हो सकता है लेकिन दूसरी बार गलती करने पर जेल की सजा सात साल तक बढ़ सकती है।

चाइल्ड पोर्नोग्राफी

बच्चों के साथ पेश आने वाले मामलों पर कानून और भी ज्यादा सख्त है। बच्चों को सेक्सुअल एक्ट में शामिल करना या नग्न दिखाना या इलेक्ट्रॉनिक फॉर्मेट में कोई सामग्री प्रकाशित करना या दूसरों को भेजना भी इसी कानून के तहत आता है। बल्कि भारतीय कानून के मुताबिक जो लोग बच्चों से जुड़ी अश्लील सामग्री तैयार करते हैं, इकट्ठी

करते हैं, ढूंढते हैं, देखते हैं, डाउनलोड करते हैं, विज्ञापन देते हैं, प्रमोट करते हैं, दूसरों के साथ लेनदेन करते हैं या बांटते हैं तो वह भी गैरकानूनी माना जाता है। बच्चों को बहला-फुसलाकर ऑनलाइन संबंधों के लिए तैयार करना, फिर उनके साथ यौन संबंध बनाना या बच्चों से जुड़ी यौन गतिविधियों को रेकॉर्ड करना, एमएमएस बनाना, दूसरों को भेजना आदि भी इसी के तहत आते हैं. इस कानून में 18 साल से कम उम्र के लोगों को बच्चों की श्रेणी में माना जाता है। ऐसे मामलों में आईटी (संशोधन) कानून 2009 की धारा 67 (बी), आईपीसी की धाराएँ 292, 293, 294, 500, 506 और 509 के तहत सजा का प्रावधान है। पहले अपराध पर पांच साल की जेल या दस लाख रुपये तक जुर्माना हो सकता है। लेकिन दूसरे अपराध पर सात साल तक की जेल या दस लाख रुपये तक जुर्माना हो सकता है।

अपमानजनक संदेशों द्वारा बच्चों और महिलाओं को तंग करना

आज के दौर में सोशल नेटवर्किंग साइट्स खूब चलन में हैं। ऐसे में सोशल नेटवर्किंग वेबसाइटों, ई-मेल, चैट वगैरह के जरिए बच्चों या महिलाओं को तंग करने के मामले अक्सर सामने आते हैं। इन आधुनिक तरीकों से किसी को अश्लील या धमकाने वाले संदेश भेजना या किसी भी रूप में परेशान करना साइबर अपराध के दायरे में ही आता है। किसी के खिलाफ दुर्भावना से अफवाहें फैलाना, नफरत फैलाना या बदनाम करना भी इसी श्रेणी का अपराध है। इस तरह के केस में आईटी (संशोधन) कानून 2009 की धारा 66(ए) के तहत सजा का प्रावधान है। दोष साबित होने पर तीन साल तक की जेल या जुर्माना हो सकता है। हाल ही में धारा 66(ए) को सर्वोच्च न्यायालय ने श्रेया सिंघल बनाम भारत संघ मामले में असंवैधानिक घोषित करते हुए निरस्त कर दिया है। क्योंकि यह संविधान में प्रदत्त मौलिक अधिकारों का उल्लंघन करता हैं।

पेपर-रहित शासन प्रबन्धन - ई-शासन (Paper less Governance Management - E-Governance)

पेपर-रहित शासन प्रणाली एवं ई-शासन

भारत में डिजिटल इंडिया का आगाज हो चुका है। बदलती जिंदगियां, बदलता भारत इसका आधार वाक्य है। इलेक्ट्रॉनिकी एवं सूचना प्रौद्योगिकी विभाग द्वारा डिजिटल इंडिया के तहत कई महत्वपूर्ण कार्यक्रम संचालित किए जा रहे हैं-

- माईगॉव (My gov) – शासन में नागरिक भागीदारी को प्रोत्साहन
- डिजिटल सेवा (सार्वजनिक सेवा केंद्र)– डिजिटल फासलों को पाटने का कदम
- भारत को डिजिटल साक्षर बनाने की पहल डिजिटल साक्षरता की प्रगति
- आधार– दुनिया का सबसे बड़ा ऑनलाइन पहचान मंच
- डिजि–लॉकर द्वारा काज रहित शासन की ओर बढ़ते कदम
- इलेक्ट्रॉनिक्स निर्माण नई ऊँचाई पर
- जीवन प्रमाण – पेंशनभोगियों के लिए वरदान
- संपूर्ण भारत में आईटी–आईटीईएस सेक्टर के विकास को बढ़ावा
- ई क्रांति– सेवाओं की डिजिटल डिलीवरी
- श्रेणी II और श्रेणी III शहरों में आईटीईएस विकास को बढ़ावा

अब, भारत में वह दिन दूर नहीं, जब हर गर्वित भारतीय नागरिक के पास इंटरनेट की सुविधा उपलब्ध होगी। ग्रामीण इलाकों में लोग इलेक्ट्रॉनिक गवर्नेंस के लिए माईगॉव, ई–सेवाओं के लिए कॉमन सर्विस सेंटर और पेपर रहित गवर्नेंस के लिए डिजिटल लॉकर जैसी शुरुआतों को सहर्ष स्वीकार कर रहे हैं। बीते कुछ साल, सरकार द्वारा डिजिटल रूप से सशक्त भारत के स्वप्न को साकार करने की दिशा में उठाए गए बड़े कदमों के साक्षी रहे हैं और धीरे–धीरे डिजिटल इंडिया की नींव रख दी गई है।

डिजिटल इंडिया के स्तंभ

- मोबाइल कनेक्टिविटी द्वारा सार्वभौमिक पहुँच, इंटरनेट ब्रॉडबैंड हाईवे
- शून्य आयात हेतु इलेक्ट्रॉनिक निर्माण
- शीघ्र लक्ष्य प्राप्य कार्यक्रम
- सार्वजनिक इंटरनेट पहुँच कार्यक्रम
- ई–क्रांति–सेवाओं की इलेक्ट्रॉनिक डिलीवरी
- सर्व सूचना
- सभी के लिए रोजगार
- ई–शासन

ई–शासन (E-Governance)

ई–शासन में 'ई' शब्द का आशय 'इलेक्ट्रॉनिक' से है। इस प्रकार ई–प्रशासन या इलेक्ट्रॉनिक–प्रशासन सरकारी कार्यचालन में सूचना एवं संचार तकनीक के अनुप्रयोग

को इंगित करता है। विश्व बैंक के अनुसार 'ई-शासन सरकारी अभिकरणों द्वारा सूचना तकनीकों जैसे कि वाइड एरिया नेटवर्क, इंटरनेट और मोबाइल कम्प्यूटिंग के प्रयोग का सूचक है और यह नागरिकों, व्यापारों और सरकारी अंगों के साथ सम्बन्धों को रूपान्तरित करने की क्षमता रखता है। ई-प्रशासन मूल रूप से स्मार्ट शासन की दिशा में एक कदम है जो सरल, नैतिक, उत्तरदायी, अनुक्रियात्मक तथा पारदर्शी शासन का सूचक है।

- सरल शासन का अर्थ सूचना और संचार तकनीक के प्रयोग द्वारा सरकारी नियमों, विनियमों एवं प्रक्रियाओं का सरलीकरण है, जिसके द्वारा एक प्रयोक्ता अनुकूल सरकार उपलब्ध कराई जाती है।
- नैतिक शासन राजनीतिक एवं प्रशासनिक तंत्र में नैतिक मूल्यों की एक समग्र नई प्रणाली के उदय का सूचक है। तकनीकी हस्तक्षेप भ्रष्टाचाररोधी एजेन्सियों, पुलिस एवं न्यायपालिका इत्यादि की क्षमता में सुधार करता है।
- उत्तरदायित्व प्रभावी प्रबन्धन सूचना प्रणाली एवं निष्पादन मापन कार्यतंत्र के डिजाइन, विकास एवं क्रियान्वयन को बढ़ावा देकर लोक सेवाकर्मियों की जवाबदेही को सुनिश्चित किया जा सकता है।
- अनुक्रिया सेवा आपूर्ति की गति को बढ़ाने के लिए प्रक्रियाओं को सरल और कारगर बनाकर व्यवस्था को अनुक्रियात्मक बनाया जाता है।
- अब तक सरकारी दस्तावेजों में परिसीमित सूचना को लोगों तक पहुँचाकर प्रक्रियाओं एवं कार्यों को पारदर्शी बनाया जाता है, जिसके परिणास्वरूप प्रशासनिक अभिकरणों की अनुक्रियाओं में समानता और कानून का शासन परिलक्षित होता है।

ई-शासन में अन्तर्क्रियाएँ

ई-शासन में अन्तक्रियाओं के चार प्रकार होते हैं-

- सरकार की नागरिकों के साथ अन्तर्क्रिया (जी टू सी)
- सरकार की व्यापार के साथ अन्तर्क्रिया (जी टू बी),
- सरकार के साथ अन्तर्क्रिया जो कि अन्तअर्भिकरण सम्बन्ध के रूप में होती है (जी टू जी)
- सरकार की कर्मचारियों के साथ अन्तर्क्रिया (जी टू ई)

दूसरे प्रशासनिक सुधार आयोग ने "प्रमोटिंग ई-गवर्नेंस: द स्मार्ट वे फॉरवर्ड" (2008) नामक शीर्षक वाली अपनी रिपोर्ट में ई-प्रशासन में अन्तर्क्रियाओं के उपरोक्त चार प्रकारों को निम्नलिखित रूप में विश्लेषित किया है-

जी 2 सी (सरकार की नागरिकों के साथ अन्तर्क्रिया)

इस मामले में सरकार और नागरिकों के बीच एक अन्तराफलक निर्मित किया जाता है, जो नागरिकों को लोक सेवाओं की एक व्यापक श्रृंखला की प्रभावी आपूर्ति के लाभ प्राप्त करने में सक्षम बनाता है। यह एक ओर सार्वजनिक सेवाओं की उपलब्धता और पहुँच को विस्तारित करता है जबकि दूसरी ओर सेवाओं की गुणवत्ता को भी सुधारता है। यह नागरिकों को विकल्प प्रदान करता है कि वे सरकार के साथ कब अन्तर्क्रिया करें (एक दिन में 24 घंटे या एक सप्ताह में 7 दिन उपलब्ध होने पर), सरकार के साथ कहाँ से अन्तक्रिया करें (जैसे कि सेवा केन्द्र, मानवरहित बूथ या अपने घर या कार्यस्थल से), और सरकार के साथ कैसे अन्तक्रिया करें (जैसे कि इन्टरनेट, फैक्स, टेलीफोन, ई-मेल या आमने-सामने इत्यादि के द्वारा) इसका प्राथमिक उद्देश्य सरकार को नागरिकों के प्रति मित्रवत बनाना है।

जी 2 बी (सरकार की व्यापार के साथ अन्तर्क्रिया)

यहाँ ई-प्रशासन के औजारों का प्रयोग उत्पाद और सेवाएँ उपलब्ध कराने वाले व्यापारिक समुदाय को सरकार के साथ अबाधित अन्तक्रिया करने में सहायता देने के लिए किया जाता है। इसका उद्देश्य सरकार के साथ सौदेबाजी करते समय लाल फीताशाही में कटौती करना, समय बचाना, कार्यचालन लागत को घटाना तथा एक अधिक पारदर्शी व्यापारिक वातावरण का निर्माण करना है। जी टू बी पहल विनिमयात्मक हो सकती है, जैसे- लाइसेंस, परमिट, राजस्व सग्रंह एवं दलाली इत्यादि में। ये प्रोत्साहन मूलक भी हो सकती है, जैसे- व्यापार, पर्यटन और निवेश इत्यादि में। ये उपाय व्यापारों के लिए सुविधाजनक वातावरण उपलब्ध कराने में सहायता करते हैं और व्यापारिक गतिविधियों को अधिक प्रभावी ढंग से निष्पादित करने की क्षमता पैदा करते है।

जी टू जी (सरकार की सरकार के साथ अन्तर्क्रिया)

इस मामले में सूचना एवं संचार तकनीक का प्रयोग न केवल सरकारी सत्ताओं के कार्यचालन में निहित सरकारी प्रक्रियाओं की पुनर्संरचना के लिए लिया जाता है बल्कि अलग अलग सत्ताओ के मध्य सूचना व सेवाओं के प्रवाह में वृद्धि करने के लिए भी किया जाता है। इस प्रकार यह अन्तः क्रिया मात्र सरकार के क्षेत्र के भीतर होती है।

जी टू ई (सरकार की कर्मचारियों के साथ अन्तर्क्रिया)

सरकार सबसे बड़ी नियोक्ता होती है तथा किसी भी संगठन की तरह इसे भी अपने कर्मचारियों के साथ नियमित आधार पर अन्तक्रिया करनी होती है। यह अन्तक्रिया संगठन और कर्मचारियों के साथ नियमित आधार पर अन्तक्रिया करनी होती है। यह अन्तक्रिया एक द्विदिशीय अन्तक्रिया है। यह कर्मचारी क्षमता में वृद्धि में सहायक होगा।

ई-शासन से लाभ

पेपर-लेस शासन अर्थात् ई-शासन से अनेक लाभ निम्न हैं-

- नागरिकों को सरकारी सेवाओं की बेहतर आपूर्ति
- व्यापार व उद्योग के साथ उन्नत अन्तक्रिया
- सूचना तक पहुँच के माध्यम से नागरिकों का सशक्तिकरण
- सरकारी प्रशासन की दक्षता में वृद्धि
- प्रशासन में अल्प - भ्रष्टाचार
- प्रशासन की पारदर्शिता में वृद्धि
- लागत में कटौती एवं राजस्व में वृद्धि
- नागरिक वर्ग हेतु व्यापक सुविधा
- सरकार की वैधता में वृद्धि
- सुशासन में व्यापक भागीदारी
- लोक प्राधिकारी व नागरिक समाज में सम्बन्ध सुधार
- प्रशासनिक प्रक्रियाओं की पुर्नसंरचना

भारत में ई-शासन ढांचे की समस्या

यद्यपि, बुनियादी ढाँचे में कुछ सुधार हुआ है, फिर भी हमें अभी तक बहुत कुछ करना शेष है क्योंकि डिजिटल बुनियादी ढाँचा, क्षमता निर्माण इत्यादि विभिन्न समस्याओं से ग्रस्त है, उनमें से कुछ की नीचे चर्चा की गई है।

- **इंटरनेट की कम पहुँच** – भले ही भारत दुनिया में इंटरनेट उपयोगकर्ताओं की संख्या के मामले में द्वितीय स्थान पर है, फिर भी इंटरनेट उपयोगकर्ता व समग्र जनसंख्या का अनुपात बहुत कम है। कम्प्यूटर रिसर्च सेंटर की हालिया प्राप्तियों (जो इंटरनेट उपयोग को, स्मार्टफोन स्वमित्व के आधार मापती है) के अनुसार भारत में मात्र 22 प्रतिशत वयस्क ही स्मार्ट फोन का प्रयोग करते हैं।
- **अवसंरचना का अभाव** – विशेषकर ग्रामीण क्षेत्रों में ब्रॉडबैंड कनेक्टिविटी, साक्षरता जैसी बुनियादी सुविधाओं की कमी है।
- **डिजिटल डिवाइड** – भारत में डिजिटल साक्षरता कम है जो उच्च डिजिटल विभाजन को जन्म देती है।
- **साइबर अपराध** – रैनसमवेयर हमले (जैसे वैनाक्राइ) जैसे साइबर हमलों से सेवाएँ प्रभावित होती है।

- **अन्य समस्याएँ** – अन्य समस्याओं में डेटा सुरक्षा पर चिंता, इंटरनेट कनेक्टिविटी में ब्रेक, ई–गवर्नेंस संबंधी चिंताओं को इंगित करता है।

राष्ट्रीय सुरक्षा प्रबन्धन (National Security Management)

भारतीय सुरक्षा की अवधारणा भारतीय सुरक्षा की अवधारणा विकास, शान्ति एवं सुरक्षा मानव जीवन की चिर–प्रक्रिया है, जो मानव समाज, देश की आवश्यकताओं और समस्याओं के पारस्परिक सम्बन्धों से प्रभावित होती है। भारत की स्थिति भू–स्त्रातेजिक एवं सामरिक दृष्टिकोण से विश्व में अलग ही स्थान रखती है। भारत की स्थिति न केवल एशिया को बल्कि पूरे विश्व को ही प्रभावित करती है। व्यापारिक, राजनैतिक, सामरिक एवं आर्थिक सभी सम्बन्धों से भारत विश्व के अधिकांश राष्ट्रों से जुड़ा हुआ है। भारत विविधताओं से परिपूर्ण एक अति प्राचीन देश है, जिसमें अनेक संस्कृतियों एवं सभ्यताओं का समावेश है साथ ही अनेक धर्म, भाषाओं, जातियों एवं जनजातियों का मिला हुआ स्वरूप भारत में स्पष्ट दिखाई देता है।

विशाल बहुआयामी, विविधताओं से भरे भारत देश में राष्ट्रीय सुरक्षा एवं एकता को बनाए रखना एक जटिल समस्या है। वहीं बाहरी शक्तियाँ एवं राष्ट्र विरोधी अराजक तत्व भारतीय अखण्डता, सम्प्रभुता को नष्ट करने में लगे हुए हैं। भारत की सुरक्षा के दृष्टिकोण से देखा जाए तो भारत के पड़ोसी राष्ट्रों पाकिस्तान तथा चीन से भारत की सुरक्षा को सदैव खतरा बना रहता है, ऐसी स्थिति में भारत के राष्ट्रीय हित में होगा कि वह भारतीय सुरक्षा पर ध्यान दे क्योंकि राष्ट्रीय सुरक्षा में ही राष्ट्रीय हित समाहित है। भारत विरोधी अराजक तत्वों द्वारा भारतीय जनमानस के मस्तिष्क में भारत विरोधी विचारों का समावेश कर भारतीय जनमानस को राष्ट्रीय धारा के विरूद्ध भड़काया जा रहा है। इसलिए भारत की सुरक्षा समस्याएँ और भी जटिल होती जा रही हैं। राष्ट्रीय सुरक्षा और राष्ट्रीय हित दोनों देश की सम्पन्नता व संस्कृति के समान परस्पर जुड़े हुए माने जाते हैं।

जिस प्रकार किसी राष्ट्र का अस्तित्व, प्रभाव, अखण्डता और सर्वोच्चता उसकी सम्प्रभुता सम्पन्न मानव समाज में समावेशित होती है, ठीक उसी प्रकार प्रतिरक्षा अध्ययन और सैन्य विज्ञान विषय की अवधारणा एवं महत्व का केन्द्र बिन्दु राष्ट्रीय हित तथा राष्ट्रीय सुरक्षा में समाहित होता है। इसके अन्तर्गत सैन्यशक्ति जैसे कारकों की भूमिका सर्वोपरि होती है। राष्ट्रीय सुरक्षा को रक्षा तथा प्रतिरक्षा से जोड़ा जाता है तो कभी राष्ट्रीय अस्मिता से, परन्तु सुरक्षा का अर्थ राजनीतिक, आर्थिक तथा सैन्य रक्षा के अर्थ में लिया जाता है। यह एक व्यापक राजनीतिक विचारधारा है, परन्तु रक्षा तात्कालिक सैन्य परिस्थितियों से सम्बन्धित समस्या है।

इस प्रकार सुरक्षा के लिए उत्पन्न समस्याओं या वास्तविक खतरों का सामना रक्षा अध्ययन के द्वारा किया जाता है। राष्ट्रीय रक्षा की आवश्यकता सदैव न होकर कभी-कभी होती है परन्तु राष्ट्रीय सुरक्षा के लिए राजनीतिक तथा कूटनीतिक प्रयास सदैव चलते रहते हैं। आज के बदलते परिवेश में देश के नागरिकों तथा सरकार का कर्तव्य, राष्ट्र को अखण्डता, सम्प्रभुता एव स्थिरता प्रदान करना है।

आधुनिक वैश्वीकरण के युग में लोक प्रबन्धन (Public Management in the age of Globalisation)

आधुनिक युग में वैश्वीकरण की प्रक्रिया का प्रभाव सभी देशों और समाजों में देखा जा सकता है। कनाडाई समाजशास्त्री मार्शल मैक्लुहान के अनुसार वैश्वीकरण या भूमंडलीकरण के परिणामस्वरूप पूरा विश्व एक ग्लोबल विलेज बन गया है। जहाँ भौगोलिक सीमाएं सिमट चुकी हैं। सूचना एवं प्रौद्योगिकी क्रांति के फलस्वरूप आज कई प्रकार के परिवर्तन एवं रूपांतरण देखे जा सकते हैं। पूरे विश्व में समाज, संस्कृति, भाषा, अर्थव्यवस्था, प्रशासन, प्रबन्धन, पूँजी, श्रम, व्यापार, वाणिज्य, कला, संगीत, साहित्य, विज्ञान और तकनीक का भौगोलिक सीमाओं से परे निर्बाध प्रवाह हो रहा है।

वैश्वीकरण एवं उदारीकरण की प्रक्रियाओं के परिणामस्वरूप लोक प्रबन्धन तथा लोक प्रशासन की भूमिका व स्वरूप में आये परिवर्तनों को निम्नलिखित रूप में स्पष्ट किया जा सकता है–

राज्य व सरकार की भूमिका का कम होना

'लोक कल्याणकारी राज्य' की अवधारणा के अस्तित्व में आने के साथ ही राज्य के दायित्वों में भी वृद्धि हो गई थी। लोक कल्याणकारी राज्य में 'समाजवादी लक्ष्य' एवं 'नियोजित आर्थिक विकास' को प्राथमिकता देने के कारण भी यह वृद्धि होना स्वाभाविक था नियोजित आर्थिक विकास के अन्तर्गत आर्थिक गतिविधियों के नियन्त्रण एवं संचालन का सम्पूर्ण दायित्व राज्य व सरकार के हाथों में आ गया किन्तु उदारीकरण के परिणामस्वरूप निजीकरण को प्रोत्साहन दिया गया जिसके कारण राज्य व सरकार के अधिकांश कार्य निजी क्षेत्रों में आ गए। परिणामस्वरूप राज्य व सरकार की भूमिका कम होती चली गई।

बाजारीकरण एवं निजीकरण पर बल

स्वातन्त्रोत्तर भारत में अर्थव्यवस्था पर नियन्त्रण हेतु कोटा परमिट व लाइसेन्स प्रणाली को आरम्भ किया गया, किन्तु 'उदारीकरण' की अवधारणा के अस्तित्व में आने के

बाद कोटा, परमिट व लाइसेन्स प्रणाली को कम करने पर बल दिया गया। साथ ही बाजारीकरण व निजीकरण की प्रक्रियाओं को प्रोत्साहित किया गया।

लोक प्रशासन की सकारात्मक भूमिका में वृद्धि

उदारीकरण की प्रक्रिया के प्रारम्भ होने से पूर्व अर्थव्यवस्था राज्य के नियन्त्रण में थी तथा नौकरशाही का स्वरूप नकारात्मक तथा अड़गें लगाने की नीति से परिपूर्ण था किन्तु उदारीकरण के युग में नौकरशाही की भूमिका में परिवर्तन अपेक्षित था।

वर्तमान वैश्वीकरण एवं साइबर युग में नौकरशाही से सहयोगात्मक रचनात्मक एवं सकारात्मक भूमिका के निर्वाह की अपेक्षा की जाती है। पश्चिम के विकसित देशों में लोक प्रशासन के क्षेत्र में संरचनात्मक एवं कार्यात्मक दृष्टि से सकारात्मक परिवर्तन किए जा चुके हैं किन्तु भारत जैसे विकासशील देशों में यह प्रक्रिया अभी जारी है ।

सार्वजनिक क्षेत्र के उपक्रमों का विनिवेशन

वैश्वीकरण एवं उदारीकरण के इस युग में सार्वजनिक क्षेत्र के उपक्रमों में निरन्तर बढ़ती समस्याओं से जूझने के लिए इन क्षेत्रों में निजी क्षेत्रों की सहभागिता को प्रोत्साहित किया जा रहा है। सार्वजनिक क्षेत्र के उपक्रमों में निजी विनिवेशन के माध्यम से यह अपेक्षा की जाती है कि सार्वजनिक व निजी प्रबन्धक मिलकर उपक्रम की उत्पादकता एवं गुणवत्ता में वृद्धि का प्रयास करेंगे। साथ ही विनिवेशीकरण की इस नीति के द्वारा भविष्य में सार्वजनिक उपक्रमों के निजीकरण का मार्ग प्रशस्त किया जा रहा है।

प्रशासनिक सुधार

वैश्वीकरण एवं उदारीकरण से उत्पन्न चुनौतियों का सामना करने के लिए प्रशासनिक सुधारों की ओर विशेष ध्यान दिया जा रहा है तथा लोक प्रशासन को अधिकाधिक 'लक्ष्योन्मुखी' (Goal Oriented) एवं 'परिणामोन्मुखी' (Results Oriented) बनाने का प्रयास किया जा रहा है। लोक प्रशासन में कतिपय नवीन तत्वों यथा नव-लोक प्रबन्धन, ई-गवर्नेस, गुणवत्ता, जवाबदेही, पारदर्शिता आदि को सम्मिलित किया जा रहा है। प्रशासन के अधिकांश कार्य संविदा के आधार पर निजी क्षेत्रों को सौंपे जा रहे हैं। भारत में भी प्रशासनिक सुधार के ये प्रयास जारी हैं।

लोक चयन सिद्धान्त पर बल

लोक चयन सिद्धान्त का अर्थ है- जनता स्वयं ही सार्वजनिक हित प्रदान करने के साधन का चुनाव करें। सामान्यतया राज्य को ही सार्वजनिक हित का सम्पोषक माना जाता रहा है, किन्तु वैश्वीकरण एवं उदारीकरण के बाद खुली अर्थव्यवस्था एवं निर्बाध

व्यापार को महत्व दिया जाने लगा जिसके परिणामस्वरूप 'बाजारी शक्तियों' को भी 'सार्वजनिक हित' का सम्पोषक माना जाने लगा है।

सरकार का अधिकाधिक विकेन्द्रीकरण

परिवर्तित परिस्थितियों की एक अन्य महत्वपूर्ण देन है- स्थानीय स्तर पर भी जनता की प्रशासन में भागीदारी को अधिकाधिक प्रोत्साहित करना। सरकार का दायित्व माना गया कि वह दूसरों को शासन चलाने में अधिकाधिक सहयोग दे। लोकहित को स्थानीय रूप में परिभाषित किया गया।

सार्वजनिक व निजी क्षेत्रों में प्रकार्यात्मक संयोजन

वैश्वीकरण एवं उदारीकरण के प्रभावस्वरूप नौकरशाही को अधिक लचीला बनाने का प्रयास किया जा रहा है। इन नवीन अवधारणाओं ने नौकरशाही के परम्परागत स्वरूप को विकृतियों से युक्त एवं अधिकाधिक व्ययशील बताया है तथा सुझाव प्रस्तुत किया कि लोक प्रशासन की सेवाओं की गुणवत्ता में वृद्धि करने के लिए उनमें निजी क्षेत्र की सेवाओं एवं व्यवस्थाओं को विकसित किया जाना चाहिए। संविदा के आधार पर सार्वजनिक एवं निजी क्षेत्रों में एक प्रकार्यात्मक संयोजन विकसित करने पर बल दिया गया है।

जन-भागीदारी का महत्व

लोक प्रबन्धन की नवीन धारणाओं के अन्तर्गत प्रशासन में जन-भागीदारी 'निर्णयन एवं क्रियान्वयन रूप में' होना परम आवश्यक माना जा रहा है। स्थानीय स्तर तक जन भागीदारी के आधार पर ही सच्चे अर्थों में लोकहित की प्राप्ति सम्भव है। इससे जन भावना एवं जन आकांक्षाओं के अनुरूप लोकतान्त्रिक व्यवस्था की स्थापना हो सकेगी।

शासन की अधिकाधिक पारदर्शिता

पारम्परिक लोक प्रशासन में पुरुषों का वर्चस्व था, किन्तु लोक प्रशासन एवं प्रबन्धन की नई धारणाओं के अन्तर्गत प्रशासन में स्त्री व पुरुषों की समान भागीदारी होती है। इसके परिणामस्वरूप प्रशासन में भावनात्मक एवं मानवतावादी तत्वों का अच्छा संयोजन देखने को मिलता है। जनता को शासन की समस्त जानकारियों से अवगत कराने के लिए प्रभावी संचार व्यवस्था पर बल दिया जा रहा हैं।

❑❑❑

सन्दर्भ ग्रन्थ, सहायक ग्रन्थ एवं लेख

(Reference Books and Articles)

- ऐलन, रिचार्ड एंड टोमासी, डेनिएल, 2001, मैनेजिंग पब्लिक एक्सपेंडीचर – ए रेफरेंस बुक फोर ट्रांजिशन कंट्रीज, ओ ई सी डी, पेरिस।
- एन डी एम ए, 2019, बी स्मार्ट – बी प्रेपैयर्ड – डिजास्टर सरवाइवल गाइड, नेशनल डिजास्टर मैनेजमेन्ट ऑथोरिटी नई दिल्ली।
- यू.एन.डी.पी, बैकग्राउंड रिपोर्ट (प्रिपेयर्ड फॉर एच.डी.आर.), 2002, 'अकाउंटीबिल्टी इन ग्लोबल गवर्नेंस', (नायगरा वुड्स)।
- यू.एन.डी.पी. ह्यूमेन डेवलॅपमेंट रिपोर्ट 2001, 'मेकिंग न्यू टेक्नोलॉजिज वर्क और ह्यूमेन डेवलॅपमेंट', ऑक्सफोर्ड यूनिवर्सिटी प्रेस, न्यूयॉर्क।
- इयोह, डिक्सन एण्ड सैडब्रूक, 2003, 'प्राग्मैटिक न्यू-लिबरलिज्म एंड जस्ट डेवलॅपमेंट इन अफ्रीका', इन अतुल कोहली एण्ड मज (ई.डी.) स्टेट्स मार्केट्स एंड जस्ट ग्रोथ,, यूनाइटेड नेशन्स यूनिवर्सिटी प्रेस, टोक्यो।
- इयान, थ्याने, 2000, 'द स्टेट एंड गवर्नेंस : इशूज एंड चैलेंजेज इन पर्सपेक्टिव', इंटरनेशनल रिव्यू ऑफ एडमिनिस्ट्रेटिव साइंसेज, वॉल्यूम 66।
- इवान्स, पीटर इन रहमान सोमन (ई.डी.), 1998 टूवांइस ए थ्योरी ऑफ गवर्नेंस एंड डेवलॅपमेंट, लर्निंग फ्रॉम ईस्ट एशिया, बांग्लादेश यूनिवर्सिटी ढाका।
- बाशम, ए.एल, 1977, द वन्डर दैट वाज इण्डिया, पिकाडोर इण्डियन एडिशन, पैन मैकमिलन इंडिया।
- बसु, दुर्गादास, 2002, इन्ट्रोडक्शन टू द कांस्टीट्यूशन ऑफ इण्डिया, वाधवा एंड कम्पनी लॉ पब्लिशर्स, नई दिल्ली।
- बनर्जी, अभिजीत एंड ईस्थर डफ्लो, 2011, पुअर इकॉनोमिक्स – ए रेडीकल रिथिंकिंग ऑफ द वे टू फाइट पॉवर्टी, पब्लिक अफेयर्स पब्लिकेशन, यू.एस.ए।
- ब्लेयर, डैरी इन अत्युर रहमान, 1998, 'सिविल सोसाइटी एंड गर्वनेंस इन साउथ एशिया', इन हसनत अब्दुल हाइ (ई.डी.), गवर्नेस : साउथ एशियन पर्सपेक्टिस, मनोहर नई दिल्ली।

- कपूर, सुदर्शन कुमार, 2014, भारतीय सांस्कृतिक विरासत - एक परिदृश्य, राष्ट्रीय पुस्तक न्यास, भारत।
- कपूर, देवेश, 2007, पब्लिक इंस्टीट्यूशंस इन इंडिया - परफोंमेन्स एंड डिजाइन, ऑक्सफोर्ड यूनिवर्सिटी प्रेस।
- केलकर, आर.वी., 2015, लेक्चर्स ऑन क्रिमिनल प्रोशिजर, ईस्टर्न बुक कम्पनी, दिल्ली।
- माथुर, कुलदीप, 2016 फ्रॉम गवर्नमेंट टू गवर्नेंस - ए ब्रीफ सर्वे ऑफ द इंडियन एक्सपीरिएन्स, नेशनल बुक ट्रस्ट, इण्डिया
- मित्र, सुब्रत के, 2011, पॉलिटिक्स इन इंडिया - स्ट्रेक्चर, प्रोसेस एंड पॉलिसी, रूटलेज, लंदन।
- सिन्हा, वी.सी., 2016, अर्थशास्त्र, एस.बी.पी.डी.पब्लिकेशन्स, आगरा।
- सिन्हा, अनूप 2004, 'गुड गवर्नेंस फ्रेंडली ग्लोबलाइजेशन एंड द चेंजिंग स्पेस ऑफ स्पेस इंटरवेन्शन : केस ऑफ इंडिया', इन सुरेन्द्र मुंशी तथा बेणु पॉल अब्राहम (ई. डी.), 'गुड गवर्नेंस, डेमोक्रेटिक सोसाइटीज एंड ग्लोबलाइजेशन, सेज, नई दिल्ली।
- स्टिगलिट्ज, जोस्फ इन जोचिम अहरेन्स, 2002, गवर्नेंस एंड डेवलॅपमेन्ट : ए कम्पेयरेटिव इंसटीट्यूशन्स एप्रोच, एडवर्ड एलगर, चेल्तेनहम।
- स्टिगलिट्ज, जोसफ, 2002, ग्लोबलाइजेशन एंड इट्स डिसकन्टेन्ट्स, पेंग्विन, लंदन।
- विकीपीडिया- Wikipedia
- क्रिस्टोफर पोलिट एंड गिर्ट बुकार्ट, 2011 पब्लिक मैनेजमेंट रिपफॉर्म - ए कम्परेटिव एनालिसिस - न्यू पब्लिक मैनेजमेन्ट, गवर्नेंस एंड द निओ-वेबरियन स्टेट, ऑक्सफोर्ड यूनिवर्सिटी प्रेस।
- निशान्त जैन एवं गंगा सिंह राजपुरोहित, 2020, सिविल सेवा परीक्षा के लिए निबन्ध, अक्षर - राजकमल प्रकाशन प्रा.लि. नई दिल्ली।
- गिडेन्स, एंथोनी, 1997, द थर्ड वे : द रिन्यूअल ऑफ सोशल डेमोक्रेसी, पॉलिटी प्रेस, कैम्ब्रिज।
- गिडेन्स, एंथोनी, 1999, रनअवे वर्ल्ड : हाउ ग्लोबलाइजेशन इन 'रिशेपिंग आवर लिव्स' प्रोफाइल बुक्स लंदन।
- हाइन्स, कोलिन, 2000, लोकलाइजेशन : ए ग्लोबल मेनिफेस्टो, अर्थस्केन पब्लिकेशन्स, यू.के.।
- हेल्ड, डेविड, 2000, 'द चेंजिंग कॉनटुअर्स ऑफ पॉलिटिकल कम्यूनिटी : 'रिथिलिंग डेमोक्रेसी इन द कन्टेक्स्ट ऑफ ग्लोबलाइजेशन इन रिचर्ड वी. इरिक्सन एंड निको स्टेहर, गवर्निंग मॉडर्न सोसाइटिज, यूनिवर्सिटी ऑफ टोरंटो प्रेस, कनाडा।

- भारत चुनाव आयोग, 2019, हैण्डबुक ऑफ रिटर्निंग ऑफिसर्स,. इलेक्शन कमीशन ऑफ इण्डिया।
- भादुडी, अमित एण्ड दीपक नैयर, 1996 'द इंटेलिजेंट पर्सन्स गाइड टु लिबरलिज्म', पेंग्विन बुक्स, नई दिल्ली।
- भादुडी, अमित, 2001 नेशनलिज्म एंड इकोनॉमिक पॉलिसी इन द इरा ऑफ ग्लोबलाइज़ेशन' इन दीपक नैयर (ई.डी.) गवर्निंग ग्लोबलाइजेशन इशूज एंड इंस्टीट्यूशन्स, ऑक्सफोर्ड यूनिवर्सिटी प्रेस, नई दिल्ली।
- भट्टाचार्य, मोहित, 2001, न्यू हॉरिजन्स ऑफ पब्लिक एडमिनिस्ट्रेशन, जवाहर पब्लिकेशन नई दिल्ली।
- भट्टाचार्य, मोहित, 2016, लोक प्रशासन के नए आयाम, जवाहर पब्लिशर्स एंड डिस्ट्रीब्यूटर्स, नई दिल्ली।
- पीटर्स, बी गॉय, 1996, द फ्यूचर ऑफ गवर्निंग : फोर इमर्जिंग मॉडलस, यूनिवर्सिटी प्रेस ऑफ कनसास, कनसास।
- रमेश सिंह, 2015, भारतीय अर्थव्यवस्था, मैकग्राहिल एजूकेशन (इंडिया) प्रा. लि. नई दिल्ली।
- रोसेनब्लूम, डेविड एच.एण्ड रॉबर्ट एस क्राक्चुक, 2002, पब्लिक एडमिनिस्ट्रेशनः अंडरस्टेंडिंग मैनेजमेंट पॉलिसिज एंड लॉ इन द पब्लिक सेक्टर, मैकग्रा हिल इंटरनेशनल एडीशन, यू.एस.ए.।
- रतनलाल धीरजलाल, 2013, द इण्डियन पीनल कोड, लेक्सिस नेक्सिस - दिल्ली।
- रतनलाल धीरजलाल, 2013, दण्ड प्रक्रिया संहिता, लेक्सिस नेक्सिस पब्लिशर्स, दिल्ली।
- शर्मा, योगेश चन्द, 2019, संविधान सभा, राजस्थान हिन्दी ग्रन्थ अकादमी, जयपुर।
- शर्मा, राजेन्द्र प्रसाद, 2015 लोक प्रशासन, स्पेक्ट्रम बुक्स प्रा.लि. नई दिल्ली।
- शर्मा, वसुन्धरा, 2013, डोमेस्टिक वायलेन्स - रिसर्च पेपर - पैनासीआ इंटरनेशनल रिसर्च जर्नल, पैनासीआ रिसर्च फाउण्डेशन।
- शर्मा, जी.एल. 2019, सिविल प्रक्रिया संहिता- राजस्व न्यायालयों के विशेष संदर्भ में विवेचना, किशोर बुक डिपो, जयपुर।
- शर्मा, जी.एल. एवं शर्मा, वाई.के., 2007, भारतीय समाज, यूनिवर्सिटी बुक हाउस प्रा. लि. जयपुर।
- शर्मा, जी.एल. एवं शर्मा, वाई.के., 2008, भारत में सामाजिक समस्याएँ, यूनिवर्सिटी बुक हाउस प्रा.लि. जयपुर।
- शर्मा, जी.एल. एवं शर्मा, वाई.के., 2009, सोशल एन्थ्रोपॉलोजी, यूनिवर्सिटी बुक हाउस प्रा.लि., जयपुर।

- शर्मा, जी.एल. एवं शर्मा, वाई.के, 2009, समाजशास्त्र विश्वकोश, यूनिवर्सिटी बुक हाउस प्रा.लि., जयपुर।
- शर्मा, जी.एल., 2018 आधुनिक अपराधशास्त्र, राजस्थान हिन्दी ग्रन्थ अकादमी, जयपुर
- शर्मा, जी.एल., 2015, सामाजिक मुद्दे, रावत पब्लिकेशन्स, जयपुर।
- शर्मा, जी.एल., 2019, द्वितीय संस्करण, आधुनिक अपराधशास्त्र, राजस्थान हिन्दी ग्रन्थ अकादमी, जयपुर।
- शर्मा, जी.एल., 2020, साइबर सिक्योरिटी, यू-ट्यूब वीडियो - अनएकेडमी, https://youtu.be/DfJBam99x5k
- शर्मा, जी.एल., 2020, पुलिस रिफोर्म्स - नीड ऑफ द आवर, यू-ट्यूब वीडियो - अनएकेडमी, https://youtu.be/HoVGI-k31VM
- शाह एवं तातेड, 2015, प्रबंध अवधारणा एवं संगठनात्मक व्यवहार, साहित्य भवन पब्लिकेशन, आगरा।
- समर सिंह, (अनुवाद तालेवर गिरि), 2014, लोक व्यवस्था - अनुरक्षण हेतु स्रोत पुस्तक, राष्ट्रीय पुस्तक न्यास, भारत। द हिन्दू, दिसंबर 8, 2002।
- वरमानी, आर.सी., 2014, राजनीतिक सिद्धांत-अवधारणाएँ एवं मुद्दे, गीतांजली पब्लिशिंग हाऊस, नई दिल्ली।
- वेल्सज, एरिक एंड विल्सन वांग, 1998, 'पब्लिक एडमिनिस्ट्रेशन इन ए ग्लोबल कॉन्टेक्सट: ब्रिजिंग द गेवस ऑफ थ्योरी एण्ड प्रेक्टिस बिटवीन वेस्टर्न एंड नॉन-वेस्टर्न नेशन्स', पब्लिक एडमिनिस्ट्रेशन रिव्यू, वॉल्यूम 58, नं.1।
- चौबे, जयंत, 2013, मैन्युअल स्कवेंजिंग - रिसर्च पेपर - पैनासीआ इंटरनेशनल रिसर्च जर्नल, पैनासीआ रिसर्च फाउण्डेशन।
- चन्द्रा, पी., 2008, फाइनेन्सियल मैनेजमेंट, टाटा मैक्ग्राहिल एजूकेशन, दिल्ली।
- फडिया, बी.एल, 2014, इण्डियन एडमिनिस्ट्रेशन, साहित्य भवन- आगरा।
- फराज़मन्द, अली, 1999, 'ग्लोबलाइजेशन एंड पब्लिक एडमिनिस्ट्रेशन', 'ग्लोबलाइजेशन एंड पब्लिक एडमिनिस्ट्रेशन' रिव्यू 59, नं. 6, नवम्बर-दिसम्बर।
- फुकुयामा, फ्रांसिसी, 2014, पॉलिटिकल ऑर्डर एंड पॉलिटिकल डिके, प्रोफाइल बुक्स।
- फर्ली, इवान एण्ड लुइस फिट्जगेराल्ड, 2000, 'द सस्टेनिबिलिटी ऑफ द न्यू पब्लिक मैनेजमेंट इन द यूके', इन केट मैकलॉगलिन मज et al. (ई.डी.), न्यू पब्लिक मैनेजमेंट: करंट ट्रेंड्स एंड फ्यूचर प्रोसपेक्ट्स, रूतलेज, लंदन।
- तकवानी, सी.के, 2013, स्पेशिफिकेशन्स ऑफ सिविल प्रोसिजर, ईस्टर्न बुक कम्पनी, दिल्ली।
- जायल, नीरजा, 2003, लोकेटिंग जेण्डर इन द गवर्नेन्स डिस्कॉर्स, एसेज ऑन जेन्डर एंड गवर्नेंस, यू.एन.डी.पी नई दिल्ली।

- जाबरा जोसफ एण्ड ओ.पी. द्विवेदी, 2004, 'ग्लोबलाइजेशन, गवर्नेंस एंड एडमिनिस्ट्रेटिव कल्चर', एडमिनिस्ट्रेशन, वॉल्यूम 27, नं. 13 तथा 14।
- जेनिंग्स, एडवर्ड टी, जूनियर, 1995, 'पब्लिक सर्विस इन एन इरा ऑफ ट्रांसफोर्मेशन',पब्लिक एडमिनिस्ट्रेशन टाइम्स, वॉल्यूम 18, सितम्बर।
- जैन, एम पी. 2014, इण्डियन कांस्टीट्यूशन लॉ (इन टू वोल्यूक्स), लेक्सिस नेक्सिस, दिल्ली।
- जैन, आर.बी 1996, 'ग्लोबलाइजेशन, मार्केट इकोनॉमी एंड ह्यूमेन सिक्यूरिटी', द इंडियन जर्नल ऑफ पब्लिक एडमिनिस्ट्रेशन, वॉल्यूम XLVI, नं. 3, जुलाई-सितम्बर।
- ज्रेसाट, जमिल, 2004, 'गवर्नेंस इन ग्लोबलाइजिंग वर्ल्ड इंटरनेशनल जर्नल ऑफ पब्लिक एडमिनिस्ट्रेशन, वॉल्यूम 27, नं.13 तथा 14।
- नारंग-ए.एस, 2015, भारतीय शासन और राजनीति, गीतांजली पब्लिशिंग हाऊस, नई दिल्ली।
- अफ्यर, आर.वी.वी., 2009, पब्लिक पॉलिसी मेकिंग इन इंडिया, पीयरसन लॉंगमेन, दिल्ली।
- ओ.ई.सी.डी, 2002, पब्लिक सेक्टर लीडरशिप फोर 21सेंक्चुरी - पेरिस।
- ओझा, बी.एल, 2016, अर्थशास्त्र, एस.बी.पी.डी. पब्लिकेशन्स, आगरा।
- टॉनी बोवैर्ड एंड ई.लोफ्लर, 2005, पब्लिक मैनेजमेंट एंड गवर्नेंस, रूटलेज, लंदन।
- अवस्थी - अमरेश्वर एवं अवस्थी, आनंद प्रकाश, 2012, भारतीय प्रशासन, लक्ष्मीनारायण अग्रवाल, आगरा।
- अवस्थी एवं माहेश्वरी, 2015, लोक प्रशासन, लक्ष्मी नारायण अग्रवाल, आगरा।
- गौड, के.डी., 2014 टेक्स्टबुक ऑन इण्डियन पीनल कोड- यूनीवर्सल लॉ पब्लिशर्स, दिल्ली।
- गौतम, पद्मनाभ, 2007, वित्त प्रशासन, हरियाणा साहित्य अकादमी, पंचकुला।
- गुहा, रामचन्द्र, 2007, इंडिया आफ्टर गांधी - द हिस्ट्री ऑफ द वर्ल्ड लारजेस्ट डेमोक्रेसी, मैकमिलन।
- गुप्ता, दीपांकर, 1997, द कन्ट्रेक्स्ट ऑफ एथनिसिटी, ऑक्सफोर्ड यूनिर्वसिटी प्रेस।
- लक्ष्मीकांत एम., 2012, भारत की राजव्यवस्था, टाटा मैकग्राहिल एजूकेशन प्रा. लि.नई दिल्ली।
- लक्ष्मीकांत एम., 2014, भारतीय शासन - ढाँचा, प्रक्रिया, संस्थान, मुद्दे, मैक्ग्राहिल एजूकेशन (इंडिया) प्रा.लि., नई दिल्ली।
- लाल, एस.एन. एवं लाल, एस.के., 2012, भारतीय अर्थव्यवस्था - सर्वेक्षण तथा विश्लेषण शिवम पब्लिशर्स, इलाहाबाद।

❑❑❑